RELIGIONEN

Titel der französischen Ausgabe:
La Grande Encyclopédie Religions
Übersetzung aus dem Französischen: Lisa Degen, Heinrich Degen und Helmut Ross
Lektorat der deutschen Ausgabe: Nazire Ergün, Ferdinand Leopold, Sebnem Yavuz
Fachlektorat der deutschen Ausgabe: Hubert Pfau
Satz der deutschen Ausgabe: Aicha Becker, Nazire Ergün, Asuman Baltacioglu

ISBN-13: 978-3-89717-407-8
ISBN-10: 3-89717-407-3
Printed in France by *Partenaires Book*®

10 9 8 7 6 5 4 3 2 1

ENTDECKUNGSREISE MIT FLEURUS

RELIGIONEN

Text:
Michel Malherbe
Anne Chabert d'Hières

FLEURUS VERLAG

„Es gibt kein menschliches Wesen, so enttäuscht es auch sein mag,
ohne einen irgendwie gearteten Schutzengel an seiner Seite ...
Dieser persönliche Halt kann ein Gott oder Ähnliches sein,
doch viel häufiger ist es ein Buch, ein Wahlspruch, eine Fahne ...“

Régis Debray

Eine Revolution ist im Gange und keiner spricht davon. Seit etlichen Jahren verändern sich die Ansichten über Religionen. Diese Bewegung, die sich im Westen rascher entwickelt als anderswo, scheint unaufhaltsam und global zu sein. Lange empfanden die meisten Menschen alle anderen Glaubensrichtungen außer der eigenen als fremdartig, unverständlich, unzugänglich und oft sogar als feindlich. Doch dank der vielfältigen Kommunikations- und Informationsmöglichkeiten unserer Zeit erkennen wir heute, dass es viele Möglichkeiten eines spirituellen Lebens gibt.

In Frankreich beispielsweise gab es eine lang andauernde Auseinandersetzung zwischen den Anhängern des Laizismus* und denen des Katholizismus. Um die Gegensätze zu überwinden, mussten sich beide Seiten bewegen: Die katholische Kirche öffnete sich durch das Zweiten Vatikanische Konzil* und die Laizisten haben akzeptiert, dass die Religion in allen Kulturen präsent ist. Philosophen verweisen mit Nachdruck darauf, dass man das menschliche Denken nicht verstehen kann, wenn man den Beitrag der Religionen ausklammert.

Heute erkennen die Vertreter des Laizismus an, dass es keine Kultur ohne religiöse Aspekte gibt. Ein aufgeschlossener und gebildeter Geist kann das Phänomen Religion nicht ignorieren. Doch die Mischung aus Mythen, Bräuchen, Glaubenspraktiken und -überzeugungen ist sehr komplex.

Dieser Band möchte Jugendliche einladen, die Religionen der Welt unter möglichst vielfältigen Aspekten kennen zu lernen. Das Buch beschreibt die Religionen mit ihren Vorstellungen, ihren Praktiken, ihrer Geschichte und ihren Einflüssen auf die Kulturen, dabei respektiert es die Haltung von Gläubigen wie Nichtgläubigen gleichermaßen. Es zeigt, wie der Mensch zwischen Rationalem und Irrationalem wechselt und wie der Einzelne in eine spirituelle Welt hineinwächst. Unabhängig davon, ob man Christ, Jude, Muslim, Buddhist oder Atheist* ist, gleich welcher Kultur man angehört – jeder kann das Bestreben in sich tragen, das die Würde des Menschen ausmacht: verstehen, lieben, vertrauen und sich einsetzen.

Michel Malherbe
Anne Chabert d'Hières

Die mit einem Sternchen (*) markierten Begriffe werden im Glossar erklärt.

Inhalt

Warum gibt es Religionen? 10

Alte Religionen 26

Judentum, Christentum, Islam 46

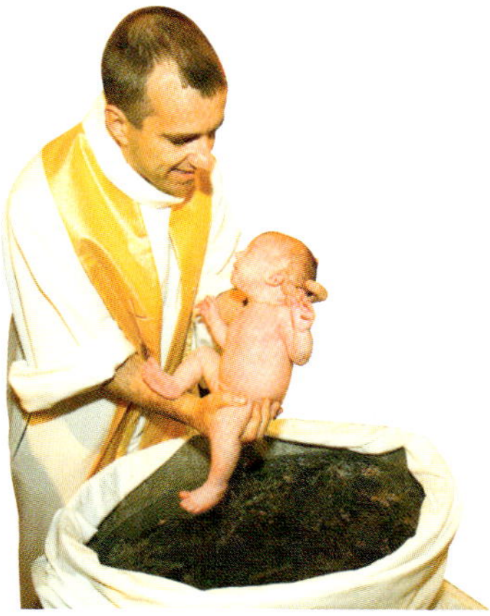

Religion und kulturelle Einflüsse 196

Gläubige, Gelehrte und Weise 258

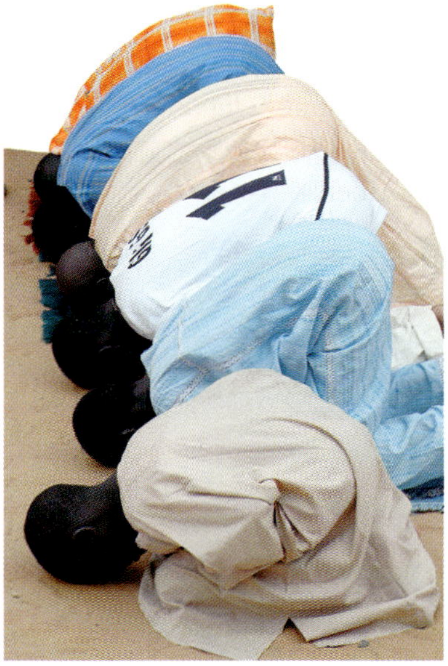

Religionen in der Geschichte **280**

Universelle Fragen **314**

Warum gibt es Religionen?

Fragen über das Leben, die Existenz und den Tod haben die Menschen schon immer beschäftigt. Aus diesen Überlegungen entwickelten sich im Laufe der Zeit Glaubensvorstellungen, die oft Bezug auf übernatürliche Mächte nahmen. So entstanden Religionen als Gemeinschaften, die sich um eine allumfassende Erklärung des Lebens bemühen.

Wie und wann entstand die Welt?

Die Welt ist kompliziert. Wie soll man sie verstehen? Gibt es eine Logik? Gibt es einen Anfang und ein Ende? Gibt es einen Schöpfer?

Die Anfänge des Universums

Wissenschaftler haben herausgefunden, dass unser Universum vor 13–15 Milliarden Jahren entstanden ist. Wie bei einer gewaltigen Explosion wurden beim so genannten Urknall riesige Mengen Energie freigesetzt. Diese Energie war der Ursprung aller Materie, denn wie sich Materie in Energie verwandeln kann (zum Beispiel bei einer Atomexplosion), kann Energie umgekehrt zu Materie werden. Die aus Atomen bestehende Materie, die zunächst die Sterne und Planeten bildete, wurde zunehmend komplexer. Doch das dauerte sehr lang. Die Erde entstand erst rund 10 Milliarden Jahre nach dem Urknall. Alles auf dieser Erde – Steine, Wasser, Gas, Pflanzen und Lebewesen – entwickelte sich aus dieser Urenergie, die sich zunächst in Gasatome, dann komplexe Moleküle und später lebende Materie verwandelte. Solche Vorgänge als zufällige Ereignisse zu bezeichnen, ist für viele eine wenig zufrieden stellende Erklärung; für andere ist es nicht akzeptabel, Gott als einzigartigen Schöpfer zu benennen. Sicher ist, dass das Universum von beeindruckender Vielschichtigkeit ist. Steckt ein Schöpfungsplan dahinter? Die Wissenschaft erlaubt eine Vorstellung von verschiedenen Abläufen und Prozessen in der Natur, sie kann aber nicht immer erklären, warum etwas so ist und wie es ist. Dass ein Gott diese Welt schuf, ist ein Glaube, wissen kann man das nicht.

NA SO WAS!

Gute Astronomen müssen zählen können

Bis hundert zählen ist einfach. Bis zu einer Million geht auch noch, doch die Milliarden Sterne in den Abermilliarden Galaxien zu zählen, das übersteigt unsere Vorstellungskraft.

***Darstellung** der Evolution im Universum – vom Urknall bis heute und bis zur Unendlichkeit?*

Gibt es andere bewohnte Planeten?

Das Universum umfasst Milliarden unserer Sonne vergleichbarer Sterne. Jedes Jahr entdecken die Astronomen Planeten, die um solche Sterne kreisen. Warum sollte es bei dieser Vielzahl nicht auch einige geben, die ähnliche Bedingungen wie die Erde aufweisen und daher eine Entstehung von Leben ermöglicht haben? So gehört die Frage, ob es bewohnte Planeten gibt und wer dort lebt, zu den spannendsten Themen der Wissenschaft. In Science-Fiction-Büchern werden gern die grünen Marsmännchen und andere Außerirdische zitiert. Wir wissen heute mit Sicherheit, dass es in unserem Sonnensystem keinen Planeten gibt, der eine ähnliche Lebensform wie die Erde aufweist. Näher an der Sonne ist es zu heiß, weiter entfernt zu kalt. Heute suchen Wissenschaftler keine Marsmenschen mehr, doch die Frage, ob es einmal Leben auf diesem Planeten gegeben hat, ist immer noch aktuell.

Die wenigen wissenschaftlichen Fakten, *die über den Pluto bekannt sind, hat ein Zeichner in diesem Bild des Planeten umgesetzt. Oben ist sein Mond Charon und hinten die Sonne zu sehen.*

Leben auf der Erde und auf anderen Planeten

Nur die durch ihre Atmosphäre geschützte Erde bietet für unser Leben geeignete Temperaturen. Außerdem bestimmt die Abfolge der Jahreszeiten, die durch die Neigung der Erde und ihre Drehung um die Sonne verursacht wird, das Wachstum der Pflanzen. Sollte es auf einem anderen Planeten hoch entwickeltes Leben geben, dann müsste man es in einem anderen Sonnensystem suchen. Allerdings werden Menschen nicht so schnell eine Reise in ein anderes Sonnensystem unternehmen können, um dies zu erforschen, denn selbst mit Lichtgeschwindigkeit würde die Reise mehrere tausend Jahre dauern – für ein Menschenleben entschieden zu lang. Da auch die Kommunikation über Funk oder andere Mittel nicht schneller als das Licht ablaufen kann, können selbst ferngesteuerte Sonden dieses Problem nicht lösen: Die Informationen, die sie zur Erde zurücksenden würden, wären bei ihrer Ankunft immer schon mehrere tausend Jahre alt.

Gibt es einen Schöpfer des Universums?

Alle Phänomene scheinen eine Ursache, einen Anfang und ein Ende zu haben. Daher liegt die Vermutung nahe, dass das Universum von irgendeiner Kraft erschaffen wurde. Doch führt diese Annahme zu einer neuen Frage: Hat auch diese Kraft eine Ursache, einen Anfang und ein Ende? Unter Hindus glaubt man an ein wiederholtes Entstehen und Vergehen des Universums. Diese Erklärung bietet aber keine Antwort auf unsere Frage. Es wäre allerdings auch erstaunlich, wenn der Mensch eine Antwort finden könnte, da er selbst nur ein winziges Element in diesem Universum ist.

Die fiktive Begegnung *zwischen Marsianern und Menschen in der Filmsatire* Mars Attacks *(1996)*

Woher kommt der Mensch?

Die wissenschaftlich fundierte Evolutionstheorie verbindet den Menschen mit allen anderen Lebewesen. Dennoch hebt er sich von allen anderen ab. Gab es ein Eingreifen von außen, um ihm Verstand und Bewusstsein zu verleihen?

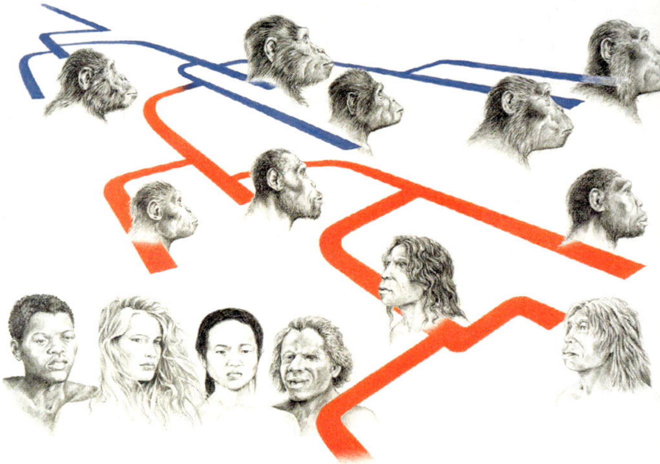

***Stammbaum** des Menschen*

Der Mensch – ein Verwandter des Affen

Heute weiß man, dass Menschen und Affen einen gemeinsamen Vorfahren haben. Genuntersuchungen haben ergeben, dass Schimpansen mehr als 90 % der Gene mit dem Menschen gemein haben. Dem britischen Forscher Charles Darwin (1809–1882) zufolge entstanden bei der Evolution der Arten zunächst einfache Lebensformen, danach immer komplexere wie etwa die Säugetiere. Der Mensch ist ein sehr hoch entwickeltes Lebewesen, doch wie bei den anderen auch hängt sein Überleben von der Natur ab. Er ist eindeutig ein Verwandter der Menschenaffen, allerdings entwickelte er sich aus nicht geklärten Gründen in eine andere Richtung. Vollzog sich diese Entwicklung nur bei einigen wenigen Exemplaren oder bei ganzen Sippen? Die Wissenschaft kann heute noch keine endgültige Antwort darauf geben.

Charles Darwin

Das Besondere der Spezies Mensch

Tiere kommunizieren untereinander und manche benutzen sogar Werkzeuge. Einige Tiere sind in der Lage, ihre Lebensweise veränderten Bedingungen anzupassen. Der Mensch aber hat die Fähigkeit, zu denken und zu wählen, also frei zu handeln. Im Verlauf einer langen Evolution konnte er seine Sprache entwickeln. Er hat gelernt, sein Wissen zunächst mündlich, dann schriftlich weiterzugeben. Der Mensch kann vielfältige Empfindungen ausdrücken und sogar künstlerisch umsetzen.

***Darstellung** der menschlichen Evolution über 20 Millionen Jahre*

Die ersten Menschen

Die Wissenschaft kann nicht genau sagen, zu welchem Zeitpunkt sich die Spezies Mensch herausgebildet hat. Jedes Jahr gewinnen Forscher neue Erkenntnisse auf diesem Gebiet. Paläontologen graben immer ältere Knochen von Skeletten aus, die dem des Menschen ähneln. Doch sind diese Wesen schon mit dem heutigen Menschen vergleichbar? 1974 wurde in Afrika das Skelett einer Frau entdeckt, die nach einem Lied der Beatles Lucy genannt wurde. Sie muss vor mehr als zwei Millionen Jahren gelebt haben, allerdings wird sie noch nicht als richtiges menschliches Wesen angesehen. Der Neandertaler, dessen Spuren man in Europa findet, lebte vor rund 200 000 Jahren. War er schon ein Mensch? Fast alle Wissenschaftler sind heute davon überzeugt, dass sich die Spezies Mensch vor rund drei Millionen Jahren in Afrika herausbildete. Einige Forscher wollen den Begriff Mensch jedoch nur für jene Hominiden (Menschenartigen) verwenden, die sprechen konnten. Die ersten artikulierten Sprachen entstanden erst vor rund 100 000 Jahren.

***Ein rund** 50 000 Jahre alter Schädel – der Kopf eines Menschen?*

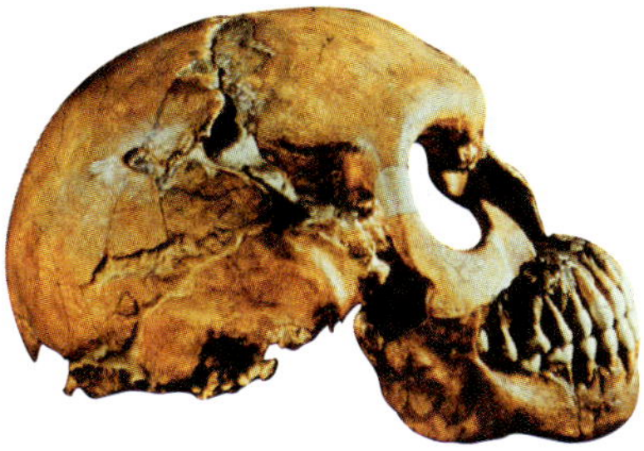

Vermutungen über die Erschaffung des Menschen

Sicherlich wird man nie die Skelette von Adam und Eva, die nach der Bibel die ersten Menschen waren, finden. Das gilt auch für Manu, den ersten Menschen nach den Veden*. Die Forschung konnte beweisen, dass der Mensch das Ergebnis eines langen Evolutionsprozesses ist, der – ohne dass man wüsste warum – zu einem Lebewesen mit erstaunlichen Fähigkeiten führte. Dieses Lebewesen besitzt die Freiheit, sein Leben nicht nur nach Instinkten auszurichten. Wie war das möglich? Die Untersuchung von Skeletten hilft kaum weiter. Es ist sehr schwierig zu sagen, seit wann genau es den Menschen gibt. Ohne heutige Fakten zu kennen, entstanden in allen Kulturen zum Teil sehr fantasievolle Erzählungen über die Erschaffung des Menschen. Sie erheben keinen wissenschaftlichen Anspruch, sondern sind symbolische Ausdrucksformen. So entstand der Mensch nach einer Darstellung aus Erde, die von Gott geformt wurde und der er Leben einhauchte. Nach einer anderen Darstellung entstand er aus einem Maiskolben, dem Gott Leben eingab. Angesichts der wissenschaftlichen Erkenntnisse sind wir heute dazu aufgefordert, über die Bedeutung dieser Geschichten nachzudenken. Warum brauchen die Menschen Mythen?

***Die Mythen der Navajo** erzählen, dass die Götter zuerst den Mais und dann daraus den Menschen schufen.*

NA SO WAS!

Was macht den Menschen aus?
Ist es das Lachen oder die Sprache? Die Wissenschaftler streiten darüber. Nach dem Prähistoriker Yves Coppens „hebt die Entwicklung des Bewusstseins und das damit verbundene religiöse Denken den Menschen von anderen Lebewesen ab".

***An der Decke** der Sixtinischen Kapelle im Vatikan hat Michelangelo die Erschaffung des Menschen durch Gott dargestellt. Er nahm sich einige Freiheiten heraus und wich vom Bibeltext ab: Nicht aus Erde geformt, kein Hauch – ein göttlicher Fingerzeig schuf den Menschen.*

Mythen erklären und verklären

„Der Mensch lebt nicht vom Brot allein", heißt es in der Bibel. Man braucht nicht nur Nahrung für den Körper, sondern auch für den Geist. Lange vor der Erfindung von Radio und Fernsehen erzählten sich die Menschen fantasievolle Geschichten über den Ursprung der Welt.

***Im 13. Jahrhundert** stellte ein Mönch in dieser Buchmalerei dar, wie die Welt perfekt in „göttlichen" Proportionen erschaffen wird. Zweifel an diesem Verständnis der Schöpfung waren nicht erlaubt!*

Die Anfänge

Das Universum ist viel älter als die Menschheit, daher gibt es keine Augenzeugenberichte über seine Anfänge. Die Menschen versuchten aber schon immer, mithilfe ihrer Vorstellungskraft und Annahmen, die auf alltäglichen Erfahrungen beruhten, die Geburt des Universums zu erklären. So entstanden Schöpfungsmythen. Die Geschichten sind oft sehr kompliziert, denn sie versuchen gleichzeitig, die Gesetze der Welt und ihre Geheimnisse darzustellen. Es gibt ganz unterschiedliche Schöpfungsmythen: Mal wird die Welt aus dem Schweiß eines Gottes geboren, mal wird sie am Grund eines Urmeeres gefunden oder entsteht nach dem Zerbersten eines Monsters. Manche ähneln sich: In Mythen der Hindus, japanischen Shintoisten und afrikanischen Dogon wird ein Ei in Himmel und Erde geteilt. Jeder erzählt aber eine besondere Geschichte. Die Dogon etwa sagen, dass ein Wort des Gottes Amma dieses Ei erzeugte, das die vier Elemente (Wasser, Luft, Erde und Feuer) enthielt. Ihm entschlüpften ein Hirsekorn, ein Welsei, ein Stern und die Zwillinge Nommos *(siehe S. 125)*. Danach kam der erste Fisch, anschließend Mann und Frau. Die Menschen besaßen einen Körper und acht Seelen (vier kluge unterschiedlichen Geschlechts und vier unterwürfige). Diese Seelen lenkten die Kraft, die in den Adern kreiste sowie Leben und Sprache gab. Doch die ersten Menschen, die im Himmel lebten, begingen einen Fehler. Danach mussten sie auf der Erde leben und wurden sterblich.

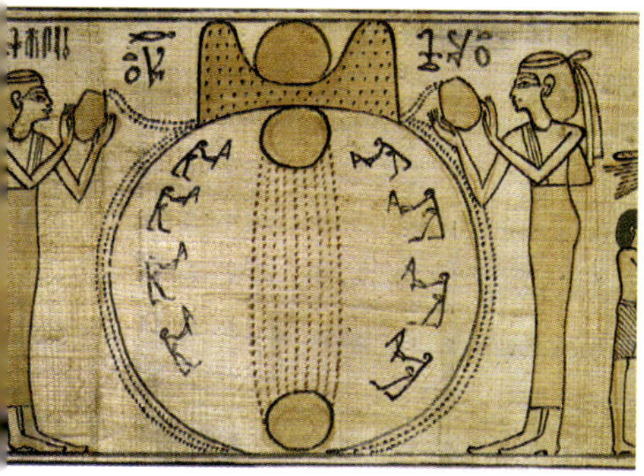

***Am Ufer des Nils** im alten Ägypten glaubte der Priester Khensumose, ein Anhänger des Gottes Amun, die Welt sei aus Wasser entstanden, das die Götter ausgegossen hatten.*

Schöpfung

Die sich auf Abraham zurückführenden monotheistischen* Religionen *(siehe Kapitel 3)* sehen die Welt als Werk eines einzigen Gottes, des Schöpfers des Universums. In der Genesis, dem ersten Buch der Bibel, gibt es zwei Erzählungen dazu. Die poetische Version schildert, wie Gott die Welt in sechs Tagen erschuf: Am ersten Tag schuf er das Licht, am zweiten den Himmel, am dritten trennte er die Erde vom Meer und ließ die Vegetation wachsen, am vierten platzierte er Sonne, Mond und Sterne am Himmel, am fünften schuf er die Tiere im Wasser und die Vögel, am sechsten alles, was auf der Erde lebt: Tiere, Mann und Frau. Am siebten Tag ruhte er sich dann aus.

***Geburt der Dämmerung** in der Mythologie der Hindus*

Zerstörung und Wiederaufbau

Die Tatsache, dass Menschen Naturkatastrophen erlebten, kann mit zur Vorstellung von der Erneuerung einer bestehenden Schöpfung beigetragen haben. So sprechen Mythen auch von Zerstörungen und Wiederbeginn. Man weiß, dass in der Ägäis vor etwa 4000 Jahren ein Vulkan ausbrach und viele Menschen in einer gewaltigen Flutwelle in dieser Region ertranken. Nur die Insel Santorin (Thera) blieb übrig. Der biblischen Geschichte der Sintflut könnte ein ähnliches Ereignis zugrunde liegen, das schließlich im Laufe der Zeit in Vergessenheit geriet. Dieser Mythos erzählt, wie Gott angesichts der Boshaftigkeit der Menschen beschloss, alles Leben auf der Erde zu vernichten. Er warnte jedoch Noah, den gerechten Menschen, vor der Flut und befahl ihm, ein Schiff zu bauen. Auf diese Arche sollte er sich, seine Familie und von jeder Tierart ein Paar retten. 40 Tage regnete es und die Flut bedeckte die gesamte Erde. Schließlich strandete die Arche auf einem Berg und alle an Bord waren gerettet. Noah dankte Gott. Das Leben konnte von Neuem beginnen. Diese biblische Erzählung hat in noch älteren Überlieferungen ihre Entsprechung, besonders im Gilgamesch-Epos aus Mesopotamien *(siehe S. 31)* oder der indischen Erzählung von Manu. Manu, der erste Mensch, fing eines Tages den Gott Vishnu in seiner Verkörperung als Fisch *(siehe S. 133)*. Der Gott befahl ihm, ein Schiff zu bauen, weil eine Flut kommen werde. Manu band sein Schiff an den Fisch und dieser zog ihn aufs Trockene. So überlebte Manu und bedankte sich bei Vishnu, der ihm dann eine Frau gab, um die Menschheit zu begründen. Die Suche nach Überresten der Schiffe Noahs oder Manus würde wohl vergeblich sein, doch können Wissenschaftler durch das Studium der Mythen untersuchen, wie menschliche Vorstellungen über die Ursprünge der Welt variierten.

***Erschaffung des Menschen** durch die Götter in der Mythologie der Maya-Quiché aus Mexiko und Guatemala*

***Nach einem Mythos** der australischen Aborigines hatte ein kleiner Frosch das gesamte Wasser der Erde getrunken. Die anderen durstigen Tiere versuchten, ihn durch merkwürdige Possen zum Ausspucken des Wassers zu bewegen, doch der Frosch blieb standhaft. Schließlich kam ein Aal, dem es gelang, den Frosch zum Lachen und so zum Ausspucken des Wassers zu bringen.*

Mythen Glauben schenken?

Mythen sind keine wissenschaftlichen Abhandlungen. Sie erzählen Geschichten, um zu erklären, wie die Menschen die Welt wahrnehmen. Sie sind nicht historisch zu verstehen, sondern sie vermitteln eine Erfahrung mithilfe von Bildern: Der Beginn der Welt war wie die Geschichte vom Ei, das … Mythen sind Erzählungen, um Wahrheiten auszusprechen, die die Menschen nur ahnen.

***Im 20. Jahrhundert** integrierten buddhistische Mönche aus Bhutan unter Beachtung der traditionellen Vorgaben (Farben, Symbole) Umlaufbahnen von Sternen in ihre Mandalas (bildliche Darstellungen des Universums).*

Gott oder kein Gott

An Gott glauben? Niemand ist dazu verpflichtet. Wenn man ihn sucht, bieten sich viele Wege: Fantasie, Beobachtung oder eine Offenbarung.

Außergewöhnliche Erscheinungsformen

Im Laufe der Zeit haben sich die Vorstellungen, die Menschen von Gottheiten hatten, stark verändert. Im Altertum machte sich lange jedes Volk sein eigenes Bild. Es gab so viele Religionen wie Völker und in jeder Religion gestalteten Götter sich auf eigene Weise. Im alten Ägypten stellte man die Götter in außergewöhnlichen Erscheinungsformen dar, mit dem Körper eines Menschen und dem Kopf eines Falken beispielsweise. Die Azteken im heutigen Mexiko verehrten eine gefiederte Schlange. Bei den Griechen und Römern hatten die Götter Menschengestalt, aber übermenschliche Fähigkeiten. Bei den Hindus hat der Gott Ganesha einen Elefantenkopf und vier oder mehr Arme. Auch Shiva und andere Gottheiten sind mit mehreren Armen dargestellt. Die Menschen, die diese Vorstellungen weitergaben, glaubten an diese Erscheinungsformen, sie sind unter anderem Ausdruck dafür, dass das Göttliche sich auf uneingeschränkte Weise zeigen kann *(siehe S. 236–237)*.

Den Schöpfer in der Natur suchen

Das Göttliche schien schon immer viel größer als der Mensch und überstieg seine intellektuellen Möglichkeiten. Doch mag der Mensch eine Ahnung vom Göttlichen erhalten, wenn er sich die Vielfalt der Natur vor Augen führt: Leben in allen Formen und Farben, in der Luft, auf der Erde und im Meer. Angesichts dessen kann man sich fragen, ob hier nicht ein Schöpfer am Werk war, der mit großer Freude am Experimentieren etwa all diese bizarren Tiere wie Kraken, Dinosaurier, Strauße, Schildkröten, Moskitos und andere geschaffen hat. Sollte solch ein Schöpfer existieren, der sich allein durch Beobachtung der Natur erahnen lässt, so drängt er sich nicht auf, macht kein Aufsehen um sich, sondern ist sehr diskret – so sehr, dass viele seine Existenz gar nicht wahrnehmen.

Was stellt *dieses Wandbild dar? Vielleicht Götter?*

Von links nach rechts: *Gott der Ibidio (Nigeria), Gott der Yoruba (Nigeria), Statue der Ambete (Kongo), Maske der Puno (Gabun)*

Ein Gott, der sich offenbart?

Die Offenbarungsreligionen gehen davon aus, dass Gott von sich aus den Kontakt zu den Menschen sucht. Er teilt sich etwa Propheten* mit, Personen, die seine Botschaft übermitteln. Die Muslime glauben beispielsweise, dass Gott durch den Erzengel Gabriel dem Propheten Mohammed den Koran eingab. Für Juden, Christen und Muslime sind ihre heiligen Schriften von Gott gegebene Bücher. Doch die Offenbarung vollzieht sich in diesen Religionen in mehreren Formen *(siehe Kapitel 3)*. So nehmen die Juden das Wirken Gottes auch in den verschiedenen Begebenheiten ihrer Geschichte wahr und die Christen gehen davon aus, dass Gott selbst auf die Erde gekommen ist und in Jesus Mensch wurde. Alle drei Religionen lehren, dass Gott die Liebe ist. In der Erschaffung der Welt zeige er seine Liebe. Wenn Gott den Wunsch habe, sich mitzuteilen, und wenn er die Welt und seine Geschöpfe liebe, so die Gläubigen, könne er nicht irgendein Wesen sein, das nichts Menschenähnliches habe. Doch wenn sie sagen, Gott habe den Menschen nach seinem Ebenbild erschaffen, dann dürfte diese Vorstellung nur ein unzureichendes Abbild und weit vom tatsächlichen Wesen eines solchen Gottes entfernt sein. Gott als alten Mann mit Bart darzustellen, greift zu kurz; der Gott der monotheistischen Religionen ist wohl mit keinem Geschöpf vergleichbar *(siehe S. 238–241)*.

Chac war der Regengott der Maya. *Er hält ein geopfertes menschliches Herz in der linken und einen Becher mit Blut in der rechten Hand.*

Die einen *suchen in der Meditation die Erleuchtung …*

… die anderen *suchen die Begegnung mit Gott an bestimmten Orten.*

Die Existenz Gottes beweisen?

Lange Zeit versuchten Gläubige, die Existenz Gottes zu beweisen. Doch ein Gottesbeweis ist nicht möglich und würde uns eine Freiheit nehmen, mit der uns ein göttliches Wesen ausgestattet haben mag: nämlich die Freiheit zu entscheiden, ob wir glauben oder nicht. Diese Entscheidungsfreiheit unterscheidet den Menschen von allen anderen Lebewesen.

Leben und Tod

„Das Leben ist eine sexuell übertragbare tödliche Krankheit" – hinter dieser scherzhaften Bemerkung verbirgt sich die Frage nach dem Sinn des Lebens.

Alles ist vergänglich

Im Kosmos ist nichts ewig, Sterne entstehen und erlöschen, Menschen und Tiere leben und sterben. Angesichts des Todes muss der Mensch akzeptieren, dass das Leben auf Erden zeitlich begrenzt ist. Diese Erkenntnis hat zu zwei großen Fragen geführt. Die eine Frage, auf die es nie eine verlässliche Antwort geben wird, lautet: Ist mit dem Tod alles vorbei? Bleibt etwas vom Menschen übrig außer der Erinnerung? Die andere Frage beschäftigt sich mit dem Sinn des Lebens und wie man es führen soll. Viele Religionen gehen davon aus, dass es ein Leben nach dem Tod gibt und dieses vom irdischen Leben abhängt. Jene, die an ein Leben nach dem Tod glauben, werden zu Lebzeiten möglicherweise andere Entscheidungen treffen, als jene, die überzeugt sind, dass der Tod das definitive Ende ist. Der christliche Glaube geht davon aus, dass Jesus den Tod überwunden hat und auf der Erde erschienen ist. Muslime glauben an ein Leben nach dem Tod, im Himmel oder in der Hölle*. Hindus und Buddhisten sind überzeugt, dass ein Wesen immer wieder stirbt und immer wieder in einer anderen Gestalt von Neuem zu leben beginnt, bis es sich am Ende aus diesem Kreislauf befreit. Für die Anhänger traditioneller afrikanischer und asiatischer Religionen leben die Toten als Geister in einer unzugänglichen Welt weiter, aus der sie herabsteigen können, um Menschen zu helfen oder um sie zu peinigen. Mehr als ein Viertel der Weltbevölkerung sieht im Tod aber einen endgültigen Abschied ohne Nachleben.

Wie viele Lateinamerikaner gedenken auch die Bewohner von Todo Santos (Guatemala) ihrer Verstorbenen. Sie kommen an ihren Gräbern zusammen, um mit ihnen eine Mahlzeit zu teilen und ihnen zu Ehren Kerzen anzuzünden.

Paradies und Hölle

Der Glaube an ein Leben nach dem Tod wirft die Frage auf, wie dies denn aussieht. Auf diese Frage gibt es keine Antwort, denn niemand kehrte zurück, um darüber zu berichten. Doch Religionen in vielen Epochen haben sich ihre Vorstellungen davon gemacht. Häufig ist die Annahme, dass ein Gericht* nach dem Tod darüber entscheidet, ob der Verstorbene ins Paradies, einen Ort der Freude, oder in die Hölle, einen Ort der Bestrafung, kommt.

Auf diesem muslimischen Friedhof in Kaschgar (Westchina) sind die Grabaufbauten aus einfachem Lehm errichtet.

Die alten Ägypter und Griechen lebten wie viele andere Völker auch in Erwartung und Angst vor einem letzten Gericht. Die Vertreter der großen Offenbarungsreligionen (Judentum, Christentum und Islam) glauben ebenfalls an ein ewiges Leben. Wie dieses Leben aussieht, hängt von dem Urteil eines solchen Gerichts ab.
Die Griechen stellten sich mit dem Elysium einen paradiesischen Ort in der Unterwelt vor, der allerdings nur Helden und Götterlieblingen bestimmt war. Die Bibel spricht vom Garten Eden mit köstlichen Früchten. Der Koran weist auf eine Oase mit sprudelnden Quellen hin, wo die Männer von verführerischen Jungfrauen verwöhnt werden. Die Darstellungen von Hölle und Paradies in der katholischen Kirche des Mittelalters sollte die Menschen erziehen: Die Bösen schmoren im ewigen Feuer, während die Guten Lobgesänge anstimmen. So sollten die Menschen zu einem vorbildlichen Leben auf der Erde angeleitet werden. Im Gegensatz zu diesen Vorstellungen ist das buddhistische Nirvana* kein Paradies, sondern das Aufhören jeglicher Bindungen an das Dasein.

***Diese „Steinkrüge“** in Laos wiegen 1-6 Tonnen und sind 2000-4000 Jahre alt. Nach einer Legende dienten sie Riesen als Vorratsbehälter. Archäologen deuten sie als Grabkammern.*

Totenrituale

Aus hygienischen Gründen können die Toten nicht einfach offen aufbewahrt werden. Meist werden sie begraben oder verbrannt, doch es gibt auch andere Bräuche. Tote Seeleute zum Beispiel werden im Meer bestattet. Anhänger des Zoroastrismus lassen die Leichen von Geiern verschlingen, damit sie nicht die heiligen Elemente (Erde, Wasser und Feuer) verunreinigen. Die Toraja auf der Insel Celebes (Indonesien) haben ein besonderes Totenritual für Kleinkinder: Der Leichnam wird in eine Baumhöhle gelegt, damit er mit dem Baum dem Himmel entgegenwachsen kann. Seit jeher versuchen Menschen in allen Religionen, ihre Toten durch rituelle* Handlungen und Worte zu ehren.

***Die von einem Engel geleitete Seele** des heiligen Benedikt gelangt zu Gott in den Himmel.*

***Dieser persische** Muslim, ein Opfer der Pest im 13. Jahrhundert, wird im Sand begraben. Die Zeremonie wird von Gebeten und den Klagen der Frauen begleitet.*

***Die Angehörigen** dieses verstorbenen indischen Parsen (Anhänger des Zoroastrismus) umringen einen Hund, das heilige Tier ihrer Religion.*

Unfassbare Realitäten und Übernatürliches

Ein Teil der Wirklichkeit entgeht uns womöglich, denn unsere Sinne können nicht alles erfassen und die Wissenschaften können nur Phänomene untersuchen, die sich wiederholen oder bedingen. Gibt es unzugängliche Bereiche der Realität?

Gibt es Übernatürliches?

Wie der Begriff sagt, befände sich das Übernatürliche „über der Natur", jenseits dessen, was Menschen gewöhnlich wahrnehmen. Wenn es Übernatürliches gibt, so kann es nicht wie natürliche Phänomene erfasst werden. Ein wichtiger Unterschied besteht darin, dass natürliche Phänomene sich wiederholen (Regen, Gezeiten, Erdbeben usw.) oder bedingen, was auf übernatürliche Erscheinungen nicht unbedingt zutreffen muss. Somit ist es fast unmöglich, übernatürliche Phänomene wissenschaftlich zu erfassen oder zu verstehen. Das schließt nicht aus, dass sie existieren, allerdings liegen sie außerhalb der Reichweite unserer wissenschaftlichen Methoden. Weil man Übernatürliches nicht wissenschaftlich erforschen kann, verneinen einige die Existenz von solchen Phänomenen völlig oder sehen darin nur zufällige Erscheinungen. Die Wahrheit ist vielleicht komplexer. Es wäre recht einfach, wenn es auf der Welt nur Phänomene gäbe, die sich wiederholen oder bedingen und somit wissenschaftlich studiert werden könnten. Allerdings sollte man auch nicht überall mysteriöse Kräfte vermuten, wenn eine logische Erklärung (noch) fehlt.

***In dieser Mine in Potosi** (Bolivien) haben Bergleute eine Statue des Teufels aufgestellt, der sie Opfer bringen, um das Schicksal zu beschwören und ihr Leben zu schützen.*

***Für Hindus** stellen sich negative übernatürliche Kräfte in Form von Dämonen dar. Einige Hymnen der Veden** (siehe S. 190) *sollen die Dämonen töten können.*

Das Bedürfnis nach Erklärung

Im Gegensatz zu anderen Lebewesen ist der Mensch nicht nur mit dem materiellen Überleben beschäftigt, für ihn sind auch geistige Betätigungen von großer Bedeutung. Wie sonst könnte man die Beschäftigung mit Musik, Poesie und allen Formen der Kunst erklären? Diese geistigen Aktivitäten dienen unter anderem dazu, die Sicht auf die Welt zu erweitern. Im Bemühen darum, alles zu verstehen und zu erklären, kann sich der menschliche Geist irren und stößt schließlich an seine Grenzen. Es gibt Menschen, die an die Vorhersage der Zukunft oder die Wirkung magischer Praktiken glauben. Da verlässliche Informationen über zukünftige Ereignisse fehlen, konsultieren manche Menschen Wahrsager, die Karten lesen oder Tische verrücken. Ohne ausschließen zu wollen, dass manche Menschen übernatürliche Fähigkeiten haben, ist es doch sehr schwierig zu unterscheiden, wer über mögliche außergewöhnliche Begabungen verfügt und wer von der Leichtgläubigkeit seines Publikums lebt.

Was sieht Uri Geller, *der aus den Medien bekannte Meister des „Paranormalen", in seiner Kristallkugel?*

Religion – eine Erfindung des Menschen?

Menschen benötigen Bezugspunkte, um ihre Überzeugungen fest in einem System zu verankern, gleichzeitig müssen sie aber noch für die übernatürliche Dimension ihres Lebens offen bleiben. Religionen beschäftigen sich – von ihrem Selbstverständnis her – auch mit dem Übernatürlichen und geben ihm einen Rahmen. Sie schaffen ein System von Glaubenssätzen und Ritualen. Dieses System eint eine Gemeinschaft und bildet zugleich die Grundlage für ihr moralisches Verständnis und ihr geistiges Leben. Die Philosophen sind sich nicht einig über die Rolle der Religion: Einige meinen, dass sie eine Erfindung des Menschen sei, andere sehen in ihr einen Beweis für die Kommunikation eines Gottes mit dem Menschen. Alle Religionen müssen zwischen der Verneinung und der Überbewertung des Übernatürlichen ihren Platz finden. Es ist die Aufgabe der Theologen und spirituellen Denker, Positionen zu finden und sie abzugrenzen.

Eine Person, *die durch ihr seltsames Verhalten auffällt, halten manche für von bösen Geistern besessen. Bei dieser Frau aus dem Senegal sollen die bösen Dämonen durch Beschwörung ausgetrieben werden. Die meisten Religionen kennen Beschwörungsrituale.*

Der Teufel

Der Teufel, auch Satan genannt, gehört zu den nichtirdischen Erscheinungen, von denen viele Religionen sprechen. Seine Existenz ist nicht zu beweisen. Sowohl Bibel als auch Koran erwähnen den Teufel, der versucht, Gläubige (Juden, Christen oder Muslime) immer wieder vom rechten Weg abzubringen, den Gott vorgegeben hat. Um sein Ziel zu erreichen, führt der Teufel seine Opfer in Versuchung: Er verleitet sie dazu, Böses zu tun. Die Offenbarungsreligionen bekräftigen, dass Gott am Ende immer Sieger über den Teufel bleibt.

Gedanken über Religion

Man könnte Religion so definieren: Religion ist ein System von Glaubensinhalten und heiligen Riten*. Dieses System verbindet eine Gemeinschaft und bestimmt ihre Moral und ihr spirituelles Leben. Man könnte Religion auch ganz anders definieren:

Über Rituale

„Es muss im Leben heilige Dinge geben, an denen man nicht rührt, sonst werden wir gänzlich zu Barbaren."
Alain Bashung, Sänger (21. Jahrhundert)

„Das Sichtbare öffnet uns den Blick auf das Unsichtbare."
Anaxagoras, Philosoph (4. Jahrhundert v. Chr.)

„Geheiligt ist erstens die Person des anderen, zweitens der Körper des anderen, drittens alles, was der andere als geheiligt erachtet."
Albert Jacquard, Wissenschaftler (21. Jahrhundert)

„Oft verwenden Religionen viel Kraft und Überlegung darauf, uns Gott zu entfremden."
Françoise Giroud, Journalistin (20. Jahrhundert)

„Es gibt weder heilige Stätten noch heilige Personen, es gibt nur heilige Augenblicke, Momente der Weisheit."
Buddha

Glaubensüberzeugungen

„Der Zufall ist das Pseudonym, das Gott wählt, wenn er unerkannt bleiben will."
Albert Schweitzer, Arzt, Theologe, Philosoph (20. Jahrhundert)

„Um das Göttliche kennen zu lernen, fühle den Wind in deinem Gesicht und die Wärme der Sonne auf deiner Hand."
Buddhistischer Spruch

„Wenn es nach dem Tod nichts gäbe, fühlte ich mich zum Narren gehalten, doch ich werde nie bereuen, an die Liebe geglaubt zu haben."
Pfarrer von Ars (18. Jahrhundert)

„Der intelligente Mensch misst sich an dem, was er nicht begreifen kann."
Édouard Herriot, Politiker (20. Jahrhundert)

„Fromme und Atheisten sprechen ständig über Religion: Der eine spricht von dem, was er liebt, der andere von dem, was er fürchtet."
Montesquieu, Philosoph (18. Jahrhundert)

NA SO WAS!

Eine Religion: sammelt oder verbindet sie?
Das Wort Religion kann auf zwei lateinische Begriffe zurückgeführt werden: *Relegere* (sorgsam beachten, das Gegenteil von vernachlässigen), vielleicht weil man alle versammeln will, die sich auf Gott beziehen. Oder *religare* (verbinden), vielleicht weil sich Gott an den Menschen bindet, der ihm antwortet.

Über die Gemeinschaft

„Das Religiöse hat die Aufgabe, die Gewalt von der Gesellschaft fern zu halten."
René Girard, Schriftsteller (21. Jahrhundert)

„Eines Tages sah ich in den Bergen ein Tier. Als es näher kam, merkte ich, es war ein Mensch. Als er vor mir stand, war es mein Bruder."
Tibetisches Sprichwort

„Dringt ein Mensch zum Kern seiner eigenen Religion vor, befindet er sich auch im Zentrum der anderen Religionen."
Gandhi (20. Jahrhundert)

„Wir müssen lernen, als Brüder zusammenzuleben, sonst werden wir als Dummköpfe sterben."
Martin Luther King (20. Jahrhundert)

„Wer Freude genießen will, muss sie teilen. Das Glück wurde als Zwilling geboren."
Lord Byron, Dichter (19. Jahrhundert)

Über die Moral

„Wahre Moral besteht nicht in einer Liste von Verboten, sondern darin, zu lernen, frei zu sein."
Timothy Radcliffe, Mönch (21. Jahrhundert)

„Der Weise sucht die Ursachen seiner Fehler bei sich selbst, der Törichte bei den anderen."
Chinesisches Sprichwort

„Wenn Religionen einen Sinn haben, dann die Freisetzung der oftmals tief verborgenen menschlichen Güte."
Paul Ricœur, Philosoph (20. Jahrhundert)

„Die einzige Voraussetzung für den Triumph des Bösen ist, dass die Guten nichts dagegen tun."
Edmond Burke, Schriftsteller (18. Jahrhundert)

„Ich ging in die Kirche. Als ich Gott um Geld bat, kam eine Frau und hat mich um Geld gebeten."
Andy Warhol, Künstler (20. Jahrhundert)

Über Spiritualität

„Spiritualität bedeutet nicht, vor der Realität zu fliehen, sondern sich mit ihr auszusöhnen." François Roustang, Therapeut (21. Jahrhundert)

„So beten, als hinge alles von Gott ab. So handeln, als hinge alles von uns ab." Gilbert Chesterton, Schriftsteller (20. Jahrhundert)

„Die Schönheit der Seele ergießt sich wie ein mysteriöses Licht über die Schönheit des Körpers." Victor Hugo, Schriftsteller (19. Jahrhundert)

„Gleich welches Land, gleich welche Farbe, die Musik ist immer ein Schrei, der von innen kommt."
Bernard Lavilliers, Sänger (21. Jahrhundert)

Alte Religionen

Als vorgeschichtliche und antike Kulturen untergingen, verschwanden mit ihnen auch ihre Religionen. Archäologen und Historiker konnten aber durch intensive Grabungen und Forschungen einiges über sie herausfinden. Die ältesten Hinweise auf Mythen, religiöse Riten, Priester und Gottheiten reichen weit zurück.

Gab es prähistorische Religionen?

Waren die prähistorischen Menschen gläubig? Beteten sie, um die Gunst ihrer Götter zu erlangen? Wir wissen nicht viel über Religionen in der Urzeit, da wir nicht auf schriftliche Quellen zurückgreifen können. Archäologen können nur Vermutungen anstellen, die aber wohl niemals endgültig zu beweisen sind. Unsere weit entfernten Ahnen werden viele Geheimnisse für sich behalten.

***Statuette** aus einem jungsteinzeitlichen Grab im Iran*

***Har Karkom** auf der Sinai-Halbinsel: Dort hat sich eine riesige Anlage aus Felssteinen erhalten, die in der Altsteinzeit (etwa 30 000 v. Chr.) wahrscheinlich für Kultzwecke angelegt wurde. In der Mitte kann man hier einen Stein in Form eines Menschenkopfes erkennen.*

Frühe Bestattungen

Ein Hinweis auf Religiosität in der Frühzeit sind Gräber. Menschen bestatten schon seit tausenden von Jahren ihre Toten. Die frühesten bekannten Grabstätten wurden von Neandertalern (vor rund 200 000 Jahren) angelegt. Sie befinden sich in der Nähe von Siedlungsplätzen und enthalten meist Werkzeuge und Nahrungsmittel als Beigaben. Manchmal liegt das Skelett auf der Seite in der so genannten Höckerstellung, die Beine sind angewinkelt. Der Cro-Magnon-Mensch (vor rund 170 000 Jahren) bestattete seine Toten mit wertvollen und symbolträchtigen Beigaben wie Schmuck, Statuetten, Blumen und Perlen. Diese ersten Bestattungsrituale legen die Vermutung nahe, dass Neandertaler und Cro-Magnon-Menschen an ein Leben nach dem Tod glaubten, für das symbolische oder wertvolle Dinge nötig waren.

***Jungsteinzeitliches Grab** mit Schmuck aus Steinen, Muscheln und Perlen als Beigabe (4500 v. Chr.)*

Höhlen zum Beten?

Wandmalereien in den Höhlen, die von Cro-Magnon-Menschen benutzt wurden, sind die ältesten bekannten Zeugnisse menschlicher Kunst. Die Bedeutung der meisten Zeichnungen, die Tiere darstellen, ist bis heute nicht entschlüsselt. Vielleicht wollte man die Höhlen nur schmücken? Vielleicht hatten die Bilder aber auch sakrale Bedeutung und dienten zur Beschwörung einer erfolgreichen Jagd.

Tanzen für die Geister?

Auf Gegenständen und Höhlenwänden haben sich auch Darstellungen von Tänzern erhalten: Jäger tanzen um einen großen Hirsch, einer der Männer dreht sich um sich selbst. Waren Tanz oder Trance Versuche, mit Geistern in Kontakt zu treten oder übernatürliche Kräfte zu bändigen, um so das Überleben der Gemeinschaft zu sichern? Man kann nur Vermutungen äußern, Beweise dafür fehlen.

***Felsmalerei von Tänzern** in Tassili N'Ajjer im Süden Algeriens (4000–1500 v. Chr.)*

NA SO WAS!

Astronomen mit Muskeln
Für den Bau der megalithischen Anlage Stonehenge (England), die vielleicht der Vorhersage und auch der Feier von Sonnen- und Mondfinsternissen diente, mussten die Pioniere der Astronomie Steine von mehr als 4 Tonnen Gewicht über Land und Wasser aus rund 325 km Entfernung herbeischaffen. Und das um 2500 v. Chr.!

Heilige Steine?

Die im 5.–2. Jahrtausend v. Chr. aufgestellten Megalithe beweisen, dass die Menschen der Frühzeit nicht nur mit der Beschaffung von Nahrung beschäftigt waren. Die Steinblöcke finden sich fast überall auf der Welt – in Frankreich, England, Syrien, auf Mali und in Indien. Bisher konnten Archäologen noch nicht genau herausfinden, welche Völker die Steine bearbeiteten und aufstellten. Dienten die Steinsäulen, Steinreihen und Steinkreise als Grabmale, zur Bestimmung der Zeit oder stellen sie eine Kultstätte dar?

Die ersten guten Taten?

In Gräbern der Neandertalerzeit hat man Überreste von Neandertalern gefunden, denen zu Lebzeiten ein Arm fehlte oder die an schwerem Rheuma litten. Sie konnten daher vermutlich nicht auf die Jagd gehen und waren darauf angewiesen, dass die Gemeinschaft sie versorgte. Solidarität und Fürsorge gab es also bereits in der Frühzeit.

***Die Anlage von Stonehenge** (2500–1500 v. Chr.) besteht aus mehreren kreisförmig angeordneten Reihen von Steinblöcken. Vielleicht war dies das erste astronomische Observatorium der Geschichte.*

Mesopotamien, Land der Götter

Die älteste bekannte Religion ist die der Mesopotamier. Sie haben die Schrift erfunden und zahlreiche Texte über ihre Glaubensvorstellungen hinterlassen. Ihre Religion kannte gute und böse Götter und die Menschen dienten beiden, denn auch die bösen Gottheiten waren unsterblich und mächtig.

Den Göttern zu Diensten

Ab 3500 v. Chr. begannen die Sumerer in Mesopotamien (heute Irak), die ersten großen Städte zu errichten. Sie wurden um riesige turmartige Tempel, so genannte Zikkurats, angelegt. Diese Bauten beherbergten eine heilige Kammer, in der eine Götterstatue stand. Die Gottheit wachte über die Stadt und beschützte ihre Bewohner. Zahlreiche Priester kümmerten sich um den Gottesdienst. Sie pflegten die Götterstatue und brachten ihr die täglichen Opfergaben der Gläubigen. Wahrsager hatten die Aufgabe, die von den Göttern gesandten Botschaften zu erklären. Sie beobachteten dazu den Himmel oder untersuchten die Eingeweide von Opfertieren und missgebildete Neugeborene. Die Geisterbeschwörer bedienten sich magischer Formeln, um Krankheiten abzuwenden, die als Fluch der Götter galten. Diener, Handwerker und Künstler unterstützten die Priesterschaft, indem sie für Nahrung sorgten und die für den Gottesdienst benötigten Objekte herstellten.

Eine Vielzahl an Göttern

In der sumerischen Stadt Uruk sind mehrere Tempel erhalten. Einer der Tempel war dem obersten Gott geweiht, ein anderer Inanna, der Göttin der Liebe und des Krieges. Anderswo verehrte man Gottheiten, die Naturkräfte verkörperten: Enlil, den Gott der Luft, Enki, den Herrn über die Gewässer und die Unterwelt, sowie Götter, die man mit Sonne, Donner, Vegetation oder Krankheiten verband. Die Nachfolger der Sumerer – Akkader, Assyrer und Babylonier – übernahmen diese Gottheiten und gaben ihnen neue Namen: Aus Inanna wurde Ischtar und aus Enlil Marduk.

***Rekonstruktion** der Zikkurat von Ur im Land der Sumerer, die dem Mondgott Nanna geweiht war.*

Menschliche Götter

Die mächtigen Götter verhielten sich häufig wie Menschen und waren daher nicht immer gute Vorbilder. Zwischen der verführerischen Ischtar und ihrem Vater Sin, dem Reichtum und Macht liebenden Gott des Mondes, gab es ständig Streit. Zahlreiche Legenden erzählen von den nicht immer glorreichen Taten der mesopotamischen Gottheiten.

***Geister öffnen die Türen,** um einen betenden Mann zu Schamasch, dem akkadischen Sonnengott, zu geleiten.*

***Babylonische Statue** eines Mannes bei der Anbetung einer Gottheit*

Heilige Gesetze

Um 3000 v. Chr. wird in Mesopotamien die erste Schrift, die so genannte Keilschrift erfunden. Aber nur wenige Menschen konnten lesen. Alles Geschriebene galt als heilig, so auch Gesetze. Nach und nach ließen die Könige, die als Stellvertreter der Götter auf Erden angesehen wurden, ihre Gesetze auf Tafeln schreiben oder in Stein meißeln, um sie für die Nachwelt zu erhalten. Die Richter waren somit erstmals in der Menschheitsgeschichte nicht mehr den willkürlichen Entscheidungen eines Alleinherrschers ausgeliefert, sondern konnten sich auf allgemein verbindliche Texte berufen. Die heiligen Gesetze trugen somit zu einem Fortschritt für die Menschheit bei.

***Eine wichtige frühe Gesetzessammlung** wurde unter Hammurapi, dem König von Babylon, um 1760 v. Chr. in Stein gemeißelt.*

Das Gilgamesch-Epos

Das Epos schildert die Schöpfung des Universums. Nachdem die Götter die Menschen erschaffen hatten, wurden sie ständig durch deren Lärmen gestört und beschlossen, sie mit einer großen Flut zu ertränken. Enki aber warnte einen Mann, den er schätzte und riet ihm, ein Schiff zu bauen, um sich zusammen mit seiner Familie und allen nützlichen Tieren und Pflanzen retten zu können. Die Geschichte gleicht der biblischen Erzählung von Noah und der Sintflut. Möglicherweise ist sie mit der mesopotamischen Geschichte verwandt (*siehe S. 17* und *S. 161*). Das Epos erzählt weiterhin von den Taten Gilgameschs (*rechts*), des großen legendären Königs von Uruk. Dieser machte sich auf, um von den unsterblich gewordenen Überlebenden der Sintflut das Geheimnis des ewigen Lebens zu erfahren.

Ägypten: Pharaonen als Götter

Die Ägypter malten oder meißelten Bildergeschichten auf Tempelwände, die mit Hieroglyphen kommentiert wurden. Im Laufe ihrer langen Geschichte (etwa 3100–332 v. Chr.) erzählten sie so von ihren Glaubensvorstellungen und ihren Riten*, die sich von Stadt zu Stadt unterschieden.

Abhängig von Göttern

Ohne den Nil wäre Ägypten eine unfruchtbare Wüste gewesen. Doch auch wenn das Nilhochwasser zu gering ausfiel, konnte es zu Hungersnöten kommen. Den alten Ägyptern war ihre Abhängigkeit von Naturgewalten, der Sonne und dem Wasser, sehr wohl bewusst. Sie identifizierten sie mit Göttern und verliehen ihnen die Gestalt von Menschen, Tieren und Mischwesen. Ihrem Glauben nach erschufen die Götter die Welt und setzten dann den Pharao als Herrscher ein. Zwischen den einzelnen Gottheiten herrschte Konkurrenz und von Zeit zu Zeit wurden immer wieder andere Götter bevorzugt.

Gottkönig

Nach seiner Krönung wurde der Pharao als lebender Gott angesehen. Er war zugleich der oberste Priester. Der Pharao musste für sein Land und die Bewohner die Gunst der Götter erlangen. Er war Garant der Weltordnung und verhinderte durch die regelmäßig praktizierten rituellen* Zeremonien Katastrophen. Amenophis IV. (auch Echnaton genannt), der um 1350 v. Chr. in Amarna herrschte, erhob den Sonnengott Aton zum einzigen Gott, doch nach seinem Tod setzte sich unter Tutanchamun die traditionelle Religion wieder durch: Der von Echnatons Vorgängern verehrte Gott Amun gewann zusammen mit Re aus Heliopolis und Ptah aus Memphis wieder an Bedeutung. So wechselten die Götter mit der herrschenden Dynastie.

Rituelle Handlungen

Die Priester vertraten den Pharao vor ihrem Gott und vollzogen die komplizierten Rituale des täglichen Gottesdienstes. Sie wechselten sich monatlich im Tempel ab. Sie mussten strenge Reinheitsregeln befolgen: Wenn sie Dienst hatten, rasierten sie sich den Schädel kahl, entfernten die Körperhaare und kleideten sich in weißes Leinen. Sie mussten zudem bestimmte Speisen meiden. Einige Priester arbeiteten als Gelehrte in den „Lebenshäusern" der Tempel, den intellektuellen Zentren. Andere hatten die Aufgabe, die heiligen Formeln bei Zeremonien vorzulesen. Es gab unter den Priestern auch Frauen: Sie stimmten die Götter mit ihren Gesängen und Tänzen milde.

Pharao Sethos I. *vor der Götterstatue des Amun-Re*

Jede Epoche, jede Stadt und jedes Dorf verehrte eigene Gottheiten. Die folgenden Götter aus dieser großen Schar waren besonders weit verbreitet.

***Osiris**, Gott und Richter der Toten (Abydos, Busiris)*

***Wadjet**, Beschützerin von Unterägypten*

***Seth**, Gott der Wüste und des Unwetters (Piramesse)*

***Re, Aton** oder **Re-Horachte**, Sonnengott (Heliopolis)*

***Ptah**, einer der Schöpfer der Welt, Gott der Handwerker; **Sachmet**, seine Gemahlin, Göttin des Krieges, der Krankheiten und der Heilung (Memphis)*

***Sobek**, Herr der Gewässer (Faijum, Kom Ombo)*

***Anubis**, Gott der Mumifizierung (Kynopolis)*

***Aton**, Sonnengott, von Echnaton zum einzigen Gott erklärt (Theben, Amarna)*

***Thot**, Gott des Wissens und der Weisheit, Bote der Götter; **Seschat**, seine Frau, Göttin der Schrift (Hermopolis)*

***Hathor**, Göttin der Liebe, der Musik und der Freude, die Lebende wie Tote ernährt; Gemahlin des Horus (Dendera)*

***Amun**, oder als **Amun-Re** mit **Re** gleichgesetzt, ist einer der Weltenschöpfer und König der Götter (Theben)*

***Horus**, Gott des Himmels und des Königtums (Edfu, Hierakonpolis)*

***Month**, Kriegsgott (Theben)*

***Isis**, Göttin der Magie, erweckt die Toten zusammen mit ihrer Schwester **Nephthys**, Schutzgöttin des Hauses zum Leben (Philae)*

***Chnum**, der Töpfer, formt die Körper der Menschen. Er regelt das Hochwasser des Nils. Seine Begleiterinnen Satis und Anuket lassen den Nil an- und abschwellen (Elephantine, Esna).*

***Nechbet**, Beschützerin von Oberägypten*

Das Morgen-Ritual

Vor Tagesanbruch reinigten sich, wie überall in Ägypten, auch die Priester von Karnak. Inzwischen bereiteten Köche Speisen und Getränke für den Gott Amun-Re vor. Nachdem der Tempel gereinigt worden war, brachten die Priester die Lebensmittel in den Opfersaal und der Hohe Priester brach das Siegel zum Heiligtum der Gottheit auf. Dort weckte er Amun-Re, unterstützt von den Gesängen der anderen Geistlichen. Er umarmte die Statue, damit der Geist des Gottes vom Nachthimmel zurückkehrte. Dann räumte er die Speisen vom Vortag weg. Anschließend überreichte er Amun-Re eine Statue der Maat *(siehe Zeichnung)*, der Göttin der Wahrheit, der Gerechtigkeit und der Weltordnung. Der Gott „ernährte“ sich, um das Gleichgewicht des Universums aufrechtzuerhalten. Schließlich wusch der Priester die Statue, kleidete sie an und zog sich dann zurück. Die Pforte wurde wieder versiegelt.

Reise nach dem Tod

Im ägyptischen Himmel wechselten die Götter manchmal Namen, Aussehen und Zuständigkeiten. Unter der Erde, im Totenreich von Osiris, genossen die Gerechten ein ewiges Leben und von Zeit zu Zeit offenbarte sich ihre Seele den Lebenden. Das Grab stellte eine Pforte zwischen der Erde und dem Jenseits dar.

Den Körper erhalten

Die Ägypter glaubten daran, dass der Mensch eine Seele *(Ba)* hat, die nach dem Tod entweicht und dann zwischen dem Grab und der Welt der Lebenden hin und her wandert. Dank seiner Lebensenergie *(Ka)* konnte sich der Verstorbene im Grab von den dargebrachten Speise- und Trankopfern ernähren. Der Körper des Verstorbenen musste konserviert werden, damit *Ba* und *Ka* das ewige Leben erhielten. Dazu wurde der Körper einbalsamiert und mumifiziert. Diese Vorstellungen stützten sich auf Mythen, die zu Beginn der ägyptischen Geschichte entstanden sind.

Das Glück ist mit Osiris

In der Grabstätte von Königin Nefertari, der Lieblingsfrau von Ramses II. (1279–1213 v. Chr.) wendet sich Osiris – „der immerwährend Gute, König der Lebenden, höchster Gott für alle Zeit" – an die Verstorbene:
„Ich gewähre dir den Anblick von Re im Himmel. Ich gewähre dir alle Ewigkeit neben mir. Ich gewähre dir alle Weiterexistenz neben mir. Ich gewähre dir alle Freude neben mir."

Der Osiris-Mythos

Osiris, der Sohn des Erdgottes und der Himmelsgöttin, hatte die Krone geerbt. Daher tötete ihn sein eifersüchtiger Bruder Seth und zerteilte ihn in 14 Stücke. Isis, die Frau von Osiris, sammelte die Teile ein und band sie mit Tüchern zusammen – die erste Mumie entstand – und gab so ihrem Mann das Leben zurück. Doch Osiris konnte nicht mehr auf die Erde zurückkehren und wurde Herrscher über das Totenreich. Seither mussten die Toten mumifiziert werden, um wie er auferstehen* zu können. In diesem Mythos eröffnete sich der Weg zum ewigen Leben.

***Osiris** wird von Isis und Anubis mumifiziert.*

***Leichenzug** mit Klagefrauen, Trägern und Freunden*

Eine letzte Schiffsreise

Unmittelbar nach dem Tod wurde der Leichnam mit einer Barke an das Ufer der Einbalsamierer transportiert. Dort wurde er mumifiziert, um ihn für die Ewigkeit zu erhalten. Nach etwa zwei Monaten trug man den Toten zu seinem Grab. Verwandte, Klagefrauen und Priester begleiteten den Leichenzug. Träger transportierten Möbel und viele andere für das Leben im Jenseits nötige Dinge. Nach einer Abschiedszeremonie berührte der Priester symbolisch Mund- und Nasenöffnungen der Mumie, damit der Verschiedene im Jenseits essen und atmen konnte. Dann wurde der Leichnam in die Gruft gelegt. Arme konnten sich ein solches Begräbnis meist nicht leisten: Sie mussten sich mit einer Grube im Sandboden zufrieden geben, der oft für eine sehr gute Konservierung sorgte.

Das Herz auf der Waage

Auf den Wänden von Grabkammern haben sich Bilder erhalten, die den Übertritt ins Jenseits darstellen. Zunächst erschien der Verstorbene vor dem Gericht des Osiris. Dort wog Anubis dessen Herz auf Thots Waage gegen Maats Feder aus, die die Wahrheit und Gerechtigkeit verkörperte. Wenn das Herz von Sünden schwer war, wurde der Tote von einem gewaltigen Ungeheuer verschlungen. War es so leicht wie die Feder und somit rein, trat der Verstorbene eine gefahrvolle Reise zu Osiris ins Paradies an. Dazu brauchte er das Totenbuch, das ihm die schwer bewachten Tore öffnete und Gefahren wie Schlangen und Skorpione überwinden half. Im Reich von Osiris angekommen, konnte er sich endlich seinen Lieblingsbeschäftigungen hingeben.

NA SO WAS!

Auf immer und ewig

Die Ägypter konservierten nicht nur die Körper der Menschen für die Ewigkeit, sondern auch die bestimmter heiliger Tiere. Die dem Gott Sobek geweihten Krokodile, die Katzen der Göttin Bastet und die Ibisse des Thot wurden nach ihrem Tod einbalsamiert, in Binden gewickelt und manchmal sogar in bemalte und vergoldete Sarkophage gebettet. Es gab besondere, für sie eingerichtete Begräbnisstätten. Bei Sakkara wurde ein Friedhof mit mehr als 1,5 Millionen mumifizierten Ibissen entdeckt.

***Darstellung des Totengerichts** auf Papyrus: Der Verstorbene wird von Maat zu Osiris gebracht. Horus und Anubis wiegen sein Herz, Thot hält den Vorgang schriftlich fest.*

Griechenland, seine Götter und Gelehrten

Ursprünglich war Zeus ein einfacher Gott, der nur für das Wetter zuständig war: Er hellte den Himmel auf, sorgte für Regen und schleuderte Blitze. Doch im Laufe der Zeit wurde sein Bild immer mehr ausgeschmückt und man schrieb ihm sagenhafte Taten zu, bis er schließlich der oberste Gott im griechischen Olymp wurde.

Geschichte der Götter

Dichter wie Homer oder Aischylos erklärten in ihren Werken die Ursprünge der Welt so, wie sie in den griechischen Mythen beschrieben wurden. Am Anfang der Zeit herrschte das Chaos ohne jede Form, daraus wurde die Erde geboren. Die Erde war eine Gottheit, die Gaia genannt wurde. Sie brachte Uranos, den Himmel, hervor. Gemeinsam zeugten sie die Titanen. Kronos, der jüngste Titan, wurde der erste König der Welt. Aus Furcht, entthront zu werden, verschlang er seine Kinder. Nur sein jüngster Sohn Zeus entkam und rächte sich später an seinem Vater. Im Laufe der Zeit wurde Zeus zum höchsten Gott im Olymp.

Mythos von der Rettung des Zeus: *Nachdem Rhea, die Mutter von Zeus, ihren Sohn versteckt hat, reicht sie Kronos einen mit Lappen umwickelten Stein. Kronos verschluckt ihn und glaubt, seinen Sohn verschlungen zu haben.*

Grenzen der Mythen

Kein griechischer Dichter beanspruchte, mit diesen mythischen Geschichten wirkliche Ereignisse zu beschreiben. Man bediente sich der Erzählungen, um symbolisch darzustellen, was man über die Welt wusste. Dass die Menschen einst lernten, das Feuer zu beherrschen, spiegelt sich sinnbildlich in der Geschichte von Prometheus (rechts) wider: Der Titan stahl den Göttern das Feuer, gab es den Menschen und brachte ihnen somit die Kultur.

Weil sich die antiken Griechen der Grenzen ihrer Mythologie bewusst waren, weihten sie in Athen auch dem „unbekannten Gott" einen Altar. Ihre Philosophen beschäftigten sich in ihren Denkschulen nur wenig mit den Göttern.

Sokrates *mit einer Muse, einer Göttin der Künste und der Wissenschaften*

Verbreitung der griechischen Kultur

Sokrates, Platon, Aristoteles, Archimedes, Thales und Pythagoras – die größten griechischen Philosophen und Wissenschaftler lebten vor mehr als 2000 Jahren. Ihre Lehren sind jedoch auch heute noch sehr aktuell. Sie wirkten nachhaltig auf die abendländische Kulturgeschichte. Ihre Werke wurden bereits in der Antike sehr geschätzt und führten dazu, dass Griechenland vom 6.–3. Jahrhundert v. Chr. ein goldenes Zeitalter erlebte. Damals entwickelte sich das wissenschaftliche Denken. Die Griechen begannen, die Religionen rationaler zu sehen und weniger zu mystifizieren. So konnten sich die Menschen stärker der Wissenschaft zuwenden.

NA SO WAS!

Die Pythia spricht, aber …
Viele Menschen in der Antike befragten vor wichtigen Entscheidungen und Unternehmungen ein Orakel. Auch König Kroisos (um 550 v. Chr.) suchte die berühmte Pythia in Delphi auf, um etwas über den Ausgang seines geplanten Feldzugs gegen den persischen König zu erfahren. Als die Priesterin ihm die Zerstörung eines Imperiums vorhersagte, stürzte sich Kroisos siegesgewiss in den Krieg. Es war allerdings sein Reich, das zerstört wurde, und nicht das Perserreich.

Griechen und Römer hatten viele gemeinsame Götter (siehe S. 38), gaben ihnen aber unterschiedliche Namen. Die Bedeutung der Götter änderte sich von Zeit zu Zeit und von Region zu Region.

Zeus/Jupiter
Höchster Gott und Gott der Gerechtigkeit. Sohn des Kronos/Saturn und der Rhea/Kybele. Bei seinen unzähligen Liebschaften zeugt er zahlreiche Kinder.

Hera/Juno
Beschützerin der Ehe. Schwester und Gemahlin des Zeus. Sie ist sehr schön, aber auch immer eifersüchtig und etwas schwierig.

Hades/Pluto
Gott der Toten, Herr der Unterwelt. Bruder des Zeus. Sein Helm macht ihn unsichtbar und sein Furcht erregender Hund Kerberos/Cerberus bewacht den Eingang zur Unterwelt.

Poseidon/Neptun
Gott der Meere. Bruder des Zeus. Aufbrausend, er befehligt die Stürme.

Hestia/Vesta
Göttin des Herdes. Ältere Schwester des Zeus. Sehr besonnen, sie wird in allen Häusern und Tempeln verehrt.

Demeter/Ceres
Göttin der Fruchtbarkeit und der Ernte. Schwester des Zeus. Sie hat den Menschen den Ackerbau gelehrt.

Ares/Mars
Kriegsgott. Sohn des Zeus und der Hera. Schön, aber grob und manchmal gewalttätig. Ist bei den Menschen und den anderen Göttern wenig beliebt.

Götter des Römischen Reichs

In der Spätzeit des Römischen Reichs, im 5. Jahrhundert, zählte man in Rom über 40 000 Gottheiten. Offizielle Götter, private Götter, einheimische oder importierte Götter – alle wurden toleriert, solange sie dem Kaiser einen Ehrenplatz in ihrer Götterwelt einräumten.

Kaiser Augustus *als Pontifex maximus – oberster Priester. Seinen Kopf hat er mit der Toga bedeckt. Die römischen Kaiser waren zugleich religiöse Führer. Die meisten wurden nach ihrem Tod zu Göttern erhoben.*

Staat und Religion

Den Römern verdanken wir den Begriff „Religion". Das Wort leitet sich von dem lateinischen *religare* ab, was „verbinden" bedeutet. In der römischen Theologie* verband sich weltliche Politik mit göttlicher Macht. Um die Autorität des Herrschers zu stärken, wurde die Religion in den Dienst der Politik gestellt. Die römischen Bürger durften die Götter ihrer Wahl anbeten, doch alle mussten dem römischen Kaiser huldigen. Solange sie den offiziellen Kaiserkult praktizierten, der den römischen Staat zusammenhielt, mussten sie nicht alle Staatsgötter verehren. So wurden die Christen auch nicht wegen ihres Glaubens an sich verfolgt, sondern weil sie sich weigerten, den römischen Kaiser anzubeten.

Auch Götter werden erobert

Die römische Religionspolitik folgte einem einfachen und sehr erfolgreichen Prinzip: Um ihren Einfluss in den eroberten Gebieten zu festigen, nahmen die Römer auch fremde Götter in ihre Götterwelt auf. Als Gegenleistung verlangten sie die Verehrung des römischen Kaisers. Deshalb findet man in der römischen Götterwelt unter einer Vielzahl verschiedener Gottheiten auch Mithras, den aus Persien eingeführten Sonnengott.

Hephaistos/Vulcanus
Gott des Feuers. Sohn des Zeus und der Hera. Er ist hässlich, hinkt und verlässt nie seine Schmiede.

Aphrodite/Venus
Göttin der Schönheit und der Liebe. Gemahlin des Hephaistos und Mutter des Eros/Cupido, des jungen Liebesgottes. Die dem Meer entstiegene Göttin ist die schönste von allen.

Apollon/Apollo
Gott der Sonne und der Künste. Sohn des Zeus und Zwillingsbruder der Artemis/Diana. Er ist Dichter und Musiker.

Artemis/Diana
Göttin des Mondes und der Jagd. Tochter des Zeus und Zwillingsschwester des Apollon/Apollo. Sie geht oft jagen.

Athene/Minerva
Göttin des Krieges und der Wissenschaften. Die Tochter des Zeus entsprang voll bewaffnet dem Haupt ihres Vaters. Sie ist sehr intelligent.

Hermes/Mercurius
Götterbote und Gott der Reisenden und Händler. Sohn des Zeus. Weil er sich flink bewegt, ist er auch der Gott der Diebe.

Dionysos/Bacchus
Gott des Weins. Dem Schenkel des Zeus entstiegen. Gott der Ausschweifungen und des Vergnügens.

***Die Opferhandlungen** fanden im Freien statt, damit der Duft von Weihrauch und Feuer zu den Göttern aufsteigen konnte. Auf dem Altar wurde ein Feuer entfacht, in das der Priester Wein, Milch oder Öl goss. Danach konnten makellose Tier geopfert werden.*

Götterkult im Haus

Das Leben der Römer spielte sich unter den Augen der Götter ab. Im Haus verehrte man die Laren als Schutzgeister des Hauses, die Penaten als Schutzgötter der Vorräte und die Manen als Geister der Ahnen. Ihr Wohlwollen gewann man durch Opfer: Die Römer brachten der verehrten Gottheit ein Opfer dar, diese gewährte dann im Gegenzug den Opfernden Schutz.

Das Leben im Tempel

Die große Götterschar machte zahlreiche Tempel erforderlich. Die Menschen suchten die Tempel häufig auf. Die Gotteshäuser waren Mittelpunkt des öffentlichen Lebens. Vor jeder Feier oder politischen Versammlung vollzog ein Priester an einem Altar, der vor dem Tempel stand, ein Opfer. Im Tempelinneren oder in Nebengebäuden wurden Festessen oder von Tänzen begleitete Prozessionen durchgeführt. An Tempeleingängen eingemeißelte Vorschriften, die zufällig erhalten blieben, verraten uns einiges über die religiösen Bräuche der Römer: So sollten die Tempelbesucher „angemessen bekleidet sein, zuvor keine sexuellen Kontakte gehabt, keine Leichen berührt und keinen Knoblauch gegessen haben …“

Der göttliche Wille

Vor bestimmten politischen Entscheidungen holten die Römer den Rat der Götter ein. Sie suchten Auguren auf, die die Götter befragten und ihre Zeichen deuteten: den Flug, den Appetit oder das Geschrei von besonderen Vögeln oder die Formation der Wolken. Auch die Haruspizes, die aus den Eingeweiden geweihter Tiere wahrsagten, genossen hohes Ansehen.

***Ein Haruspex** bei seiner Tätigkeit (Rom, 2. Jahrhundert n. Chr.)*

Staatslegende

Der Gründungsmythos von Rom ist nicht nur eine spannende Geschichte. Er legitimierte auch den Anspruch der Römer auf Weltherrschaft, denn die Gründung von Rom wurde gleichsam als göttlicher Akt dargestellt. Romulus und Remus, die Gründer von Rom, galten als entfernte Nachfahren der Venus und als Söhne des Mars. Sie wurden von ihrem Großvater, dem damaligen König, im Tiber ausgesetzt, weil er seine Entthronung fürchtete. Die Knaben wurden aber von einer Wölfin gerettet.

Zeitlose Mythen

Oft erzählen Menschen, um sich in schwierigen Situationen Mut zu machen, Geschichten, in denen Sterbliche zu Helden werden. Auch Griechen und Römer kannten derartige Erzählungen. Ihre Mythen sind noch heute in vielfältiger Weise präsent, meist sind wir uns dessen aber gar nicht mehr bewusst.

Hera vertraut Io dem Argos an
Zeus verliebt sich in die Prinzessin Io, die er in ein Kalb verwandelt, um sie vor seiner eifersüchtigen Frau Hera zu verstecken. Die Göttin lässt sich aber nicht täuschen und befiehlt dem vieläugigen Riesen Argos, das Tier zu bewachen. Auf Befehl von Zeus tötet Herakles Argos. Wütend schickt Hera der verwandelten Io eine Bremse. Um den Stichen zu entkommen, überquert das Kalb die Meerenge zwischen Europa und Asien. (Diese Meerenge heißt Bosporus – auf Griechisch „Übergang der Kuh". Scharfe, wachsame Augen bezeichnet man als Argusaugen. ARGOS heißt auch ein Satellitensystem zur Positionsbestimmung von Objekten und Wildtieren.)

Herakles im Garten der Hesperiden
Herakles (römisch: Herkules) muss zwölf scheinbar unmögliche Aufgaben für die Götter erfüllen. So holt er beispielsweise die goldenen Äpfel aus dem von den Hesperiden streng bewachten Garten des Sonnenuntergangs. Deren Vater, der Riese Atlas, ist dazu verdammt, das Himmelsgewölbe zu tragen. Er schlägt Herakles vor, die Äpfel für ihn zu holen, wenn dieser ihm für einen Moment seine Last abnimmt. In Wahrheit möchte er sich seiner Bürde endgültig entledigen. Herakles zeigt sich zunächst einverstanden, um die Äpfel zu bekommen. Doch nachdem Atlas die Äpfel geholt hat, gibt Herakles unter dem Vorwand, eine bequemere Position zu suchen, Atlas die Last zurück und verschwindet mit den Äpfeln. (Die Griechen bezeichneten Italien als „Hesperien", denn dort ging für sie die Sonne unter. Die Römer nannten dann entsprechend Spanien so. Atlas ist heute der Name eines marokkanischen Gebirges und die Bezeichnung für eine Sammlung von Landkarten.)

Die Entführung der Europa
Der leichtlebige Gott Zeus verliebt sich in Europa, eine hübsche Königstochter. Um sich ihr zu nähern, verwandelt er sich in einen riesigen, sanften Stier mit goldenen Hörnern. Aus Neugier steigt die schöne Prinzessin auf den Rücken des Stiers, der sich darauf ins Meer stürzt und sie nach Kreta entführt. Dort nimmt Zeus seine wahre Gestalt an und zeugt mit Europa Minos, den künftigen König von Kreta. (Europa bezeichnet heute unseren Kontinent.)

Dädalus und Ikarus
Der kretische König Minos lässt ein Labyrinth erbauen, um darin den Minotaurus einzusperren, ein Monster – halb Mensch, halb Stier. Zugleich hält er dort auch den Erbauer Dädalus und dessen Sohn Ikarus gefangen. Mit aus Wachs und Federn gefertigten Flügeln gelingt den beiden die Flucht. Doch Ikarus kommt der Sonne zu nahe, das Wachs schmilzt und er stürzt zu Tode. (Ein Teil der Ägäis heißt heute Ikarisches Meer, da hier Ikarus ins Meer gestürzt sein soll.)

NA SO WAS!

Perfekte Wortwahl
Die Äolsharfe wird durch einen Luftzug zum Klingen gebracht und ist nach Äolus, dem Gott der Winde benannt. Hypnotisieren kommt von Hypnos, der jeden Abend den Schlaf brachte. Die Bezeichnung für das Betäubungsmittel Morphium geht auf Morpheus, den Gott der Träume zurück. Als Furie bezeichnet man manchmal eine wütende, rasende Frau – Furien waren die gefürchteten römischen Rachegöttinnen. Der Anblick der abscheulichen Medusa, deren Haar aus Schlangen bestand, ließ jeden zu Stein erstarren. Heute trägt die Meduse, eine Quallenart, ihren Namen und versetzt manchen Schwimmer in Angst und Schrecken.

Der blinde Ödipus
Ein Orakel warnt den König von Theben, dass sein Sohn Ödipus ihn töten und seine Mutter heiraten werde. Ödipus wird daher ausgesetzt. Doch er überlebt und erfüllt, ohne es zu wissen, die Prophezeiung. Als er dies entdeckt, sticht er sich die Augen aus. (Freud bezeichnete die Schwierigkeiten von Kindern, eine angemessene Gefühlsbeziehung zu ihrem Vater oder ihrer Mutter zu finden, als Ödipuskomplex.)

Perseus befreit Andromeda
Perseus, der Sohn von Zeus und der Prinzessin Danae, soll die schreckliche Medusa töten. Mithilfe von Athene und Hermes kann er sie enthaupten. Auf dem Rückweg macht er im Königreich Äthiopien Rast. Dort sieht er Andromeda, die an einen Felsen gefesselt ist und einem Seeungeheuer geopfert werden soll. Perseus tötet das Ungeheuer, befreit die junge Frau und heiratet sie. Nach ihrem Tod werden die beiden Liebenden von den Göttern in Sternbilder verwandelt (die bis heute ihre Namen tragen).

Die Religionen des Nordens

Es ist Winter und drinnen am Herdfeuer lauschen die Zuhörer gespannt den Geschichten des Erzählers. Wie in diesem keltischen Dorf werden auch bei den Germanen und Wikingern Traditionen mündlich weitergegeben. Diese kriegerischen Völker haben ganz eigene Mythologien hinterlassen, in denen sich ihr harter Alltag, aber auch ihre hohe Dichtkunst widerspiegeln.

Gebildete Männer

Bei den Kelten lag die Religion in den Händen der Druiden, die allein das Wissen bewahrten und als Mittler zwischen den Göttern und den Menschen wirkten. Sie waren genauso mächtig wie die Könige, denen sie als Berater beistanden, und wirkten überdies als Priester, Richter, Professoren, Philosophen, Ärzte, Astronomen, Historiker, Dichter und Musiker. Die Barden pflegten die geistliche Musik und sangen Ruhmesballaden aus der keltischen Geschichte. Die Hellseher weissagten aus Opfern und deuteten Himmelszeichen und Naturphänomene. In Gallien absolvierten künftige Druiden eine 20-jährige Ausbildung (in Irland zwölf Jahre). Die Schüler schrieben dabei nichts auf. Geheimnisse der Magie, Traditionen und Legenden – alles wurde auswendig gelernt und mündlich überliefert: eine unglaubliche Leistung, wenn man bedenkt, dass beispielsweise das Vortragen des Epos über den großen irischen Helden Cúchulainn mehrere Tage dauerte.

Die Götter des Asterix

Die Kelten beteten eine Götterschar an, die mit den Gottheiten anderer antiker Zivilisationen vergleichbar ist. Außerdem verehrten sie intensiv das Göttliche in der Natur. Bei Asterix und seinen Freunden lernen wir einige gallische Götter kennen: Teutates (oder Toutatis), den sie besonders gern anrufen, war der Schutzherr der Stämme. Belenus war der Gott der Sonne, Taranis der Gott des Donners. Lug war ein Gott, der sich durch sehr viele Talente auszeichnete, er gab Lugdunum (Lyon) seinen Namen. Manchmal wurde er durch das Wildschwein repräsentiert, Symbol der Kampfeslust und Unbezwingbarkeit – ein von Asterix und Obelix sehr geschätztes Tier. Wie Miraculix schnitten die Druiden in den heiligen Wäldern Misteln, denn diese immergrüne Pflanze symbolisierte das Leben und die Ewigkeit der Götter.

***Druiden aus Gallien** sammeln heilige Mistelzweige.*

***Der schlaue Odin** wird immer von den beiden Raben Hugin (Gedanke) und Munin (Gedächtnis) begleitet.*

Götter der Germanen und Wikinger

Die Germanen und die von den Nordgermanen abstammenden Wikinger erzählten sich die gleichen Mythen, nur die Namen der Gottheiten unterschieden sich. Oberster Gott war Odin (bei den Germanen Wotan), der einäugige Gott des Wissens und des Krieges, der die Schlüssel zu Poesie und Magie besaß. Er hatte mehrere Söhne, darunter den stürmischen, für seine Kräfte berühmten Thor (Donar), den leuchtenden Balder, Gott der Güte und der Schönheit, und Tyr (Tiwaz), den einarmigen Gott des Rechts und des Krieges. Sie wohnten zusammen mit den anderen Göttern in Asgard. Dies war eine Festung, die auf einem Zweig von Yggdrasil erbaut worden war, der riesigen Weltesche, die das Universum stützte.

Ein Volk von Kriegern

Das Leben der Germanen und Wikinger war von Kriegen bestimmt. Daher hatten die Krieger einen besonders hohen Status in der Gesellschaft. Die im Kampf gefallenen Helden wurden von den Walküren, den Dienerinnen Odins, auf ihren Pferden in dessen Totenhalle Walhall in Asgard gebracht. Dort feierten die Helden rauschende Feste und trainierten für die große letzte Schlacht gegen die Mächte des Bösen. Diese Schlacht sollte das Ende der Welt bringen, nur ein Mann, eine Frau und zwei Götter sollten überleben. Dann würde eine neue Erde entstehen. In diesem Punkt weisen die nordischen Mythologien eine Besonderheit auf, denn in ihren Erzählungen können auch Götter sterben und verschwinden.

NA SO WAS!

Wochentage und Götter

In germanischen Sprachen wie Englisch und Deutsch erinnern die Wochentage an germanische Gottheiten. Tiwaz findet man in Tuesday (englisch: Dienstag) wieder, Wotan stand Pate für Wednesday (Mittwoch). Nach Donar ist der Donnerstag benannt und Freyja, die Göttin der Fruchtbarkeit, hat sich im Freitag verewigt.

***Schwer bewaffnet nehmen die Walküren** unsichtbar an den Kämpfen teil, um die von Odin zum Sterben erwählten Krieger wegzutragen. Diese schönen Kriegerinnen inspirierten den deutschen Komponisten Richard Wagner im 19. Jahrhundert zu dem vierteiligen Opernzyklus* Ring des Nibelungen.

Präkolumbische Religionen

Die drei amerikanischen Völker der Maya, Inka und Azteken haben beeindruckende Bauwerke als Zeugen ihres religiösen Lebens hinterlassen. Ihre Religionen konzentrierten sich auf die Sonne und die Astronomie. Sie entwickelten sehr präzise und komplizierte Kalender, um an vergangene Ereignisse zu erinnern und die Zukunft vorherzusagen.

Der so genannte Sonnenstein, *ein aztekischer Kalender*

Das Universum der Maya

Die Maya, die im 3.–9. Jahrhundert in Mittelamerika lebten, stellten sich die Welt als ein Quadrat vor, das von vier Göttern *(Bacabs)* an den Ecken getragen wurde. Der Himmel über der Erde hatte nach diesen Vorstellungen 13 Ebenen, die Unterwelt darunter neun Ebenen. Für jede Ebene gab es einen Gott. Auch auf der Erde existierten viele Gottheiten: eine für jedes Naturphänomen, für die Medizin, den Krieg, die Händler, den Mais usw. Ihr Herr, der Gott Itzamná, wachte über Tag und Nacht. Die Maya waren hervorragende Astronomen und Mathematiker und stellten dieses Wissen vorrangig in den Dienst der Religion. Die Gründe für das Verschwinden ihrer alten Kultur sind bisher nicht geklärt. Dürren, der Mangel an Nahrungsmitteln oder Angriffe könnten sie zur Aufgabe ihrer Städte bewogen haben.

Die Maya *haben zahlreiche Pyramiden hinterlassen. Sie werden von Tempeln gekrönt, die als heilige Stätten galten. Dort überwachten die Priester-Könige die Riten* und versetzten sich in Trance, um in die übernatürliche Welt aufzusteigen und mit den Göttern in Kontakt zu treten.*

NA SO WAS!

Eine echte falsche Mumie

Die Inka bestatteten ihre Verstorbenen in einer Höckerstellung. Die Herrscher und besonders hochrangige Personen wurden mumifiziert und auch nach ihrem Tod regelmäßig in wichtigen Dingen um Rat befragt.
In den Tim-und-Struppi-Comics *Die sieben Kristallkugeln* und *Der Sonnentempel* muss Tim den Fluch des mumifizierten Rascar Capac durchbrechen. Der Autor Hergé hat diesen Nachfahren des von den Inka verehrten Manco Capac erfunden. Für seine Zeichnungen ließ er sich aber von einer echten, in einem Museum in Brüssel ausgestellten Mumie inspirieren.

Die Inka, Söhne der Sonne

Im Reich der Inka in Peru (12.-16. Jahrhundert) gab es viele lokale Gottheiten, denn die Inka nahmen auch die Götter der Gebiete, die sie erobert hatten, in ihre Götterwelt auf. Der offizielle Staatskult galt aber dem Schöpfergott Viracocha und dem Sonnengott Inti, als dessen Abkömmlinge sich die Inka verstanden. In der Hauptstadt Cuzco wurde Inti in seinem Tempel als goldene Sonne mit menschlichem Gesicht verehrt und von geweihten Jungfrauen bedient. Noch heute verehren die Indios im peruanischen Hochland Inti und die Muttergöttin der Erde Pachamama.

Inka bei der Anbetung von Inti *in seinem Tempel in Cuzco*

Die fünf Sonnen der Azteken

Für die Azteken, die vom 14.-16. Jahrhundert weite Teile Mexikos beherrschten, gliederte sich die Geschichte der Welt in fünf als „Sonnen" bezeichnete Zyklen. Jeder Zyklus endete mit einer Katastrophe, die von einer Gottheit ausgelöst wurde. Die erste Welt - Sonne des Tigers - wurde von einem riesigen Jaguar verschlungen: Tezcatlipoca, Gott des Nordens, der Kälte und der Zauberer. Die zweite - Sonne der Winde - wurde von schrecklichen Stürmen hinweggefegt, die der Gott des Westens, Quetzalcoatl, die bekannte gefiederte Schlange, entfacht hatte. Die dritte Welt - Sonne des Regens - wurde von Tlaloc, dem Gott des Ostens, des Regens und der Stürme verschlungen. Die vierte - Sonne des Wassers - endete in einer von der Wassergöttin Chalchihuitlicue hervorgerufenen Sintflut. Die fünfte und gegenwärtige Welt - Sonne der Bewegung - wird nach aztekischen Vorstellungen in einem Erdbeben untergehen. Um die Vernichtung hinauszuzögern, opferte man Menschen. Die Azteken fürchteten, dass die Sonne am Morgen nicht mehr aufginge. Deshalb schenkten sie ihr die Herzen geopferter Menschen, deren Blut den Lauf der Sonne gewährleisten sollte.

Die drei Seelen der Azteken

Dem Glauben der Azteken zufolge besaß der Mensch drei verschiedene Seelen. In einer saßen die Gefühle, sie wohnte im Herzen. Die zweite gab Vitalität und Ausgeglichenheit, sie war in der Leber beheimatet. Die dritte verband den Menschen mit den Göttern und dem Universum und saß im Kopf. Sie konnte sich unter dem Einfluss von berauschenden Drogen und Getränken oder bei Angst zeitweilig vom Körper lösen, was manchmal zu Krankheit oder Tod führte. Medizinmänner bewegten die Seele aber wieder zur Rückkehr in den Kopf und heilten so den Kranken.

Im Reich der Azteken *wurden jährlich mehrere hundert Menschen den Göttern geopfert.*

Judentum, Christentum, Islam

Juden, Christen und Muslime glauben, dass es nur einen Gott gibt. Zu Göttern erhobene Herrscher, Sterne und Tiere gehören nach ihrer Auffassung ins Reich der Legenden. Für sie offenbart sich ihr Gott eindeutig: Er schickt Botschafter, teilt sich den Menschen mit und steht mit ihnen in einer vertrauensvollen Beziehung.

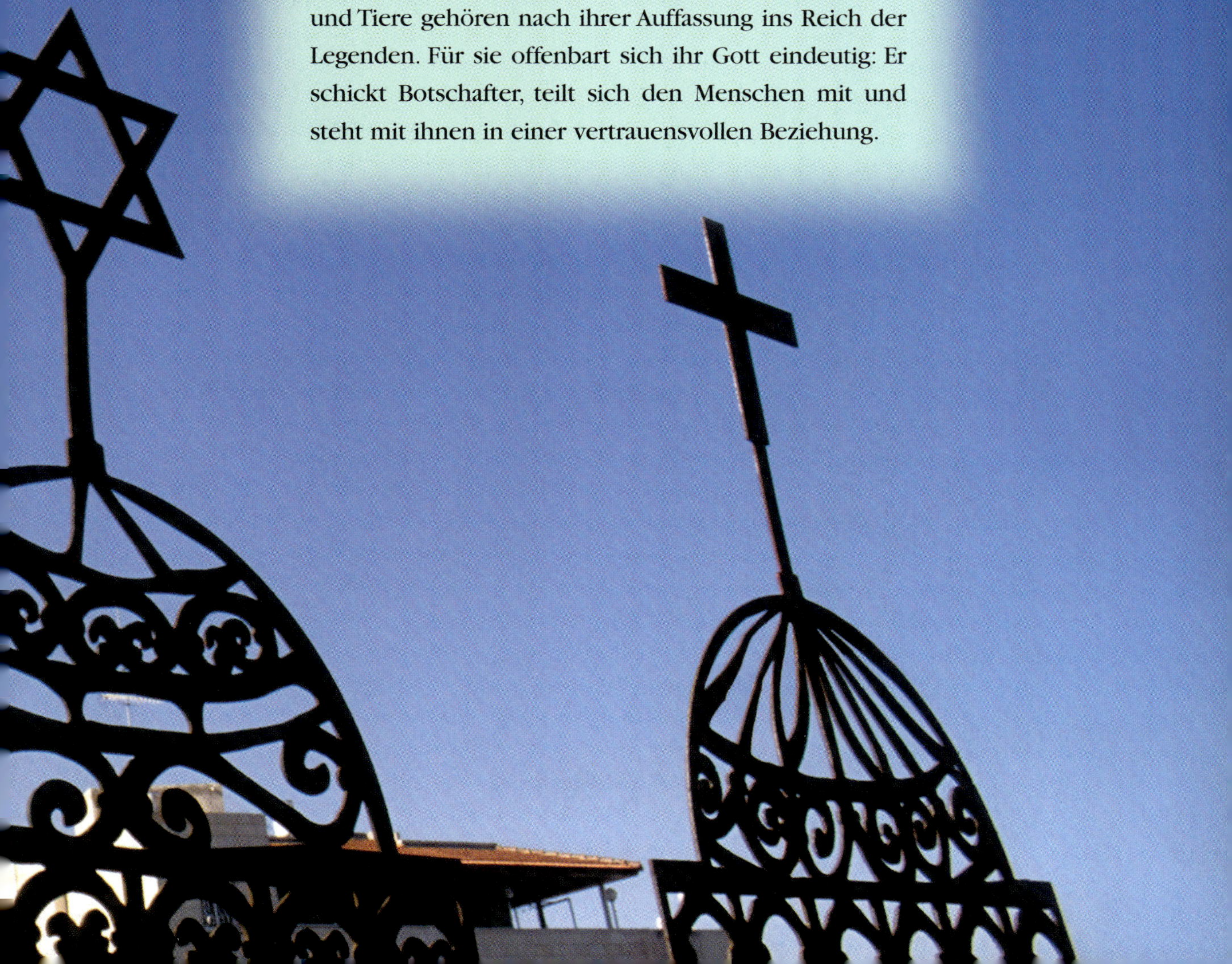

Stammvater Abraham

Eines Tages sprach Gott zu einem Nomaden: „Zieh weg aus deinem Land, von deiner Verwandtschaft und aus deinem Vaterhaus in das Land, das ich dir zeigen werde." So begann der Bibel nach der Dialog zwischen Abraham und seinem Gott. Seit nun mehr als 3000 Jahren führen Juden, Christen und Muslime dieses spirituelle Gespräch.

Abraham und der allmächtige Gott

Abraham soll um 1800 v. Chr. gelebt haben. Die Texte, die von ihm berichten, wurden allerdings erst 1000 Jahre später niedergeschrieben. Das Alte Testament der Bibel erzählt die Geschichte von Abraham und vom Volk Israel. Den biblischen Berichten zufolge wählte Gott Abraham aus. Er wies ihn an, in ein unbekanntes Land aufzubrechen, und verhieß ihm viele Nachkommen: „Ich werde aus dir ein großes Volk machen." Abraham verließ die Stadt Haran in Mesopotamien und deren Götter, um sich dem einzigen Gott anzuvertrauen. Er machte sich auf den Weg nach Kanaan, das Gelobte Land*. Das ist der Beginn des Bundes* zwischen Gott und dem Volk Israel. Die Geschichten erzählen, wie Gott sein Versprechen an verschiedenen Orten erneuerte – etwa in Sichem und Bethel *(siehe die Karte S. 51)* –, und jedes Mal errichtete Abraham einen Altar. Gleichzeitig verpflichtete er sich, seinen Körper und den seiner männlichen Nachkommen als Erinnerung an den Bund mit Gott durch Beschneidung* zu zeichnen.

***Jerusalem** wird oft als „Stadt der drei Religionen" bezeichnet, denn es ist eine heilige Stadt für Juden, Muslime und Christen. Hier errichtete der König von Israel, Salomo, seinen Tempel, von hier aus besuchte Mohammed* (siehe S. 102) *das Paradies und hier predigte Jesus.*

Ein Gott für drei Religionen

Juden, Christen und Muslime glauben an einen einzigen allmächtigen Gott. Man bezeichnet diese Religionen daher als monotheistisch* (vom griechischen *mono* = eins und *theos* = Gott). Abraham ist ihr gemeinsamer Stammvater. Er hatte zwei Söhne: Ismael von seiner Dienerin Hagar und Isaak von seiner Frau Sara. Muslime verstehen sich als Nachfahren Ismaels, Juden und Christen als Nachfolger Isaaks.

***Abraham schickt Hagar** und seinen Sohn Ismael auf Verlangen seiner Ehefrau Sara in die Wüste, nachdem diese Isaak geboren hat.*

***Abraham, Sara und Isaak** wurden in der Grabstätte der Patriarchen in Hebron (Westjordanland) begraben. Eine Moschee und eine Synagoge haben jeweils einen Zugang zu dieser heiligen Stätte, ohne jedoch direkt miteinander verbunden zu sein.*

In der Vorstellung des Judentums, Christentums und Islam hat sich Gott an die Menschen gewandt. Er hat ihnen gezeigt, wie sie mit ihm in Beziehung treten können, er hat ihnen ihr Dasein erklärt und wie sie ihr Leben gestalten sollen. Deshalb nennt man diese Religionen auch Offenbarungsreligionen.

Drei unterschiedliche Religionen

Die sich auf Abraham zurückführenden Religionen haben sich über Jahrhunderte herausgebildet. Jede der Religionen erfährt die göttliche Offenbarung unter anderen Umständen und interpretiert sie auf ihre Art:

- Im 6. Jahrhundert v. Chr. begründet sich das Judentum auf Erzählungen, die berichten, wie sich Gott im Verlauf der Ereignisse den Menschen offenbarte *(siehe S. 51)*.
- Zu Beginn unserer Zeitrechnung tritt Jesus auf, der seinen Anhängern zufolge der Sohn Gottes ist. Nach den Vorstellungen der Christen spricht Gott auch nach dem Tod Jesu zu den Menschen und schickt ihnen seinen Geist* *(siehe S. 64–65)*.
- Muslime glauben, dass Gott Mohammed im 7. Jahrhundert ein heiliges Buch, den Koran, übermittelt hat. Sie verehren auch die Propheten*, die von Moses bis Jesus im Namen Gottes gesprochen haben. Für sie ist der Islam die endgültige Offenbarung des Wortes Gottes *(siehe S. 182–187)*.

Allerdings sind sich Juden, Christen und Muslime über einige Begebenheiten aus der Geschichte ihres Stammvaters uneinig. Als Abraham zum Beispiel Gott gehorchend seinen Sohn opfern will, wird in der Bibel Isaak auf den Altar gelegt, im Koran dagegen Ismael. Doch der Ausgang ist in beiden Büchern identisch: Ein Engel verhindert die Opferung *(siehe S. 158–159)*.

Ein Gott mit vielen Namen

Jemanden beim Namen rufen bedeutet, ihn zu erfassen. Für die Juden ist Gott aber unfassbar. Sie nennen nie seinen Namen. In der jüdischen Bibel besteht er aus den vier Buchstaben JHWH, dem Tetragramm. Die Christen haben versucht, das Tetragramm auszusprechen, was Jahwe oder Jehova ergibt. Üblicherweise schreiben sie aber „Gott“. Die Muslime verwenden für Gott das Wort „Allah“, benutzen aber auch Bezeichnungen wie „der Barmherzige“ und „der Treue“ – insgesamt sind ihnen 99 Bezeichnungen bekannt.

***In der Bibel** (Genesis 22,1–12) soll Isaak geopfert werden, der Koran dagegen deutet auf Ismael hin (Sure 37, Verse 102–108).*

Gott offenbart sich dem Volk Israel

Die jüdische Religion gleicht einer Liebesgeschichte, in der das jüdische Volk wie eine liebende Braut dem Ruf Gottes folgt. Durch die Geschichte ihres Bundes* ziehen sich Aussagen wie „Ich werde dich immer lieben!" und „Warum bist du mir untreu?". Am Ende steht stets die Versöhnung.

Gott spricht aus der Geschichte

Das Judentum ist die erste monotheistische* Religion. Juden glauben an einen einzigen Gott, der ein Volk auserwählt hat, um es zu führen und zu beschützen. Er schloss einen Bund mit ihm. Die Geschichte des jüdischen Volkes erzählt immer wieder von menschlichen Schwächen, dennoch bleibt das Bündnis mit Gott bestehen. Im Alltag eines jüdischen Gläubigen spielt die Auseinandersetzung mit der eigenen Religionsgeschichte eine wichtige Rolle. Sie erlaubt, den Willen Gottes zu erkennen.

Gott liebt die Menschen

Für jüdische Gläubige gehen die Anfänge des Bundes auf die Ursprünge der Menschheit zurück. Die Bibel erzählt etwa, wie Gott Mann und Frau – Adam und Eva – im Garten Eden *(Abbildung oben)* erschuf. In dieser friedlichen Welt hätte das Leben sehr angenehm sein können. Doch Adam und Eva gehorchten Gott nicht und so wurde ihr Leben plötzlich beschwerlich. Viele andere Erzählungen – wie zum Beispiel der Zwist zwischen Kain und Abel oder die Sintflut – schildern, wie Gott treu zu seinem Bündnis steht, obwohl die Menschen nicht gehorsam sind *(siehe S. 160–161)*.

Die Worte genau wählen!

Die Wörter „hebräisch", „jüdisch", „israelitisch", „israelisch" und „zionistisch" bezeichnen verschiedene Aspekte der jüdischen Geschichte und Religion. Man nannte das Volk Israel manchmal „hebräisch", heute bezieht sich der Begriff nur noch auf die Sprache. Die Begriffe „jüdisch" und „israelitisch" betreffen die jüdische Religion; die Bezeichnung „Jude" benutzt man unabhängig von der Nationalität. Mit „israelisch" bezeichnet man heute alles, was den Staat Israel betrifft. Das Wort „zionistisch" entstammt dem historisch-politischen Wortschatz und bezeichnete die zum Teil radikalen Bewegungen, die sich für die Existenz des Staates Israel einsetzten.

❶ ❷ ❸ ❹ ❺ ❻

***Die jüdische Religion** nennt zahlreiche Propheten*, die das Wort Gottes dem Volk vermittelt haben. Zu ihnen gehören:*
① *Ezechiel*
② *Jeremia*
③ *Jesaja*
④ *Daniel*
⑤ *Hosea*
⑥ *Joël*

***Moses und sein Volk** sind unversehrt, während die Soldaten des Pharaos im Roten Meer ertrinken.*

Das Volk Israel

Allmählich setzte sich bei den Nomadenstämmen der Israeliten der Glaube an einen einzigen Gott durch. Gleichzeitig wuchsen sie zu einem Volk zusammen. Regelmäßig sandte Gott dem Volk Propheten*, die die Worte Gottes verkündeten. Die wichtigste Episode aus der jüdischen Geschichte handelt vom Auszug des Volkes Israel aus Ägypten. Nachdem die Israeliten dort lange Zeit als Sklaven gedient hatten, konnte Moses sein Volk endlich in die Freiheit führen. Doch das ägyptische Heer folgte ihm. Als das Volk Israel das Rote Meer erreichte, teilte sich das Wasser und die Israeliten konnten weiterziehen. Als die Soldaten des Pharaos ans Meer gelangten, stieg das Wasser wieder und sie ertranken in den Fluten.
So befreite Gott sein Volk. Die Befreiung aus der Sklaverei wird jährlich an Pessah* gefeiert. Nachdem die Israeliten 40 Jahre durch die Wüste gezogen waren, erreichten sie Kanaan. In Jerusalem errichteten sie zu Ehren Gottes einen Tempel* *(siehe S. 164–165)*.

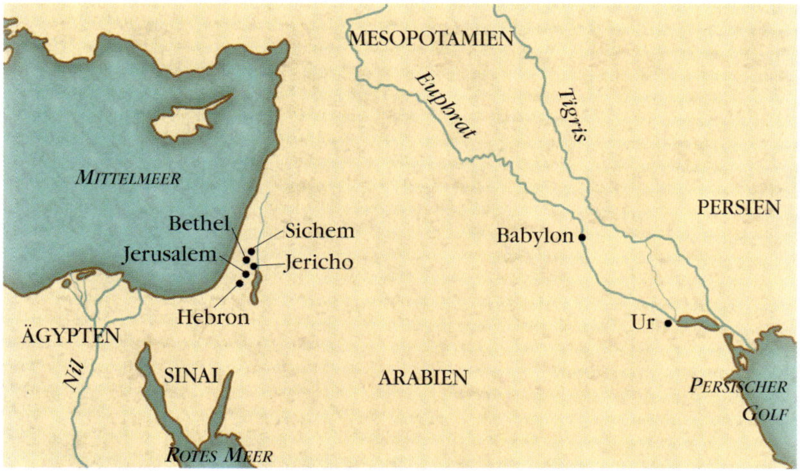

***Die Region des Nahen Ostens**, in der das Volk Israel lebte*

Und wenn es schief geht?

Die Geschichte des Volkes Israel verlief nicht immer friedlich, es wurden auch Kriege geführt. Wenn die Israeliten siegten, erschien ihnen Gott als Verbündeter, doch was passierte, wenn sie unterlegen waren? Bedeutete ihre Niederlage, dass Gott ihre Fehler bestrafte? Die Propheten machten sich Gedanken über Recht und Unrecht. Im Unglück erkannte das jüdische Volk, dass Gott ihm treu blieb. Selbst dann, als der babylonische König Nebukadnezar Jerusalem eroberte, den Tempel zerstörte und die Bevölkerung in seine Hauptstadt verschleppte. Die Menschen waren zum Teil überzeugt, dass Gott am Ende der Zeit einen Messias* (hebräisch: *Mesiah* = Gesalbter) senden werde, einen ruhmreichen König, der eine friedliche Gesellschaft schaffen werde. Sie gründeten ihr Leben auf einen Gott, der „nur selten zornig, aber immer voller Liebe" war.

***Auf den Ruinen des Tempels** erlebt der Prophet Jeremia die Hilfe Gottes, während das jüdische Volk nach Babylon verschleppt wird.*

***Moses** erhält auf dem Berg Sinai von Gott die Gesetzestafeln, auf denen die Zehn Gebote geschrieben stehen. Diese Miniatur aus dem 14. Jahrhundert zeigt, wie das Wort Gottes anschließend im jüdischen Volk verbreitet wird.*

Das geschenkte und empfangene Wort

Nach jüdischer Vorstellung „schluckt man die Worte Gottes nicht einfach runter", man muss sie „verdauen". Die Worte Gottes werden durch intensive Beschäftigung aufgenommen. Alle Aussagen werden frei und offen hinterfragt.

***Zu allen Zeiten** haben sich gelehrte Juden wie Maimonides versammelt, um die Bibel zu studieren, Ideen auszutauschen und die Jugend zu unterrichten.*

Reden und Handeln

Der Dialog zwischen Moses und Gott bildet die Grundlage der jüdischen Tradition*. Mitten in der Wüste erschien Gott Moses auf dem Berg Sinai, um mit ihm den Bund* zu erneuern und ihm eine Reihe von Gesetzen zu geben, die das Volk beachten sollte. In der Zeit nach Moses folgten die Menschen bestimmten Vorschriften, die in der Bibel festgehalten sind. Diese Gesetze *(Mizwot)* betreffen alle Aspekte des spirituellen Lebens und des Alltags: Vorschriften bezüglich Nahrungsmitteln sind hier ebenso aufgeführt wie Regeln zur Beschneidung* der Jungen oder das Anbringen einer *Mesusa* (Kapsel mit Geboten auf Papierstreifen) an der Eingangstür und vieles mehr. Diese Regeln zu beachten ist für Juden sehr wichtig. Den entsprechenden Teil der Bibel haben sie Thora genannt, das bedeutet: das „Gesetz". *(siehe S. 161)*.

***Die Mesusa,** ein an Haustüren befestigtes Röhrchen, erinnert an das Gesetz Gottes. Sie enthält Gebote aus dem Schema Israel* (siehe S. 55).

Die Kunst, Fragen zu stellen

Schon immer haben jüdische Gelehrte sehr großen Wert auf das Studium der Bibel und der im Talmud *(siehe S. 170–171)* enthaltenen Kommentare zum Gesetz gelegt. So lernen auch heute noch junge Juden, die Texte kritisch zu prüfen und möglichst viele Fragen zu stellen. Die Bibel studieren bedeutet für einen gläubigen Juden, das Gespräch fortzusetzen, das Gott mit Moses führte. Das Judentum toleriert, dass Gläubige über manche Glau-

NA SO WAS!

Nach Gottes Gesetz handeln
Fachleute haben in der Bibel 613 Gebote und Pflichten (hebräisch: *Mizwot)* gefunden: 365 Verbote, die es Tag für Tag zu beachten gilt, und 248 positive Gebote, die der damals angenommenen Zahl der Körperteile entsprechen. Ein gesetzestreuer Jude muss also von Kopf bis Fuß gläubig sein.

In der Synagoge *von Warschau (Polen) bereiten die Gläubigen die Lesung der Thora vor.*

bensaspekte unterschiedlich denken. Verschiedene Debatten unter Gelehrten können Gläubige zu einem eigenen Urteil ermutigen. So glaubten beispielsweise die Sadduzäer zu Beginn unserer Zeitrechnung nicht an die Auferstehung* der Toten, während für die Pharisäer die Auferstehung ein Teil ihres Glauben war. Auch über das Erscheinen des Messias* kam es immer wieder zu Kontroversen. Die Juden, die in Jesus den Messias sahen, gründeten das Christentum. Sie wollten sich damit von denjenigen abgrenzen, die in Christi Tod endgültig den Beweis dafür sahen, dass Jesus nicht der erwartete Messias war. Nach wie vor wird in kleineren Teilen des Judentums darüber diskutiert, wann und in welcher Form der Messias zu den Menschen kommen wird.

Die Zehn Gebote

Moses hat bei seinem Zwiegespräch mit Gott zehn wichtige Aussprüche, den so genannten Dekalog, erhalten. Zwei Bibelstellen (Exodus 20,1–17 und Deuteronomium 5,6–21) geben sie wieder:

„• Ich bin JHWH *(siehe S. 49)*, der dich aus Ägypten geführt hat, aus dem Sklavenhaus: Du sollst neben mir keinen anderen Gott haben.

• Du sollst dir kein Götzenbild oder Bild machen, denn ich bin JHWH, dein eifersüchtiger Gott, der das Unrecht bestraft, doch Barmherzigkeit übt gegenüber denen, die mich lieben und meine Gebote befolgen.

• Du sollst den Namen von JHWH nicht zum Lügen missbrauchen, denn ich lasse keinen ungestraft, der meinen Namen befleckt.

• Gedenke des Sabbats. Sechs Tage sollst du arbeiten, doch den siebten JHWH weihen. Keiner soll arbeiten …, denn JHWH hat in sechs Tagen den Himmel, die Erde, das Meer und alles, was dazugehört, geschaffen, den siebten Tag hat er gesegnet und für heilig erklärt.

• Du sollst deinen Vater und deine Mutter ehren, damit du lange auf Erden leben wirst.

• Du sollst nicht töten.

• Du sollst nicht die Ehe brechen.

• Du sollst nicht stehlen.

• Du sollst kein falsches Zeugnis ablegen.

• Du sollst nicht begehren das Haus deines Nächsten, nicht seine Frau, seinen Diener, seine Dienerin, nicht sein Rind, nicht seinen Esel oder irgendetwas, das ihm gehört.“

Jüdische Feiertage

Fernab vom Gelobten Land* war es nicht immer einfach, die Traditionen* aufrechtzuerhalten. Doch obwohl die jüdischen Gläubigen über die ganze Welt verstreut sind, haben sie ihre Bräuche und Rituale* bewahrt.

Der Sabbat, ein Tag der Ruhe
Jede Woche widmen jüdische Gläubige einen ganzen Tag Gott. An diesem Tag ist jede Arbeit untersagt. Am Sabbat gedenkt man der Erschaffung der Welt – Gott schuf die Welt in sechs Tagen und am siebten Tage ruhte er sich aus – und der Errettung des Volkes Israel beim Auszug aus Ägypten. Am Freitag werden nach Sonnenuntergang Kerzen angezündet. Nach dem Gottesdienst in der Synagoge versammelt sich die Familie beim Mahl. Wein und Brot werden gesegnet und die Mahlzeiten von Gebeten begleitet. Der Samstag ist dem Gottesdienst, dem Bibelstudium und der Familie gewidmet.

Pessah
Das jüdische Pessahfest* wird an acht Tagen im April gefeiert. Es erinnert daran, dass Gott das Volk Israel aus der Sklaverei befreite. Man isst das Pessahlamm und ungesäuertes Brot – Symbole der Vorbereitungen auf den Auszug aus Ägypten. Die Erwachsenen erzählen an diesem Festtag den Kindern die Geschichte des jüdischen Volkes.

Schawuot
Dieses Fest findet sieben Wochen nach Pessah im Mai/Juni statt. Es ist ein Erntefest. Gleichzeitig gedenkt man der Übergabe der Gesetzestafeln an Moses.

Purim
Dieses Fest erinnert im Februar/März an die Errettung der Juden vor ihren persischen Feinden durch Esther und Mardochai *(siehe S. 167)*. Die Kinder verkleiden sich an diesem Festtag, man verteilt Geschenke an Arme und organisiert große Festessen.

Rosch ha-Schanah
Das jüdische Neujahrsfest wird im September/Oktober begangen. Man gedenkt mit dem Fest der Geburt Adams und kündigt das himmlische Gericht* durch Blasen des *Schofar* (Widderhorn) an. Das Fest leitet die zehn Tage der Buße* vor Jom Kippur ein.

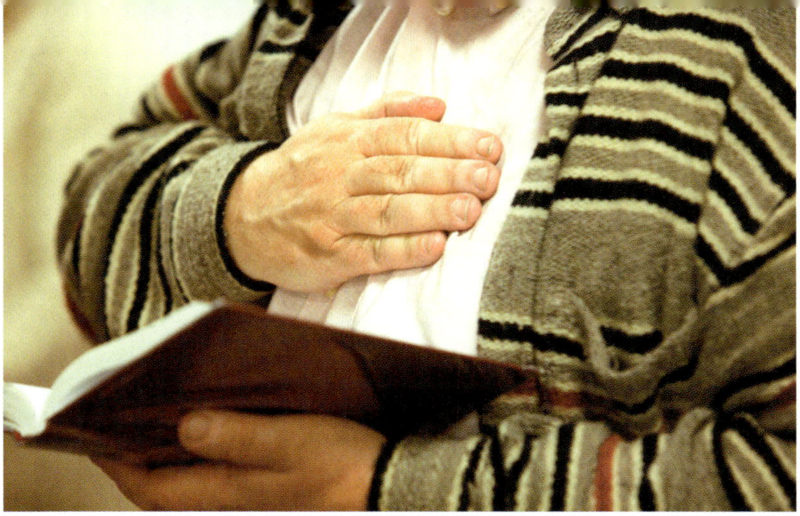

Jom Kippur
Dieses auch Versöhnungstag genannte Fest im September/Oktober ist der wichtigste jüdische Feiertag. Die Reinigungsrituale fanden ursprünglich im Tempel* in Jerusalem statt. Man fastet 25 Stunden, um sein Herz zu reinigen, und bittet um Vergebung der Sünden.

NA SO WAS!

Erneuerung der geistigen Kraft
Nicht immer konnte man den Sabbat ungehindert feiern. Im Mittelalter warf man jüdischen Gläubigen vor, nachts wilde Feste, so genannte Hexensabbate zu feiern. Wenn sich heute ein Angestellter ein Jahr beurlauben lässt, um sich zu erholen, bezeichnet man diese Auszeit als Sabbatjahr. Hier wird auf die ursprüngliche Bedeutung des jüdischen Fests zurückgegriffen: Die Zeit dient dazu, neue Kraft zu schöpfen.

Sukkot
Das Laubhüttenfest im September/Oktober erinnert an die 40-jährige Wüstenwanderung des jüdischen Volkes nach seinem Auszug aus Ägypten. Jede Familie baut zu Hause eine Hütte aus Zweigen und nimmt darin eine Woche lang ihre Mahlzeiten ein.

Simchat Thora
Nach dem Laubhüttenfest feiert man das Ende des Zyklus der Thoralesung mit Simchat Thora. An Simchat Thora (wörtlich „Freude über die Thora") werden die heiligen Schriftrollen mit Gesang und Tanz durch die Synagoge getragen.

Chanukka
Mit dem Lichterfest feiert man die Wiedereinweihung des Tempels nach dem Sieg über die seleukidische Armee 165 v. Chr. Wundersamerweise brannte damals im Tempel ein Leuchter, der nur für einen Tag geweihtes Öl hatte, insgesamt acht Tage lang. Heute wird das Fest im Dezember gefeiert.

Das Schema Israel

Jüdische Gläubige sprechen bei vielen Gelegenheiten Gebete. Eines der wichtigsten ist das Schema Israel („Höre Israel!"). Es wird täglich morgens und abends gebetet: „Höre Israel! JHWH, unser Gott, JHWH ist einzig. Darum sollst du den Herrn, deinen Gott, lieben mit ganzem Herzen, mit ganzer Seele, mit ganzer Kraft. Diese Worte, auf die ich dich verpflichte, sollen auf deinem Herzen geschrieben stehen. Du sollst sie deinen Söhnen wiederholen. Du sollst sie immer wieder sprechen, wenn du zu Hause sitzt und wenn du auf der Straße gehst, wenn du dich schlafen legst und wenn du aufstehst. Du sollst sie als Zeichen um das Handgelenk binden. Sie sollen zum Schmuck auf deiner Stirn werden. Du sollst sie auf die Türpfosten deines Hauses und die Stadttore schreiben."

Das Leben in der Synagoge

Der zweite jüdische Tempel* stand in Jerusalem. Er wurde 70 n. Chr. von den Römern zerstört. Erhalten geblieben ist von diesem Bau nur ein Mauerwerk, das heute als Klagemauer dient. Seit dieser Zeit versammeln sich Juden um die Thora in einfachen Gebetshäusern, den Synagogen.

Synagoge *von Mazkeret Batia (Israel)*

Die Synagoge
Jedes Haus kann als Gebetshaus dienen, es muss nur nach Jerusalem ausgerichtet sein. Je nach Land gibt es unterschiedliche Stile, doch meistens haben Synagogen ein Podest *(Almemor, Bema)* ①, auf dem ein Tisch für die Lesung der Thora steht. Um dieses Podest sind die Bänke angeordnet. Frauen beten auf der Empore (einer Galerie) ②, nur in den Synagogen der Reformierten *(siehe S. 60)* sitzen Frauen und Männer zusammen.

Podest *der Synagoge von Safed (Israel)*

Der heilige Schrein
In einer nach Jerusalem ausgerichteten Wand befindet sich eine Nische mit dem heiligen Schrein *(Lade)* ③. Er enthält die Schriftrollen der Thora und der Propheten*. Der Schrein erinnert an die Bundeslade, in der die Moses anvertrauten Gesetzestafeln aufbewahrt wurden. Manchmal hängt vor dem Schrein noch ein verzierter Vorhang *(Parochet)* ④. Über dem Schrein brennt ein ewiges Licht ⑤, das an die Gegenwart Gottes erinnert. Die Thoraschrift *(siehe oben)* ist um Stäbe aufgerollt, die mit Schmuckgriffen versehen sind. Die Rollen werden durch Stoffhüllen geschützt.

Lesung der Thora
Jeden Montag- und Donnerstagmorgen lesen drei Männer aus der Thora. Am Samstagnachmittag, dem Sabbat, entrollen sieben Männer das heilige Buch. Der Vorleser folgt den Versen mit einem Thorazeiger *(siehe links)*, um die heilige Schrift nicht mit den Fingern zu berühren. In einigen Gemeinden dürfen auch Frauen aus der Thora vorlesen.

NA SO WAS!

Die Bibel an den Wänden
In den Synagogen findet man weder bildliche noch statuarische Darstellungen von Gott oder den Menschen. Eine berühmte Ausnahme ist die Synagoge von Dura Europos in Syrien: Ihre Wände sind mit Fresken aus dem 3. Jahrhundert n. Chr. geschmückt, die Geschichten aus der Bibel zeigen.

Das Gebet

Dreimal täglich wird ein Gebet gesprochen: morgens zu Abraham, nachmittags zu Isaak und abends zu Jakob. Für einen Gottesdienst müssen mindestens zehn Männer zusammenkommen. Die Männer haben als Zeichen der Ehrfurcht ihren Kopf mit einem Käppchen, der *Kippa,* bedeckt. Beim Morgengebet wickeln sie sich in einen *Tallit* genannten Gebetsschal, dessen Fransen an die 613 Gebote *(siehe S. 53)* erinnern. Sie können auch die Gebetsriemen oder *Tefillin* angelegt haben, deren kleine schwarze Kapseln Verse aus der Thora enthalten. Sie symbolisieren den Bund, der die Gläubigen im Denken (auf der Stirn) und Handeln (an den Armen) mit Gott verbinden soll.

***Gläubiger** mit* Kippa, Tallit *und Gebetsriemen*

Würdig feiern

Die Feste würdig und feierlich zu begehen, ist eine Pflicht. An Simchat Thora trägt die versammelte Gemeinde die Thorarollen mit Gesang und Tanz durch die Synagoge, um der Freude über ein Leben nach den Regeln der Thora Ausdruck zu verleihen. Dieses Fest beschließt den Zyklus der Thoralesungen. Man liest die letzten Verse, um dann mit den ersten wieder neu zu beginnen. Die Liturgie* wird von Orgelmusik und Gesängen begleitet. Orthodoxe Juden benutzen keine Musikinstrumente, nur an hohen Feiertagen blasen sie den *Schofar (siehe S. 54).*

Schlichte Ausstattung

Zu den wenigen symbolischen Gegenständen in der Synagoge gehört die *Menora* ⑥, ein Leuchter mit sieben Armen, die die sieben Tage der Schöpfung symbolisieren. Die Fenster zeigen traditionelle Motive wie den Davidstern. Zum Sukkot-Fest wird die Synagoge mit Laubwerk geschmückt.

Jüdischer Lebenskreis

Der Davidstern *(auch „Schild Davids" genannt) ist seit dem 14. Jahrhundert Symbol des Judentums.*

Wenn die Mutter jüdischen Glaubens ist, ist man Jude von Geburt an. Man kann auch zum Judentum übertreten. Missionierungen sind im Judentum dagegen unüblich.

Geburt

Seit den Anfängen des Judentums werden die Jungen am achten Tage nach der Geburt beschnitten* und erhalten ihren Namen. Die Familie ruft dazu den *Mohel* (Beschneider), der die Vorhaut des Kindes entfernt und dabei betet: „Möge Gott den jungen … (er nennt den hebräischen Namen des Jungen) beschützen und segnen, und so wie er in den Bund* eingetreten ist, soll er in das Gesetz, die Gebote, die guten Werke eingeführt werden und glücklich unter den Hochzeitsbaldachin geleitet werden. So sei der Wille des Herrn." Die Anwesenden antworten mit Amen*. Mit drei Jahren wickelt der Junge in einer Zeremonie einen Schmuckgürtel um die Thora. Von diesem Zeitpunkt an beginnt er, Thora und Talmud *(siehe S. 170–171)* in hebräischer Sprache lesen zu lernen. Auch ein Erwachsener, der Jude werden will, muss sich diesem Studium unterziehen.

***Die Beschneidung,** Ölgemälde (16. Jahrhundert)*

NA SO WAS!

Ein göttlicher Fingerabdruck
Der Talmud erzählt, dass Gott zu jedem Baby im Mutterleib einen Engel entsendet, um es die Weisheit zu lehren. Doch unmittelbar vor der Geburt legt der Engel seinen Finger auf den Mund des Babys. Still! – und der Säugling vergisst alles, doch die Weisheit bleibt in ihm. Und der Beweis? Der Fingerabdruck des Engels zwischen Oberlippe und Nase.

Eintritt ins Erwachsenenalter – *Bar Mizwa*

Im Alter von 13 Jahren wird ein Junge vollberechtigtes Mitglied der jüdischen Glaubensgemeinschaft. Er muss alle Gebote beachten und wird zum *Bar Mizwa* (hebräisch: Sohn des Gebots). Ab jetzt darf er den *Tallit* (Gebetsmantel) und die *Tefillin* (Gebetsriemen) anlegen *(siehe S. 57)*. Seine erste öffentliche Lesung der Thora ist Zeichen seiner religiösen Mündigkeit *(rechts)*.

Bat Mizwa für Mädchen

Das wenige Tage alte Mädchen erhält seinen Namen bei einer Zeremonie während einer Lesung der Thora. Man bittet dabei Gott, dass es „eine jüdische Frau werde, weise und wohlwollend, voller Güte und Erhabenheit". Mädchen erreichen bereits mit zwölf Jahren, also früher als Jungen, die religiöse Mündigkeit. Das Mädchen wird zur *Bat Mizwa* (hebräisch: Tochter des Gebots). Es liest öffentlich verschiedene grundlegende Texte in Hebräisch und in seiner Muttersprache vor.

Bei einer jüdischen Hochzeit *nimmt das Brautpaar unter einem Baldachin* (Chuppah) *Platz.*

Verbreitung der jüdischen Gemeinden weltweit
Wegen niedriger Geburtenraten und Eheschließungen mit Nichtjuden sinkt die Gesamtzahl der Juden weltweit. Die mehr als 15 Millionen Juden verteilen sich vor allem auf zehn Länder. Bei der Schoah (siehe S. 302–303) *kamen 6 Millionen Juden um, das entspricht zwei Dritteln der jüdischen Bevölkerung in Europa vor dem Zweiten Weltkrieg. Nach dem Zusammenbruch der Sowjetunion steigt die Zahl der Juden in Deutschland wieder durch Zuwanderungen.*

Land	Zahl der jüdischen Gläubigen	Gesamtbevölkerung
USA	ca. 5,8 Millionen (davon 1,7 Millionen in New York)	293 Millionen
Israel	ca. 5,8 Millionen	6,7 Millionen
Argentinien	1,5 Millionen	37 Millionen
Frankreich	600 000	60 Millionen
Großbritannien	450 000	59,2 Millionen
Russland	400 000	142 Millionen
Kanada	400 000	32 Millionen
Brasilien	350 000	178 Millionen
Südafrika	120 000	44 Millionen
Deutschland	100 000	83 Millionen

Mitglied einer Gemeinde

Traditionell vollziehen nur Männer den Gottesdienst und auch das Studium der Thora ist Männern vorbehalten. Frauen müssen nicht am Gottesdienst teilnehmen. Sie können überall beten. Sie haben die Pflicht, mit ihren Ehemännern die jüdische Religion an ihre Kinder weiterzugeben. Einige liberale Gemeinschaften haben diese Rollenverteilung aufgehoben, bei ihnen sind auch Frauen für das Rabbineramt zugelassen. Der Rabbiner wird von der Gemeinde gewählt, er kann verheiratet sein und Kinder haben. Seine Aufgaben sind, das jüdische Gesetz zu lehren, die Gläubigen zu beraten sowie Hochzeiten und Bestattungen zu begleiten.

Ein Glaube mit vielen Gesichtern

Nicht alle Juden praktizieren ihren Glauben in derselben Art. Besonders strenggläubige Juden tragen beispielsweise eingedrehte Schläfenlocken und schwarze Anzüge, andere sind dagegen äußerlich nicht von Andersgläubigen zu unterscheiden.

Aschkenasim und Sephardim

Im Laufe der Jahrhunderte wurden die Juden durch die Kultur und Bräuche der Länder, in denen sie lebten, beeinflusst. Man unterscheidet zwei große jüdische Gruppen: Die Aschkenasim waren vor allem in Mittel- und Osteuropa verwurzelt, die Sephardim lebten im Mittelmeerraum. Die Wurzeln der Sephardim liegen im mittelalterlichen Spanien, die der Aschkenasim dagegen im heutigen Deutschland. Hier sind seit römischer Zeit jüdische Gemeinden belegt. Die Aschkenasim sprachen früher Jiddisch (eine aus dem Mittelhochdeutschen und slawischen Dialekten gebildete, mit hebräischen Wörtern durchsetzte Sprache), während die Sephardim das mit dem Spanischen verwandte Ladino sprachen. Verfolgungen und Vertreibungen haben bereits seit dem Mittelalter dazu geführt, dass sowohl aschkenasische wie auch sephardische Juden sich verstreuten. Die Aschkenasim waren besonders schwer von der Schoah *(siehe S. 302–303)* betroffen. Seither hat sich die Verteilung der beiden Gruppen weltweit verändert. Heute hat in Israel jede der beiden Gemeinschaften einen Großrabbiner, alle sprechen die offizielle Sprache Hebräisch, aber ihre religiösen Bräuche sind verschieden.

NA SO WAS!

Religiöse Vielfalt in Israel
In Israel leben Muslime, Christen, Bahais *(siehe S. 146–147)*, Drusen (aus dem Islam hervorgegangene Sekte*) und 86 % der Juden. Von den Juden sind 23 % nicht gläubig, 23 % nichtpraktizierende Gläubige, 34 % Konservative und 20 % Orthodoxe (davon 5 % Ultraorthodoxe).

***Ein Mädchen** feiert* Bat Mizwa *in einer liberalen Gemeinde.*

Liberales Reformjudentum

Gegen Ende des 19. Jahrhunderts hoben alle westeuropäischen Staaten die gesetzliche Diskriminierung von Menschen jüdischen Glaubens auf. Juden wurden den christlichen Bürgern der Länder, in denen sie lebten, formal gleichgestellt. Eine Mehrheit der Juden in diesen Ländern wünschte eine Anpassung ihrer Religion an die moderne Zeit und ihre Erfordernisse und reformierte so die traditionellen Lehren. Diese Bewegung des so genannten Reformjudentums, die ihre Wurzeln in Deutschland hat, ist heute vor allem in den USA verbreitet.

Eine Frau als Vorleserin *in der Synagoge einer liberalen Gemeinde in Frankreich*

Konservatives Judentum

Die um 1850 entstandene konservative Strömung steht zwischen dem Reform- und dem orthodoxen Judentum. Die aus Osteuropa in die USA emigrierten Juden gehörten häufig dieser Bewegung an (man nennt sie auch *Masorati*-Tradition). Sie war immer zionistisch orientiert und setzte sich für die Existenz des Staates Israel ein. Bei den Konservativen haben die Frauen an Bedeutung gewonnen: Seit 1955 dürfen sie in der Synagoge aus der Thora lesen und seit 1985 können sie Rabbiner werden.

Orthodoxes Judentum

Orthodoxe Juden fühlen sich den 613 Geboten *(siehe S. 53)* streng verpflichtet und betrachten sich als Garanten des traditionellen Judentums. Mit ihrer strengen Kleidung (schwarze Mäntel und Hüte) fallen sie sofort auf, doch sie stellen nur eine Minderheit dar.
Zu den Orthodoxen gehören auch:

- die aus Polen stammenden Chassidim. Am bekanntesten ist die Lubawitscher Gemeinde mit ihrer sehr mystischen* Religion.
- die antiisraelische extremistische Gruppe Neturei Karta („Wächter der Stadt"). Diese Juden leben im Jerusalemer Stadtteil Mea Shearim. Sie sind überzeugt, dass nur der Messias* den Staat Israel errichten kann und der heutige Staat Israel somit keine Legitimität besitzt. Sie verweigern den Militärdienst.

Äthiopische Juden

Die Juden Äthiopiens, die sich *Falaschen* nennen, führen ihre Wurzeln auf die Liebschaft zwischen König Salomo und der Königin von Saba zurück. Ihre religiöse Tradition ist sehr alt. Sie halten sich streng an die Speisevorschriften der Thora und den Sabbat. Sie feiern alle jüdischen Feste außer Purim. Da sie in Äthiopien durch Christentum und Islam in ihrer Existenz bedroht waren, holte der Staat Israel zwischen 1985 und 2003 rund 50 000 *Falaschen* nach Israel.

Diese jungen orthodoxen Juden *besuchen eine* Jeschiwa, *eine Hochschule, wo sie den Talmud* (siehe S. 170–171) *studieren und die Texte diskutieren.*

Das Leben Jesu

„Gott wollte Mensch werden!" sagen die christlichen Gläubigen. Antike Mythen erzählen, dass Menschen und Götter zusammenkamen, einige Menschen sogar Halbgötter wurden. Die christliche Religion verkündet jedoch, dass Gott Mensch wurde, indem er seinen Sohn schickte, und dass der Gottessohn durch seinen Kreuzestod die Menschheit erlöste.

Eine neue Lehre

Den Berichten nach verbrachte Jesus seine Kindheit in einfachen Verhältnissen in seiner jüdischen Familie in Nazareth. Mit 30 Jahren begann er öffentlich zu wirken. Drei Jahre verkündete er vor immer größer werdenden Menschenmengen, dass Gott die Menschen liebe, wie ein Vater seine Kinder liebt, dass ein jeder seinen Nächsten und sogar seine Feinde lieben soll und dass Gottes Reich auf Erden anbricht. Seine Anhänger, angezogen von seinen Reden und Taten, sahen in ihm vor allem einen Propheten*. Doch er schockierte auch viele. Manche seiner Äußerungen waren nicht einfach zu akzeptieren: Er verurteilte religiöse Scheinheiligkeit und behauptete, dass vor Gott alle Menschen gleich seien. In einer Gesellschaft mit großen sozialen Unterschieden bedeutete seine Botschaft eine wahre Revolution. Sie begeisterte Arme und Verzweifelte und missfiel den Herrschenden. Seine Jünger waren von seinen Wundertaten fasziniert, aber auch verwirrt. Sie wollten in Jesus den Messias* sehen, doch seine Verurteilung und Kreuzigung *(siehe S. 178–179)* enttäuschte sie zutiefst.

Berichte der Gläubigen

Alles änderte sich, als seine Jünger davon berichteten, dass sie Jesus nach seinem Tod begegnet seien und dass er drei Tage nach seiner Kreuzigung auferstanden* sei. Sein Körper schien unverändert, doch war er nicht mehr derselbe, denn er konnte sogar durch verschlossene Türen gehen. Seine Jünger sahen ihn nun mit anderen Augen, da sie begriffen, dass er viel bedeutender war, als sie geglaubt hatten. Von jetzt an maßen sie jeder Begebenheit im Leben Jesu eine religiöse Bedeutung zu. Zum Beispiel gaben sie mündlich Schilderungen seiner Geburt weiter, in denen seine göttliche Herkunft betont wird: Jesus ist der Sohn Gottes, der von einer Jungfrau, die durch den Heiligen Geist* empfing, geboren wurde. Wie der von den Juden erwartete Messias (hebräisch: Gesalbter, griechisch: Christus) entstammt er dem Geschlecht König Davids.

NA SO WAS!

Rechenfehler

Theoretisch müsste die christliche Zeitrechnung mit dem Geburtsjahr von Jesus beginnen. Verschiedene Hinweise aus der Biografie Jesu deuten jedoch mit Sicherheit darauf hin, dass Jesus nicht im Jahre 0 geboren wurde. Sein Geburtsjahr lag zwischen 4 und 7 v. Chr.

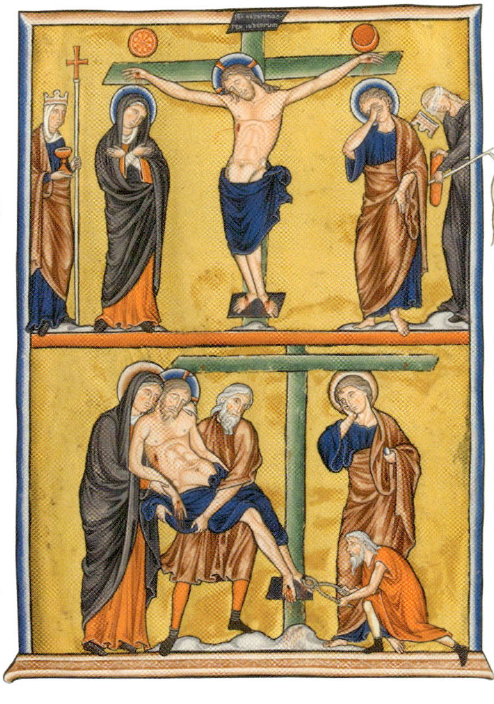

***Jesus stirbt am Kreuz,** dann wird er vom Kreuz genommen (Psalter, 13. Jahrhundert).*

***Jesus** erweckt den Sohn der Witwe aus Nain wieder zum Leben.*

***Nachdem Jesus gestorben war,** zogen zwei Jünger nach Emmaus. Ein Mann gesellte sich zu ihnen, erklärte ihnen das Geschehene und teilte das Brot mit ihnen. Da erkannten sie in ihm den auferstandenen Christus.*

Frohe Botschaft

Die Äußerungen von Jesus erschienen seinen Jüngern wie eine frohe Botschaft: Gott liebt ohne Einschränkungen alle Menschen, ungeachtet ihrer Herkunft und ihres Standes. Jesus rief dazu auf, am anbrechenden Reich Gottes teilzuhaben. Die Bibel berichtet von zahlreichen Wundern Jesu. Sie wurden als göttliche Zeichen gedeutet. Jesus heilte Behinderte und Kranke. Seinem Freund Lazarus, der schon mehrere Tage tot war, gab er das Leben zurück. Er ging über das Wasser und speiste die Massen, indem er Brot und Fische vermehrte. Zeugen berichteten auch von Bekehrungen, die durch Jesus ausgelöst wurden: Verzweifelte und Außenseiter gewannen ihre menschliche Würde zurück und folgten Jesus. Es gab jedoch auch Menschen, die ihn ablehnten oder anfeindeten.

Gibt es Beweise, dass Jesus Gott ist?

Historiker zweifeln nicht, dass es die Person Jesus gegeben hat, doch niemand kann nach modernen wissenschaftlichen Anforderungen beweisen, dass er Gott ist. Das seit Jahrhunderten verehrte Grabtuch in Turin mag das Tuch gewesen sein, in das Jesus eingewickelt war. Wissenschaftliche Untersuchungen haben jedoch keine Beweise erbracht – es bleibt nur der Glaube, dass Jesus Gott ist.

Die Anfänge des Christentums

Jesus wollte keine neue Religion begründen. Doch nach seiner Auferstehung* machten sich seine Jünger – angeregt durch den Heiligen Geist* – daran, die Botschaft seiner Auferstehung zu verbreiten und sein Werk fortzusetzen. So wurde durch sie die erste Kirche* ins Leben gerufen.

Die Apostel *Petrus (links) und Paulus (rechts) tragen die Kirche.*

Paulus *predigt in Ephesos (Türkei). Die neuen Christen, die zuvor der Magie anhingen, verbrennen ihre Zauberbücher.*

Die Apostel

Jesus hatte zwölf Apostel auserwählt, die seine Botschaft verbreiten sollten. Es waren Juden wie er, einfache Männer, die teils als Fischer am See Genezareth arbeiteten. Als Jesus zum Tode verurteilt wurde, bekamen sie Zweifel. Sie fürchteten um ihr Leben und versteckten sich. Nach dem Pessahfest* gab ihnen das Zusammentreffen mit dem auferstandenen Christus aber einen unerschütterlichen Glauben. An Himmelfahrt, als Jesus vor ihren Augen in den Himmel aufstieg, versprach er, immer bei ihnen zu sein, auch wenn sie ihn nicht mehr sehen könnten. An Pfingsten schickte er den Aposteln dann den Heiligen Geist*, der ihnen geistige Kraft gab, um allen Gefahren und Verfolgungen trotzen zu können. Sie gingen im gesamten Römischen Reich und selbst bis Persien und Indien auf Missionsreisen. Später wurden Briefe und Berichte verfasst: Die vier Evangelien* sind vier Interpretationen derselben Heilsgeschichte.

Petrus *ist fassungslos, als er Jesus in den Himmel aufsteigen sieht.*

Ein dreizehnter Apostel?

Die Geschichte von Saulus ist bemerkenswert, denn er verstand sich als Apostel, obwohl er Jesus nie begegnet war und in seiner Jugend die Christen mit besonderem Eifer verfolgt hatte. Sein Leben änderte sich schlagartig, als er auf dem Weg nach Damaskus (Syrien) Jesus „hörte und sah". Nach diesem Erlebnis ließ er sich taufen, predigte von Jesus und wurde unter seinem neuen Namen Paulus ein sehr aktiver Apostel. Er reiste viel und führte eine rege Korrespondenz mit den von ihm gegründeten christlichen Gemeinschaften *(siehe S. 181)*.

Die Anfänge der Kirche

Die Gemeinschaften der Christen versammelten sich bald regelmäßig in Erinnerung an Jesus und das letzte Abendmahl *(siehe S. 69)*. Nach und nach öffneten sie sich auch für Gläubige nichtjüdischer Herkunft. Die römischen Herrscher beobachteten diese Entwicklung mit Missfallen, auch weil die Christen den Kaiserkult ablehnten. Fast alle Apostel starben als Märtyrer, weil sie sich weigerten, ihrem Glauben abzuschwören. Nach ihrem Tod mussten sich die von ihnen gegründeten Gemeinden neu organisieren.

***Volkstümliche Darstellung** (18. Jahrhundert) des Martyriums der Apostel:*
①***Simon Petrus**: Fischer, erster der Apostel, stirbt als Märtyrer in Rom.*
②***Andreas**: Simons Bruder, Fischer, Märtyrertod in Patras (Griechenland).*
③***Jakobus der Ältere**: Johannes' Bruder, Fischer, Märtyrer in Jerusalem.*
④***Johannes**: Bruder von Jakobus, Fischer, stirbt in Ephesos (Türkei).*
⑤***Bartholomäus** (oder Nathanael): Stirbt als Märtyrer.*
⑥***Philippus**: Stirbt den Märtyrertod in Phrygien (Türkei).*
⑦***Matthäus** (oder Levi): Stirbt als Märtyrer in Äthiopien.*
⑧***Thomas**: Stirbt in Indien.*
⑨***Jakobus der Jüngere**: Sohn des Alphäus*
⑩***Judas** (oder Thaddäus): Stirbt mit Simon dem Zeloten in Persien als Märtyrer.*
⑪***Simon der Zelot**: Leistet Widerstand gegen die römische Besatzung.*
⑫***Matthias**: Ersetzt Judas (der sich nach dem Verrat Jesu an die Römer erhängte), stirbt als Märtyrer.*

Sie erstellten eine Sammlung von Texten, die künftig als religiöse Grundlage dienen sollten und das Alte und Neue Testament umfassten *(siehe S. 156–181)*. Um die Botschaft Jesu weiterzugeben, formulierten sie ihre Glaubensgrundsätze.

Große Diskussionen

Ein Gott, der ein Mensch ist – das ist schwer zu begreifen. Ist er ein Gott mit einem menschlichen Erscheinungsbild oder ist er ein von Gott erleuchteter Mensch? Ist er beides zugleich? Die Christen fanden eine Übereinkunft. Sie erarbeiteten ein Dogmensystem, das bei Konzilen* bestätigt wurde. Neue Begriffe sollten diesen neuen Glauben ausdrücken: Inkarnation bedeutet, dass Gott in Jesus Mensch geworden ist. Trinität* beschreibt den dreieinigen Gott, der in drei sich ergänzenden Formen handelt *(siehe S. 68)*. Der christliche Glaube wird in den verschiedenen Versionen des Glaubensbekenntnisses oder des Credo* (lateinisch: ich glaube) zusammengefasst.

***Eines der vier Konzile,** die zwischen dem 4. und 9. Jahrhundert in Konstantinopel stattfanden*

Das Glaubensbekenntnis

Das Apostolische Glaubensbekenntnis lautet in seiner heutigen (katholischen) Fassung: „Ich glaube an Gott, den Vater, den Allmächtigen, den Schöpfer des Himmels und der Erde, und an Jesus Christus, seinen eingeborenen Sohn, unseren Herrn, empfangen durch den Heiligen Geist, geboren von der Jungfrau Maria, gelitten unter Pontius Pilatus, gekreuzigt, gestorben und begraben, hinabgestiegen in das Reich des Todes, am dritten Tage auferstanden von den Toten, aufgefahren in den Himmel; er sitzt zur Rechten Gottes, des allmächtigen Vaters; von dort wird er kommen, zu richten die Lebenden und die Toten. Ich glaube an den Heiligen Geist, die heilige katholische Kirche, Gemeinschaft der Heiligen, Vergebung der Sünden*, Auferstehung der Toten und das ewige Leben. Amen*."

***Der auferstandene* Jesus** entsteigt seinem Grab.*

Im Sinne von Christus

Mit der Taufe* wird ein Mensch in die christliche Gemeinschaft aufgenommen, um im christlichen Glauben erzogen zu werden. Wer im Sinne Jesu handeln will, der weiß, dass ihn Gott nicht verurteilen wird, auch wenn die guten Vorsätze nicht immer gelingen sollten. Durch die Vergebung gibt Gott neue Kraft.

***Durch die Taufe** wird der Täufling symbolisch von Sünden gereinigt.*

Jesus als Vorbild

Nach den Schilderungen der Evangelien* hat Jesus vorgelebt, wie man mit den Schwachen, Armen und denen, die zurückgestoßen und missverstanden werden, umgehen soll. Er hat nicht alle Krankheiten geheilt, nicht allen Hungernden zu essen gegeben, auch wenn er manchmal Wunder vollbrachte. Diese sollten zeigen, dass er die Macht dazu hatte. Für Christen ist Jesus kein Zauberer. Der Gläubige versucht, es Jesus gleichzutun in der Liebe zu Gott und den Menschen. Darin findet er sein Glück und stellt sich in den Dienst der anderen.

Einer der bekanntesten Leitsätze der Christen (und Juden) lautet: „Liebe deinen Nächsten wie dich selbst!" Dies war für Jesus eines der beiden wichtigsten Gebote. Das andere geht auf das Schema Israel *(siehe S. 55)* zurück und besagt: „Der Herr, unser Gott, ist der einzige Gott. Du sollst ihn lieben mit ganzem Herzen."

NA SO WAS!

Die sieben Todsünden

Als Sünde wird der Verstoß gegen Gottes Willen bezeichnet. Die Definition, was als Sünde* gilt, soll den Gläubigen helfen, ihr Leben besser auszurichten. Die katholische Überlieferung nennt sieben Todsünden, aus denen sich alle anderen ableiten: Habgier (nichts abgeben), Neid (sich mit anderen vergleichen), Zorn (der Gewaltbereitschaft nachgeben), Stolz (überheblich sein), Völlerei (unmäßig sein), Wollust (ungezügeltes sexuelles Verlangen) und Trägheit (sich mit seiner Mittelmäßigkeit begnügen).

Niemand ist perfekt

Diese Gebote erscheinen einfach und doch sind sie schwierig zu befolgen. Auch Christen sind gewöhnliche Menschen, die manchmal das Gegenteil dessen tun, was gut wäre. Trotz ihres Versprechens, Jesus zu folgen, entfernen sie sich von den Wünschen Gottes und sind versucht, anderen und sich selbst Böses anzutun. Oft ist es hilfreich sich mit anderen Christen auszutauschen. Viele Gemeinden bieten zum Beispiel Gesprächskreise an. Katholiken und Orthodoxen steht auch die Möglichkeit der Beichte offen *(siehe unten)*.

Jesus erzählte die Geschichte *von zwei jüdischen Priestern, die einen Schwerverletzten in der Einöde liegen ließen. Ein Samariter, Angehöriger einer von den Juden als ketzerisch verachteten Glaubensrichtung, rettete ihn schließlich. Jesus folgen heißt für Christen: dem Nächsten dienen.*

Die Auferstehung Jesu *lässt die Menschen glauben, dass der Tod nicht das Ende ist. Nach christlichen Vorstellungen ist Jesus der Retter der Menschheit.*

Barmherzigkeit zeigen

Das Leben Jesu, seine Kreuzigung und seine Auferstehung verkünden, dass für ihn der Tod und das Böse letztlich nicht siegen: Das Leben ist viel stärker als das Böse. Aus dieser Gewissheit heraus rettete Christus eine Frau, die wegen Ehebruchs gesteinigt werden sollte. Aus dieser Gewissheit heraus besuchte er Zachäus, der als Oberzöllner ein verhasster Mann war. Berührt von diesem Vertrauensbeweis Jesu gab Zachäus das erpresste Geld zurück und wurde zum Wohltäter. Christus war immer bereit zu vergeben. Er machte Simon Petrus zum Führer der Jünger, der die erste christliche Gemeinde aufbaute – obwohl der Apostel ihn dreimal verleugnet hatte. Diese Verhaltensweisen werden in der Bibel häufig mit dem Begriff Barmherzigkeit beschrieben. Petrus, der wusste, dass er gesündigt hatte, und der selbst auf Vergebung angewiesen war, würde wiederum den anderen gegenüber Barmherzigkeit zeigen und so ein geeigneter Führer der Christen sein.

Sünde und Vergebung

Bei Katholiken und Orthodoxen geschieht Sündenvergebung in Form eines Sakraments*, der Buße*. Wer sich wegen seiner Taten schuldig fühlt, kann sich einem Priester anvertrauen. Dieser ist zu Verschwiegenheit verpflichtet: Er wahrt das Beichtgeheimnis. Im Namen Gottes vergibt der Priester die Sünden und gibt dem zur Buße bereiten Menschen bestimmte Gebete auf, damit dieser sich bessern und Gott danken kann. Durch die gründliche Prüfung seines Lebens wird der Gläubige erkennen, wie er Fehler nach Möglichkeit wieder gutmachen oder künftig vermeiden kann.

Erteilung des Bußsakraments
in einer orthodoxen Kirche

Uneinigkeit unter Christen

Christen aus aller Welt können zusammen das Gebet sprechen, das Jesus sie gelehrt hat – das Vaterunser. Und durch die Taufe* feiern sie sich alle als Kinder Gottes. Doch sie haben ganz verschiedene Vorstellungen darüber, wie das Andenken an das letzte Abendmahl mit Jesus begangen werden soll.

***Geistliche** der protestantischen, orthodoxen und katholischen Kirche*

Wie beten?

Christen beten auf verschiedene Weise. Einige versammeln sich still, um „mit Gott zu sprechen", ihm zu danken oder ihn um etwas zu bitten. Sie „horchen" in sich hinein, um die Inspiration des Geistes* zu erfahren. Andere lesen die Bibel, sie versammeln sich in der Familie, im Freundeskreis, am Arbeitsplatz oder in einer Kirche*. Es gibt ebenso viele verschiedene christliche Gebete wie es Christen gibt. Ein Gebet ist nicht nur eine Bitte oder die Hingabe an Gott, sondern auch eine Geste des Teilens mit den anderen, mit der Gemeinschaft. Es gibt ein Gebet, das Vaterunser, das alle Christen auf der Welt beten und das sie eint: „Vater unser im Himmel, geheiligt werde dein Name. Dein Reich komme. Dein Wille geschehe, wie im Himmel, so auf Erden. Unser tägliches Brot gib uns heute. Und vergib uns unsere Schuld, wie auch wir vergeben unseren Schuldigern. Und führe uns nicht in Versuchung, sondern erlöse uns von dem Bösen. Amen*."

***Kreuzgang der Pater-Noster-Kirche** in Jerusalem: An der Mauer ist das Vaterunser in 62 verschiedenen Sprachen wiedergegeben.*

Kreuzzeichen und Dreifaltigkeit

Wenn die Katholiken das Kreuzzeichen machen, zeichnen sie mit der rechten Hand ein großes Kreuz nach, das an den Tod und die Auferstehung* von Jesus erinnert. Sie sprechen dazu: „Im Namen des Vaters, des Sohnes und des Heiligen Geistes." Durch diese Formel erinnern die Christen daran, dass Gott als dreifaltig zu sehen ist und nicht geteilt verstanden werden kann. Dieser christliche Gottesbegriff sieht in der Einheit des göttlichen Wesens drei identische Größen vereint: Gott-Vater, Gott-Sohn (Jesus Christus) und Gott-Heiliger Geist.

In Gemeinschaft mit Christus

Kurz vor seinem Tod speiste Jesus mit den Aposteln. Er nahm Brot, segnete es und sagte: „Esst davon, dies ist mein Leib, der für euch hingegeben wird.“ Dann nahm er einen Becher mit Wein und sagte: „Trinkt davon, dies ist mein Blut, das für euch vergossen wird. Tut dies zu meinem Gedächtnis.“ Seither erinnern Christen bei der Eucharistie an dieses Abendmahl. Es ist eine Möglichkeit, Christus sehr nahe und mit ihm vereint zu sein. Im Bemühen, die Eucharistie als Zusammensein immer besser zu gestalten, haben sich verschiedene Formen der Feiern entwickelt. Die unterschiedlichen Traditionen und Kulturen führten dabei im Laufe der Geschichte zu Differenzen zwischen den christlichen Kirchen.

Das Abendmahl: *Jesus segnet das Brot, bevor er es seinen Jüngern gibt.*

Ein katholischer Priester *hebt die Hostie, den Leib Christi, in die Höhe.*

Untereinander uneins

Manche Protestanten feiern das Abendmahl, wie man sich an ein zurückliegendes Ereignis erinnert. Brot und Wein werden nur symbolisch als Leib und Blut Christi verstanden. Andere Protestanten, Orthodoxe, Katholiken und Anglikaner glauben, dass Jesus tatsächlich in Brot und Wein anwesend ist, wenn sie das Abendmahl feiern. Die Diskussion, ob Brot und Wein in der Abendmahlfeier nur Symbole sind, zieht sich durch die ganze Kirchengeschichte. Die Christen sind sich auch nicht einig darüber, welche Person dieses Opfer im Namen von Jesus vornehmen kann. Die einen glauben, dass man dafür einen Mann einsetzen muss, andere berufen auch Frauen, wieder andere wählen sich als Gemeinde einen Pastor aus. Und so gelingt es den Christen nicht, das Erbe Jesu gemeinsam und in Eintracht zu teilen.

Protestantische Pastoren *bei der Abendmahlfeier*

NA SO WAS!

So sei es

Jesus aß zusammen mit seinen Jüngern. Die bei den Mahlzeiten gesprochenen Gebete beendeten sie mit dem hebräischen Wort „Amen!“, was „So sei es“ bedeutet. Später nannte man das Mahl der gottesdienstlichen Feier (heilige Messe), das an das letzte Abendmahl erinnert, Eucharistie (griechisch: Danksagung). Dieser Dank bezieht sich auf Leib und Blut Christi, also auf das Opfer, das er durch seinen Tod am Kreuz gebracht hat.

Die Christen in der Welt

Dank der von den Kirchen* geführten Register kennt man in etwa die Zahl der Getauften auf der Welt: Es sind rund 1700 Millionen. Das Christentum ist damit die stärkste Religionsgruppe und repräsentiert etwa 28 % der Weltbevölkerung. Doch nicht jeder Getaufte ist auch ein praktizierender Christ. Die Zahlen können die Situation nicht präzise beschreiben, sie liefern nur einen Anhaltspunkt.

Es ist schwierig, allein anhand von Zahlen auf die Gläubigen zu schließen. In Frankreich beispielsweise verzeichnet man bei 700 000 Geburten pro Jahr rund 400 000 katholisch Getaufte. Bedeutet das, dass die Mehrzahl der Franzosen Katholiken sind? Nur 39 % der Ehen werden in einer katholischen Kirche geschlossen und nur 10 % der Bevölkerung gehen regelmäßig zur Messe. Trotzdem bezeichnen sich bei Umfragen knapp 70 % der Franzosen als Katholiken. Eine individuell praktizierte Glaubenszugehörigkeit lässt sich nur schwer erfassen.

Verteilung der Christen in einigen Ländern

	Gesamt-bevölkerung	Katholiken (ungefähr)	Orthodoxe (ungefähr)	Protestanten (ungefähr)
USA	293 Millionen	58 Millionen	4 Millionen	76 Millionen
Brasilien	178 Millionen	155 Millionen	keine Angaben	15 Millionen
Russland	142 Millionen	2 Millionen	80 Millionen	5 Millionen
Mexiko	105 Millionen	75 Millionen	keine Angaben	1 Million
Philippinen	86 Millionen	58 Millionen	keine Angaben	3 Millionen
Deutschland	83 Millionen	26 Millionen	935 000	26 Millionen
Frankreich	60 Millionen	40 Millionen	400 000	1 Million
Italien	58 Millionen	50 Millionen	60 000	300 000
Spanien	40 Millionen	37 Millionen	keine Angaben	200 000
Polen	39 Millionen	32 Millionen	400 000	50 000

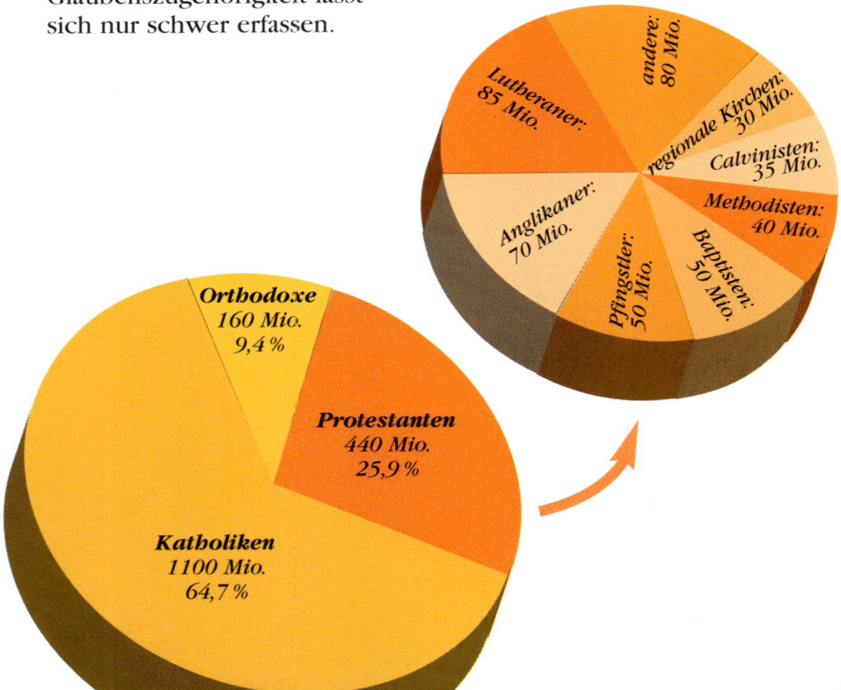

NA SO WAS!

Das nicht so einige Königreich

60 % der Bürger Großbritanniens erklären sich der anglikanischen Staatskirche zugehörig, doch durch viele Zuwanderer sind fast alle Religionen der Welt auf der Insel vertreten: 15 % Protestanten aus anderen Kirchen, 13 % Katholiken, Orthodoxe, Juden, Muslime, Hindus, Sikhs, Buddhisten, Bahais usw.

Katholiken

Rund 65 % der Christen sind Katholiken, die in etwa 50 Ländern der Erde die größte Religionsgruppe stellen. Allerdings wächst diese Gruppe etwas langsamer als die gesamte Weltbevölkerung und so ist der Anteil der Katholiken weltweit in den vergangenen 50 Jahren von 18 % auf 17 % gesunken.

Orthodoxe

Die Zahl der Orthodoxen, deren größte Gemeinschaft in Russland zu finden ist, lässt sich nicht so leicht ermitteln. Unter dem kommunistischen* Regime war eine Zählung der Mitglieder der teils insgeheim tätigen Kirchen nicht möglich und nach dessen Zusammenbruch fand bislang keine Zählung statt. Man muss sich also mit Schätzungen begnügen, die besagen, dass die Orthodoxen rund 10 % der Christen auf der Welt ausmachen.

DIE DEUTSCHEN ZWILLINGE

Seit der Wiedervereinigung 1990 teilen sich die Christen in Deutschland in zwei fast gleich starke Richtungen auf. 26 Millionen Gläubige gehören den protestantischen Kirchen an und 26 Millionen der katholischen Kirche. Beiden Religionsgemeinschaften kommt die Kirchensteuer zugute, die der Staat einzieht und weiterleitet. Einen großen Teil verwenden die Kirchen für Hilfsprojekte in bedürftigen Ländern.

Protestanten

Die Protestanten (alle Kirchen zusammengenommen, also Lutheraner, Anglikaner usw.) repräsentieren 25 % der Christen. Sie leben vor allem in Nordeuropa und Nordamerika. In Schwarzafrika entstehen zahlreiche regionale Kirchen, die oft auch rasch wieder verschwinden. Die Anglikaner bilden in Großbritannien die Mehrheit, denn hier ist ihre Kirche gegründet worden. Zudem konnten sie sich in Ländern wie Australien, USA, Nigeria, Uganda, Indien usw. ausbreiten, die früher von Großbritannien dominiert wurden.

Die Geschichte der Orthodoxen

Im Laufe der ersten Jahrhunderte vervielfachte sich die Zahl der Christen im Römischen Reich. Als das Christentum durch Kaiser Konstantin begünstigt und 380 zur Staatsreligion erhoben wurde, war die Kirche* plötzlich in Machtfragen verwickelt. Dies führte zu Spaltungen innerhalb der Kirche.

Taufe* von Kaiser Konstantin *durch Papst Sylvester I.*

Der römische Kaiser Konstantin begünstigte 313 das Christentum. In dem riesigen Imperium, das von der Türkei über Nordafrika bis zu den Britischen Inseln reichte, bildeten sich regionale Unterschiede in der Ausübung der Religion. Doch beim Konzil von Nicaea im Jahr 325 einigte man sich auf ein Credo*, das alle Gläubigen verband.

Streit um ein einziges Wort

Im 4. Jahrhundert hatten sich alle Christen auf eine bestimmte Vorstellung der Dreifaltigkeit geeinigt. Der Heilige Geist* war in seiner Göttlichkeit Gott Vater und Gott Sohn gleichgestellt. Doch im 9. Jahrhundert unterstützte Karl der Große die Idee, dass der Heilige Geist vom Vater „und vom Sohn" (lateinisch: *filioque*) ausginge. Das schockierte die Ostkirche, die den Heiligen Geist als allein vom Vater ausgehend verstand. Der Streit über das Wort „und" („-que" in *filioque*) war eine von mehreren Auseinandersetzungen, die schließlich zur Kirchenspaltung führten.

Das große Schisma

Als im 4. Jahrhundert die einfallenden Germanen ernsthaft das Römische Reich bedrohten, wurde Konstantinopel Hauptstadt des oströmischen Reichs. Es begann eine lange Konkurrenz mit Rom. Die regionalen, eng mit der herrschenden Macht verbundenen Kirchen beteiligten sich an diesem Wettstreit. Die einflussreichsten Bischöfe, auch Patriarchen genannt, rivalisierten miteinander. Der Bischof von Rom sah sich als Oberhaupt aller Christen, doch die Bischöfe von Jerusalem, Antiochia und Alexandria stellten sich gemeinsam hinter den Patriarchen von Konstantinopel und betrachteten alle als gleich, was Macht und Autorität angeht. Dieser „Krieg der Oberhäupter" dauerte mehrere Jahrhunderte, bis es 1054 beim Morgenländischen Schisma zur Spaltung der Kirche kam. Die Christen aus dem Osten bildeten die orthodoxe Kirche, die Christen aus dem Westen, die dem Papst (Bischof von Rom) eine besondere Autorität zumaßen, die katholische Kirche.

Papst Leo IX. *(rechts) exkommuniziert* 1054 den Patriarchen Michael Kerullarios von Konstantinopel und bricht damit die Beziehungen zwischen der West- und der Ostkirche ab.*

NA SO WAS!

Bedeutung der Worte
Orthodox bedeutet „rechtgläubig", d. h. in Übereinstimmung mit der Lehre Christi. Katholisch bedeutet „allgemein", für die ganze Welt bestimmt. Die Kirchen gaben sich jeweils eines dieser Attribute, doch beide müssen gleichzeitig rechtgläubig und für alle da sein.

Die heiligen Brüder Kyrillios und Methodios, *die die slawischen Länder im 9. Jahrhundert evangelisierten, werden von den Orthodoxen besonders verehrt.*

Autonome Kirchen

Die Orthodoxen organisieren sich in autonomen Kirchen (so genannte autokephale Kirchen), die jeweils ein Patriarch leitet. Obwohl unabhängig, bilden sie meist Gemeinschaften in den jeweiligen Sprach- und Kulturkreisen. Mit der Ausdehnung des orthodoxen Glaubens wurden auch neue Patriarchate geschaffen: in Moskau (1589), Serbien (1920), Rumänien (1925) und Bulgarien (1953). Diese Kirchen pflegen manchmal sehr engen Kontakt zu den nationalen politischen Kräften und stellen zuweilen ihre Religion freiwillig in den Dienst von Nationalismus und Patriotismus.

Leidgeprüfte Kirchen

Die meisten Orthodoxen leben in Russland und der Ukraine. In der Sowjetunion wurden sie unter Stalin stark verfolgt. Die Mehrzahl der 80 000 Kirchen wurde bereits 1917 während der bolschewistischen Revolution zerstört. 10 000 Priester und Mönche wurden exekutiert, die Überlebenden standen unter Überwachung durch die Geheimpolizei. Das System wollte alle Religionen beseitigen und den Atheismus* einführen. Seit dem Auseinanderbrechen der UdSSR 1991 sind viele Kirchen wiederaufgebaut worden, doch es gibt bisher nur wenige ausgebildete Priester. Die Orthodoxen dürfen ihre Religion wieder frei ausüben. Dabei zeigen sie eine enge Verbundenheit mit alten Traditionen*.

Die Erfassung *aller religiöser Wertgegenstände der Kirche ordnete Lenin 1922 an. Diese Beschlagnahmung rief heftige Reaktionen der Gläubigen hervor, die die Regierung mit harten Repressionen beantwortete.*

Das traditionelle Kreuz *der Orthodoxen hat drei Querbalken.*

Orthodoxe Sonderformen

„Christus ist auferstanden!", riefen die Apostel, als sie an Pfingsten* aus ihrem Versteck hervorkamen. Sie hatten jetzt keine Angst mehr, ihren Glauben zu verkünden. Diese neue Stärke verdankten sie dem Heiligen Geist*, der auf sie herabkam, als sie beteten. In ihrer Nachfolge verbreiteten die Orthodoxen diesen Glauben. Ihre Gebete künden von der Macht und Schönheit Gottes.

Von Maria lernen

Die Orthodoxen legen sehr großen Wert auf das regelmäßige Beten. Sie nehmen sich Maria *(siehe S.100–101)* zum Vorbild, die sie ganz besonders verehren, da diese ihr Herz vollständig Gott zugewandt hatte. Maria hat sich als „ergebene Dienerin" ganz dem Willen Gottes hingegeben und Gott machte sie zur „Mutter des Retters". Für die Orthodoxen ist das inständige, von Herzen kommende individuelle Gebet ebenso wichtig wie eine feierliche und prächtige Liturgie*.

***Bei der Hochzeit zu Kana** sagt Maria zu Jesus, dass kein Wein mehr da sei. Sie weist die Diener an, alles zu tun, was ihr Sohn ihnen aufträgt. Jesus verwandelt daraufhin Wasser in Wein (byzantinisches Fresko, 13. Jahrhundert).*

Ikonen

Die Orthodoxen lassen sich beim Beten durch kirchlich geweihte Ikonen (griechisch: Bilder) inspirieren. Sie wissen, dass man Gott nicht darstellen kann, denn kein Pinsel kann seine Herrlichkeit wiedergeben. Doch sie glauben, dass Maler, die sich in intensive Gebete versenken, Gott in ihren heiligen Bildern aufscheinen lassen können. Wenn Ikonen nach den religiösen Regeln (Gebete, Symbole, Farben, Materialien usw.) gemalt werden, dann werden sie zu „Fenstern in die geistige Welt". Gläubige, die sie betrachten, erhalten die „spirituelle Erleuchtung", nach der sie sich sehnen.

***Orthodoxe Messe** in Paris*

Liturgie für die Sinne

Die Orthodoxen wollen bei ihren Feiern einen Vorgeschmack des Paradieses auf Erden vermitteln. Klangvolle Gesänge umrahmen die Gottesdienste und die Kerzen, das prächtige Dekor und die Messgewänder spiegeln die Schönheit Gottes wider. Der feierlich-getragene Rhythmus ermöglicht es, sich in die alten liturgischen Gesten zu vertiefen.

NA SO WAS!

Eine Halbinsel der Mönche

Seit mehr als 1000 Jahren wird der Berg Athos in Griechenland nur von Mönchen bewohnt. Sie leben sehr bescheiden in einer autonomen Mönchsrepublik. Jedes Kloster wird von einem auf Lebenszeit gewählten Abt *(Hiegumenos)* geleitet. „Glatten Gesichtern", also Frauen und Kindern, ist der Zutritt verboten, um die Mönche nicht von ihrer spirituellen Versenkung abzulenken.

Sakrale Riten

Um ein neugeborenes Kind in die Kirche* aufzunehmen, taucht es der Priester dreimal ins Wasser (das ist die Taufe*). Dann zeichnet er ihm mit geweihtem Salböl, dem Chrisam, ein Kreuz auf die Stirn (entspricht der Firmung der Katholiken) und gibt ihm die Kommunion, „Leib und Blut Christi" (Eucharistie). Im Laufe seines Lebens kann der Getaufte seine Sünden beichten (Bußsakrament*), eine Familie gründen (Ehe) und im Krankheitsfall zur Stärkung gesalbt werden (Krankensalbung). Die Männer können später Diakon, Priester oder Bischof werden (Ordination*). Neben diesen sieben Sakramenten* (oder Mysterien), die es auch bei Katholiken und einigen Protestanten gibt, kennen die Orthodoxen viele Riten, die sie bei Gelegenheiten wie dem Eintritt ins Kloster oder bei Beerdigungen vollziehen. Sie feiern glanzvolle Feste zu Ehren von Christus, von Maria und von Heiligen.

***Priester vor dem Oster*-Gottesdienst** in Jerusalem. In der orthodoxen Kirche tragen die Priester normalerweise einen Bart.*

Der Heilige Geist lenkt die Kirche

Seit der Abspaltung von Rom haben die Orthodoxen keine neuen Dogmen* formuliert. Die theologischen* Festlegungen der ersten sieben Konzile* genügen ihnen. Für sie birgt die Abfassung neuer Texte die Gefahr, eher neue Konflikte zu schaffen als vorhandene zu lösen. Nur das Wirken des Heiligen Geistes verhindert den Irrtum. Der Klerus ist Garant für die Weitergabe der Traditionen*. Meistens werden die Bischöfe aus den Reihen der Mönche ausgewählt. Bischöfe können Ledige und Verheiratete zu Priestern weihen*, ein lediger Priester darf aber als Diakon nicht mehr heiraten.

Ein Gebet von Herzen

Der Überlieferung nach wurde ein russischer Pilger heilig, weil er ständig dasselbe Gebet wiederholte: „Herr Jesus Christus, Sohn Gottes, habe Erbarmen mit mir Sünder." Seither sollen die Orthodoxen dieses Gebet auswendig lernen und wie einen inneren Refrain sprechen. Sie beten es, so wie sie atmen.

Das Leben in der orthodoxen Kirche

Orthodoxe Kirchen sind so prächtig geschmückt, dass man sie wie Bücher von oben nach unten betrachten möchte: von der Struktur der Kuppeln bis zum Grundriss in Form eines griechischen Kreuzes sind sie ein Abbild von Himmel und Erde.

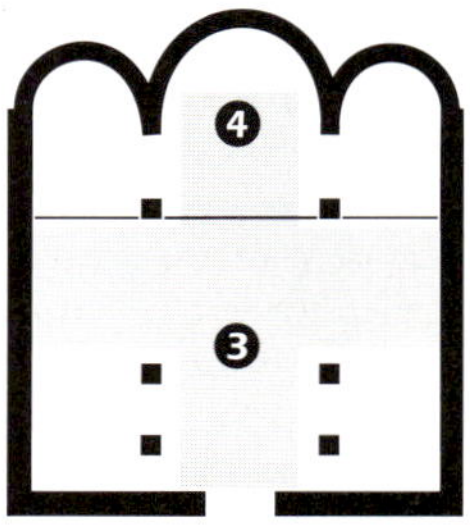

***Grundriss** einer Kirche in Anlehnung an das griechische Kreuz (gleich lange Balken)*

***Kuppeln** der Mariä-Verkündigungs-Kathedrale in Moskau*

Zwischen Himmel …

Die Anzahl der Kuppeln ist symbolisch. Eine erinnert an den alleinigen Gott, drei stehen für die Dreifaltigkeit*, fünf für Jesus und die Evangelisten, sieben symbolisieren die Sakramente*, 13 Christus und die Apostel und es gibt sogar 33 Kuppeln für die Lebensjahre Jesu. Gott, der Vater, wird nicht dargestellt und so zeigt das Mosaik in der Hauptkuppel den Christus Pantokrator (griechisch: Weltenherrscher) ①, umgeben von den vier Evangelisten.

… und Erde …

Der Innenraum erinnert an eine Grotte, wie die Geburtsgrotte in Bethlehem, oder an das Heilige Grab in Jerusalem, wo Jesus bestattet wurde. Die Mauern, bis in den kleinsten Winkel bemalt, erzählen Geschichten aus der Bibel, über die Kirche und das religiöse Leben.

… ist das Licht!

Um zu zeigen, dass der Glaube über die Finsternis siegt, fällt Licht von der Hauptkuppel und den Leuchtern auf die Versammelten. Zusätzlich erstrahlen Kerzen und von den Gläubigen angezündete Opferlichter.

***Christus Pantokrator** in der Grabeskirche in Jerusalem*

Zwischen der Erde ...

Man betritt die Kirche durch den Narthex ②, wo sich früher die *Katechumenen* (Personen, die sich auf die Taufe* vorbereiteten) aufhielten. Die Gläubigen stehen im Schiff ③ oder gehen während der Liturgie* (Gottesdienst) auch nach Belieben umher. Normalerweise gibt es keine Stühle. In der Mitte steht ein Tisch zur Austeilung der Kommunion (Eucharistie). Die ausgestellten Ikonen variieren je nach Festtag und Abschnitt des Kirchenjahrs.

... und dem Allerheiligsten ...

Der Altar befindet sich in der Apsis ④. Dort werden für die Eucharistie Brot, Wein, Tücher und Kultgeräte auf einem kleinen Tisch platziert. Dieser sakrale Raum ist für diejenigen reserviert, die die Messe zelebrieren. Er wird durch eine Trennwand, die Ikonostase (griechisch: Bilderwand) ⑤, abgeschirmt.

... steht die Ikonostase

Diese reich mit Ikonen geschmückte Wand trennt den Altarraum vom Laienraum*. Sie hat drei Türen: Die mittlere Tür, neben der sich rechts und links je eine Ikone von Christus und Maria befindet, ist dem Priester vorbehalten. Die beiden anderen sind für die Zelebranten bestimmt.

***Ikonostase** (Bilderwand) im Kloster der heiligen Thekla (Syrien)*

Jede Ikonostase hat ein mehrreihiges Bildprogramm. Auf der mittleren Tür werden meistens die vier Evangelisten und Mariä Verkündigung* dargestellt, über der Tür befindet sich eine Ikone mit dem Abendmahl, auf den Seitentüren sind Erzengel oder Heilige abgebildet. Über der Türebene befinden sich in der Regel vier weitere Bildreihen: Zunächst die Deesis, eine Darstellung des thronenden Christus zwischen Maria und Johannes dem Täufer, die bei Jesus Fürbitten einlegen. In der Reihe darüber befinden sich Ikonen der wichtigsten Feste des orthodoxen Kirchenjahrs, eine weitere Reihe darüber die Bilder der Propheten* und ganz oben die Stammväter des Alten Testaments.

Ein Vorgeschmack auf den Himmel!

Während der Liturgie kann der Mensch durch seine Sinne Gott nahe kommen. Gott „nährt" die Menschen in der Eucharistiefeier, er kann bei der Lesung der Bibeltexte und in den Harmonien der Chorgesänge gehört werden. Auch in den Ikonen, die „Fenster in die geistige Welt" sind, erscheint er dem Betrachter. Der Duft des Weihrauchs und das goldene Dekor der Kirchen vermitteln eine Vorstellung von der Herrlichkeit Gottes.

Papst Benedikt XVI.

Rom und der katholische Klerus

Die katholische Kirche* hat sich eine eigene Regierung geschaffen. Sie ist die einzige religiöse Institution, die über einen eigenen Staat verfügt, die Vatikanstadt in Rom. Unterstützt von der Verwaltung regiert der Papst den kleinen Staat, empfängt zahlreiche Besucher, bereitet seine Reisen vor und leitet die Treffen mit Bischöfen aus aller Welt.

Der Papst und die Kardinäle

Die katholische Kirche wird vom Papst geführt. Ihrem Verständnis nach ist er der Nachfolger des heiligen Petrus, des Apostelführers. Der Papst residiert im Vatikan, der den Status eines unabhängigen Staates hat. Der Heilige Stuhl (Regierung des Vatikans) entsendet in die meisten Länder Botschafter, die Nuntien. Der Papst wird von Kardinälen* unterstützt, die das Kardinalskollegium bilden. Insgesamt gibt es mehr als 170 Kardinäle, die aus vielen Ländern und allen Erdteilen stammen (Italien stellt die meisten). Der Papst wird auf Lebenszeit von den Kardinälen gewählt. Nach seinem Tod versammeln sich alle Kardinäle unter 80 Jahren und wählen einen unter sich zum neuen Papst.

Symbolischer Name

Der Apostel Petrus hieß eigentlich Simon. Sein Beiname Petrus bedeutet Fels. Simon bezeichnete Jesus als Messias* und Gottes Sohn. Jesus erwiderte daraufhin: „Du bist Petrus, und auf diesen Felsen werde ich meine Kirche bauen …"

Der Vatikan *– der kleinste unabhängige Staat der Welt – besitzt eine Flagge, eine Hymne, eine Armee (die Schweizer Garde, oben), eigene Briefmarken, eigene Münzen mit dem Bild des Papstes, eigene Zeitungen und eine Rundfunkanstalt, die in mehr als 30 verschiedenen Sprachen sendet.*

Plan der Vatikanstadt

① *Peterskirche*
② *Petersplatz*
③ *Sixtinische Kapelle*
④ *Museen*
⑤ *Bibliothek*
⑥ *Akademie der Wissenschaften*
⑦ *Gerichtsgebäude*
⑧ *Druckerei*
⑨ *Post*
⑩ *Bahnhof*
⑪ *Radio Vatikan*
⑫ *Heliport*

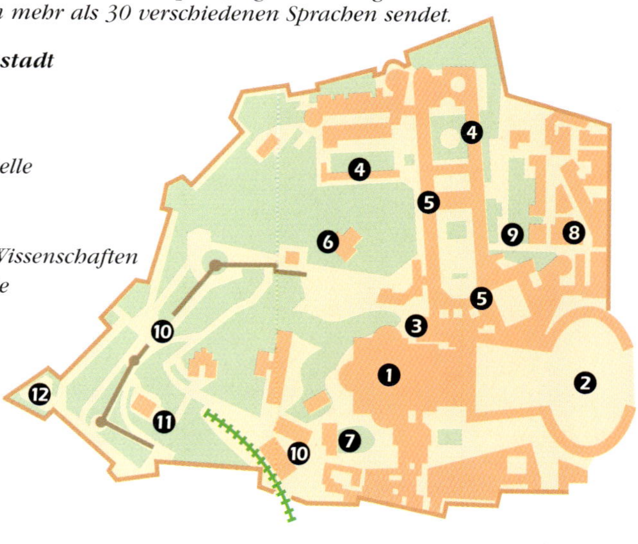

Eine richtige Verwaltung

Die Verwaltung der Kirche nennt sich römische Kurie. Der Staatssekretär hat die Funktion eines Premierministers und die neun Kurienkongregationen die von Ministerien. Die Kirche verfügt auch über Gerichtshöfe, päpstliche Räte und andere Behörden. Diese Institutionen erfüllen aber nicht die Aufgaben einer gewöhnlichen Regierung: Sie befassen sich mit der Lehre, der Rolle der Bischöfe, den Sakramenten*, dem Gottesdienst, der katholischen Erziehung, der Evangelisation und den Beziehungen zu anderen Religionen.

***Die Kardinäle** kommen aus mehr als 50 Ländern und aus allen Erdteilen.*

Orientalische Riten

Innerhalb der katholischen Kirchen gibt es verschiedene Riten*. Der lateinische Ritus wird weltweit am häufigsten praktiziert. Im Osten findet man fünf Teilkirchen mit anderen Riten: den byzantinischen, armenischen, ostsyrischen (chaldäischen), westsyrischen (antiochenischen) und alexandrinischen Ritus.

***Priester** des byzantinischen Ritus*

Bischöfe, Priester, Diakone

- Der **Bischof** leitet eine Diözese. Er koordiniert mit den Priestern die Aktivitäten in seinem Amtsbereich.
- Die Ausbildung der **Priester** dauert sechs Jahre und findet im Priesterseminar statt. Die Kandidaten studieren zunächst fünf Jahre Theologie und absolvieren anschließend ein pastorales Jahrespraktikum. Als Diakon bereiten sie sich dann auf die Priesterweihe vor. Nur ein Bischof hat die Befugnis, sie zu ordinieren* (weihen). Die Priester werden Pfarrgemeinden zugeteilt. Dort üben sie ganz unterschiedliche Funktionen aus.
- **Diakone** unterstützen die Priester. Sie feiern keine Messe, haben aber verschiedene Aufgaben. Sie können verheiratet sein, dann aber nicht mehr Priester werden. Das Leben in der Pfarrei wird von einem Team aus Priestern, Diakonen und Laien* gestaltet. Sie organisieren die Taufen*, Hochzeiten, Krankenbesuche, Beerdigungen usw. Jeden Tag, besonders am Sonntag, wird die Messe gefeiert. In der Pfarrei wird auch der Katechismus* unterrichtet.

***Dieser junge Mann** wird zum Diakon geweiht. Später wird er durch eine zweite Weihe zum Priester.*

NA SO WAS!

Verheiratete katholische Priester

Die orthodoxe und die katholische Kirche mit orientalischem Ritus erlauben, dass verheiratete Männer zum Priester geweiht werden. Auch die römisch-katholische Kirche hat verheiratete Priester aufgenommen, die die anglikanische Kirche nach Einführung der Frauenordination verlassen haben, trotzdem sind verheiratete katholische Priester eine Ausnahme.

Katholische Traditionen

Der Katechismus ist ein Lehrbuch, durch das die Glaubenssätze des Christentums wie die Zehn Gebote, das Glaubensbekenntnis, die Sakramente und das Gebet erläutert und vermittelt werden.

Jesus lebt

Die Christen haben die Gewissheit, dass Jesus ewig lebt und sie ihm immer begegnen können. Doch wie ist das möglich? Die Kirche* lehrt, dass man Jesus begegnen kann, indem man betet, die Bibel liest, an liturgischen* Festen teilnimmt oder die Sakramente* empfängt.

Die Dogmen

Im Laufe der Zeit hat die Kirche Dogmen*, also feststehende Lehrsätze, über die Glaubensinhalte formuliert. Zum Beispiel erinnert das Dogma der Inkarnation an die Menschwerdung Gottes, das Dogma der Auferstehung* bekräftigt, dass Jesus gestorben und dann lebend seinen Jüngern erschienen ist. Dogmen gibt es zu verschiedenen Themen wie beispielsweise der Dreifaltigkeit*, der Rolle der Kirche oder der Jungfrau Maria. Durch diese Lehren, die von Generation zu Generation weitergegeben werden, hofft die Kirche, der Botschaft Jesu möglichst treu zu bleiben.

Das Kirchenjahr

Das katholische Jahr wird durch Feste gegliedert, die an wichtige Ereignisse aus dem Leben Jesu erinnern. Dazu kommen Feste für Maria und die Heiligen.

Advent: Vier Wochen zur Vorbereitung auf Weihnachten.
Weihnachten: Geburt Jesu.
Dreikönigsfest: Besuch der Heiligen Drei Könige bei Jesus.
Fastenzeit: Zeit der Einkehr und Buße, wie sie Jesus in der Wüste geübt hat (40 Tage vor Ostern*).
Karwoche: Die letzten Tage Jesu mit dem letzten Abendmahl am Gründonnerstag, seinem Leidensweg und seinem Tod am Karfreitag.
Ostern: Auferstehung Jesu.
Christi Himmelfahrt: Aufstieg Jesu in den Himmel.
Pfingsten*: Die Apostel empfangen den Heiligen Geist*.
Fronleichnam: Feier des Altarsakraments (Leib Christi).
Mariä Himmelfahrt: Aufnahme Marias in den Himmel.
Allerheiligen: Gedenken an alle Heiligen.

Jugendliche auf Wallfahrt *in Paray-le-Monial, Frankreich*

Die sieben Sakramente

Die christliche Kirche hat einige fest definierte feierliche Handlungen, denen sie ganz besonderen Wert beimisst. Bei den Katholiken sind es die sieben Sakramente, durch die den Menschen Gott erfahrbar wird. Die folgenden Bilder aus dem 19. Jahrhundert erläutern diese Sakramente.

Firmung: Nach der Himmelfahrt Christi empfingen die Jünger Jesu zu Pfingsten* den Heiligen Geist. Bei der Firmung findet die Übertragung des Heiligen Geistes durch einen Bischof statt, der die Stirn des Firmlings mit Chrisam salbt. Das erinnert daran, dass Jesus Taten des Menschen durch seinen Geist inspirieren kann.

Weihe/Ordination*: Jesus wählte die Jünger, damit sie seine Botschaft weitertrugen. Heute werden in der katholischen Kirche bei einer Ordinationsmesse ledige Männer zu Bischöfen, Priestern und Diakonen geweiht. Sie haben die Aufgabe, das Evangelium* zu verkünden, die Christen zu führen und ihnen die Sakramente zu erteilen.

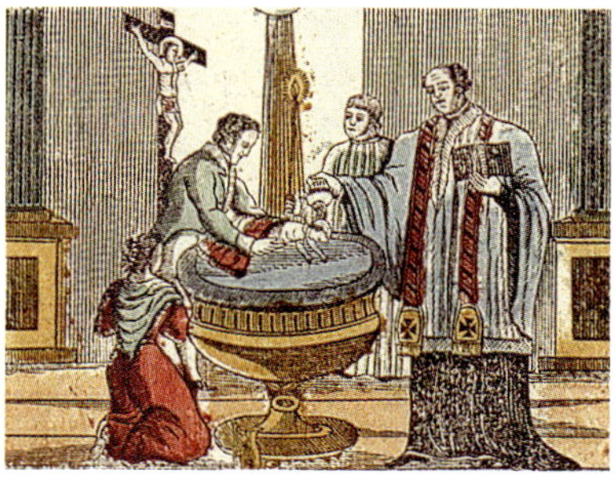

Taufe*: Jesus wurde von Johannes dem Täufer mit Wasser getauft. Bei seiner Aufnahme in die Kirche wird der Täufling ebenfalls ins Wasser getaucht oder damit übergossen. Er wird auf diese Weise symbolisch auch von Sünden gereinigt.

Vergebung/Buße*: Jesus nahm den Menschen, denen er begegnete, die Schuld und vergab sogar denen, die ihn ans Kreuz schlugen. Die Kirche wiederholt seine Worte der Vergebung gegenüber allen, die bereit sind, bei der Beichte ihre Schuld einzugestehen, die Tat zu bedauern und Buße zu tun *(siehe S. 66–67)*.

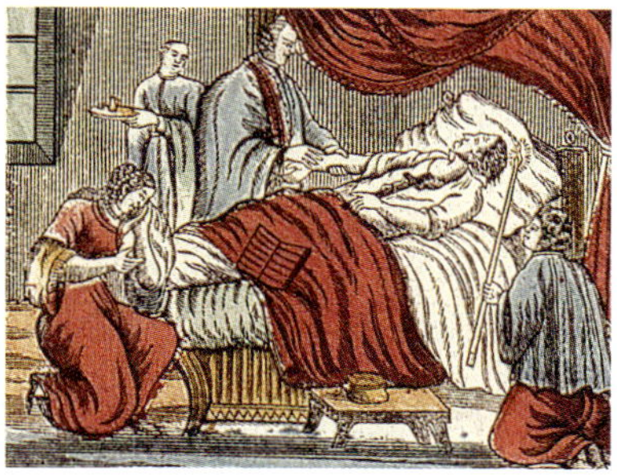

Krankensalbung: An Jesus zeigte sich, dass der Tod nicht das Ende ist, sondern der Übergang zum ewigen Leben. Wenn jemand schwer krank ist, spendet man ihm das Sakrament der Krankensalbung (auch letzte Ölung), um dem Kranken Kraft und Frieden angesichts des Leidens oder Todes zu geben.

Eucharistie: Beim letzten Abendmahl reichte Jesus seinen Jüngern Brot und einen Kelch Wein und sagte: „Nehmt und esst; das ist mein Leib. Trinkt alle daraus, das ist mein Blut, ... das für viele vergossen wird." Seither wiederholt der Priester bei jeder Messe diese Gesten und Worte und weiht* damit die Hostie (das Brot) und den Wein. Anschließend „essen und trinken" die Christen gemeinsam *(siehe S. 69)*.

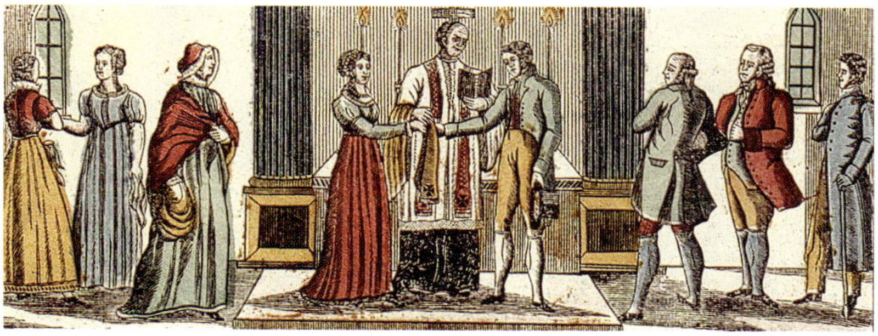

Ehe: Jesus verkündet, dass die Liebe Gottes das Leben schenkt. Wenn ein Mann und eine Frau sich lieben und Leben schenken wollen, dann geben sie sich gegenseitig das Versprechen, ihre Liebe nach dem Vorbild der Liebe Gottes zu den Menschen zu leben.

Vielfalt katholischen Lebens

Um Jesus nachzueifern, haben sich die Katholiken immer bemüht, ihren Mitmenschen zu helfen. Früher organisierten religiöse Orden Wohlfahrtseinrichtungen (Hospitäler, Waisenhäuser usw.). Heute gibt es zahlreiche katholische Initiativen und Organisationen, die sich den Problemen unserer Zeit stellen.

Mitglied der Kirche

Der Kirche* (griechisch: Gotteshaus) anzugehören, bedeutet, Teil der Gemeinschaft von Jesus Christus zu sein, über seine Aussagen nachzudenken, sich zur Messe zu versammeln, für die Mitmenschen zu beten und am Leben der Kirchengemeinde teilzunehmen. Doch die Zugehörigkeit zur Kirche ist nicht mit einer Mitgliedschaft in einem Sportverein vergleichbar. Die katholische Kirche ist aufgerufen, sich mit allen Menschen, die guten Willens sind, zusammenzutun, egal welcher Religion sie angehören.

Rechte und Pflichten

Durch die Zugehörigkeit zur katholischen Kirche hat man Rechte (Hochzeit in der Kirche, kirchliches Begräbnis usw.), aber auch Pflichten. So sollten gute Christen, wie Jesus es tat, anderen dienen. Seit Jahrhunderten schließen sich Katholiken zusammen, um sich gegenseitig zu helfen und ihre christlichen Ideale zu leben und um den vorbildlichen Menschen unter ihnen zu folgen.

***Jesus wäscht die Füße** seiner Jünger wie ein Diener und ruft damit die Christen zum Dienst am Nächsten und der Menschheit auf.*

***Der heilige Bruno** überreicht Mönchen das Gewand. Er gründet im 11. Jahrhundert den Orden der Kartäuser, der sehr strenge Regeln hat: Die Mönche leben voneinander getrennt und versammeln sich nur beim Gottesdienst.*

Die religiösen Orden

Spätestens seit dem 4. Jahrhundert gibt es Christen, die als Mönche und Nonnen unverheiratet in Gemeinschaften in Klöstern leben und dort die Zeit mit Beten und Arbeiten verbringen. Sie folgen den Ordensregeln, die ihr Ordensgründer festgelegt hat (der heilige Benedikt für die

*In einer **Hilfsstation** in Burkina Faso geben Nonnen Essen aus.*

Benediktiner, der heilige Ignatius für die Jesuiten usw.).
Die kontemplativen (zurückgezogen lebenden) Orden (Benediktiner, Trappisten, Kartäuser, Karmeliter usw.) verlassen nur ausnahmsweise ihr Kloster. Sie nehmen manchmal Menschen als Gast auf, die bei ihnen Abstand zu ihrem gewohnten Alltag finden, über ihr Leben nachdenken und neue spirituelle Kräfte schöpfen wollen. Andere Orden (Dominikaner, Franziskaner, Jesuiten, Barmherzige Schwestern und Brüder usw.) leben in einer Gemeinschaft, ohne sich von der Welt abzugrenzen – sie unterrichten beispielsweise oder pflegen Kranke.

Drei Gelübde

Mönch oder Nonne wird man nicht von heute auf morgen: Um das Klosterleben kennen zu lernen, kommt man zunächst als Gast und nimmt an den Exerzitien teil. Wenn den Anwärtern dieses Leben zusagt, nehmen sie das Gewand eines Novizen (Postulanten) an. Nach ein oder zwei Jahren des Noviziats legen sie das zeitliche Gelübde ab. Nach zwei oder drei Jahren folgt das ewige Gelübde (Profess).
Die klösterlichen Gemeinschaften sind auf drei Gelübden aufgebaut: Armut (kein persönliches Eigentum), Keuschheit (sexuelle Enthaltsamkeit) und Gehorsam (alle Anweisungen des Oberen befolgen). Mönche können ebenso Priester werden, doch das ist nicht zwingend notwendig. Die Benediktiner geloben außerdem Treue (Verbleiben im Heimatkloster) und die Jesuiten Gehorsam gegenüber dem Papst.

*Junge **Freiwillige** in einem Zentrum für Kinder in Not auf den Philippinen*

Mitglieder des Secours catholique (entspricht der Caritas) demonstrieren 2001 mit Kerzen auf den Brücken Frankreichs für Frieden.

Engagierte Laien

Die Mehrzahl der Katholiken, ob verheiratet oder ledig, entscheidet sich dafür, das christliche Ideal mit einer Lebensweise, die unserer Zeit angepasst ist, zu verbinden. Wer sich im Dienst des Nächsten engagieren will, hat viele Möglichkeiten, denn es gibt hunderte katholischer Organisationen und Bewegungen. Sie kümmern sich um viele verschiedene Bereiche: Gebet, Unterricht, Jugendarbeit, Sozialdienst, gewerkschaftliche Vertretung, Presse, Verlagswesen usw. Einige sind sehr bekannt wie die Emmaus-Bewegung von Abbé Pierre, die Caritas oder Misereor. Manche Gruppierungen sind der Pfarrgemeinde angegliedert (Pfadfinder), andere finden sich für ein bestimmtes Tätigkeitsfeld zusammen (Kranken- und Gefängnisseelsorge). Viele engagierte Gläubige helfen in ihrer Nachbarschaft, besuchen Häftlinge, kümmern sich um alte Menschen usw., ohne einer Organisation anzugehören.

Das Leben in der katholischen Kirche

Am Sonntag – manchmal auch in der Woche – treffen sich die Gläubigen in der Kirche* zur Messe. Sie versammeln sich dort im Namen Jesu, der ihnen verkündet hat: „Wo zwei oder drei in meinem Namen versammelt sind, da bin ich mitten unter ihnen."

Mit Gott leben
Das Kirchenschiff hat einen breiten Gang ① bis zum Chor ②, wo der Altar steht. Das Kruzifix erinnert daran, dass Jesus für die Menschen starb. Gleich daneben wird die große Osterkerze ③ entzündet, um zu bekunden, dass Christus an Ostern* auferstanden* ist. Die Ausschmückung der Kirche folgt oft einem Gesamtkonzept für die jeweilige Kirche. Die Kirchenfenster *(oben)* und Bilder stellen Szenen aus der Bibel und der Kirchengeschichte dar. Indem die Gläubigen mit den Augen den Bildern des Kreuzwegs folgen, können sie über die letzten Lebensstunden Jesu meditieren. Im Advent, der Zeit vor Weihnachten, steht vor dem Altar die Krippe: Die Krippenfiguren erwarten die Geburt Jesu. Weihnachten wird die Jesusfigur in die Krippe gelegt.

Grundriss einer Kirche
in Form des lateinischen Kreuzes

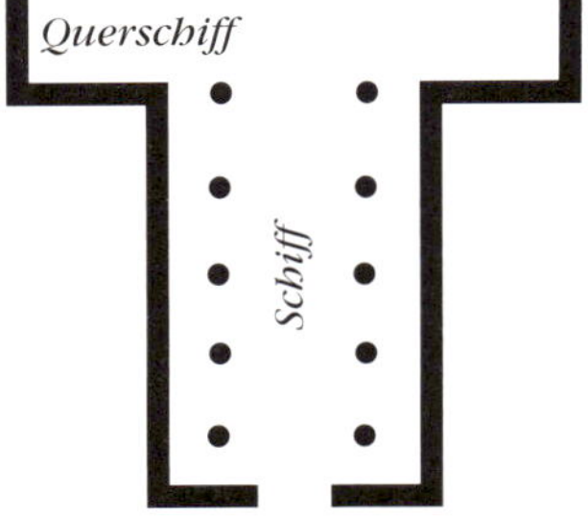

In Gemeinschaft leben

Zu Beginn der Messe liest der Priester vorn am Pult ④ Passagen aus der Bibel vor und kommentiert diese. Dann beten Priester und Kirchengemeinde für alle Menschen auf der Welt. Anschließend bringen die Messdiener Brot (Hostien) und Wein zum Altar. Der Priester wiederholt die Worte, die Jesus sprach, als er Brot und Wein als seinen Leib und sein Blut den Jüngern reichte *(siehe S. 81)*. Die Hostien werden an die Gläubigen verteilt, die zur Kommunion kommen, um mit Jesus ganz eng verbunden zu sein. Währenddessen singen Chor und Gläubige. Die übrigen Hostien werden sorgfältig im Tabernakel ⑤ verwahrt, was durch das rote Öllämpchen angezeigt wird. Am Ende der Messe „sendet“ der Priester die Gläubigen aus, ihren Glauben zu leben. In der Sakristei ⑥ legen die Messdiener die Gegenstände wieder an ihren Platz, die während der Liturgie* verwendet werden (den Kelch für Wein und Hostien, Messbücher, Kerzen, Gewänder, Körbchen für die Spenden usw.).

***Prozession** junger Katholiken, die gleich das Sakrament der Firmung empfangen werden*

Ein Leben mit der Kirche

Die Kirche begleitet den Gläubigen durch sein ganzes Leben: Von der Taufe am Taufbecken ⑦ bis zu seiner Beisetzung, dazwischen empfängt er die verschiedenen Sakramente* *(siehe S. 81)*. Der Gläubige kann im Beichtstuhl ⑧ um Vergebung seiner Sünden* bitten. Außerdem kann er in der Kirche jederzeit Ruhe finden und von einem Heiligen Beistand erbitten, indem er vor dessen Statue eine Kerze anzündet und betet. Im Eingangsbereich der Kirche laden häufig Aushänge den Besucher und die Mitglieder der Gemeinde zur Teilnahme am Leben der Kirchengemeinde (Versammlungen, Wallfahrten, Betreuungsangebote usw.) ein.

Die orientalischen Kirchen

Die Kirchen* des Ostens mussten im Verlauf der Jahrhunderte ihre Traditionen gegen muslimische Einflüsse verteidigen. Heute haben sich einige dieser Kirchen mit der orthodoxen oder katholischen Kirche verbunden, andere sind autonom geblieben.

Armenische Kirche
Ein junger Mönch der armenischen Kirche ruft seine Mitbrüder mit einem speziellen Holzgong zum Gebet. Die altorientalische armenische Kirche war lange Zeit isoliert, sie lehnte die Beschlüsse des Konzils* von Chalkedon ab, das im Jahr 451 Jesus eine gleichzeitig göttliche und menschliche Natur zuschrieb. Heute sind diese theologischen* Missverständnisse beseitigt. Die armenische Kirche steht der Orthodoxie nahe.

Chaldäische Kirche
Die chaldäischen Katholiken, die in der Region der Osttürkei, Syrien, Libanon, Iran und Irak die Messe nach dem ostsyrischen Ritus feiern, sind die Nachkommen einer sehr alten orientalischen, christlichen Kirche. Ihre liturgische* Sprache ist Aramäisch, das auch Jesus gesprochen hat. Im 20. Jahrhundert wanderten viele wegen der Konflikte im Nahen Osten nach Frankreich und in die USA aus.

Maronitische Kirche
Diese maronitische Wallfahrt findet in Beirut statt. Die Maroniten stammen aus Syrien und dem Libanon. Sie sind Nachfahren der als Seefahrer und Händler bekannten Phönizier. Viele maronitische Libanesen haben sich in Europa, Amerika und Westafrika angesiedelt und bewahren dort ihre Religion und Kultur. Die maronitische Kirche gehört dem westsyrischen bzw. dem antiochenischen Ritus an.

Koptische Kirche in Ägypten
Dieser koptische Priester feiert eine Messe in der der Jungfrau Maria gewidmeten Kirche in Kairo. Die christlichen Gemeinschaften der Kopten in Ägypten machen 10–15 % der Bevölkerung aus und sind trotz Repressionen seitens der Muslime sehr aktiv. Die Messe wird auf Arabisch gelesen. In den komplexen Riten spiegelt sich die Tradition dieser sehr alten autonomen Kirche. Der Patriarch von Alexandria wird von den Gläubigen gewählt, seine Ernennung muss von der ägyptischen Regierung bestätigt werden.

Ukrainische griechisch-katholische Kirche
Diese Ukrainer feiern den Palmsonntag, den Sonntag vor Ostern*. Im 16. Jahrhundert stand ein Großteil der heutigen Ukraine unter polnischer Herrschaft. In dieser Zeit entstand die griechisch-katholische Kirche, die den Papst als Oberhaupt anerkennt, ihre orthodoxen Riten aber beibehalten hat. Somit gehört diese Kirche zu den so genannten unierten Kirchen, die heute rund 6 Millionen Gläubige zählen.

Koptische Kirche in Äthiopien
Die Zwillingsschwester der ägyptischen koptischen Kirche kennt eine ausgeprägte mönchische Tradition. Wie alle Christen wollten auch die Kopten aus Äthiopien ihr eigenes Heiligtum in Jerusalem haben. Sie haben dort auf dem Dach des Heiligen Grabes ein Kloster errichtet, dem dieser Mönch angehört. In Äthiopien gibt es mehr Kopten als Muslime. Die Geistlichen sind arm und oft Analphabeten. Sie folgen sehr alten religiösen Bräuchen.

Christliche Wallfahrten

Im Mittelalter waren Wallfahrten sehr beliebt. Heute werden immer noch Wallfahrten durchgeführt, ihre Bedeutung hat sich jedoch teilweise geändert. Auf den Jakobswegen nach Santiago de Compostela trifft man zuweilen Pilger, die nicht nur aus spirituellen Gründen unterwegs sind, sondern auch vom touristischen Aspekt angezogen werden.

Dieser Pilger *auf dem Jakobsweg trägt die traditionelle Ausstattung: Jakobsmuschel, Hut und Pilgerstab.*

Pilgern

Wer sich entschließt, als Pilger nach Santiago de Compostela zu ziehen, lässt seine Gewohnheiten hinter sich. Er wird auf dem Weg sein geistiges Leben neu entdecken. Schon beim Packen seines Rucksacks muss er Wesentliches von Unnötigem trennen. Hinsichtlich Essen und Schlafplatz lernt er, Tag für Tag Vertrauen in Gott zu haben. „Er betet mit seinen Füßen", pflegen die Jakobspilger zu sagen.

Auf den Spuren Jesu

An den heiligen Stätten der palästinensischen Gebiete und Israels wandeln die Pilger auf den Spuren Jesu. In der Wüste von Samaria haben sie wie Jesus Durst. Sie sehen den See Genezareth, wo Jesus seine Jünger traf. Und auf dem Berg der Bergpredigt lesen sie seine Seligpreisungen *(siehe S. 177)*. In Jerusalem beten sie an allen Gedenkstätten, die an sein Leben erinnern.

Pilger *auf der Wanderung*

Erscheinungen

Tausende Menschen beteuern, Jesus, die Jungfrau Maria oder Heilige seien ihnen erschienen, doch die Kirche* erkennt nicht alle Erscheinungen an. 1858 erzählte die junge Bernadette Soubirous von ihrer Begegnung mit der „schönen Dame" in Lourdes. Nach einer langen Untersuchung kam die Kirche zu dem Schluss, dass die Jungfrau Maria dem Mädchen erschienen sei und es beauftragt habe, die Welt zum Beten aufzurufen. Seitdem zählt Lourdes neben Rom, Mekka und Varanasi/Benares zu den meistbesuchten Pilgerzielen der Welt.

Messe *in der berühmten Grotte in Lourdes, Frankreich*

Amerika
- Guadalupe, Mexiko (K)
- Lima, Peru (K)
- Betania, Venezuela (K)

Afrika
- Tamanrasset, Algerien (K)
- Zeitoun, Ägypten (koptisch)
- Shoubra, Ägypten (koptisch)
- Kibeho, Ruanda (K)

Begegnungen
Die großen Stätten des Glaubens fördern die Begegnung zwischen den Gläubigen. Zum Dreifaltigkeitskloster in Sergijew Posad gehört eine Maria geweihte Kathedrale. Die Orthodoxen versammeln sich dort und beten am Grab des heiligen Sergius, eines Eremiten und Schutzpatrons Russlands.

Verehrung
Zu zahlreichen Orten, wo sich Reliquien* von Heiligen oder wundertätige Gnadenbilder befinden, werden regelmäßig Pilgerfahrten organisiert. Einer der bekanntesten Wallfahrtsorte ist Czestochowa (deutsch: Tschenstochau) in Polen, wo das Bild der Schwarzen Madonna verehrt wird.

***Auf der ganzen Welt** gibt es tausende von unterschiedlichen Pilgerstätten. Einige sind von den christlichen Kirchen offiziell anerkannt, andere nicht. Manche ziehen Menschen aus der ganzen Welt an, andere sind Ziel lokaler Wallfahrten.*

Frieden schaffen
Die Communauté de Taizé zieht tausende junger Menschen aus zahlreichen Ländern an. Die 1940 gegründete Bruderschaft versammelt Protestanten und Katholiken. Ihr 2005 ermordeter Gründer Frère Roger hat die Jugendtreffen mit der „Wallfahrt des Vertrauens" ins Leben gerufen, um die Jugend zu versammeln und sie zu Initiatoren des Friedens in ihrer Heimat zu machen. Die Treffen *(oben)* finden jedes Jahr in einer anderen Stadt statt.

Asien
- La Vang, Vietnam (K)
- Seoul, Korea (K)
- Akita, Japan (K)
- Vailankanni, Indien (K)

Naher Osten
- Jerusalem, Israel (K, O, P)
- Annaya, Libanon (K)

Muss man an Erscheinungen glauben?

Die Kirche nimmt sich viel Zeit, bevor sie eine Erscheinung offiziell anerkennt. Manchmal ist der Volksglaube schneller, wie die Massen zeigen, die nach Medjugorje in Bosnien pilgern, um die „Sehenden" zu besuchen, denen Maria erschienen ist. Die Kirche verlangt aber nicht, dass man an die Erscheinungen glaubt, selbst wenn sie diese anerkannt hat.

Reformen sorgen für Konflikte

Ein Mönch, der die Reform der Kirche forderte, Fürsten, die die Religion als Mittel zur Macht nutzten, und eine römische Kirche*, die mit ihren eigenen Verfehlungen äußerst nachsichtig war, all dies führte zu Exkommunizierungen*, Verfolgungen und Kriegen und spaltete das christliche Europa in verschiedene Kirchen.

Ein Mönch *verkauft Ablässe.*

Handel mit der Angst

Die katholische Kirche war im 15. Jahrhundert sehr mächtig. Ihre Vertreter beanspruchten das alleinige Recht, die Bibel zu interpretieren, und verlangten von den Gläubigen, sich dem Klerus unterzuordnen. Viele ihrer Mitglieder interessierten sich mehr für Geld und Macht als für die christlichen Lehren. Sie drohten mit der Hölle* und verkauften Ablässe: Dokumente, die die Erlassung der Bestrafung von Sünden* versprach. Die damals weit verbreitete Angst vor der Hölle erklärt, warum die Menschen auf diesen Handel eingingen.

Martin Luther

1517 verfasste der Mönch Martin Luther 95 Thesen gegen den Ablasshandel. Er soll sie an das Tor der Kirche zu Wittenberg geschlagen haben. Luther wurde zur Zurücknahme seines Protests verurteilt, doch er bestand auf die Rückbesinnung auf das reine Christentum: Der Sünder könne sich nicht die Vergebung erkaufen, sondern nur Gott könne sie gewähren. Seine spätere Übersetzung der Bibel in ein verständliches, volksnahes Deutsch sollte auch dem Laien den Zugang zur Heiligen Schrift ermöglichen – ohne die Kirche als Mittler. Für ihn gab es keinen Unterschied zwischen den Christen: Ob Priester oder Laie*, sie teilen alle Taufe*, Evangelium und Glauben. Nach vier Jahren Streit mit Rom wurde Luther exkommuniziert, doch in vielen Gemeinden war sein Einfluss bereits zu groß und so stand er plötzlich an der Spitze einer Reformationsbewegung, die ganz Europa veränderte.

Martin Luther *(1483-1546) schlägt im Oktober 1517 seine Thesen an.*

***Johannes Calvin** (1509–1564), französisch-schweizerischer Reformator*

Von Zwingli bis Calvin

Es gab weitere Proteste gegen die Kirche. Zwingli, Priester am Großmünster von Zürich, betonte, dass die Sakramente* nur Symbole und das Abendmahl ein Erinnerungsmahl an den einmaligen Opfertod Christi seien. Er verbannte religiöse Bilder und Gesänge und erlaubte nur noch Gebete, Lesungen aus der Bibel und Predigten.

In Frankreich bekannte sich der Jurist und Theologe* Calvin offen zur Reformation und musste, als Franz I. 1534 die Protestanten auf dem Scheiterhaufen verbrennen ließ, außer Landes flüchten. In Genf ließ man ihn eine neue Kirchenordnung einführen, die von den Genfern ein streng geregeltes, puritanisches Leben forderte. Seine Gemeinschaften wurden von Ältestenräten (Presbyter) geleitet, daher stammt die Bezeichnung „Presbyterianer".

Die weltlichen Herrscher mischen mit

Gegner und Fürsprecher der Reformation bekämpften sich. Auch im calvinistischen Genf wurden Andersgläubige auf den Scheiterhaufen geschickt. Die europäischen Könige und Herrscher waren überzeugt, dass die nationale Einheit aus der religiösen Einheit entsteht, und zogen in die Schlacht. Es kam zu wechselnden Allianzen, Kriegen und immer wieder gebrochenen Friedensverträgen. Die protestantischen Reformen provozierten auf katholischer Seite die so genannte Gegenreformation. Nach mehr als einem Jahrhundert der Religionskriege musste Europa schließlich akzeptieren, dass es nun mehrere christliche Kirchen gab.

Eine vielgestaltige Kirche

Die Protestanten spalteten sich bald in zahlreiche Richtungen auf. Alle bezogen sich auf die Heilige Schrift, doch weil keiner die Autorität besaß, seine Interpretation allgemein durchzusetzen, ging jeder seinen eigenen Weg. Neben Fundamentalisten*, die wortwörtlich an die Schöpfungsgeschichte der Bibel glaubten, gab es andere, die darin nur Mythen sahen. Die protestantischen Kirchen organisierten sich ganz individuell: Die evangelische Kirche der Lutheraner behielt die Bischöfe bei, die Calvin treuen Presbyterianer wurden von Räten geführt, die aus Priestern und Gläubigen gebildet wurden, und die Kongregationalisten reklamierten die völlige Autonomie ihrer Einzelgemeinden.

NA SO WAS!

Korruption in Rom
Im 16. Jahrhundert finanzierte Papst Julius II. den Bau der Peterskirche in Rom durch den Verkauf von Ablässen. Parallel dazu übertrugen einflussreiche Familien das ihnen überlassene Bischofsamt mit seinen Möglichkeiten, sich zu bereichern, bereits an ihre 15-jährigen Söhne.

***Verfolgte Protestanten** treffen sich während der Religionskriege des 16. Jahrhunderts zu einer geheimen Versammlung in den Cevennen (Frankreich).*

Die anglikanische Kirche

König Heinrich VIII.

Aus dynastischen Gründen vollzog der englische König im 16. Jahrhundert die Trennung von der römischen Kirche*. Aus der Vereinigung protestantischer und römisch-katholischer Glaubenselemente entstand die anglikanische Kirche.

Papst Klemens VII.

Bruch mit Rom

Wie der Name besagt, ist der Anglikanismus in England entstanden. Seit dem 14. Jahrhundert hatte, angeleitet von dem Theologen* John Wycliff, eine christliche Reformbewegung in England den katholischen Klerus kritisiert. Doch die Reformation ging von König Heinrich VIII. aus, der selbst eine Kritik an Luther veröffentlicht hatte. 1529 weigerte sich Papst Klemens VII., die erste Ehe des Königs zu annullieren. Dieser setzte sich darüber hinweg und heiratete 1533 erneut. Daraufhin wurde er exkommuniziert*. Es kam zum Bruch mit Rom: 1534 ernannte das englische Parlament Heinrich VIII. zum „Oberhaupt der Kirche von England". Die ganze Nation musste einen Eid auf die neue Ordnung schwören.

Frauen im Priesteramt

In den USA weiht die Episkopalkirche (anglikanische Kirchengemeinschaft) bereits seit 1978 Frauen zu Priestern. Heute stellen Frauen 12 % des Klerus. Als die anglikanische Kirche in England 1992 ebenfalls die Ordination von Frauen übernahm, schlossen sich sieben Bischöfe und hunderte von Priestern aus Protest wieder der katholischen Kirche an.

Religionsdebatten

Von einem König (bzw. Königin) zum nächsten wechselten sich in England bis zum Ende des 17. Jahrhunderts protestantische Reformen und katholische Reaktionen darauf ab. Beide Lager schreckten vor Hinrichtungen nicht zurück. Neben den reinen Machtfragen ging es auch um echte religiöse Debatten. Der Anglikanismus nahm schließlich 1571 die *39 Glaubensartikel* an. Er ließ sich dabei vom Calvinismus und Katholizismus inspirieren. Die ins Englische übersetzte Bibel stellte dabei die Grundlage dar. Das Credo* blieb unverändert. Es wurden aber nur zwei Sakramente* (Taufe* und Eucharistie) übernommen. Die Liturgie* wurde im *Common Prayer Book* (Gemeinsames Gebetbuch) geregelt. Die anglikanischen Bischöfe sehen sich als Nachfolger der Apostel. Sie dürfen, wie die Priester, auch nach ihrer Ordination* noch heiraten.

Die englische Königin *Elisabeth II. auf dem Weg zu einer anglikanischen Feier anlässlich ihres Besuchs 2002 in Neuseeland.*

In England …

Heute gehören 45 % der englischen Bevölkerung der anglikanischen Kirche an, doch nur knapp 900 000 Menschen gehen auch zur Sonntagsmesse. Je nach Ausrichtung gehören sie der *High Church*, die eher aristokratisch und durch Nähe zum Katholizismus geprägt ist, oder der *Low Church* an, die dem protestantischen Calvinismus näher steht. Die anglikanische Kirche Großbritanniens ist noch eng mit der Politik verknüpft. Ihr Oberhaupt ist die englische Königin und rund 20 Bischöfe sitzen im Oberhaus. Auch über kleine Veränderungen der kirchlichen Praxis muss im Parlament abgestimmt werden, obwohl die Kirche kein Geld vom Staat erhält.

… und in der ganzen Welt

Ab dem 18. Jahrhundert breitete sich der Anglikanismus auch in den Länder aus, die unter dem Einfluss Großbritanniens standen. Alle zehn Jahre versammeln sich die anglikanischen Bischöfe aus aller Welt unter dem Vorsitz des Erzbischofs von Canterbury. Er hat nicht die Autorität eines Papstes, denn die verschiedenen anglikanischen Kirchen sind autonom, doch er versucht, die diversen Strömungen miteinander in Einklang zu bringen. Traditionalisten (meist aus Asien und Afrika) und Progressive (mehrheitlich aus England und Amerika) diskutieren über Themen wie Liberalisierung der Sitten und Ordination von Frauen. Die Anglikaner wählen ihre Kirchengemeinde heute weniger nach der räumlichen Nähe als nach ihrer spirituellen Ausrichtung aus.

NA SO WAS!

Familiäre Verwirrungen

1503 war Heinrich VIII. zwölf Jahre alt. Aus politischen Gründen wurde er mit Katharina von Aragon verheiratet, Rom stimmte der Ehe zu. Die 18-Jährige war die Witwe seines Bruders, des Prinzen von Wales, und die Tante von Karl V., der später deutscher Kaiser und König von Spanien wurde. Weil der erhoffte Thronfolger ausblieb, wollte sich Heinrich VIII. von Katharina scheiden lassen. Unter dem Druck von Karl V. verweigerte Papst Klemens VII. seine Zustimmung. Darüber kam es dann zur Spaltung der Kirche.

Gläubige *beim Gebet in der anglikanischen Kathedrale von Harare (Simbabwe)*

Protestantismus mit vielen Gesichtern

Es ist unmöglich, alle protestantischen Gruppierungen aufzuzählen, denn allein in den USA gibt es mehr als 2000 davon. Jede dieser Gruppen hat einen eigenen Namen, eigene Bräuche und eigene Glaubensgrundsätze.

Demokratischer* Anspruch
Dieser Pastor wurde gerade von den Mitgliedern seiner Kirchengemeinde gewählt. Jetzt wird er feierlich in seiner Kirche in Paris in das Amt eingeführt. Die Gemeinde ist Mitglied der *Fédération protestante* (protestantische Vereinigung), in der viele reformierten Kirchen* in Frankreich organisiert sind.

In die Politik verwickelt
Die Amerikaner wundern sich nicht, wenn sie ihren Präsidenten beten sehen. In den USA bezeichnen sich nur 7 % der Bevölkerung als Atheisten, die überwiegende Mehrheit ist gläubig. Zieht ein Christ neu in eine Stadt, wird er gefragt, welcher Kirche er seine Beiträge zahlen will. Im Mittleren Westen der USA gehört die Mehrheit der Bevölkerung den Methodisten an, im Süden dagegen den Baptisten.

NA SO WAS!

Eine Staatsreligion?
Europäer sind erstaunt, wenn sie auf den amerikanischen Dollarscheinen den Spruch „*In God we trust*" (Wir vertrauen auf Gott) lesen. Noch mehr verwundert, dass jede Sitzungsperiode des Obersten Gerichts, der höchsten juristischen Instanz, mit „*God bless the United States*" (Gott segne die Vereinigten Staaten) eröffnet wird. Im Alltag der USA ist die Religion überall präsent und eingebunden.

Mit viel Lokalkolorit
Auf Tahiti trifft sich die Hälfte der Bevölkerung am Sonntag zur protestantischen Messe. Die Frauen tragen dazu „Missions"-Kleider, die Schultern und Beine bedecken, wie es einst die Missionare befohlen hatten. Gleichzeitig haben sie sich die landestypische Lebensfreude bewahrt, die in den lebhaften Farben ihrer Kleider zum Ausdruck kommt.

Prediger ohne Grenzen
André Leroux ist Pfarrer der Pfingstbewegung in Südafrika. In seinem Hotel in Jeffrey's Bay verkündet er Surfern das Evangelium und tauft* sie. Er ermutigt sie, Gott bei jeder Gelegenheit zu preisen. In England hat ein Priester die Kirche St. Colomba in Horton in ein Restaurant für Bedürftige umgewandelt. Die Protestanten fördern freie Initiativen.

Sekten*-Prediger?
Manche Evangelisten, wie der Amerikaner Billy Graham, drohen den Sündern mit der Hölle*. In aufwändigen Fernsehshows versprechen sie dann ihrem Publikum einfache Rezepte zur Errettung und erzählen von angeblichen Wunderheilungen. So sichern sie sich die Gefolgschaft von Menschen, die sich davon beeindrucken lassen. Mit den Idealen von Calvin haben diese Shows nichts mehr gemein.

Bandbreite des Protestantismus

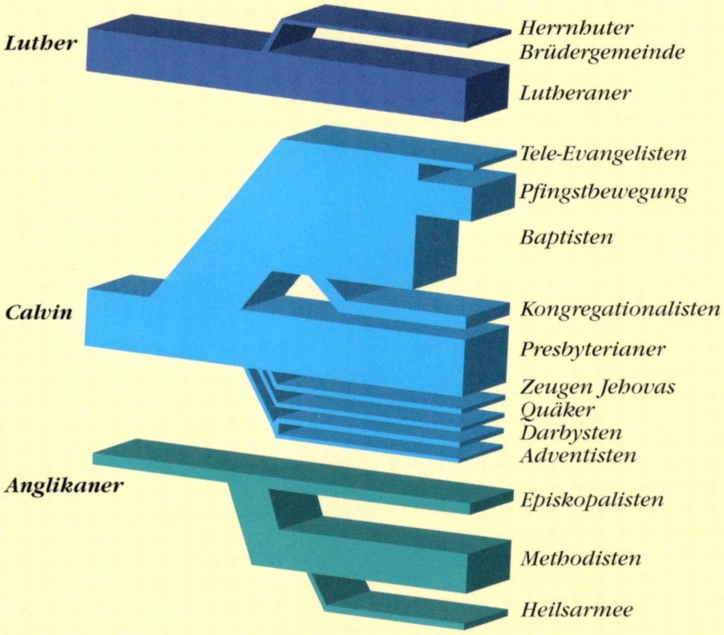

Um sich bei den zahlreichen auf der Welt existierenden protestantischen Gruppierungen zurechtzufinden, muss man ihre historischen Verbindungen, aber auch ihre Organisationsform betrachten:

• Die Pastoren versammeln sich unter Leitung eines Bischofs:
- **Lutheraner:** Erben nordeuropäischer Traditionen.
- **Episkopale:** Amerikanische Anglikaner.
- **Methodisten:** Verfolgen eine biblische Methode zur individuellen Heiligkeit.
- **Herrnhuter Brüdergemeinde:** Anhänger Luthers, eifrige Missionare.
- **Heilsarmee:** Soldaten der Nächstenliebe; von einem General geführt.

• Die Pastoren versammeln sich zu Konzilen*:
- **Presbyterianer:** Calvinisten.
- **Adventisten:** Verkünden die Rückkehr des Herrn.

• Pastoren und Prediger sind autonom:
- **Kongregationalisten:** Autonome Gemeinden, die jede Hierarchie ablehnen.
- **Tele-Evangelisten:** Predigen vor einem Fernseh- oder Radiopublikum.
- **Pfingstler:** Setzen auf außergewöhnliche Erscheinungen des Heiligen Geistes*.
- **Baptisten:** Gegner der Kindstaufe, eine der größten protestantischen Kirchen überhaupt.

• Kommen ohne Klerus aus:
- **Quäker:** Vertreten Gewaltlosigkeit und verkünden das Ende der Welt.
- **Darbysten:** Fundamentalisten ohne Credo*, Liturgie* und Organisation.
- **Zeugen Jehovas:** Interpretieren die Bibel auf besondere Weise und verkünden das Ende der Zeit *(siehe Neue Kirchen S. 98)*.

Das Leben in der protestantischen Kirche

Wir sind Protestanten: Ich bin reformiert, du bist anglikanisch, er gehört zur Pfingstbewegung, ihr seid Lutheraner, sie sind ... das sind viele Möglichkeiten! Die Reformation kennt zahlreiche Varianten. Und die Gotteshäuser sind ebenso vielfältig. Hier einige Einblicke in verschiedene protestantische Kirchen.

Das Gotteshaus wird in dem Moment geweiht, wenn sich die Gemeinde dort versammelt. Handelt es sich um eine ehemalige katholische Kirche, ist der Grundriss kreuzförmig. Der Bau kann aber auch rechteckig wie der Tempel* in Jerusalem sein, den Jesus besuchte. Oder rund wie diese baptistische *Mega-Church* in Houston, um Gemeinde und Bibel in den Mittelpunkt zu stellen.

Die Bibel ist das zentrale Element, denn sie bildet für jeden Protestanten die Glaubensbasis. Jeder soll durch die Lektüre der Texte seinen Glauben stärken. In der Kirche liegt die Bibel auf dem Altar ①. Jeden Sonntag oder in einigen Gemeinden nur an einigen Tagen im Jahr wird das Abendmahl *(siehe S. 69)* gefeiert. Die Gläubigen feiern das Abendmahl in Erinnerung an das letzte Mahl Jesu mit seinen Jüngern.

Die Kanzel ② befindet sich meist in der Mitte und ist etwas erhöht, damit alle den Prediger gut hören können. Er muss über ein solides theologisches* Wissen verfügen. Bei den Gemeinschaften der Pfingstbewegung spielt das Wirken des Heiligen Geistes* eine wichtige Rolle. So eine Inspiration sieht man hier bei Reverend Kutino, einem Prediger der Pfingstbewegung im Kongo.

Der Pastor wird ordiniert* (oder gewählt oder ernannt, je nach Glaubensrichtung), um die Liturgie* zu feiern. Er hat nicht mehr Macht als jeder Getaufte, doch er gestaltet das religiöse Leben der Gemeinde. Einige protestantische Kirchen nehmen auch Frauen ins Priesteramt auf.

Der Gottesdienst wird von Liedern begleitet, die Psalmen und andere Bibeltexte aufgreifen. Manchmal unterstützen Musiker oder Chöre die religiöse Andacht, wie dieser Gospelchor der Adventisten.

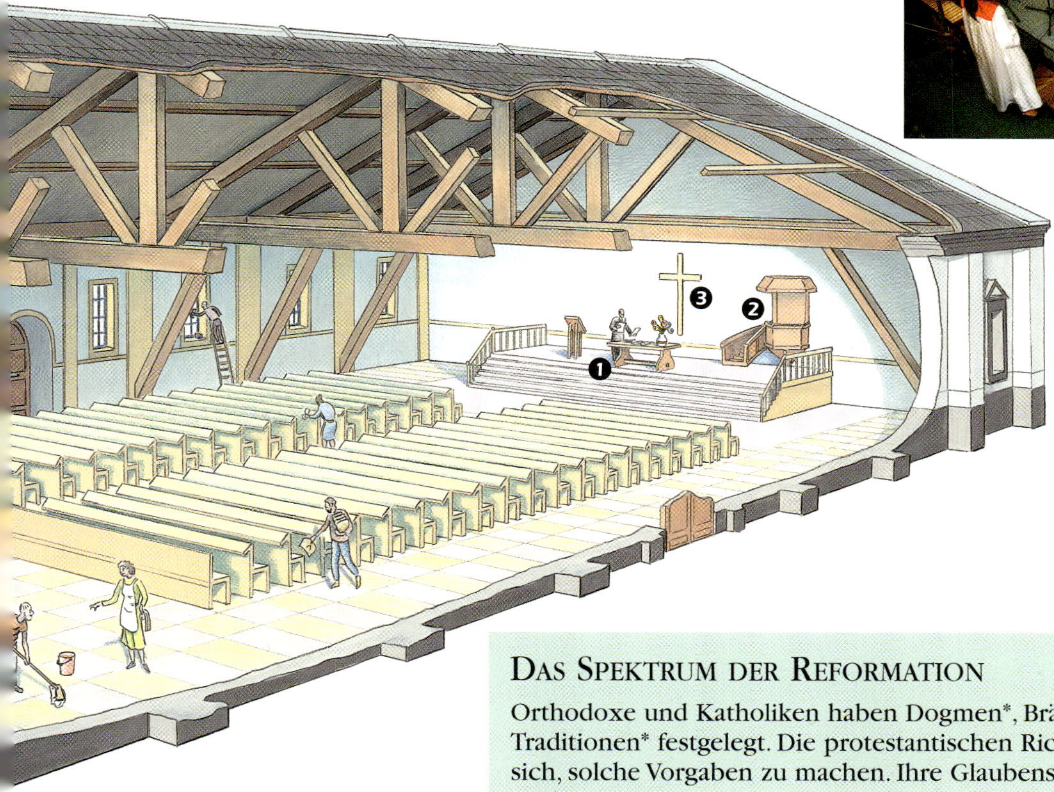

An der Stirnseite hängt ein großes Kreuz ③ an der Wand, normalerweise ohne den Gekreuzigten, um zu zeigen, dass Jesus auferstanden* ist. Die Lutheraner stellen manchmal Jesus am Kreuz dar, um an sein Opfer zu erinnern.

Die Reformation *(siehe S. 90-91)* hat den Glauben von Traditionen befreit, die vom Wesentlichen ablenken. Es gibt keine Bilder von Heiligen oder Maria. Die Wände sind bis auf wenige Ausnahmen kahl. Im Mittelpunkt des Gottesdienstes steht die Predigt, in der der Prediger die Bibel auslegt.

Das Spektrum der Reformation

Orthodoxe und Katholiken haben Dogmen*, Bräuche und Traditionen* festgelegt. Die protestantischen Richtungen weigern sich, solche Vorgaben zu machen. Ihre Glaubensinhalte können stark variieren:

● *katholische und orthodoxe Positionen*

— *Bandbreite möglicher protestantischer Positionen*

Sakramente*:

Symbolische Gesten — *Sieben Sakramente*

Autorität:

Jeder Getaufte hat Autorität. — *Bischöfe haben eine besondere Autorität.*

Lektüre der Bibel:

Alle Interpretationen sind möglich. — *Die Bibel wird entsprechend der Tradition interpretiert.* — *Die Bibel ist wortwörtlich zu interpretieren.*

Neue Kirchen

In den beiden letzten Jahrhunderten sind Kirchen* entstanden, die weder katholisch noch protestantisch sind und manchmal als Sekten* eingestuft werden. Nicht alle diese von starken Persönlichkeiten begründeten Gemeinschaften überdauern ihre Gründer. Doch einige dieser Kirchen sind sehr aktiv.

Kirche der Mormonen
Ein Engel soll 1827 den Amerikaner Joseph Smith zu einem aus Goldplatten bestehenden Buch geführt haben. Dann überreichte er ihm eine Brille zum Entziffern der darauf aufgezeichneten Hieroglyphen. Dieses Buch *Mormon (siehe S. 193)* erzählt die Geschichte der Indianer, die aus einem nach Amerika emigrierten biblischen Volk hervorgegangen sind und von Jesus nach seiner Auferstehung* evangelisiert wurden. Das Buch hatte großen Erfolg, doch Joseph Smith wurde getötet und seine Anhänger von der Gesellschaft abgelehnt. Sie flüchteten westwärts und gründeten Salt Lake City im Staat Utah. Dank ihrer hartnäckigen Arbeit wuchs die „Kirche Jesu Christi der Heiligen der Letzten Tage" rasch. Jedes Mitglied gibt 10 % seiner Einkünfte ab. Die weltweit 6 Millionen Mormonen werden von einem „Präsidenten-Propheten* und Seher" geführt, dem zwei Ratgeber, zwölf Apostel und zahlreiche Missionare zur Seite stehen. Für Mormonen bringt die Taufe* selbst nach dem Tod Rettung und so erfassen sie auf ihrem Zentralcomputer *(rechts, Genealogisches Zentrum der Mormonen in Salt Lake City)* möglichst viele Menschen aus aller Welt und taufen sie.

Zeugen Jehovas
Ende des 19. Jahrhunderts gründete der Amerikaner Charles Russell, ein ehemaliger Calvinist, die Zeugen Jehovas, um so die Rückkehr Jesu nach der gewaltigen Schlacht zwischen Gut und Böse *(Harmagedon)* vorzubereiten. Am Ende steht die Wiederherstellung des Paradieses auf Erden. Der Glaube der Zeugen Jehovas stützt sich nur auf die Bibel, die sie wörtlich nehmen. Sie glauben nicht an die Dreifaltigkeit* und werden durch Untertauchen getauft *(links, Taufe in einem Schwimmbad in Rom)*. Sie halten das Blut für den Sitz der Seele und lehnen deshalb Bluttransfusionen ab. Als Pazifisten verweigern sie den Militärdienst. Sie sind streng organisiert und gehen immer zu zweit von Tür zu Tür, um Menschen für ihren Glauben zu gewinnen. Dank ihrer intensiven Missionsarbeit haben die Zeugen Jehovas heute mehr als 6 Millionen Mitglieder.

Kimbanguistische Kirche
Simon Kimbangu wurde in der Demokratischen Republik Kongo von Baptisten-Missionaren getauft. 1921, im Alter von 32 Jahren, begann er im Namen des Herrn zu heilen. Den ihm zuströmenden Massen predigte er ein anständiges Leben ohne Tabak, Alkohol und Hexerei. Doch er wurde noch im selben Jahr verhaftet und starb 30 Jahre später am 12. Oktober 1951 im Gefängnis. Seine ersten Jünger sahen in ihm den christlichen Propheten Afrikas und gründeten die Kirche Jesu Christi auf Erden. Die Taufe erhält man ab zwölf Jahren durch Handauflegen. Vor dem Sonntagsgottesdienst, der von Liedern und Bibellesungen begleitet wird, zieht man die Schuhe aus. Nur dreimal im Jahr – am 12. Oktober, am 6. April (Pfingsten) und am 25. Mai (kimbanguistisches Weihnachten) – feiern die Gläubigen mit einem aus heimischen Zutaten hergestellten Getränk und Brot die Eucharistie *(rechts, Empfang der Kommunion)*. Die Priester zur Betreuung der 5 Millionen Gläubigen werden an der Fakultät für kimbanguistische Theologie* in Kinshasa ausgebildet.

Iglesia ni Cristo (INC)
Der Filipino Felix Manalo gründete 1914 seine Kirche, um die Untreue anzuklagen, die er bei Katholiken und Protestanten sah. Seine Lehre verbreitete sich und nach seinem Tod wurde sein Sohn sein Nachfolger. Die Anhänger der Iglesia ni Cristo glauben, dass Jesus ein menschlicher Sohn Gottes ist, und es geht darum, die Regeln ihrer Kirche zu befolgen, um gerettet zu werden: zum Beispiel Gewerkschaften und Gerichte meiden und sich den Autoritäten der INC unterordnen. Sie geben ihrer Kirche Geld und erhalten als Gegenleistung im Notfall deren Hilfe. Die Gottesdienste finden am Donnerstag- und Sonntagabend in Kirchen ohne Kreuz statt *(unten)*. Männer und Frauen sitzen getrennt. Bei Abwesenheit wird nach den Fehlenden an deren Wohnort gesucht. Es gibt mehr als 5 Millionen INC-Mitglieder (7 % der Bevölkerung der Philippinen).

Solche und solche Sekten

Jede Sekte behauptet, im Besitz der Wahrheit zu sein, und distanziert sich von allem, was sie als Irrtum betrachtet. Sie gibt sich eine Organisation, verordnet ihren Anhängern Disziplin und Glaubenssätze und verdammt jede Abweichung. Die Abgrenzung zwischen Religionen und Sekten ist oft eine Frage der Interpretation. Scientology zum Beispiel ist in den USA als Religionsgemeinschaft anerkannt, in Deutschland gilt die Organisation als Sekte. Einige Sekten üben eine totale Kontrolle über Denken, Leben und Besitz ihrer Mitglieder aus *(siehe S. 152–153)*.

Maria, die Mutter Jesu

Maria, eine ganz einfache Frau, gebärt den Sohn Gottes. Ihr Lebensweg ist normal und zugleich außergewöhnlich. Er gleicht dem aller jüdischer Frauen ihrer Generation, doch Maria nimmt in den Glaubensvorstellungen der Christen einen einzigartigen Platz ein.

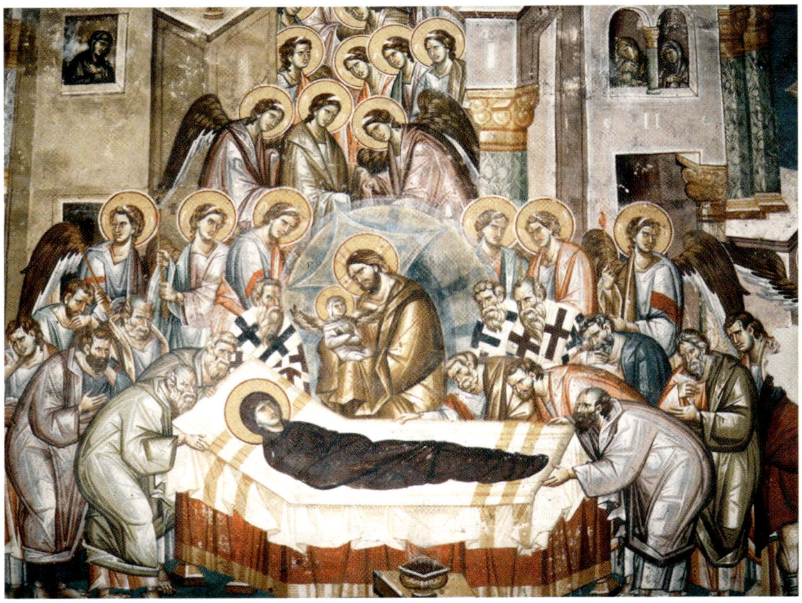

Eine außergewöhnliche Frau
Wie vermittelt man, dass Jesus der Sohn Gottes ist? Indem man auf die Außergewöhnlichkeit seiner Mutter hinweist! Das Matthäus-Evangelium erzählt, dass Maria vor ihrer Hochzeit schwanger wurde. Ein Engel erschien ihrem Verlobten Josef und sagte ihm, dass Maria durch das Wirken des Heiligen Geistes* ein Kind in sich trage. Die Katholiken formulierten verschiedene Dogmen* zu Maria. Das von 649 bekräftigt die Jungfrauengeburt und die ewige Jungfräulichkeit Marias. Das Dogma von 1854 schreibt die unbefleckte Empfängnis fest und besagt, dass Maria selbst frei von jeder Sünde* geboren wurde. 1950 übernahm man die orthodoxe Tradition und legte fest, dass Maria mit Leib und Seele in den Himmel (Mariä Himmelfahrt) aufgenommen wurde *(Fresko oben)*.

Eine einfache Frau aus Galiläa
Die christliche Offenbarung sagt, dass Jesus gleichzeitig Mensch und Gottes Sohn war. Die Tatsache, dass seine Mutter eine normale Frau war *(oben, Maria und Josef im Film* Jesus von Nazareth), gilt Christen als Beweis für sein menschliches Wesen. Das älteste Evangelium, das Markus-Evangelium, berichtet von keinem ungewöhnlichen Ereignis im Umfeld Marias. Sie wird nur zweimal erwähnt: „Jesus, ist das nicht der Zimmermann, der Sohn Marias?" und an anderer Stelle steht, dass Maria und die Familie Jesus suchen.

Jungfrau und Mutter?

Eine Jungfrau ist eine Frau, die noch keinen Geschlechtsverkehr mit einem Mann hatte – folglich kann sie auch keine Kinder haben. Was soll man also von alten Geschichten über Jungfrauen halten, die trotzdem Kinder geboren haben? In der Antike war dieser Widerspruch für viele Gläubige vielleicht akzeptabel. Doch heute, mit den weit verbreiteten Erkenntnissen der modernen Wissenschaften, ist diese Erklärung kaum nachvollziehbar.
Der Glaube an die Jungfernschaft Marias setzt das Zugeständnis voraus, dass nicht alles erklärbar ist – und genau das nennt man einen Akt des Glaubens.

Eine volkstümliche Frau
Maria steht den Gläubigen nahe. In seinem Evangelium erzählt Johannes, wie sie Jesus zu seinem ersten Wunder anregte: die Verwandlung von Wasser in Wein bei der Hochzeit eines Freundes in Kana. Die religiöse Bedeutung Marias wird in den christlichen Kirchen unterschiedlich bewertet, doch sowohl Katholiken als auch Protestanten sehen in ihr ein Beispiel für Glaube und Vertrauen. Johannes berichtet auch, wie sie als Mutter bei ihrem Sohn am Kreuz wacht. Ihr Schmerz schafft eine große Nähe zu allen Menschen, die leiden. Kurz vor seinem Tod hat Jesus seine Mutter seinem Jünger Johannes anvertraut *(rechts)*, der sie aufnimmt und wie seine eigene Mutter liebt.

Mutter Gottes
Maria wird häufig mit ihrem Sohn auf dem Schoß als gekrönte Mutter Gottes dargestellt. Das Lukas-Evangelium legt ihre spirituelle Erfahrung und ihr Bemühen dar, den göttlichen Sinn der Ereignisse zu verstehen. In der Apostelgeschichte (einem Buch des Neuen Testaments) beteuert Lukas, dass Maria bei den Jüngern ist, als diese sich nach dem Tod Jesu versammeln. Sie ist auch an Pfingsten bei ihnen, als sie den Heiligen Geist empfangen.

Die gute Mutter
In vielen Kulturen werden Göttinnen der Fruchtbarkeit und der Mutterschaft verehrt. Viele Christen schreiben Maria die Rolle der Gott nahe stehenden Beschützerin zu. Die protestantische Reformation hat die Kirche* vor der Marienverehrung gewarnt. Doch der Volksglaube verehrt Maria wie eine mächtige Wohltäterin. Man trägt Bildnisse von Maria bei sich, wie diese Seeleute auf ihrem Boot, um die Furcht vor dem Tod zu bannen.

Marjam, die Mutter eines Propheten
Im Koran wird Jesus als Sohn der Maria (Marjam, *oben links*) vorgestellt, die nicht der Sünde nachgegeben hat. Sie wird 35-mal erwähnt. Auf dieser arabischen Miniatur verkündet ihr der Erzengel Gabriel (Dschibril, *oben rechts*), dass sie dank des göttlichen Geistes ein Kind zur Welt bringen wird. Die islamische Tradition* erzählt auch, dass Marjam als sehr junge Waise von ihrem Onkel Zacharias aufgenommen wurde. Marjam gebärt allein unter einer Dattelpalme und ihr Sohn Jesus (Issa) spricht nach der Geburt zu ihr, um ihr zu sagen, wo sie Wasser finden kann.

Mohammed und die Anfänge des Islam

Als Mohammed Chadidscha von seiner Begegnung mit dem Erzengel Gabriel erzählte, antwortete sie ihm: „Freue dich!" Sein Leben veränderte sich durch die Begegnung mit dem Wort Gottes völlig. Der Kaufmann aus der Wüste wurde zum Gründer einer neuen Religion und zum Propheten*.

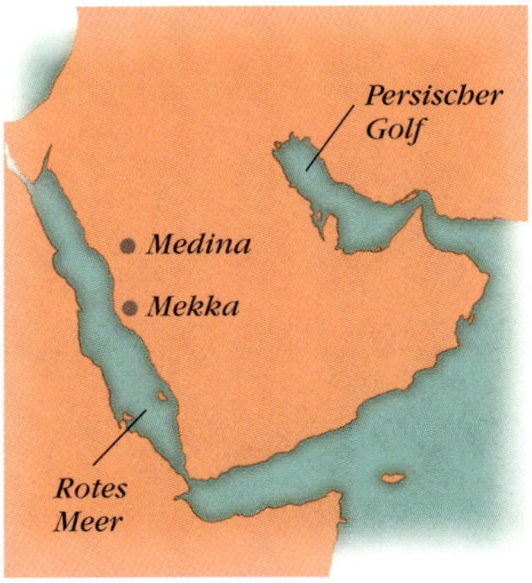

Arabien

Der Prophet Mohammed

Mohammed (arabisch: Muhammad) wurde um das Jahr 570 in Mekka in Arabien geboren. Ein Onkel zog das Waisenkind groß. Durch seinen Beruf als reisender Händler kam er in Kontakt mit christlichen und jüdischen Gemeinden. Mit 25 Jahren heiratete er die reiche Kaufmannswitwe Chadidscha. Sie schenkte ihm einen Sohn, Kasim, und vier Töchter – die bekannteste ist Fatima, die spätere Frau des Kalifen Ali. Die drei anderen Töchter hießen Ruqaiya, Umm Kultum und Zainab. Nach Chadidschas Tod heiratete der Prophet acht weitere Frauen, von denen ihm eine einen Sohn gebar.

Die Offenbarung des Koran

Bei der Meditation in einer Grotte, in die er sich gewöhnlich zum Nachdenken zurückzog, erhielt Mohammed als 40-Jähriger die erste Offenbarung des Koran. Es geschah in einer Nacht im Monat Ramadan (dem neunten Monat des Mondjahrs), die seitdem von den Muslimen „Nacht der Bestimmung" *(Lailat al-Kadr)* genannt wird. Der Erzengel Gabriel

NA SO WAS!

Der Islam
Der Islam (arabisch: Hingabe an Gott) ist die Religion, die auf der Offenbarung des Koran und das Leben des Propheten Mohammed aufbaut. Die Lehren Mohammeds *(Hadithe)* und seine Taten wurden von der Tradition* *(Sunna)* aufgenommen. Wenn man sich zu Gott bekennt, ist man Muslim. So werden auch Abraham, Moses oder Jesus als Muslime betrachtet. Weil Judentum und Christentum deren Botschaften verfälscht hätten, müsste der Islam an ihre Stelle treten. Die Gemeinschaft aller Muslime nennt man Umma.

(Dschibril) erschien Mohammed und offenbarte ihm im Namen Gottes die ersten fünf Verse des Koran.

Die Hidschra

Mohammed teilte seiner Umgebung mit, was ihm widerfahren war – einige glaubten es, andere nicht. 13 Jahre lang gab er die von Erzengel Gabriel erhaltenen Lehren an seine Anhänger weiter. Doch die Offenbarung eines einzigen Gottes weckte die Feindseligkeit der Einwohner Mekkas, die von den Pilgerfahrten zu einem mysteriösen schwarzen Stein *(siehe S. 110–111)* profitierten. 622 musste Mohammed nach Medina („Stadt des Propheten") fliehen. Diese Flucht *(Hidschra)* markiert den Beginn der muslimischen Zeitrechnung.

Die erste Gemeinschaft

In Medina wurde Mohammed willkommen geheißen und konnte die neue Religion der bis dahin heidnischen, jüdischen oder christlichen Bevölkerung verkünden. Er reformierte die Stammesgesetze. Dabei stützte er sich auf Gott. Anfangs rief er zum Gebet in Richtung Jerusalem und zum Fasten an jüdischen Festtagen auf. Doch die Juden warfen ihm Veränderungen an den biblischen Geschichten vor. Bald fand das Fasten im Monat Ramadan statt und die Gläubigen verbeugten sich gen Mekka. Mohammed empfing noch weitere zehn Jahre Offenbarungen. Er lehrte und kommentierte den Koran, organisierte seine Anhänger und eroberte 630 Mekka, dessen Einwohner er bekehrte. Kurz danach starb er in Medina, ohne einen Nachfolger bestimmt zu haben.

Nachfolger des Propheten

Abu Bakr, einer der treuen Weggefährten des Propheten, wird der erste Kalif* (Nachfolger). Nach dessen Tod 634 folgten ihm Omar, 644 dann Othman und schließlich Ali (657–661), der Schwiegersohn des Propheten, nach. Alle vier Kalifen werden als *Raschidun* (Rechtgeleitete) bezeichnet. Sie verfolgten, meist mit Waffengewalt, die rasche Ausbreitung des Islam, der bald Nordafrika sowie den Nahen und Mittleren Osten dominierte *(siehe S. 292–293)*.

DIE NÄCHTLICHE REISE

In Mekka hatte der Prophet einen Traum, der ihn auf einem geflügelten Tier bis Jerusalem und von dort in den Himmel führte. Auf dieser Reise traf er Abraham, Moses und Jesus, die ihm die fünf obligatorischen Gebete vorschrieben. Zurückgekehrt sah er einen beim Weggehen umgekippten Krug, der noch nicht ganz leer war – seine Auffahrt (arabisch: *Miradsch*) hat also nur einen Augenblick gedauert.

Grundlagen des Islam

Wer an Gott glaubt und sich ihm hingibt, gewinnt das Paradies. Für dieses Ziel braucht man keine komplizierte Religion. Es genügt, einige Pflichten – die so genannten fünf Säulen des Islam – und sechs fundamentale Glaubenssätze zu beachten.

Stunde des Gebets *in einer Moschee in Pakistan*

Die fünf Säulen des Islam

- Um Muslim zu sein, muss man sich ernsthaft zum islamischen Glauben bekennen (arabisch: *Schahada*): *La ilaha illah-llah muhammadan rasulu-llah* („Es gibt keinen Gott außer Allah und Mohammed ist sein Prophet*").
- Fünfmal am Tag das Gebet *(Salat)* sprechen: Früh am Morgen, gegen Mittag, am Ende des Nachmittags, bei Sonnenuntergang und in der Nacht.
- Im Monat Ramadan fasten: Von Sonnenaufgang bis Sonnenuntergang auf Essen und Trinken verzichten und stattdessen die Zeit dem Gebet widmen.
- Almosen *(Zakat)* geben – manche Regierungen islamischer Staaten erheben dafür eine Religionssteuer.
- Mindestens einmal im Leben, soweit Gesundheit und Vermögen es zulassen, einen *Hadsch*, eine Pilgerreise nach Mekka, unternehmen *(siehe S. 110–111)*.

Spenden *nach dem Gebet*

NA SO WAS!

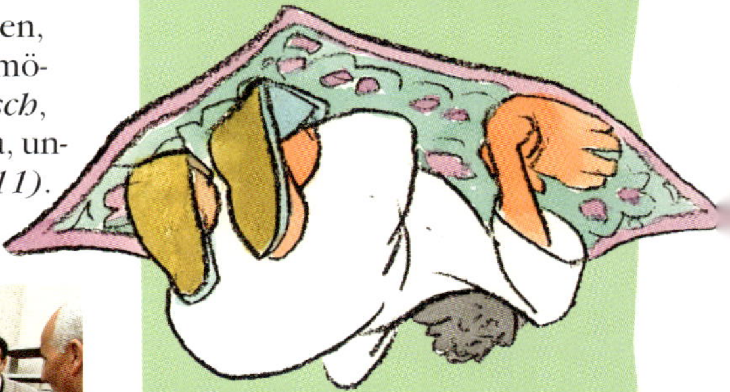

Beten ohne Kompass?
1985 nahm ein Astronaut aus Saudi-Arabien an einer Weltraummission teil. Er durfte in jede beliebige Richtung beten, denn es war im Weltraum sehr schwierig, sich genau nach Mekka zu verbeugen.

Sechs Glaubensgrundsätze

Die islamische Tradition* berichtet in einem *Hadith* von einem Dialog zwischen Erzengel Gabriel (Dschibril) und dem Propheten, der die Grundlagen des Glaubens wiedergibt: „Glaube an den einzigen Gott, seine Botschafter, die Engel, seine von ihm offenbarten Bücher, seine menschlichen Botschafter, die Auferstehung* am jüngsten Tag, an die Festlegung des Guten und Bösen durch Gott."

***Der Engel des Todes,** iranische Miniatur aus dem 16. Jahrhundert*

- Für Muslime ist es der gröbste Verstoß, andere Götter und Idole neben Gott zu verehren. Gott ist der Allmächtige und Größte, wie es der häufig gebrauchte arabische Spruch *Allahu akbar* (Gott allein ist groß) ausdrückt.
- Gott hat sich mit den Engeln geeignete Diener geschaffen, um mit den Menschen in Kontakt zu treten. Im Koran werden einige genannt: Dschibril (Gabriel) überbringt die göttlichen Anweisungen, Michael (Mikael) beaufsichtigt die Welt, Malik bewacht die Unterwelt, Isafil bläst zum letzten Gericht*, Izrail ist der Engel des Todes. Iblis (arabisch: Teufel) wurde als Engel entthront, weil er ungehorsam gegen Gott war und sich nicht vor Adam verbeugt hatte. Einige Muslime sagen, dass er kein Engel, sondern ein Dschinn (gut- oder bösartiger Geist) sei.
- Für den Islam hat sich Gott bereits in der Bibel und den Evangelien offenbart, doch der Koran ist die „unverfälschte" Rede Gottes.
- Der heilige Text erwähnt einige Propheten: Adam, Abraham, Jakob (arabisch: Jakub), David (Daud), Moses (Musa), Jesus (Issa, der für die Muslime nicht am Kreuz starb, sondern im letzten Moment gerettet wurde), Johannes der Täufer (Yahya) und Mohammed (Muhammad). Doch es wird klar gesagt, dass Mohammed „das Siegel", der letzte und wichtigste der Propheten ist.
- Gott wird, wenn er es beschlossen hat, die Welt vernichten und jeden Menschen nach seinen Taten richten.
- Das Urteil Gottes wird die Guten ins Paradies und die Bösen in die Hölle schicken. Der Gläubige wird durch das islamische Gesetz *(Scharia*)* auf den rechten Weg zu Gott geleitet.

Anweisungen für das Beten

Beten kann man überall: Man muss sich nur symbolisch von der Umwelt isolieren, indem man auf einem nach Mekka ausgerichteten Gebetsteppich Platz nimmt. Es wird aber empfohlen, dazu in eine Moschee zu gehen, um in der Gemeinschaft zu beten. Vor dem Beten sind rituelle Waschungen vorgeschrieben, bei denen man bestimmte Körperpartien in einer festgelegten Reihenfolge wäscht *(siehe S. 109)*.

Muslimischer Lebenskreis

„Unsere Kinder lernen die Regeln der Religion, indem sie uns beobachten.“ Traditionen* und gemeinsame Grundsätze des Islam wirken sich entsprechend auf den Alltag aus. Je nach Land hat der Islam aber unterschiedliche Erscheinungsformen.

Islamische Feiertage

Zwei wichtige Feste bestimmen das religiöse Jahr der Muslime:

- *Id as-Sagir* (kleines Fest), auch *Id al-Fitr* (Fastenbrechen) genannt, wird am letzten Tag des Ramadan mit festlichen Gottesdiensten, Mahlzeiten und Geschenken begangen.
- *Id al-Kabir* (großes Fest oder Opferfest) heißt in Zentralafrika *Tabaski*. Es feiert das Ende der Pilgerreise nach Mekka. Bei dieser Gelegenheit wird ein Hammel in Erinnerung an Abrahams Opfer *(siehe S. 158–159)* geschlachtet.

Weitere Feste sind der Beginn des Mondjahres, der auch den Beginn der *Hidschra* markiert, *Mulud* zur Feier der Geburt des Propheten* und der großen Sufis, *Lailat al-Kadr* (Nacht der Bestimmung) zur Erinnerung an die Offenbarung des Koran gegenüber dem Propheten Mohammed und *Aschura* als ein Tag des Martyriums bzw. des Segens.

***Verkauf von Hammeln** für das Opferfest* Id al-Kabir

Ein von der Religion durchdrungenes Leben

Der Koran bestimmt das gesamte Leben eines Muslim, nicht nur das religiöse. Die Regeln werden je nach Land mehr oder weniger streng angewandt. Praktiziert ein Land die *Scharia** *(siehe S. 186–187)*, dann gilt für seine Rechtsprechung ein aus dem Koran abgeleitetes Gesetzbuch. Einige nehmen den Koran wörtlich und verhängen drastische Strafen: Dieben wird die Hand amputiert, Ehebrecherinnen werden gesteinigt. Andere interpretieren die *Scharia* dagegen liberaler. In Ländern mit nicht-islamischen religiösen Minderheiten fordern diese, nicht der *Scharia* unterworfen zu werden,

***Junge Muslime** mit ihrem Lehrer im Oman*

Haus *eines Hadschi (Gläubiger, der nach Mekka gepilgert ist) in Ägypten*

Ein islamisches Gebet

Jede Lesung eines Koranverses ist ein Gebet, besonders bekannt ist die erste Sure, genannt *Fatiha* (arabisch: die Eröffnende):
„Im Namen Allahs, des Allerbarmers, des Barmherzigen! Alles Lob gebührt Allah, dem Herrn der Welten, dem Allerbarmer, dem Barmherzigen dem Herrscher am Tage des Gerichts!
Dir (allein) dienen wir und dich (allein) bitten wir um Hilfe. Führe uns den geraden Weg, den Weg derer, denen du Gnade erwiesen hast, nicht (den Weg) derer, die (deinen) Zorn erregt haben, und nicht (den Weg) der Irregehenden. Amen*."

was ihnen oft zugestanden wird. Muslime, die in Ländern leben, deren Gesetze und Gewohnheiten vom Koran abweichen, sind gehalten, sich daran anzupassen, ohne die eigene Glaubenspraxis zu vernachlässigen.

Das Gesetz verstehen

Bei manchen Themen bietet der Koran den Muslimen verschiedene Möglichkeiten der Auslegung. Die Ehe ist ein Beispiel: „Es ist erlaubt, zwei, drei oder vier Frauen zu heiraten; doch wenn ihr fürchtet, diesen nicht gerecht sein zu können, heiratet eine." (Sure 4, Vers 3). In Tunesien folgern die Juristen daraus, dass es unmöglich ist, vier Frauen gleich zu behandeln und dass der Vers somit die Monogamie propagiert. In Saudi-Arabien dagegen sieht man darin die Bestätigung der Polygamie. Der Islam hat keine klerikale Autorität, die die eine oder die andere Variante als Grundsatz festlegen könnte. Bei Schwierigkeiten stützt sich die Tradition immer auf Mohammed als Vorbild. Was soll man aber aus der Tatsache schließen, dass der Prophet zunächst 25 Jahre mit einer einzigen Frau zusammen lebte und dann acht Ehefrauen hatte?

Alle Gläubigen sind gleich

Der Islam beruht auf dem Prinzip der Gleichheit der Menschen. Es gibt keinen Klerus mit besonderen Befugnissen. Manche Männer gelangen aufgrund ihrer theologischen* oder juristischen Ausbildung zu Einfluss. Der Islam brachte den Frauen zu Lebzeiten Mohammeds erhebliche Verbesserungen ihres Status. Dennoch musste sich eine Muslima in bestimmten Situationen den männlichen Familienmitgliedern unterordnen. Dies ist heute in vielen islamischen Ländern nicht mehr der Fall. In Marokko beispielsweise wurde das Familienrecht 2004 komplett überarbeitet.

Eine muslimische Familie *in Deutschland feiert die Beschneidung* des Sohns: Der Junge wird dazu besonders gekleidet.*

Das Leben in der Moschee

In Medina bot Mohammed seinen Gästen Schutz und Unterweisungen an. Er empfing sie in einem quadratischen Hof von 50 m Seitenlänge, der von 3 m hohen Mauern umgeben war. Ein Tor führte zu seinem Haus. Ein von Palmen gestütztes Strohdach schützte die Gläubigen beim Gebet. Alle Moscheen sind seitdem vom Haus des Propheten* inspiriert.

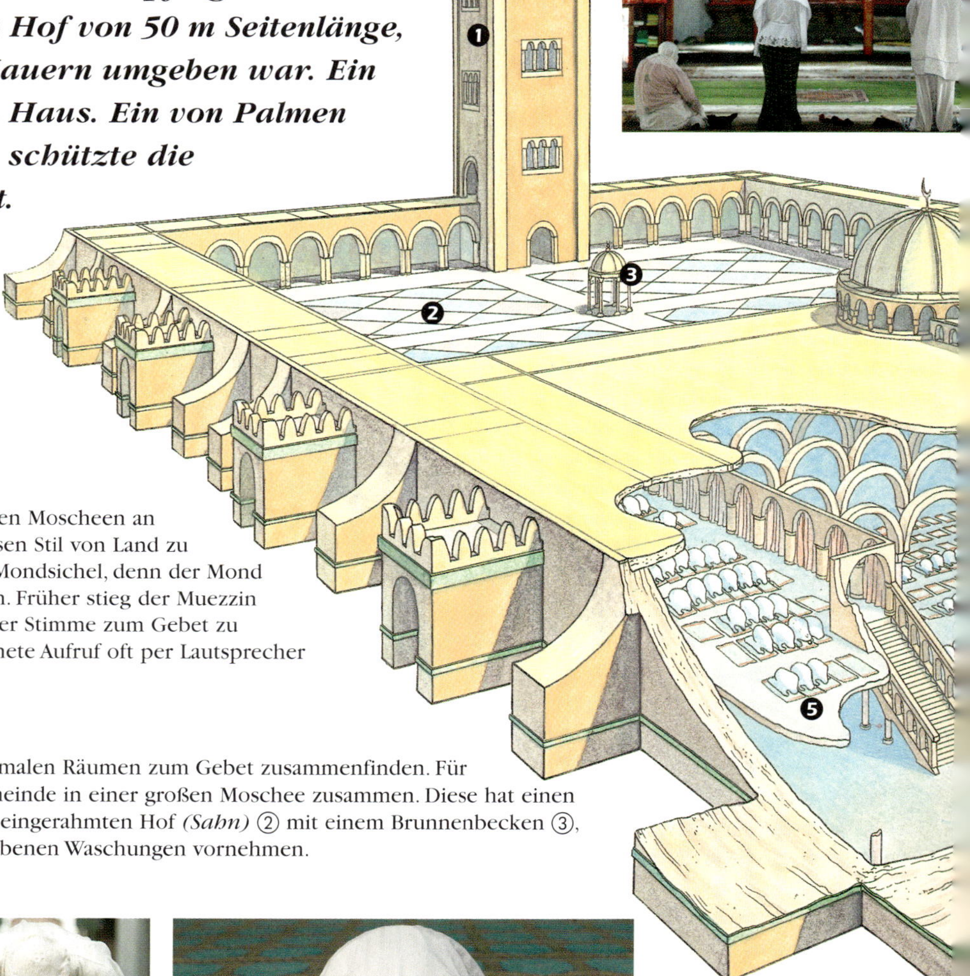

Aufruf zum Gebet
Schon von weitem sind die meisten Moscheen an ihrem Minarett ① erkennbar, dessen Stil von Land zu Land wechselt. Dieses trägt eine Mondsichel, denn der Mond bestimmt den Kalender des Koran. Früher stieg der Muezzin hinauf, um die Gläubigen mit lauter Stimme zum Gebet zu rufen. Heute wird der aufgezeichnete Aufruf oft per Lautsprecher übertragen.

Große und kleine Moscheen
Muslime können sich in ganz normalen Räumen zum Gebet zusammenfinden. Für das Freitagsgebet kommt die Gemeinde in einer großen Moschee zusammen. Diese hat einen quadratischen, von Säulengängen eingerahmten Hof *(Sahn)* ② mit einem Brunnenbecken ③, wo die Gläubigen die vorgeschriebenen Waschungen vornehmen.

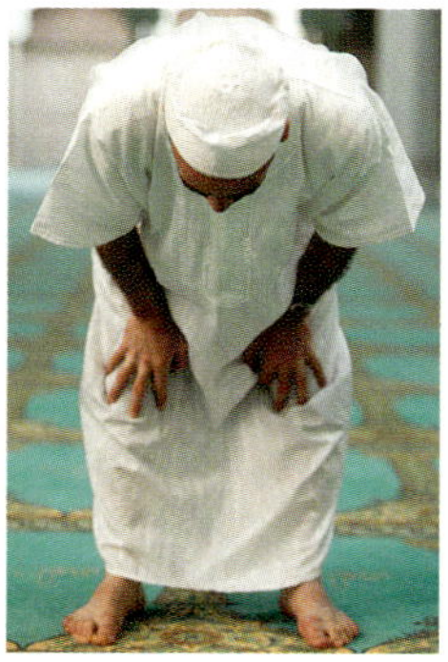

Mit dem Körper beten
Beim Gebet rezitieren die Muslime Passagen aus dem Koran und folgen dabei den Bewegungen des Imam (Vorbeters): Zunächst steht man aufrecht, die Arme liegen am Körper an, sind erhoben oder über der Brust gekreuzt. Dann beugt man sich nach vorn, die Hände liegen dabei auf den Knien. Schließlich kniet man am Boden, die Stirn berührt dabei den Boden. Dann setzt man sich auf beide Beine und kniet erneut.

Im Gebetssaal
Vor dem Betreten des Gebetssaals zieht man die Schuhe aus. Sobald man den Gebetsraum ④ betritt, ist man von der Ruhe und der Fülle der Teppiche überrascht. Die Gläubigen setzen sich in Reihen nieder, Schulter an Schulter als Zeichen der Gleichheit. Am Schluss grüßt jeder seine Nachbarn. Die Frauen beten manchmal hinter einem Vorhang ⑤ oder auf einer erhöhten Galerie. Sie bedecken ihren Kopf mit einem Tuch.

Die rituellen Waschungen

Bevor der Gläubige betet spricht er: *„Bismi'llah“* (Im Namen Allahs) und wäscht sich in einer festgelegten Reihenfolge Hände, Mund, Nasenlöcher, Gesicht, rechten Unterarm, linken Unterarm, rechten und linken Fuß. Jede Waschung wird dreimal vollzogen. Wenn kein Wasser vorhanden ist, etwa in der Wüste, kann man auch Sand nehmen. Diese Waschungen stellen die rituelle Reinheit der Gläubigen her. Nach großen Verunreinigungen (Geschlechtsverkehr, Menstruation usw.) ist eine gründliche Reinigung des ganzen Körpers mit Wasser nötig.

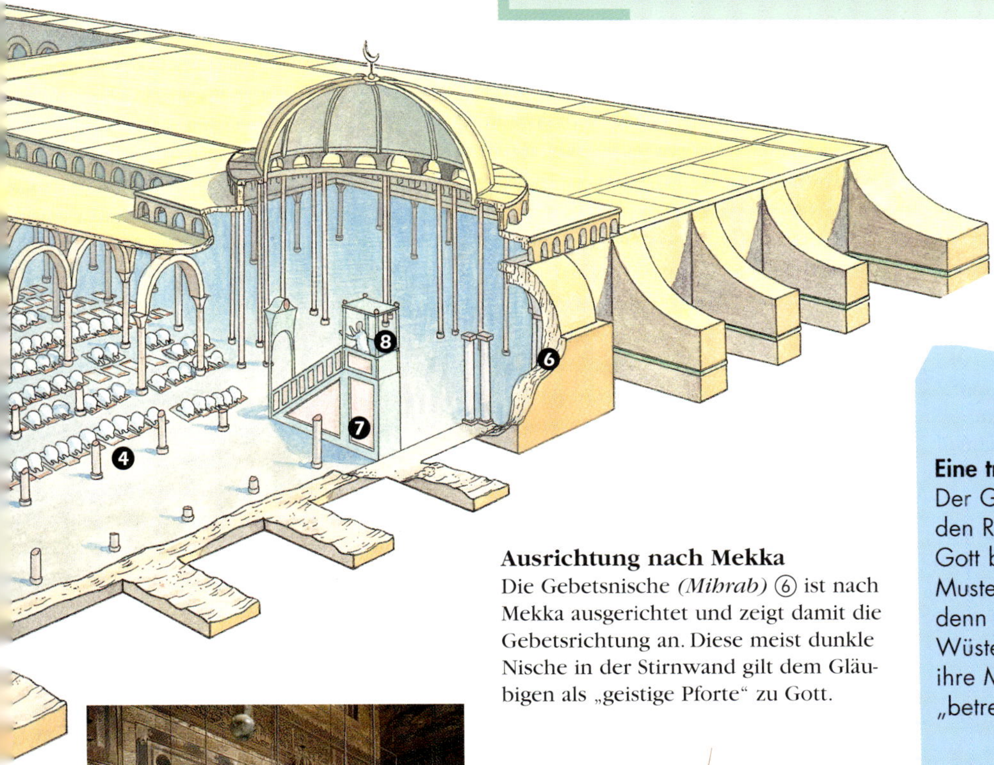

Ausrichtung nach Mekka
Die Gebetsnische *(Mihrab)* ⑥ ist nach Mekka ausgerichtet und zeigt damit die Gebetsrichtung an. Diese meist dunkle Nische in der Stirnwand gilt dem Gläubigen als „geistige Pforte“ zu Gott.

NA SO WAS!

Eine tragbare Moschee
Der Gebetsteppich symbolisiert den Raum, wo der Gläubige Gott begegnen kann. Seine Muster sind immer asymmetrisch, denn nur Gott ist perfekt. In der Wüste zeichnen die Nomaden ihre Moschee in den Sand und „betreten“ sie, um zu beten.

Die Predigt hören
Neben der Gebetsnische gibt es eine Kanzel (*Minbar* ⑦), von der aus der Vorbeter, der Imam ⑧, das Gebet leitet und seine Ansprache *(Khotba)* hält.

Kunstvolle Verzierungen
In einer Moschee findet man keine Darstellungen von Lebewesen, denn der Koran verbietet sie. Stattdessen haben Künstler großartige Ornamente mit kunstvoll geschriebenen Koranversen geschaffen oder die Namen Allah und Mohammed verewigt, sowie die der ersten vier Kalifen*: Abu Bakr, Omar, Othman und Ali.

Die Pilgerreise nach Mekka

„Hier bin ich, mein Herr! Hier bin ich!“, so betet der Pilger, der am Ziel seiner Wallfahrt in Mekka angekommen ist. Jetzt wird er zum Hadschi! Der Prophet* hat diese Pilgerfahrt drei Monate vor seinem Tod begründet: „Heute habe ich für euch eure Religion vollendet.“

Eine Säule des Islam

Die Pilgerreise nach Mekka *(Hadsch)* zählt zu den fünf Säulen des Islam. Jeder erwachsene Muslim, der es sich finanziell und gesundheitlich leisten kann, muss sie mindestens einmal im Leben machen, am besten in den beiden letzten Monaten des Mondjahres. Jedes Jahr treten mehr als 2 Millionen Muslime den *Hadsch* an. Seit der Zeit des Propheten ist alles genau vorgeschrieben: die Orte, die besucht werden, die Rituale*, die beachtet werden müssen, und das Pilgergewand. Die heiligen Zonen in Mekka und Medina sind für Nichtmuslime verboten.

Weihezustand *(Ihram)*

Der *Hadsch* beginnt mit dem Anlegen des Pilgergewands. Die Pilger reinigen sich, legen Sandalen und zwei weiße Tücher an, von denen das eine um die Hüften geschlungen und das andere um die linke Schulter und den Rücken gelegt wird. Ohne Kopfbedeckung und weiß gekleidet sind die Männer symbolisch gleich vor Gott. Für Frauen gibt es keine besonderen Kleidungsvorschriften. Sie vollziehen an den heiligen Orten dieselben Rituale wie die Männer.

Der Berg Arafat ①
Die Pilger beten am Arafat, 20 km östlich von Mekka. Nach islamischer Tradition fanden sich Adam und Eva nach der Vertreibung aus dem Paradies auf diesem Berg wieder. Es ist auch die Stätte, an der Mohammed seine letzte Predigt gehalten hat, drei Monate vor seinem Tod. Am Abend nähern sich die Pilger Mekka und verbringen die Nacht in Zelten vor der Stadt.

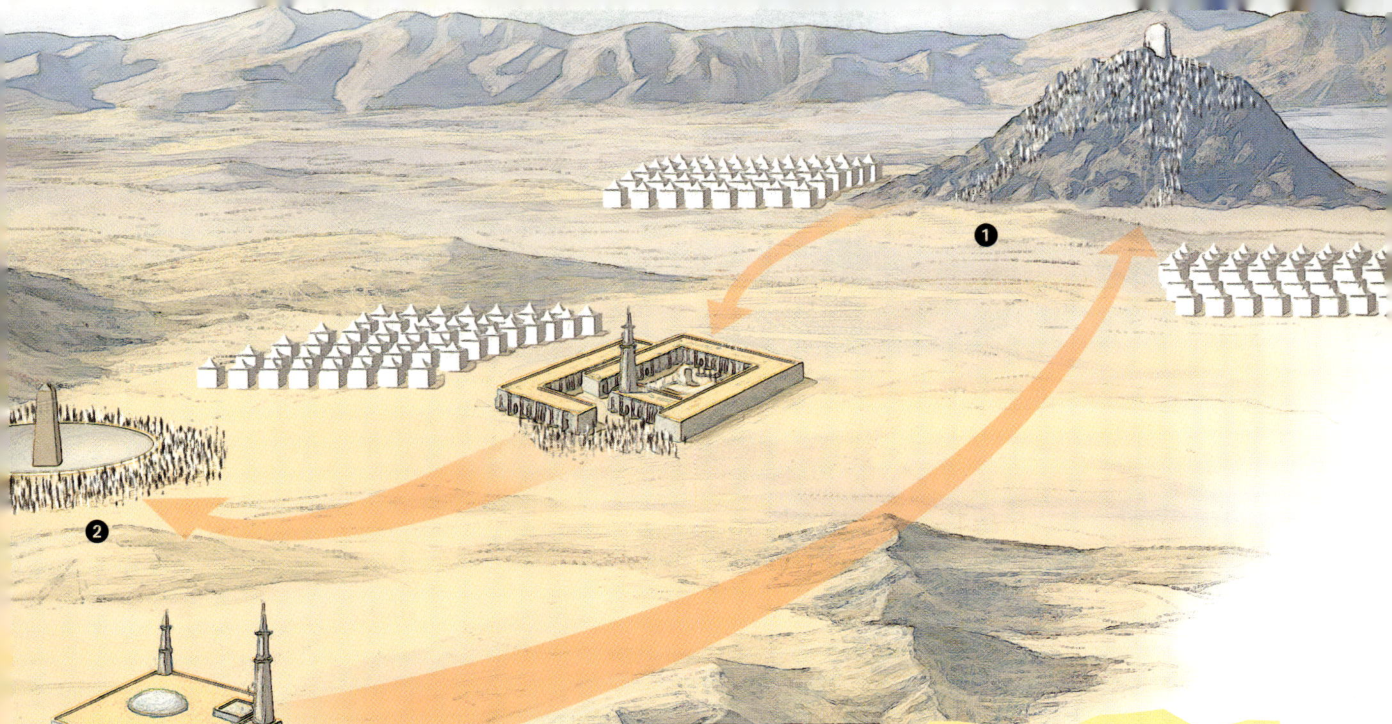

Die Steinigung des Teufels ②
Am Morgen begeben sich die Pilger nach Mina, 7 km vom Heiligtum entfernt. Dort wird die Steinigung des Teufels vollzogen. Die Pilger werfen zum Zeichen, dass sie ihn vertreiben, kleine Steine auf den Teufel, der durch eine in die Erde gerammte Säule symbolisiert wird.

Die Kaaba ④
Die Pilger gehen in die Hauptmoschee von Mekka. In der Mitte des Hofs befindet sich die Kaaba, ein würfelförmiges, mit schwarzer Seide verhülltes Gebäude mit einem eingelassenen schwarzen Stein. Als Zeichen der Ergebenheit versucht der Pilger, diesen Stein zu berühren, und umrundet sieben Mal die Kaaba.

NA SO WAS!

Die Geschichte der Kaaba
Mekka hatte schon vor dem Islam eine große religiöse Bedeutung. Die islamische Tradition* erzählt, dass Adam dort das erste Heiligtum erbaute, das Abraham wieder instand setzte. Es soll an dieser Stelle auch einen von Abraham und seinem Sohn Ismael gegrabenen Brunnen gegeben haben. Sicher ist, dass vor Mohammed die arabischen Stämme dort einen schwarzen Stein verehrt haben.

Der Gang zwischen Safa und Marwa ③
Nach der Überlieferung lief Hagar, die in die Wüste verstoßene Frau Abrahams, auf der Suche nach Wasser für ihren Sohn Ismael (Urahn der Araber) umher. In Erinnerung daran trinken die Pilger etwas Wasser aus der Zamzam genannten Quelle, dann laufen sie zwischen den Hügeln Safa und Marwa hin und her. Dieser Lauf durch die heute überdachten Gänge erinnert auch an das Umherirren von Adam und Eva nach der Vertreibung aus dem Paradies.

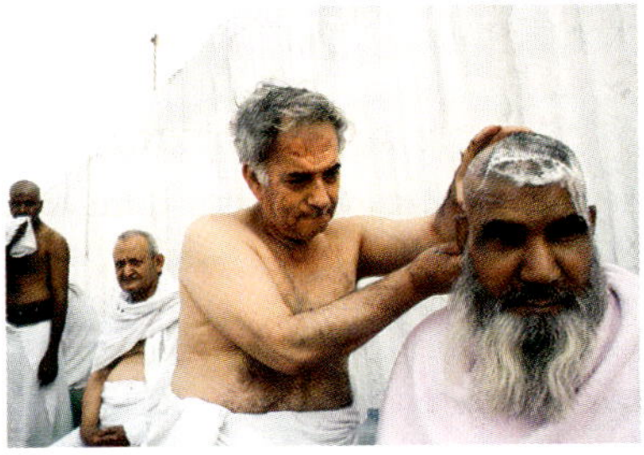

Aufhebung des Weihezustands
Am Ende des *Hadsch*, der zwischen zehn Tagen und drei Wochen dauert, opfert der Pilger in Mina einen Hammel und rasiert sich den Kopf (Frauen schneiden sich nur eine Strähne ab).

Unterschiedliche Traditionen

„In Mekka sind alle vor Gott gleich." Die Pilger vollziehen alle dieselben Handlungen, die der Prophet* eingeführt hat. Aber sie kommen aus verschiedenen Ländern, Kulturen und Glaubensströmungen. Diese unterschiedlichen Traditionen* haben sich im Laufe der Zeit herausgebildet.

***Grabstätte von Alis Enkeltochter**, die die Schiiten in Damaskus verehren*

Nachfolgestreit und Abspaltungen

Ein Jahr nach dem Tod von Kalif* Othman kam es zum Streit über die Nachfolge des Propheten. Die Schlacht von Siffin 657 war Höhepunkt des Kriegs zwischen den Muslimen. Die Anhänger von Mohammeds Schwiegersohn Ali standen der Gefolgschaft Moawijas gegenüber. Ein Schiedsspruch sollte das Töten beenden. Ali musste sich zurückziehen. In der Folgezeit spaltete sich der Islam in die Sunniten und die Schiiten, die Anhänger Alis. Diese Spaltung besteht bis heute.

Die Sunniten

Der sunnitische Islam kommt ganz ohne Klerus aus. Jeder Gläubige ist direkt Gott gegenüber verantwortlich. Das heißt nicht, dass alles der freien Entscheidung des Einzelnen überlassen ist. In einigen islamischen Ländern sind die Regierungen eng mit der Religion verbunden und richten ihr Rechtssystem und die Gesetze nach dem Koran aus. Bei Interpretationsproblemen greifen die Juristen auf die Tradition *(Sunna)* zurück. Bei besonders komplizierten oder neuartigen Problemen konsultieren sie die Ulemas (Religionsgelehrte), die durch Analogieschluss entscheiden. Aus dem Verbot von Wein folgern sie etwa das Verbot von Drogen, die im 7. Jahrhundert noch nicht bekannt waren. Ist ein Vergleich nicht möglich, beraten die Ulemas und ihr Beschluss hat Autorität. Im Laufe der Jahrhunderte haben sich vier verschiedene wichtige Rechtsschulen herausgebildet (Malikiten, Hanefiten, Schafiiten und Hanbaliten).

Die Schiiten

Die schiitische Gemeinschaft wurde von einem Imam als Nachfolger Alis geleitet. In der Nachfolge des Propheten hatte der Imam die Kompetenz zur Auslegung des Koran und seine Autorität war unfehlbar. Im 9. Jahrhundert brach die Reihe der Imame ab. Die Schiiten glauben, der zwölfte und letzte Imam sei verborgen und wird am Ende der Zeit wiederkommen. Bis dahin wird der Islam von einem professionellen Klerus weitergegeben, dessen Hierarchie von den Ajatollahs an der Spitze bis hinab zu den Mullahs reicht *(siehe Kasten S. 113 oben)*. Die Ismailiten pflegen eine eigene schiitische Tradition. Für sie ist die Linie der Imame nicht unterbrochen; für Nizari-Ismaeliten etwa besteht sie in der Familie des Aga Khan fort. Karim Aga Khan ist der 49. Imam, er residiert in Genf. Seine Anhänger beten zweimal pro Tag und fühlen sich nicht an das Fastengebot im Ramadan gebunden. Sie trinken Wein und sind monogam.

***Karim Aga Khan** im Kreise ismailitischer Führer*

Die Schlacht von Siffin

Männer mit Einfluss

Bei den Sunniten gibt es keinen Klerus, doch bestimmte Gläubige haben besondere Funktionen wie Ulema (Religionsgelehrter), Kadi oder Mufti (Rechtsgelehrter), Imam (Vorbeter), Muezzin (Rufer zum Gebet) oder Scheich (Führer einer Sufi-Bruderschaft).
Bei den Schiiten erfährt der Klerus (Mullahs, Ajatollahs usw.) eine gezielte theologische Ausbildung.
Sowohl bei den Sunniten als auch bei den Schiiten genießen die Hadschi – die Gläubigen, die die Pilgerreise nach Mekka gemacht haben – besonderen Respekt.

Die Charidschiten

Nach der Schlacht von Siffin schlossen sich einige von Ali enttäuschte Anhänger nicht den Schiiten an. Sie bildeten Gemeinschaften, die ihren Führer nach seinen moralischen Qualitäten und nicht nach seiner Abstammung auswählten. Heute sind diese Charidschiten vor allem im Sultanat Oman vertreten und haben sich den Sunniten angenähert.

Spiritueller und politischer Islam

Innerhalb jeder dieser Traditionen ist die Spiritualität der Gläubigen ganz unterschiedlich. Manche suchen über die Mystik* eine direkte Beziehung zu Gott wie im Sufismus *(siehe S. 262–263)*. Einige Meister haben Schulen, so genannte Bruderschaften *(Tariqa)* gegründet. Die islamischen Regierungen sind den Sufis wegen ihrer Hingabe zur Mystik gegenüber misstrauisch. Obwohl der Sufismus hin und wieder verfolgt wurde, lassen sich doch viele Gläubige von dessen Schriften inspirieren. Die volkstümliche Religiosität hat auch Bräuche wie die Heiligenverehrung oder den Glauben an Amulette beibehalten, die nicht dem Koran entsprechen.

NA SO WAS!

Es gibt Imame und *den* Imam
Die sunnitischen Imame leiten das Gebet in einer Moschee. Sie werden aus dem Kreis der frommen und gelehrten Männer ausgewählt, üben aber meist noch einen anderen Beruf aus. Bei den Schiiten ist *der* Imam jemand, der als Ausnahmeerscheinung auf Erden göttliche Weisungen empfängt.

Sufi-Bruderschaft in Damaskus

Der Islam als Gesellschaftsordnung

Wenn man heute eine europäische Muslima fragt, ob sie Sunnitin oder Schiitin ist, antwortet sie vielleicht: „Das ist nicht so wichtig. Viel stärker spüre ich die politische Kluft zwischen den Muslimen. Die intellektuelle Öffnung in der Blütezeit des Islam war eine gute Sache. Doch zu den Anfängen des Islam zurückkehren, wie manche islamische Fundamentalisten es erträumen, möchte ich nicht."

***Medaillon** mit Kalifenbild aus Bagdad, 9. Jahrhundert*

Vom Kalifat* zur Vielfalt

In der Anfangszeit stand der Islam zunächst unter alleiniger Führung des Propheten*, dann seiner Nachfolger, der ersten Kalifen. Anschließend übten die Omaijaden in Damaskus (661–750) ein Kalifat aus, danach die Abbasiden in Bagdad (750–1258). Diese Zeit gilt als Blütezeit des Islam: Er breitete sich weit über den Mittelmeerraum aus, die größten Gelehrten kamen zusammen und gewannen bedeutende Erkenntnisse in den Wissenschaften. Doch die Autorität der Abbasiden schwand. Schiiten und Sunniten konkurrierten miteinander, es kam zu Abspaltungen und Gründungen neuer Dynastien (in Spanien, Tunesien, Marokko usw.). Nach vielen Kämpfen errichtete 1517 das Osmanische Reich das Kalifat in Istanbul, doch es konnte den schleichenden Machtverfall nicht aufhalten. 1924 schaffte Mustafa Kemal Atatürk das Kalifat ab und rief in der Türkei eine laizistische* Republik aus. Eine Wiederaufnahme des Kalifats zeichnet sich in der heutigen islamischen Welt nirgends ab.

***Atatürk** führte in der Türkei das lateinische Alphabet ein.*

***Der Mufti** Scheich El Zein hält bei einer Militärparade der schiitischen Hisbollah (Partei Gottes) im Libanon eine Ansprache.*

Quälende Probleme

Heute verfügt der Islam über kein gemeinsames Oberhaupt mehr. Nur in Marokko vereint das Staatsoberhaupt (König Mohammed VI., Nachfolger des Propheten) politische und religiöse Macht.

Die islamische Welt ist in viele Staaten aufgeteilt, in denen die am Koran orientierte Gesetzgebung *(Scharia*)* zum Teil von westlich inspirierten Rechtssystemen beeinflusst wurde. Die islamischen Länder sind als Königreiche oder Republiken konstituiert. Auch Diktaturen mit einer oft korrupten Führungsclique sind hier vertreten. Heute stellt die Verknüpfung von Religion und Politik den Islam vor vielfältige Probleme. Die Notwendigkeit von Reformen ist überall zu spüren.

Eröffnungssitzung *des islamischen Parlaments im Iran*

Für einen modernen Islam

Reformen müssen eine Anpassung an die moderne Welt bringen, meinen die einen. Sie erinnern an die Zeit, als islamische Gelehrte im Zentrum von wissenschaftlicher Erneuerung und Fortschritt standen. Sie geben zu bedenken, dass es für viele der aktuellen Fragen keine eindeutigen Lösungen im Koran gibt. Im Koran selbst heißt es, dass der Text sowohl klare als auch vieldeutige Verse enthält (Sure 4, Vers 162). Manche Kritiker einer wörtlichen Auslegung des Islam schließen daraus, dass man den Koran unter Berücksichtigung der Tradition* lesen muss, gleichzeitig aber die Gegebenheiten von heute berücksichtigen sollte. Sie legen Wert darauf, ihre Spiritualität mit Authentizität zu praktizieren, doch den Anschluss an die Moderne nicht zu verlieren.

Der Koran als politisches Modell

Andere träumen von einer Rückkehr zu den Anfängen des Islam. Sie bedauern, dass der Koran nicht mehr die kulturelle und politische Leitfunktion hat, die ihm zukäme. Für sie kommen nur eine Rückkehr zur strikten Einhaltung des Korangesetzes und die Ablehnung jeglicher Modernisierung in Frage. Sie verklären die Zeit, als der Prophet alle religiöse und politische Macht besaß. Sie behaupten, dass die westlichen Gesellschaften die islamische Identität bedrohen. Die Bewegung der Muslimbruderschaft *(siehe Kasten)* kämpft mit anderen für einen reinen Islam.

Eine junge malaiische Muslima *hilft einer älteren Frau bei der Wahl 1999 in Kuala Lumpur.*

Die Muslimbruderschaft

Diese Bewegung wurde 1927 in Ägypten zur Durchsetzung der Ideen von Hassan al-Banna gegründet. Der Prediger wollte die Reinheit des Islam wiederherstellen, die er durch die britische Kolonialherrschaft bedroht sah. Seine Bewegung wuchs schnell und hatte 1949 bereits 1,5 Millionen Mitglieder, als der ägyptische König Hassan al-Banna ermorden ließ. Die in den Untergrund abgetauchte Bewegung breitete sich in andere arabische Länder aus und beeinflusste die palästinensische Fatah-Regierung und die Salafisten. Unter verschiedenen Namen wirkte die Muslimbruderschaft auf Bewegungen, die eine Rückkehr zum ursprünglichen Islam und eine Abwehr westlicher Einflüsse, wie etwa Demokratie*, Nationalismus, Liberalismus, Laizismus und Feminismus, wollten.

Die Welt des Islam

Nach dem Christentum ist der Islam die Religion mit den meisten Anhängern weltweit. Der Großteil lebt in dem Gebiet von Westafrika bis Indonesien, doch viele Muslime haben sich auch in Industrieländern niedergelassen, die eine ganz andere Kultur haben.

Sunniten in Europa
Die Moscheen können einfache Gebetssäle in ganz gewöhnlichen Gebäuden sein. Hier in der spanischen Stadt El Ejido hat die Gemeinschaft Geschäftsräume für ihr Gebet angemietet.

Die Arbeit der Muriden
Im Senegal arbeiten die Mitglieder der Muriden-Bruderschaft (Sufis) ehrenamtlich an Gemeinschaftsprojekten mit, und das bei 40 °C und nur einer Mahlzeit am Tag!

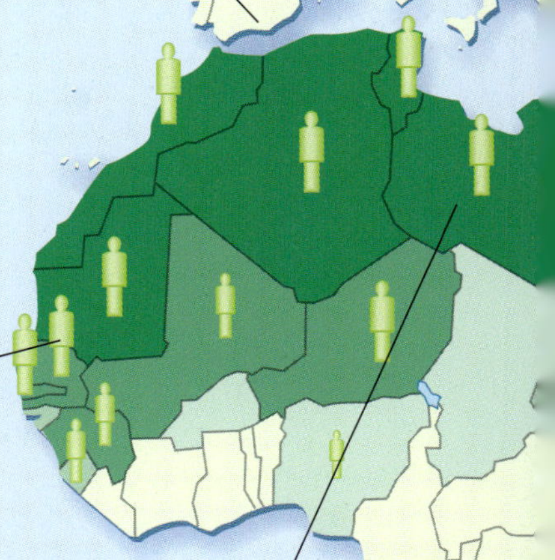

Sunniten

99-85 %

84-60 %

59-35 %

Schiiten

99-85 %

84-60 %

59-35 %

Ismailiten

Charidschiten

Anteil der Muslime an der Gesamtbevölkerung

100-90 %

89-75 %

74-60 %

59-40 %

Länder mit den größten Anteilen an Muslimen		
	in Millionen	**in %**
Indonesien	180	87
Pakistan	110	97
Bangladesch	110	88
Indien	100	11
Türkei	69	99
Nigeria	55	50
Iran	61	93
Ägypten	55	82
Marokko	27	99
Algerien	27	99
Afghanistan	25	99
China	20	1,4

Zwölf Länder beheimaten rund 75 % der Muslime der Welt. In Indien oder Nigeria ist der Islam allerdings nicht die stärkste Glaubensgruppe.

Der Kult der Marabuts
In Nordafrika verleiht man einem Gläubigen, der seine Zeitgenossen durch seinen Glauben und seine Erscheinung beeindruckt hat, nach seinem Tod den Titel eines Marabut. Zu seinem Grabmal kommen viele Pilger.

Das getanzte Gebet der Sufis
In der Türkei suchen die Mitglieder eines Derwischordens die Begegnung mit Gott in einem durch Tanz ausgelösten Trancezustand.

Nichtpraktizierende Muslime
In China gibt es rund 20 Millionen Muslime, von denen die Hälfte nicht chinesischsprachig ist. Nur 1,5 % dieser Muslime besuchen regelmäßig eine Moschee wie diese Gläubige in Gaoshan.

Rebellion in Indonesien
Indonesien ist weltweit das Land mit den meisten Muslimen. Ein großer Teil von ihnen ist sehr tolerant und bezeichnet sich als „statistische Muslime". In der Provinz Aceh im Norden der Insel Sumatra dominiert ein sehr rigoroser Islam, der die Rebellion gegen die Zentralregierung unterstützt.

Ein großes schiitisches Fest
Die Schiiten messen der Familie Alis große Bedeutung bei. In Erinnerung an den Märtyrertod Husseins (660), des Sohns von Ali und Enkels Mohammeds, wird das Fest *Aschura* gefeiert. Wie hier im iranischen Bijar ist es ein Höhepunkt des Jahres.

***Die Sunniten** machen 90 % der Muslime aus (Malikiten in Afrika, Hanefiten in der Türkei und im Nahen Osten, Schafiiten in Südostasien und Hanbaliten in Saudi-Arabien). Die Schiiten repräsentieren etwas weniger als 10 % der Muslime. Die Ismailiten zählen nur einige Millionen, die meisten leben in Indien, Pakistan, Syrien und im Jemen* (siehe S. 112–113).

Irrtümer und falsche Vorstellungen

Vorurteile und Irrtümer sollte man rechtzeitig aus der Welt schaffen, bevor sie Konflikte provozieren. Oft entspringen sie großer Ignoranz oder vereinfachten Beurteilungen. Das Bemühen um Information und um Verständnis für den anderen sind ebenso wie die Korrektur von falschen Darstellungen geeignete Maßnahmen gegen Vorurteile.

Als Semiten bezeichnet man nicht nur Juden

In der Bibel sind die Semiten die Völker, die von Sem, einem der drei Söhne Noahs, abstammen. Diese Völker des Nahen Ostens hatten eng verwandte Sprachen. Heute bestehen die Semiten vor allem aus Arabern und Juden. Seltsamerweise verwendet man den Begriff „Antisemit“ nur auf Gegner der Juden, eigentlich müsste man so auch die Gegner der Araber bezeichnen.

In Israel sind Staat und Religion nicht identisch

Der Staat Israel ist ein laizistischer* Staat, dessen Institutionen auf Prinzipien der Demokratie aufbauen. Die Politik dieses Staates hängt also nicht unmittelbar von der Religion ab. Jeder Jude hat die Freiheit, mit der Regierung einverstanden zu sein oder nicht. Manche Gläubige bezweifeln sogar, dass der Staat Israel das Land für die Juden ist.

Die Juden können nicht für den Tod Jesu angeklagt werden

Kein Mensch kann mehr die alte Behauptung stützen, nach der das jüdische Volk für den Tod Christi verantwortlich sei. Jesus war Jude, wie auch Maria und die ersten Christen. Die Zuweisung von Opfer- oder Täterrollen ist bei Menschen jeder Glaubensrichtung weit verbreitet.

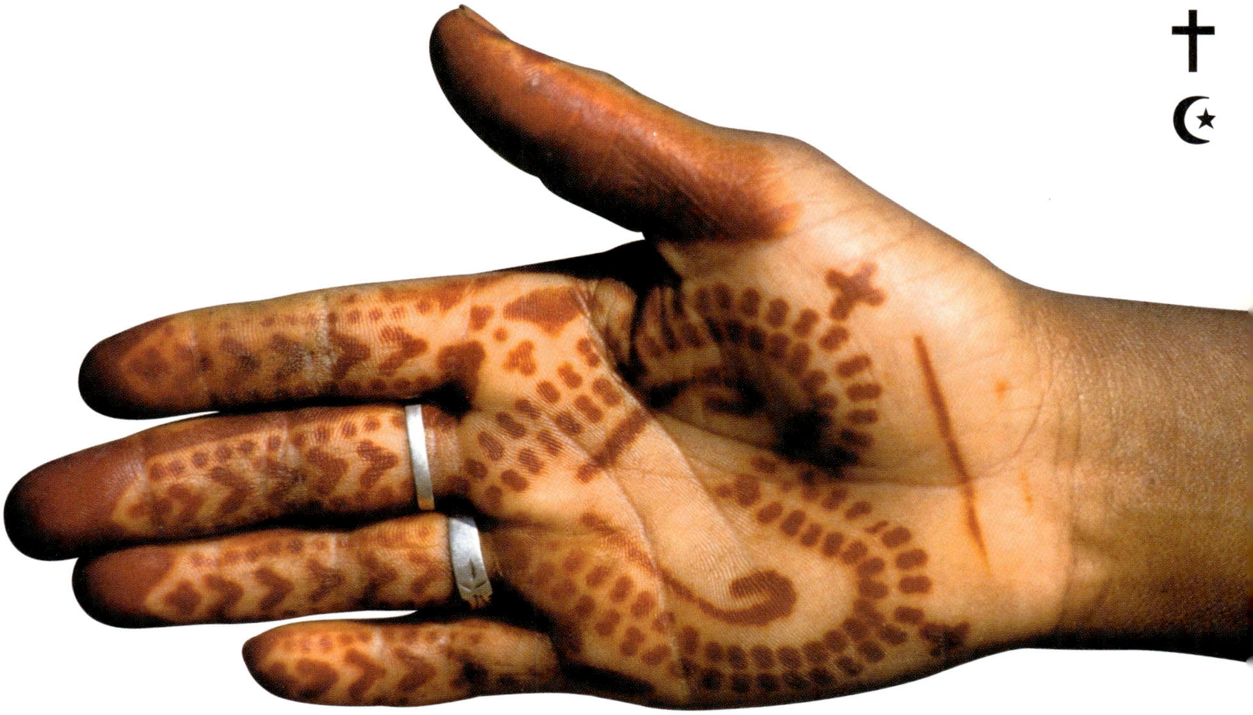

Die Unfehlbarkeit des Papstes besagt nicht, dass er sich nie irrt

Die Regeln der katholischen Kirche* sehen sogar vor, dass ein Papst, der nicht zurechnungsfähig ist, abgesetzt werden kann. Die Unfehlbarkeit unterstreicht den unveränderbaren Charakter eines Dogmas*, einer auf lange Zeit von der ganzen Kirche geteilten Glaubensüberzeugung. Der Papst verkündet es, wenn es formuliert ist.

Die katholische Kirche erlässt keine Gesetze zur Sexualmoral

Keine christliche Kirche kann beanspruchen, Gesetze zu formulieren. Die katholische Kirche schlägt eine Moral vor, die die Gläubigen in die Verantwortung nimmt. Die Zeiten, in denen Gläubige für vermeintliche Vergehen bestraft werden, sind weitgehend überwunden. Die Kirche schlägt lediglich Haltungen vor, die zu ihren Prinzipien passen, in diesem Fall die Befürwortung der ehelichen Treue von Mann und Frau und die Zeugung von Kindern innerhalb dieser Ehe.

Die Reichtümer der katholischen Kirche gehören nicht ihrem Klerus

Die Kirche besitzt Grundeigentum und viele Kunstwerke. Aber der Lebensstandard des Klerus ist eher bescheiden. Ein Bischof verdient weniger als ein Manager und ein Priester verdient nach sechs Jahren Studium etwa so viel wie ein Lehrer. Doch Vor- und Nachteile gleichen sich aus: Alle können in Wohnungen der Kirche leben und haben einen sicheren Arbeitsplatz mit Anspruch auf Rente.

Der Islam ist nicht die Religion der Araber

Tatsächlich sind von den rund eine Milliarde Muslimen nur 20 % Araber, also etwa 200 Millionen. Viele Araber sind Christen: Es gibt 7 Millionen Kopten in Ägypten, 1,5 Millionen im Libanon, 1 Million in Syrien und 400 000 im Irak. Weil aber Arabisch die Sprache des Koran ist, hat sie sehr stark auf die gesamte islamische Welt ausgestrahlt *(siehe S. 116–117)*.

Nicht alle islamischen Staaten wenden das gleiche Recht an

Die islamische Gemeinschaft ist nicht homogen. In manchen Ländern wird die *Scharia** angewandt, in anderen nicht. Über ihre Interpretation wird diskutiert. Einige Beispiele: Die im Koran erwähnte Amputation der Hand bei Dieben wurde weder in Nord- noch Zentralafrika jemals praktiziert; in Nordafrika ist die Polygamie die Ausnahme; in der Türkei, die eine laizistische* Verfassung hat, dürfen Frauen im öffentlichen Dienst kein Kopftuch tragen.

Die Beschneidung von Mädchen ist keine islamische Tradition

Wie die Juden praktizieren die Muslime die Beschneidung* (Entfernung der Vorhaut) bei Jungen. Doch weder Sunna noch Koran erwähnen die Beschneidung von Mädchen (Entfernung der Klitoris). In Ländern, in denen sie praktiziert wird (Zentralafrika, Ägypten usw.), stützt man sich hierbei auf vorislamische Traditionen.

Muslime sind nicht fatalistischer als andere Menschen

Die Überzeugung, dass jedes Schicksal in den Händen Allahs liegt, lässt Muslime häufig *Inschallah* (Wenn Allah will) oder *Mektub* (Es steht geschrieben) ausrufen. Doch das trägt nur zu einer ausgeglichenen Handelsweise bei, ohne dass persönlicher Wille und Verantwortung des Gläubigen ausgeschaltet würden.

Weitere Religionen

Es gibt auf der Welt außer dem Monotheismus noch viele andere religiöse Erscheinungsformen. Einige, wie die afrikanischen oder indianischen Naturreligionen, sind sehr alt. Andere, wie Bahaismus oder Caodaismus, gibt es dagegen erst seit ein oder zwei Jahrhunderten. Immer wieder entstehen neue religiöse Bewegungen, die aber nicht alle dauerhaft Bestand haben.

Wenn Menschen mit Geistern reden

Der Schamane* kommt aus seiner Hütte. Er ist reich geschmückt. Vielleicht hat er einen sorgfältigen Blick auf das Gedärm eines Huhns geworfen oder den Rauch eines Feuers aus Duftpflanzen gedeutet. So wird manche Frage beantwortet.

***Schamane** in traditioneller Aufmachung, Mali*

Das traditionelle Afrika

Ethnologen erforschen seit langem die Traditionen und Riten der Völker Afrikas und versuchen, ihre religiösen Praktiken zu beschreiben: Aberglaube, Fetische, Totems, Ahnenkult oder Heidentum. Solche Begriffe sind unbeholfen und bisweilen respektlos, denn es fällt schwer, diese urtümlichen Glaubensvorstellungen zu begreifen. Sie werden teils nur an Eingeweihte weitergegeben und sind bei jedem Volk anders. Doch es gibt einige Gemeinsamkeiten: Die Schöpfung ist das Werk eines Gottes, der durch vermittelnde Geister, Priester oder Götter zugänglich wird. Komplexe Mythen erklären die Welt. Die Rituale* sollen die Harmonie zwischen Natur, Geistern und Menschen wahren.

Der Ahnenkult

Für die Anhänger des Animismus (des Glaubens an die Beseeltheit der Natur und der Naturkräfte) und anderer traditioneller Glaubensvorstellungen besteht kein Unterschied zwischen religiöser Welt und realem Leben. Die Geister werden einfach in den Alltag einbezogen. Auch Leben und Tod vermengen sich: Der Verstorbene wird zum Ahnen. Er lebt im Totenreich und im Dorf, wo er die Lebenden kontaktiert. Er kann wohltätig oder schädlich sein. Die Lebenden tun alles (Opfer, Gaben, Zeremonien), um ihn und die anderen Ahnen des Stammes zufrieden zu stellen. Bei allen Alltagshandlungen achten sie darauf, das Gleichgewicht zwischen Natürlichem und Übernatürlichem, zwischen der Welt da oben und der hier unten nicht zu gefährden.

NA SO WAS!

Prähistorisch?
Schamanistischen Praktiken begegnen wir heute in Sibirien ebenso wie bei den Inuit, den Indianern Nordamerikas und Amazoniens, in Nepal oder im Fernen Osten. Vielleicht gehen sie auf das Bedürfnis der Jäger zurück, der Tötung des Wildes durch magische Handlungen eine rituelle Form zu verleihen. Das war bei den Urmenschen möglicherweise auch nicht anders.

***Fels des Schamanen** am Ufer des Baikalsees, Sibirien*

„Regenmacher“ der Navajo bei einem religiösen Ritual im Monument Valley, Arizona (USA)

Reisen der Schamanen

In Asien und Amerika „reisen“ Priester (Schamanen) zu den Geistern, um mit der Welt des Übernatürlichen in Verbindung zu treten. Nach einer langen „Lehrzeit“ ist der Schamane fähig, seinen Körper zu verlassen. Mithilfe komplizierter Rituale oder spezieller Getränke verliert er das Bewusstsein. Sein Geist unternimmt eine „Reise“, um die Geister zu kontrollieren und ungefährlich zu machen und so die Gruppe oder den Einzelnen zu schützen. Ein Medium hingegen vermittelt die Nachrichten der Geister. Bei anderen Völkern steigen übernatürliche Wesen zur Erde herab, um mit den Eingeweihten zu sprechen *(siehe S. 124–125)*.

***Schamanentänze** unweit von Seoul, Korea*

Die Geister der Navajo

Die Navajo-Indianer kennen kein Wort für „Religion“, denn ihnen gilt alles als heilig. Körper und Geist sind untrennbar verbunden. Sie glauben, dass heilige Wesen *(diyin diné)* die Welt erschaffen und dort für Harmonie *(hozho)* gesorgt haben. Die Geister statten die Schamanen mit übernatürlichen Kräften aus. Unter dem Einfluss berauschender Pflanzen suchen die Schamanen bei den heiligen Wesen nach geeigneten Mitteln zur Heilung. Sie saugen die Krankheitserreger mit dem Mund aus dem Körper des Patienten oder stellen Kräutermischungen für ihn zusammen.

NA SO WAS!

Heiliger Rauch
Die Navajo verbrennen heilige Pflanzen wie Lebensbaum, Salbei, Kalamuswurzeln, Pappelblätter und Tabak. Ihr Duft reinigt und vereint die im Kreis sitzenden Teilnehmer der Pfeifenzeremonie. Der Rauchende atmet die angerufenen Geister ein und stößt den Rauch aus, um die Schöpfung zu ehren. Bei den Indianern hat Tabak einen besonderen Stellenwert.

***Zeremonielle Maske** der Inuit (Eskimos)*

Von Geistern besessen

Kaku zeigt der Voodoo-Priesterin, die die Initiation leitet, ihren Fetisch: eine Puppe, die böse Geister abwehren soll. Später wird sich Kaku im Rahmen des Yam-Festes in Trance tanzen, ein Zeichen dafür, dass ihr Gott Besitz von ihr ergriffen hat.

Die Hauptgötter des Voodoo *sind Legba (Hüter des Geisterreichs), der Kriegergott Shango und der Schmiedegott Gu. Dieser trägt eine Waffenkrone, denn er verfügt über die Schlüssel der Gewalt. Er schützt jene vor Gewalt, von denen er Besitz ergreift. Seine Glöckchen sind die der Priester, die als gelehrt, redlich und tatkräftig bekannt sind.*

Voodoo

Die Anhänger des Voodoo streben durch magische Praktiken nach innerer Harmonie, Geld oder Gesundheit. Nur die Eingeweihten *(hunsi)* kennen jene Rituale*, die das Schicksal beeinflussen. Die Priester, Männer *(hungan)* wie Frauen *(mambo)*, sind das Bindeglied zwischen den Gläubigen und den Göttern. Sie sind Wahrsager, Richter und Heiler zugleich. Die nächtlichen Zeremonien werden begleitet vom Dröhnen der Trommeln, Gesängen und dem Opfern von Tieren, mit deren Blut man den Gläubigen bespritzt. Dieser tanzt sich in tiefe Trance, bis der Geist seiner Gottheit *(loa)* Besitz von ihm ergreift.

Opferung *einer Ziege bei einer nächtlichen Zeremonie in Haiti*

Exportierte Götter

Der im 16. Jahrhundert mit den schwarzen Sklaven aus Benin gekommene Voodoo in Haiti ist bis heute sehr lebendig. Seine Anhänger sind katholisch getauft! Auch seine Zeremonien greifen auf christliche Vorbilder zurück: Aus der Hostie wird Zauberkraft, Weihnachten ist die „Zeit der Chancen“ und zu Allerheiligen ehrt man die Todesgeister *(loas gedes)*. Voodoo und Katholizismus sind in Haiti seit 2003 die offiziellen Religionen. Das Foto zeigt Kultgegenstände des Voodoo auf einem christlichen Grab.

Wenn dieser eindrucksvolle „Ritt" vorbei ist, findet der Eingeweihte langsam wieder zu seinen beiden Geistern zurück, dem großen und dem kleinen guten Engel. Der erste durchlebt die Gefühle, der zweite nimmt während der Trance den *loa* auf. Manche Voodoo-Praktiker sind gefürchtet, denn sie sollen fähig sein, den großen guten Engel eines Menschen einzufangen und ihn in einen Zombie zu verwandeln, eine Art lebenden Toten ohne inneren Antrieb.

Macumba und Candomblé

In Brasilien sind zwei aus Afrika eingeführte und dem Voodoo ähnliche Religionen sehr verbreitet. Kerzen, die man an den Straßen brennen sieht, haben bei diesen Kulten eine große Bedeutung. Eine der wichtigsten Gottheiten ist die Göttin der Liebe und des Meeres, Yemanja. Die Brasilianer ehren sie jedes Jahr zu Silvester, indem sie ihre Statue zusammen mit Blumen und Geschenken aufs Meer bringen. Wenn diese mitsamt der Barke untergehen, hat die Göttin die Gaben angenommen.

Die Welt der Dogon

In Afrika haben die Dogon dem Islam lange widerstanden und konnten eine eigene Religion und Kultur wahren. Zuflucht fanden sie an den Steilhängen von Bandiagara in Mali. Ihr Gott Amma erschuf die Welt durch sein Wort. Die Nommos (gute Engel) stehen ihm zur Seite, um den Fuchs, einen gefallenen Nommo, zu bekämpfen. Auf Erden ist der Großpriester Hogon „Zeuge" von Amma. Die Dogon glauben, dass die Seelen der Toten unter den Lebenden wandeln. Damit diese sich nicht gegen sie wenden, verhüllen sich die Dogon mit Masken. So eignen sie sich die Kräfte verschiedener Tiere, Pflanzen und Objekte an. Geburt, Namensgebung, Beschneidung und Tod sind Gegenstand von Ritualen. Alle 60 Jahre feiert man die Wiederkehr des Sterns Sigui, der als Keim für das Entstehen des Lebens auf der Erde gilt.

***Vogelmaske** der Dogon in Bandiagara, Mali*

***Diese madagassische Familie** hat sich versammelt, um einen Ahnen in ein neues Leichentuch zu hüllen.*

Die Rückkehr der Toten

In Madagaskar glaubt man, dass die Toten weiterhin leben. Alle zwei oder drei Jahre holen die Familien ihre Toten aus den Gräbern, um sie in ein neues Leichentuch zu hüllen. Dieses Freudenfest *(famadihana)* wird von allen Madagassen gefeiert, selbst von Christen. Bisweilen opfert man ein Zebu, damit dessen Kraft das Schicksal des Ahnen im Jenseits verbessert – und er die Lebenden in Ruhe lässt. Die Gäste bringen viele Geschenke mit und werden dafür reich bewirtet.

Die traditionellen chinesischen Religionen

Ein junger Beamter nimmt an Zeremonien zu Ehren des Konfuzius teil. Und obwohl er offiziell Atheist* ist, wird er vor einer Prüfung vielleicht sogar einen Tempel besuchen, um dort Räucherstäbchen zu entzünden – vor taoistischen und buddhistischen Statuen, die man bisweilen in denselben Heiligtümern findet. In China verwundert das niemanden. Mehrere Religionen unter einem Dach sind dort kein Problem!

Altar der Könige *in Hongkong. Der Wille der Götter wird aus dem aufsteigenden Rauch der Räucherstäbchen abgelesen.*

Chinesische Mischung

In der Volksrepublik China gelang es dem kommunistischen* Regime nicht, die Religion ganz zu verdrängen. Auch der Volksglaube ist auf dem Land noch weit verbreitet. Alle Religionen blühen mehr oder weniger im Verborgenen weiter. Es sind vor allem drei religiöse Systeme, die nebeneinander bestehen und einander ergänzen: Taoismus, Konfuzianismus und Buddhismus *(siehe S. 140–145)*. Der Taoismus will eine Wandlung der Menschen von innen her, der Konfuzianismus betont die Regeln des sozialen Lebens, während der Buddhismus vor allem Entlastungen des Diesseits bietet. Somit verwenden die Chinesen drei Systeme gleichzeitig, ohne einem von ihnen den Vorzug geben zu müssen.

In der taoistischen *Götterwelt ist Shu Lao ein Gott der Langlebigkeit. An ihn richten die Chinesen ihren Wunsch nach Unsterblichkeit.*

NA SO WAS!

Konfuzianismus und Buddhismus

Konfuzius sagt: „Hütet euch vor den Religionen; der Mensch soll sich nicht ums Jenseits kümmern und weder einen Gott verehren noch zu ihm beten." Der große konfuzianische Gelehrte Fu Yi betont: „Die Lehre Buddhas ist voller Torheit und Wahnwitz. Seine Jünger … veranlassen die Unwissenden, einem schemenhaften Glück nachzulaufen und flößen ihnen die Missachtung der Gesetze ein. Diese Sekte besitzt mehr als 10 000 männliche und weibliche Bonzen, die im Zölibat leben. Es wäre im Interesse des Staates, sie zu verpflichten, einander zu ehelichen."

***Taoistische** Würdenträger*

Der Konfuzianismus

Am Anfang war der Konfuzianismus eine Weisheit, die auf der Lehre des Konfuzius (6./5. Jahrhundert v. Chr.) beruhte. Um das Gleichgewicht des Kosmos aufrechtzuerhalten, befürwortet er fünf Tugenden: Menschlichkeit, Gerechtigkeit, Achtung vor den Riten und den Ahnen, Verständigkeit und Vertrauen. Er lehrt den Gehorsam gegenüber den Eltern und der Obrigkeit. Doch die Obrigkeit muss ihren Teil dafür tun. So rät er dem Herrscher: „Zeige er sich dem Volk mit erhabenem Ernst, dann wird es ihm Ehrfurcht bezeugen.

Zeige er Ehrerbietung gegenüber den Älteren und Barmherzigkeit gegenüber den Schwächeren, dann wird es ihm die Treue halten. Erhebe er die Guten und Tüchtigen und belehre er die weniger Tüchtigen, dann wird sich das Volk von selbst zu tugendhaften Werken ermuntern.“ (Konfuzius, *Gespräche des Meisters Kung, II, 20*). Gleich mehrfach haben sich die Kaiser dieser Lehre bedient, um eine offizielle Religion zu schaffen. Im Laufe der Jahrhunderte ist es aber nicht gelungen, den Philosophen zu vergöttlichen.

***Diese Kapsel** zeigt Buddha, Konfuzius und Lao-tse (wörtlich: „der Alte“), einen chinesischen Weisen aus dem 6. oder 5. Jahrhundert v. Chr., den legendären Begründer des Taoismus und Verfasser des Lehrbuchs* Tao-te-king. *Die drei Meister sind sich nie begegnet, doch in der chinesischen Kultur pflegen sie wie selbstverständlich Umgang miteinander.*

Der Taoismus

Der Taoismus ist eine Art Naturkult, hervorgegangen aus schamanistischen Traditionen*. Für den Taoisten ist das Universum ein Ganzes, mit dem der Einzelne untrennbar verbunden ist. Er strebt nach Unsterblichkeit, indem er über das Tao meditiert, den ewigen Strom mit seinen entgegengesetzten, einander ergänzenden Kräften: Yin und Yang. Im Chinesischen bedeutet Tao zugleich „Weg“ und „Methode“. Die taoistischen Mönche suchen nach dem Gleichgewicht von Atem bzw. Energie *(qi)* durch Meditation und Bewegung *(qi gong)*. Die gewöhnlichen Tempel beherbergen eine Vielzahl von Göttern der „himmlischen Hierarchie“. Der Gläubige bittet um ein günstiges Schicksal, indem er Räucherwerk verbrennt und unheilvolle Botschaften an Ort und Stelle zertrampelt oder sie von Priestern rituell zerreißen lässt. Taoistische Rituale* verknüpfen Glaube, Volksglaube und Folklore.

Tanz von Yin und Yang

„Es war einmal ein Hügel … Die Knaben tanzten auf der sonnigen Seite (Yang), die Mädchen auf der finsteren Seite (Yin) … Dann verlobten sie sich …“ Mit dem Yin verbinden die taoistischen Mythen das Weibliche, Geschmeidige, Feuchte, Irdische, Innere, aber auch den Norden, die Pfingstrosen und Pilze; mit dem Yang dagegen das Männliche, Rote, Heiße, Leuchtende, Himmlische, Äußere sowie den Süden, Sommer, die Hähne und Drachen. In der Welt ist nichts stabil; in jedem Wesen lebt ein Teil Yin und ein Teil Yang in einem veränderlichen Gleichgewicht.

***Auf der südkoreanischen** Nationalfahne sind Yin und Yang von den Symbolen für Himmel, Wasser, Feuer und Erde umgeben.*

Die Shinto-Kultur in Japan

Tradition* und Moderne wohnen in den Herzen vieler Japaner. Soll die eigene Tochter nach dem Ritual* des Shinto im Kimono heiraten oder doch lieber im romantischen weißen Brautkleid? Und wo soll man den Ahnenschrein in den engen Wohnungen von heute unterbringen? Zur Not kann man wenigstens in einen heiligen Schrein eine Opfergabe legen – ein Anlass zu einem Spaziergang in herrlicher Natur.

Das **torii** *ist ein Tor, das den Eintritt in ein anderes Leben symbolisiert. Reiche Japaner stiften den Tempeln ein echtes* torii*, während einfache Gläubige sich mit einem Exemplar im Kleinformat begnügen, auf das ein Priester ihren Namen schreibt*

Das Land der Geister

Seit ältester Zeit glauben die Japaner, ihr Land sei von Geistern *(kami)* bevölkert. Jeder Ort kennt eigene Geister: Natur-*kami* (Sonne, Berge, Felsen, Jahreszeiten, Winde), Tier-*kami* (Tiger, Fuchs, Schlange, Wolf), lebensnotwendige *kami* (Reis, Fruchtbarkeit, Gefühle) oder die *kami* der Toten und der historischen Persönlichkeiten. Es sollen 800 Myriaden *kami* bekannt sein, also unendlich viele! Sie leisten mal mehr, mal weniger für die Menschen. Manche sind besonders bekannt, wie die Sonnengöttin Amaterasu. Sie gilt als Ahnin des Kaisers, der bis zur Niederlage Japans gegen die USA im Jahr 1945 selbst als *kami* galt.

Gewichtige Halbgötter

Wie berichtet wird, lieferten sich die beiden ersten Sumos im Jahr 23 v. Chr. auf Geheiß eines Herrschers einen Kampf auf Leben und Tod. Vorbild war der Kampf zwischen den Göttern Takemikazuchi und Takeminakata, bei dem es um die Macht in Japan ging. Aus dem Sumo wurde ein religiöses, sehr einträgliches Tempelritual. Die heutigen Regeln zeugen noch vom religiösen Ursprung. Die Gegner werfen vor dem Kampf Salz in die Luft, um die Kampfstätte zu reinigen. Sie begrüßen einander nach einem unveränderlichen Ritual, indem sie das Bein anheben, um die Dämonen lautstark mit den Füßen zu zermalmen. Der Champion *(yokozuna)* gilt als Halbgott und wird in einem Shinto-Schrein Tokios inthronisiert. Nur er darf den Strohgürtel mit den Symbolen der heiligen Stätten des Shintoismus tragen.

Gestaltung der Religion

Der Geisterkult war in Japan bis zur Ankunft des chinesischen Buddhismus im 6. Jahrhundert n. Chr. bereits sehr vielfältig. Unter anderen als Reaktion auf diese fremde Religion gestalteten die Kaiser die Elemente ihrer Kultur um: der Name Shintoismus (Weg der Geister) entstand. Sie setzten den Klerus ein, ließen ihre Mythen niederschreiben, legten die Rituale fest und errichteten Tempel. Diese „Institutionalisierung“ führte jedoch nicht zu einer in sich stimmigen Lehre. Von nun an versuchten Buddhismus und Shintoismus, sich voneinander abzugrenzen, durchdrangen sich jedoch auch.

Kulturelle Gewohnheiten

Japan ist ein hochmodernes Land, das in religiösen Belangen aber an seinen sehr alten Ritualen festhält. Die Japaner pflegen ihre althergebrachten Feste, obwohl nicht alle wirklich an deren religiöse Bedeutung glauben. Wer einen Shinto-Schrein aufsucht, reinigt sich von innen und außen, indem er sich Mund und Hände wäscht. Nun läutet er die Glocken, um sich den *kami* anzukündigen und sie zu besänftigen. Dabei wird er durch die Rituale der Priester unterstützt. Mit diesen Kulthandlungen soll ganz Verschiedenes bezweckt werden. Mit seinen Opfergaben (Geld, Tiere, Votivtafeln unterschiedlichster Gestalt) bittet der Besucher zum Beispiel um Regen, eine glückliche Ehe oder eine erfolgreiche Prüfung.

***Bei dieser Shinto-Zeremonie** feiern die jungen Männer ihren Eintritt ins Erwachsenenalter, indem sie sich mit Eiswasser bespritzen. Vorher haben sie den priesterlichen Segen erhalten.*

Eine Naturreligion

Jenseits der Rituale vermittelt der Shintoismus Werte, die heute wieder modern sind. Er preist das Einssein mit der Natur, wie es auch der heutigen Öko-Bewegung am Herzen liegt. Wallfahrten auf die Berge zum Sitz der *kami*, vor allem auf den heiligen Berg Fuji, spielen eine größere Rolle. Das beliebteste Fest der Japaner feiert die Kirschblüte mit großen Picknicks unter den Bäumen. Die Shinto-Heiligtümer sind ein Ort des Friedens und strahlen eine große Harmonie aus. Damit geht der Shintoismus über bloßen Volksglauben hinaus: Er lädt ein, nach Beständigkeit, Reinheit und Gleichgewicht zwischen der materiellen und der spirituellen Welt zu streben.

***Um gegen Pannen** gefeit zu sein, bitten diese „Taxifahrer" einen Shinto-Priester, ihre motorisierten Rikschas zu segnen.*

Legendäre Felsen

Die „vermählten Felsen" an der Küste von Ise symbolisieren die *kami* Izanagi und Izanami, die legendären Eltern Japans. Oben auf dem großen Felsen (Izanagi) kennzeichnet ein *torii* die Heiligkeit des Ortes. Das einigende Band aus Reisstroh wird jedes Jahr feierlich ersetzt. Reis hat für die Japaner religiöse Bedeutung. Reiswein (Sake) spielt bei zahlreichen Shinto-Ritualen eine Rolle. Auch für den Reis gibt es Heiligtümer; sie sind Inari geweiht, dem „guten Geist" der Nahrung.

Im Takt des Unendlichen

Die hinduistische Religion reicht weit zurück und kennt keine eigentlichen Gründer. Im Laufe der Zeit änderte sie sich und übernahm dabei auch weitere Götter in ihr Pantheon. Trotz der unterschiedlichen Strömungen des Hinduismus gibt es ein einigendes Band: ein kosmisches Gesetz, das auf Befreiung zielt.

Der rote Punkt, *der die Stirn dieser Frau ziert, ist ein Zeichen dafür, dass sie verheiratet ist.*

Das Universum ist ewig

Die Hindus glauben, dass das Universum nicht erschaffen wurde, sondern seit aller Ewigkeit besteht. Es durchlebt einen immerwährenden Kreislauf, indem es geboren wird, sich entwickelt, untergeht und wiedergeboren wird. Jeder Kreislauf dauert Dutzende von Jahrtausenden. Der gegenwärtige Zyklus begann für die Hindus vor rund 4 Millionen Jahren. Wenn unsere Erde verschwindet, bedeutet das nicht das Ende des Universums, denn weitere Zyklen werden folgen. Die Hindus vergleichen diesen ewigen Neuanfang mit dem Atmen des Gottes Brahma, der die Welt erschafft, wenn er ausatmet, und sie wieder in sich aufnimmt, wenn er einatmet.

Leben folgt auf Leben ...

Auch der Mensch steckt in einem ewigen Kreislauf der Wiedergeburten oder Reinkarnationen *(samsara)*. Jedes Wesen ist durch einen „heiligen Atem" *(atman)* beseelt. Dieser *atman* nimmt für die Zeit eines irdischen Lebens eine Gestalt an. Und er kann bis hin zur Erlösung vom Insekt über den Menschen unendlich oft wiedergeboren werden. Bei jeder Wiedergeburt begleiten den *atman* die Wirkungen von Taten (Karma*) aus den früheren Leben. Dieses Karma bestimmt, in welcher Form der *atman* geboren wird. Lebt der *atman* als Tier, besitzt er bei dessen Tod vielleicht ausreichend gutes Karma, um in eine höhere Lebensform überzugehen. Wird er als Mensch wiedergeboren, kann er gutes Karma gewinnen oder schlechtes ansammeln, je nachdem, ob seine Taten gut oder böse waren. So gelangt er in ein besseres (oder schlechteres) Leben. Der Tod hat keine besondere Bedeutung und ist nicht mehr als ein Übergang. Dafür ist alles Leben im Allgemeinen zu achten, also auch das der Tiere. Ein frommer Hindu ist deshalb in der Regel Vegetarier.

Drei Bestandteile *bilden die Silbe Om, jenen ersten Ton, aus dem das Universum hervorging.*

Leichenverbrennung *am Ufer des Ganges. Das Feuer soll den nunmehr nutzlosen Körper beseitigen.*

*Yogi oder Sadhu**, im Arabischen auch Fakir genannt. Ein Sadhu kann rascher zur Erlösung gelangen, weil er nicht auf unzählige weitere Wiedergeburten warten muss. Ein anspruchsloses Leben und Betteln sind Ausdruck der Askese*.

NA SO WAS!

Einssein

„Wenn man feststellt, dass der Körper die einzige Ursache des Irrtums ist, muss man erwachen und sich auf ewig von ihm lösen! Beruhigt und unbewegt bin ich Einssein, Freude, Bewusstsein! ... Meine Seele ist nicht mehr allein, sondern mit der kosmischen Seele vereint; dies ist die wahre Vereinigung!"
(Paramahamsa Upanishad, 2)

... um sich schließlich aufzulösen

Für Menschen im Westen, die das Leben zu kurz finden, mag die Vorstellung einer Wiedergeburt verlockend erscheinen. Die Hindus aber wollen gar nicht ewig leben, sondern jenem Kreislauf entrinnen, in dem ihre Seele gefangen ist. Alle hoffen, dass der „letzte Tod" schließlich zur ewigen Erlösung und Befreiung *(moksha)* führt. Jeder Hindu strebt nach dem Augenblick, in dem sich sein *atman* befreit. Wer es schafft, sich vollständig von dieser trügerischen Welt zu lösen, wird zur Verschmelzung mit dem Absoluten gelangen, über das es verschiedene Vorstellungen gibt.

NA SO WAS!

Viel, viel Zeit

Ein *kalpa* ist die Zeit, die nötig ist, um einen Berg abzutragen, wenn man alle 100 Jahre einmal mit einem weichen Tuch über seinen Gipfel wischt. Ein *samsara* (Zyklus von Wiedergeburten) ist gleich 1 *kalpa* mal 84 000. Wie lang dauert der *samsara* einer Seele?

Der Hinduismus kennt weder Anfang noch Ende

Gemäß dem kosmischen Gesetz *(sanatana-dharma)* hat der Hinduismus keinen Gründer und wird ewig fortwähren. Wie seine heiligen Schriften hat er sich jedoch ebenfalls weiterentwickelt. Vor rund 4000 Jahren haben sich die Götter der Bauern des Indus-Tals mit denen der Arier, die aus dem Norden kamen, vermengt. Mythen und Riten* schrieb man in heiligen Versen, den Veden, nieder. Ab 600 v. Chr. folgten die Upanishaden. Das ist eine Sammlung von spirituellen Lehren, die der Gläubige aus den Veden ziehen soll. Ältere Texte blieben eher den Eliten vorbehalten. Mit den *Puranas* und den großen Epen *Ramayana* und *Mahabharata* wurde beim Volk eine breitere Wirkung erzielt *(siehe S. 190–191)*.
Der Hinduismus ist ebenso vielgestaltig wie sein Ursprungsland Indien!

Vielfältiger Hinduismus

Um das Göttliche zu erreichen, stehen dem Hindu mehrere Wege offen, sei es die Einhaltung der Riten oder der Yoga; letzteres hat aber mit der bei uns im Westen unter diesem Namen bekannten „Gymnastik" nur wenig zu tun. Besonders die Anhänger des Tantrismus sprechen beim Meditieren heilige Formeln (Mantras). *Bhakti* auszuüben bedeutet, sich ganz jenem Gott hinzugeben, den man liebt.

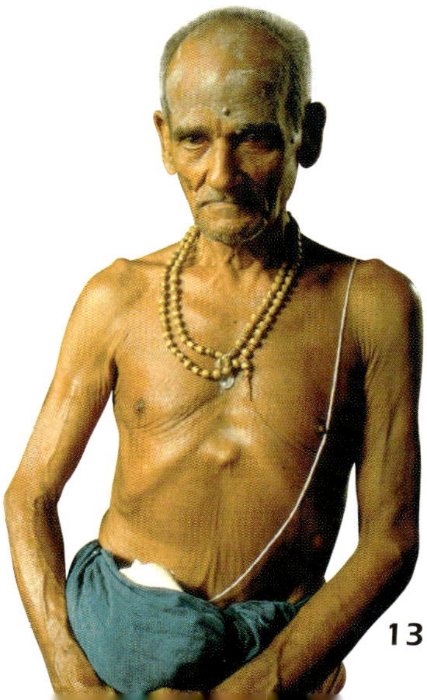

Dieser Brahmane (Priester) hat die vier Stufen seines Lebens als Hindu vollzogen: Als Kind hat er gelernt, als Erwachsener gearbeitet und eine Familie gegründet. Als alter Mann ist er nun Sannyasin in einem Ashram und hat allem entsagt, was ihn an das Leben bindet.

Die vielen Formen des Göttlichen

Mit dem Kopf eines Elefanten, dem Körper eines Ochsen, als vierarmiger Tänzer oder mit einem dritten Auge versehen – all dies sind nur einige Darstellungen der Götter! Die Hindus glauben, dass Menschen und Tiere vom gleichen Lebensatem, dem* atman*, beseelt und die Götter Erscheinungsformen von ein und demselben Göttlichen sind.

Tausend Gesichter Gottes

Als älteste Schriften des Hinduismus kennen die Veden den Sonnengott Surya, den Mondgott Candra, den Feuergott Agni und Indra, den Gott des Krieges, der Fruchtbarkeit und des Regens. Diese vielfältige Götterwelt ist die göttliche Wirklichkeit in ihren vielen Aspekten. Für den gelehrten Hindu besteht die beste Art, von Gott („Atem des Kosmos" und „Seele des Universums") zu sprechen darin, ihm in seinen vielen Formen verschiedene Namen zu verleihen. Für die Hindus zeigt sich Gott zum Beispiel mit dem Kopf eines Elefanten, weil sich in dieser Darstellung als Ganesha göttliche Kraft und Ergebenheit verwirklichen. Auch hat ein Gott oft eine Partnerin, um auszudrücken, dass das Göttliche Männliches und Weibliches in sich vereint.

Drei wichtige hinduistische Festtage

- Dashera bezeichnet das Ende des Monsuns im Oktober/November und dauert zehn Tage. Es erinnert an Durga (Parvati), die die Dämonen besiegte.
- Das Frühlingsfest Holi ist ein Freudenfest, bei dem man einander mit gefärbtem Wasser bespritzt, um an die Schelmereien des jungen Krishna zu erinnern.
- Dipavali wird im Herbst veranstaltet. Man feiert das Licht und verehrt die Göttin Lak Shmi.

Die Trimurti

Die „Dreifaltigkeit" (Trimurti*) der Hindus unterscheidet drei Hauptformen Gottes. Die erste ist Brahma, dessen Atem die Welt erschafft. Aus einer Lotosblüte geboren, ist Brahma ein ferner Gott, mit dem man sich kaum befasst. Seine Gattin ist Sarasvati, die Göttin des Wissens und der Musik; sein Reittier ist ein Schwan oder eine Gans. Die beiden anderen Götter der Trimurti sind Shiva und Vishnu. Alle drei ergänzen einander, doch jeder von ihnen ist Gegenstand besonderer Kulte.

Die ***Schildkröte Kurma*** schenkte den Göttern ihren Panzer, damit sie den Nektar der Unsterblichkeit gewinnen konnten.

Der ***Fisch Matsya*** barg die Veden vom Meeresgrund.

Der ***Zwerg Vamana*** tat Riesenschritte, um die Welt dem Dämon Bali zu entreißen.

Treu und mutig rettete ***Prinz Rama*** seine Gattin Sita. Das *Ramayana* berichtet von seinen Heldentaten.

Der ***Halbgott Krishna***, als Kind bei Rinderhirten versteckt, wurde zum siegreichen König. Er ist der Held des *Mahabharata*.

Buddha, der Begründer des Buddhismus, gilt im Hinduismus als großer Denker.

Vishnu und seine *avataras*

Als Gott der Beständigkeit hält Vishnu die Welt im Gleichgewicht. Seine Gattin ist Lakshmi, die Göttin der Fülle und des Glücks. Das Begleittier Vishnus ist der Vogel Garuda. Um den Menschen zu helfen und die Ordnung wiederherzustellen, steigt Vishnu in Form einer seiner Inkarnationen oder *avataras* (Herabkünfte) auf die Erde herab. Der Hinduismus kennt zehn wichtige *avataras*.

Der ***Eber Varaha*** bekämpfte einen Dämon, um die Erdgöttin zu retten.

Der ***Löwenmensch Narasimha*** besiegte einen Dämon, der sich der Unsterblichkeit bemächtigt hatte.

Kalki wird am Ende dieser Zeit auf einem großen weißen Pferd erscheinen, um die Welt neu aufzubauen.

Der Held ***Parashurama***, ein irrtümlich als Krieger geborener Brahmane, rettete die Brahmanen.

Shiva, Parvati und Ganesha

Shiva ist der Gott der Bewegung, des Lebens und des Todes. Sein Reittier, der weiße Stier Nandi, besitzt in den Shiva-Tempeln das Anrecht auf eine eigene Statue. Shivas Gattin Parvati ist die Schwester Vishnus. Die Hindus geben dieser sehr wichtigen Göttin unterschiedliche Namen, je nach ihrem Anliegen: Durga (fern), Kali (schwarz), Kumari (junge Frau), Maya (Täuschung), Candi (grausam), Uma (Morgenröte) oder Annapurna (voller Korn). Ganesha, der Sohn von Shiva und Parvati, ist sehr beliebt und wird angerufen, wenn man Sorgen hat.

Shiva *bestimmt die Zyklen der Welt in einem Feuerkreis und vernichtet den Zwerg des Unwissens. Mit einer Handtrommel schlägt er den Rhythmus. Das Feuer der Zerstörung wahrt und verkörpert die Anmut seines Tanzes. Er besitzt das dritte Auge des Wissens. Seinem Haar entspringt der Ganges.*

NA SO WAS!

Heilige Kühe

In Indien gelten Kühe als etwas Besonderes. Schließlich wurde Krishna gerettet, indem er sich bei Rinderhirten versteckte. Und die Kuh ist für die Inder eine derart gute Energie- und Nahrungsquelle, dass man sie mit großem Respekt behandelt. Niemand würde sie von der Straße oder aus einem Tempel jagen, wo sie ungestraft ihr Geschäft verrichtet.

Schuhputzer *vor dem Bildnis Ambedkars, des Fürsprechers der Unberührbaren*

Hindus oder Inder?

Die Inder sind mehrheitlich Hindus, doch es gibt auch muslimische oder christliche Inder. Die Hindus gründen ihre Kultur auf den Veden und praktizieren den Hinduismus. Auch ist der Hinduismus nicht nur in Indien verbreitet. Daher muss man zwischen Inder und Hindu unterscheiden.

Nicht alle Hindus sind gleich

Das kosmische Gesetz färbt in Indien auf die sozialen Gesetze ab: Hindus unterscheiden vier Kasten. Ganz oben stehen die Brahmanen; nur sie können Priester werden und die Veden lehren. Der Brahmane ist die Reinkarnation einer Seele auf einer sehr hohen Ebene. Daher muss er das vollkommenste Beispiel für ein frommes Leben abgeben. Er meidet jede Unreinheit und isst nur die von einem Brahmanen bereitete Nahrung. Unter ihm stehen die *Kshatriyas* (Krieger und Herrschende), dann die *Vaishyas* (Händler oder Bauern) und schließlich die *Shudras* (Diener). Hinzu kommen tausende von Unterkasten *(Jati)*, die mit Berufen verbunden sind. Die drei obersten Kasten machen jeweils rund 6 % der Bevölkerung aus, die Diener 60 %. Mehr als 20 % der Hindus stehen außerhalb des Kastensystems; diese „Unberührbaren“ werden von den anderen als unrein angesehen.

Unverrückbar

Der Staat bekämpft Diskriminierungen, die durch das Kastensystem bedingt sind. Dennoch ist das Kastendenken bis heute in Indien weit verbreitet; danach kommen jedem die ererbten Rechte und Pflichten zu, sei es zu Hause oder in der Öffentlichkeit. Um ein gutes Karma* zu erlangen, müssen die Riten* der eigenen Kaste befolgt werden. Jegliches Aufbegehren belastet das Karma und gefährdet einen künftigen Aufstieg. Viele sagen sich daher: „Besser nur den eigenen Pflichten nachkommen, um das eigene Karma nicht zu verschlechtern.“ Wenn ein Hindu in einen Tempel geht, fragt ihn der Priester nach seinem Namen. Daran kann er sofort die Kaste und die notwendigen Riten ablesen.

NA SO WAS!

Beste Wünsche
Ein Brahmane bewunderte einen Jesuiten, der versuchte, ihm das Christentum zu erläutern. Er fand kein besseres Kompliment, als ihm zu wünschen, dass er als Brahmane wiedergeboren werden möge.

Prinzessin Manoj *mit ihrem Gatten Seema, einem Unberührbaren! Normalerweise zeugen sogar die Heiratsanzeigen vom Kastendenken: „Brahmane in Delhi sucht Ehefrau für seinen Sohn.“ Oder: „Suche einen hellhäutigen* Kshatriya*.“*

In den Shiva geweihten Heiligtümern wird die Lebensenergie dieses Gottes durch ein Lingam (Phallus: das männliche Geschlechtsorgan) dargestellt.

Der Brahmane trägt die heilige Schnur über der linken Schulter. Nach der Opferzeremonie und dem Sprechen ritueller Mantras verheiratet er das Paar, indem er die rechte Hand beider mit einem gelben Band verknüpft.

Besuch bei den Göttern

Ein Hindutempel hat mehrere Schreine und stets ein Hauptheiligtum für die Gottheit, der er geweiht ist. Ihre Statue wird von den Brahmanen wie ein lebendes Wesen behandelt. Sie wird geweckt, gebadet, gekleidet, gefüttert und zu Bett gebracht. Die Besucher stehen am Rand des Hauptheiligtums, um den Ritualen beizuwohnen. Der Gläubige hofft auf den Segen der Gottheit, indem er sie betrachtet und sich vor ihr sehen lässt. Nun wandelt er vor den anderen Heiligtümern umher, in denen die Nebengötter wohnen. Je nach seinen Bedürfnissen wählt er einen Gott aus, an den er seine Bitte richtet.

Warum Kasten?

Ein Veda lehrt, dass die Brahmanen mit dem Mund eines besonderen kosmischen Wesens *(Purusha)* verbunden sind, die *Kshatriyas* indes mit seinen Armen, die *Vaishyas* mit den Schenkeln und die *Shudras* mit den Füßen. Jede der drei obersten Kasten hat eine bestimmte Aufgabe bei den Opferungen: ein Tier bereitstellen (Bauern und Händler), es töten (Krieger) und es den Göttern opfern (Priester).

Der hinduistische Lebenskreis

Hindus beten häufig im Tempel, Brahmanen vor dem Familienschrein. Der Priester entzündet Butterlampen vor den Bildnissen der ausgewählten Gottheit, rezitiert geeignete Formeln und bringt Opfergaben dar (Obst, Reis, Milch, Wasser, Blumen, Weihrauch oder Sandelholz). Rituale prägen das Leben eines Hindu schon in jungen Jahren. Brahmanen begleiten das Kind mit Gesten und heiligen Formeln für die Wahl des Namens, den ersten Ausgang, die erste feste Nahrung, den ersten Haarschnitt, den Beginn der religiösen Unterweisung bei einem Meister (Guru*) und die Eheschließung … bis hin zum Tod.

Hindu, aber kein Inder?

Zum Hinduismus kann man nicht übertreten, sondern man wird Hindu durch Geburt, sei es in Indien oder irgendeinem anderen Land auf der Welt. Trotzdem ist es einem Europäer durchaus möglich, sich in Indien einem Guru anzuschließen. Es gibt auch einen sektenhaften „Export“-Hinduismus. Ein Beispiel dafür ist die 1965 gegründete Internationale Gesellschaft für Krishna-Bewusstsein (Hare Krishna). Ihre Anhänger lassen sich den Kopf kahl rasieren und tragen orangefarbene Gewänder. Besonders bekannt ist ihr „Hare Krishna“-Lied. Man begegnet ihnen auch in westlichen Städten.

Altar mit Opfergaben für das Ganesha-Fest

Jainas und Sikhs

Immer wieder haben Gurus* die Vormachtstellung der Brahmanen angefochten. Bereits im 6. Jahrhundert v. Chr. schufen die Jainas eine eigene Religion. 2000 Jahre später kamen die Sikhs mit einer anderen Botschaft.

Jaina-Nonnen *beim Gebet. Sie kehren beim Gehen den Weg, um kein Lebewesen zu zertreten.*

Tempel *in der heiligen Stadt Palitana, Gujarat (Indien)*

Die Entdeckung des Jainismus

Vor über 2500 Jahren entschied sich der Weise Mahavira („Großer Held") für das Leben eines Wanderasketen, um wie jeder Hindu die Befreiung aus dem Kreislauf der Wiedergeburten zu erlangen. Dabei entdeckte er die Lehre des Jainismus. Wie es heißt, wurde sie bereits seit grauer Vorzeit durch 23 *Tirthankaras* (Furtbereiter) gelehrt. Diese Weisen kennen den Übergang zum ewigen Glück jenseits der Wiedergeburten. Mahavira wandte sich gegen die Vormacht der Brahmanen und die Autorität der Veden. Im Umkreis der Jaina-Gurus entstanden Gemeinden von Mönchen oder Laien*. Die Jainas beten keine Götter an, sondern verehren die *Tirthankaras* in ihren Tempeln oder zu Hause.

Leben als Jaina

Für den Jaina gelten fünf Grundsätze: absolute Ehrfurcht vor dem Leben, Wahrheitspflicht, Verbot von Diebstahl, Wahrung der Keuschheit und Loslösung von trügerischen Vergnügungen. Die Mönche hoffen, den Wiedergeburten durch ein vollkommenes Leben zu entrinnen. Einige sind „in Weiß", andere „in Luft" gekleidet, also nackt. Manche von ihnen tragen ein Tuch vor dem Gesicht, um kein Insekt einzuatmen. Oder sie kehren den Boden vor ihren Füßen, um kein Lebewesen zu zertreten. Sie verurteilen den Selbstmord, bewundern aber jene, die sich vom Leben lösen, indem sie sich nach einem präzisen Ritual* zu Tode fasten. Sie sind oft im Handel tätig, dessen Erträge der Gemeinde zufließen. In Indien leben rund fünf Millionen Jainas.

Blumenopfer *in Palitana, Indien*

NA SO WAS!

Frauen bei den Jainas
„In Luft gekleidete" Jaina-Frauen müssen erst als Mann wiedergeboren werden, bevor sie die Befreiung erlangen können. „Weiß gekleidete" Frauen müssen kein Leben als Mann durchlaufen, um den Wiedergeburten zu entrinnen.

Jainistisches Symbol *mit dem Wort „Frieden"*

***Sikhs** streben danach, Heilige und Soldaten zugleich zu sein. Dies zeigt auch ihr Symbol: Dolch (spirituelle Kraft) und Schwerter (Verteidigung der Freiheit) rund um einen Kreis (Gott ist unendlich).*

Die Sikhs

Bestürzt über die Kämpfe zwischen Islam und Hinduismus, versuchte Guru Nanak (1469–1539) beide Richtungen miteinander zu versöhnen. Er und seine neun Nachfolger legten folgende Glaubenslehre fest: Gott ist einzigartig. Man kann ihn nicht abbilden, sondern „sieht" ihn mit dem Herzen beim Meditieren. Jeder muss ein vorbildliches Leben führen: über den Namen Gottes meditieren, seinen Lebensunterhalt durch Arbeit bestreiten, freiwilligen Dienst verrichten und den Verdienst teilen. Jedes Gemeindehaus beherbergt das heilige Buch *Granth Sahib*. Man singt seine Hymnen, fächelt ihm Luft zu und bettet es zwischen kostbaren Stoffen *(siehe S. 192)*.

***Umsorgung** des heiligen Buches* Granth Sahib, *das als ewiger Guru verehrt wird. Eine zufällig aufgeschlagene Seite gibt die Tagesweisung.*

Zehn Gurus und ein heiliges Buch

Der Sikhismus mit seinen Ritualen, Erkennungszeichen und Tempeln wurde geprägt von:

- Nanak (gest. 1539), mystischer Dichter, predigte Toleranz.
- Angad (1552) schuf ein Alphabet und übertrug das Werk Nanaks.
- Amar Das (1574) organisierte Distrikte, Feste und Wallfahrten.
- Ram Das (1581) gründete Amritsar (Punjab), die Hauptstadt der Sikhs.
- Arjun (1606) hütete das heilige Buch *Granth Sahib* im Goldenen Tempel.
- Hargobind (1645), militärisches und geistiges Oberhaupt, bekämpfte muslimische Mogulen.
- Har Rai (1661) regierte in Friedenszeiten.
- Har Krishan (1664) starb mit acht Jahren an Pocken.
- Tegh Bahadur (1675) wurde von Muslimen enthauptet.
- Gobind Singh (1708) militarisierte die Sikhs und führte die „Fünf K" und die „Taufe" ein. Er bestimmte das heilige Buch *Granth Sahib* zum letzten Guru.

Die fünf K

Neben dem aus dem *Granth Sahib* entnommenen Vornamen wird jeder Sikh auf den Namen Singh (Löwe) oder Kaur (Prinzessin) „getauft". Feste Bande einen die Gemeinschaft oder *khalsa* (die reinen Erwählten). Fünf Attribute unterscheiden den Sikh von den Hindus oder Muslimen: Ungeschnittenes Haar *(kesh)*, Turban und Kamm *(kangha)* bedeuten, dass man dem Menschen aus Ehrfurcht vor Gott nicht einmal die Haare wegnehmen darf. Besondere Hosen *(kaccha)* erinnern an die ersten Sikh-Soldaten. Der bei der „Taufe"* verliehene Dolch *(kirpan)* steht für spirituelle Kraft, der Armreif aus Metall *(kara)* für die Einbindung in die Gemeinschaft. Toleranz und Gleichheit der Menschen sind von großer Bedeutung. Jedes Gemeindehaus besitzt ein Gästehaus *(langar)*. Die Mehrheit der 17 Millionen Sikhs lebt im indischen Punjab.

***Sikhs** fühlen sich auch im modernen Leben zu Hause, wie diese britischen Teilnehmer am New York Marathon.*

***Mittagessen** der Sikhs nach dem Sonntagsgottesdienst in Bobigny, Frankreich*

Wallfahrten in Indien

Was für ein Kontrast! Bei einer hinduistischen Wallfahrt wimmelt es von Gläubigen, Neugierigen und fast nackten Sadhus*. Die heiligen Stätten des Buddhismus bieten dagegen Abgeschiedenheit und friedvolle Stille.

Der Goldene Tempel
Das Wasser rund um den Goldenen Tempel von Amritsar (Punjab) birgt für die Sikhs einen Nektar, der Leprakranke heilt und Sünden* fortwäscht. Tag und Nacht wird dort aus dem *Granth Sahib* vorgelesen. Der Pilger bringt dem als Guru verehrten Buch ein Speiseopfer dar.

Der Berg Abu
Prachtvolle Jaina-Tempel schmücken diesen Berg. Die den *Tirthankaras* geweihten Nischen sind mit makellosem, fein bearbeitetem Marmor verkleidet. Der Pilger legt am Fuß der Statue Blütenblätter ab. Zuvor hat er sich versichert, dass die Blätter von allein abgefallen sind. Gewaltlosigkeit ist hier das oberste Gebot.

Puri
Diese Stadt ist Vishnu und seinem *avatara* Krishna geweiht, die dort als Herren des Universums (*Jagannatha*) verehrt werden. Für das Fest Ratha Yatra, das alljährlich am zweiten Vollmondtag im Juni oder Juli veranstaltet wird, holt man den riesigen Wagen Vishnus aus dem Tempel und zieht ihn durch die Straßen, auf der Massen begeisterter Pilger warten. Dabei kommt es immer wieder zu Unfällen mit tödlichem Ausgang, wenn Menschen unter die Räder geraten.

Prayag (Allahabad) ॐ
Diese Ortschaft liegt am Zusammenfluss von Ganges, Yamuna und Sarasvati (dem mythischen, unterirdischen und mit dem weiblichen Namen Brahmas benannten Fluss). Zum Magh Mela finden sich alljährlich im Januar/Februar Hindus ein, die mit dem Kahn oder auf riesigen Brückenbooten den Segen der heiligen Wasser der drei Flüsse erbitten. Alle zwölf Jahre (zuletzt 2001) ist der Ort Schauplatz des Kumbh Mela.

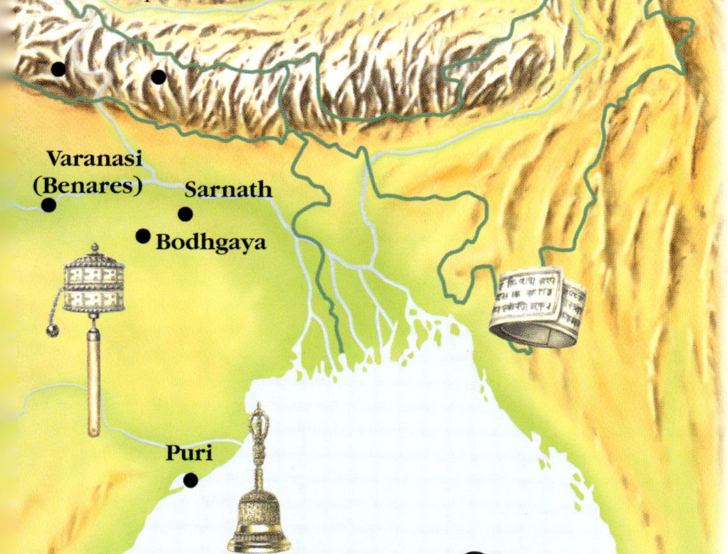

Bodhgaya
Die Wallfahrtsorte des Buddhismus gleichen beschaulichen Gärten, die zur Meditation einladen. Der Bodhi-Baum erinnert an den Moment, als Buddha Erleuchtung* fand, während er in Bodhgaya meditierte *(siehe S. 140–141)*. Buddha wurde in Lumbini geboren und starb in Kushinagara. In Nepal, Tibet, China und Japan verzeichnen die buddhistischen Heiligtümer größeren Zulauf als in Indien.

Varanasi (Benares) ॐ
Varanasi ist die größte heilige Stadt Indiens. Man kommt hierher, um sich zu reinigen, indem man dreimal in den Ganges taucht und dreimal eine Hand voll Flusswasser trinkt. Nach der Mythologie entspringt der Ganges dem Zeh Vishnus. Um sein Ungestüm, das für die Welt zu gefährlich wäre, zu mildern, ergießt sich der Fluss über die Haartracht Shivas. Die Sterbenden erhoffen sich eine bessere Wiedergeburt, wenn sie sich hier einäschern lassen.

Sarnath
Unweit von Varanasi liegt Sarnath, wo Buddha seine erste Predigt hielt. Sarnath ist heute eine bedeutende Ruinenstätte. Da der Buddhismus in Indien nur schwach vertreten ist, kommen vor allem ausländische Anhänger hierher, insbesondere zu den im Westen sehr geschätzten Vorträgen des Dalai-Lama.

Die Legende vom *Kumbh*

Das mythische Gefäß *kumbh* war einst mit einem Unsterblichkeitstrank gefüllt, um das sich Götter und Dämonen zwölf Tage lang (nach unseren Maßstäben zwölf Jahre) stritten. Während die siegreichen Götter es ins Nirvana* brachten, ließen sie in Hardwar, Nasik, Prayag und Ujjain vier Tropfen zu Boden fallen. Daher veranstaltet man alle zwölf Jahre eine Wallfahrt zu einem der vier Orte – mit mehreren Millionen Pilgern die größte Ansammlung von Menschen überhaupt. Zum Zeichen der Reinheit lassen sich zahlreiche Pilger vor dem Gebet den Kopf kahl scheren.

Siddhartha Gautama, genannt Buddha

Siddhartha Gautama, Buddha, der Erwachte, der Erleuchtete oder auch „der das Wesen der Welt begriffen hat", unendliche Weisheit, vollkommenes Mitgefühl usw. gilt als wahrer Meister. Er ist keine Gottheit, wird jedoch von einigen fast wie eine verehrt.

NA SO WAS!

Erfahrungswert
Einmal soll Buddha in der Nacht versucht haben, nur in zwei Tücher gehüllt zu meditieren. Doch es war einfach zu kalt. Tags darauf tat er kund: „Jeder soll drei Tücher haben, nicht eines weniger!"

Siddhartha Gautama wurde in Lumbini geboren, einem kleinen Königreich zwischen Indien und Nepal. Die Historiker sind sich nicht einig über das Jahr seiner Geburt (624, 560 oder 448 v. Chr.) ①. Der Legende nach sagte man ihm eine große Zukunft als „Weltkönig oder großer Geistlicher" voraus. Sein Vater, ein verwitweter Herrscher, ließ seinen Spross hinter den Palastmauern aufwachsen. Mit 16 Jahren heiratete der Prinz; seine Frau schenkte ihm einen Sohn.

Begegnung mit Leid

Bei seinen wenigen Aufenthalten außerhalb des Palastes begegnete der Jüngling einem Kranken, einem Greis und einem Leichenzug ②. Dies schockierte ihn. Später traf er auf einen Bettler ③, dessen Heiterkeit ihn verblüffte. „Weder Freuden noch Reichtümer schützen vor Krankheit, Alter oder Tod; ich will diesem Bettler folgen." Mit 29 Jahren kehrte Siddhartha seiner Familie und einer verheißungsvollen Zukunft den Rücken ④ und schnitt sich die Haare ab, die seinen Rang ausdrückten ⑤. Unterwegs fragte er sich nach der Ursache des Leidens. In der Lehre einiger Asketen fand er keine Antworten auf seine Fragen. Zusammen mit fünf Gefährten übte er sich in strengster Askese*, doch Kälte, Hunger und Schmerz brachten ihm keine Erlösung ⑥. Also suchte er einen mittleren Weg.

Der Weg der Mitte

Als Siddhartha im Alter von 35 Jahren in dem Dorf Bodhgaya unter einem Baum meditierte ⑦, gelangte er zur Erleuchtung: Leiden ist mit Begierde verknüpft. Man leidet darunter, etwas entbehren zu müssen. Wer sich von allen Begierden löst, leidet nicht mehr. Dies erzählte er seinen fünf Gefährten, denen er in Sarnath unweit von Benares erneut begegnete. Sie waren seine ersten Schüler ⑧. Siddhartha wurde von da an Buddha genannt, der Erleuchtete. Die erste Gemeinde *(sangha)*, der sich auch sein Sohn anschloss, zog bettelnd und lehrend durch Indien. Jeder, der seine Begierde bekämpfen wollte, wurde aufgenommen, unabhängig von seiner Kaste. Buddha nahm auch Frauen auf, unterwarf sie jedoch einer strengeren Regel. Widersacher wollten ihn durch einen Elefanten ⑨ töten lassen, den er aber zähmte.

Buddhistische Schriften

Als Buddha mit 80 Jahren in Kushinagara starb ⑩, hinterließ er nur eine Weisung: „Finde in dir selbst dein eigenes Licht." Seine Reliquien* wurden in besonderen Monumenten (Stupas) aufbewahrt. Buddha hatte keinen Nachfolger bestimmt. In seinem Todesjahr sollen 500 Mönche zu einem Konzil* zusammengekommen sein und in den folgenden Jahrhunderten soll es weitere Konzile gegeben haben. Die Mönche fragten sich: Wie lässt sich die Einheit wahren? Muss der *sangha* offener werden? Wie kann man die Lehre des Meisters unverfälscht verbreiten? Erst einige Jahrhunderte nach Buddha erhielt die Niederschrift der Texte eine endgültige Form. Die Verfasser kümmerten sich nicht um historische Richtigkeit, es ging ihnen um die zeitlose Lehre.

Drei Körbe

Der Legende nach wurde der Lieblingsschüler Buddhas im ersten Konzil gebeten, dessen Predigten nachzuerzählen. Die Schilderungen des Ananda füllten so den Korb der Sutras (Lehrreden). Dann musste Upali, der das Haupt des Meisters rasiert hatte, die Ordensregeln aufzählen, die den Korb der Vinayas (Disziplinen) füllten. Den Korb des Abhidharma (höchstes *dharma*) füllte man schließlich mit Ergänzungen, die von allen Mönchen beschlossen wurden. Diese drei Körbe bilden zusammen das Tripitaka, sie sind das Ergebnis zahlreicher Überlieferungen, deren Niederschrift Jahrhunderte dauerte.

Religion oder Philosophie?

Der Buddhismus verkörpert eine Geisteshaltung und eine Art, das Dasein zu begreifen, die ohne einen Gott auskommt. Doch der Buddhismus ist auch ein Glaube: Der Schüler vertraut seinem Meister; er glaubt an den Kreislauf der Wiedergeburten und an die Erleuchtung* Buddhas. Der Buddhismus verlangt kein Gebet, sondern vermittelt in seinen Texten eine Tradition der Meditation, eine Moral und das Dogma* der Reinkarnation. Wer sich als Mönch zunehmend von allem löst, erkennt die Wahrheit ganz unmittelbar. Der vollkommene Buddhist lässt alles hinter sich, sogar die Religion.

Der ursprüngliche Buddhismus

„Nichts ist beständig, allein der Wandel." Buddha lehrte auf seine Weise, dass sich alles auflöst. Anstatt traurig zu sein, erblickte er darin eine Wahrheit, die den befreienden Weg ins Nirvana* eröffnet.

Es gibt vier Wahrheiten: *Alles ist Leiden. Die Begierde ist die Ursache des Leidens. Es gibt ein Ende des Leidens. Der edle Weg ist das Mittel zu seiner Beendigung.*

Eine indische Religion

Wie die Hindus wollten auch die Buddhisten von den Reinkarnationen* befreit werden. Buddha ergänzte jedoch: Die Wirklichkeit ist „vergänglich" (das Leben ist eine vorübergehende Erscheinung, nichts hat Bestand, nicht einmal die Götter), „unbefriedigend" (denn Glück und Leiden hängen von unseren Vorstellungen und Wahrnehmungen ab, nichts existiert absolut) und „nicht-selbst" (denn kein Wesen ist unabhängig und alles Erlebte wird durch die Dinge und Menschen bedingt). Der Buddhismus plädiert dafür, diesbezügliche Illusionen aufzugeben und seine Begierden zu überwinden. Er lädt ein zu Wahrhaftigkeit, Mitgefühl und Achtung der Mitmenschen.

Eine Religion für die Elite

Jeder Buddhist strebt danach, die Feuer der Gewalttätigkeit, Trugbilder und Begierde in sich auszulöschen. Zunächst durfte man nur als Mönch hoffen, dies zu erreichen, indem man sein Leben den „drei Juwelen" anvertraute. So spricht der Mönch bei seinem Gelübde: „Ich nehme Zuflucht zum Buddha, zum *dharma* (Gesetz) und zum *sangha* (Gemeinde)." Die Ordensregeln sind streng. Bei Vollmond fastet der Mönch 24 Stunden lang und beichtet seine Fehler. Große Schuld führt zum Ausschluss. Jeder Mönch kann jederzeit ausscheiden und manche Männer verbringen nur einige Monate im *sangha*. Es gibt nur wenige Nonnenklöster.

Zehn Regeln für das Leben als Mönch

Kein Leben vernichten. Nichts nehmen, was nicht gegeben wurde. Keine sexuellen Beziehungen unterhalten. Nicht lügen. Keinen Alkohol und keine vergorenen Getränke trinken. Nicht außerhalb der vorgeschriebenen Zeiten essen. Nicht tanzen, singen, kein Schauspiel aufsuchen, nicht laut lachen. Nicht an Zierrat, Düften, Salben oder Kleidern hängen. Nicht an erhöhter Stelle Platz nehmen. Weder Gold noch Geld annehmen.

Um dem Kreislauf *der Wiedergeburten zu entgehen, muss man den „edlen achtfachen Weg" beschreiten: rechtes Reden (Lüge und Verleumdung meiden), rechtes Handeln (keinem Lebewesen Leid zufügen), rechte Anstrengung (seine Begierden überwinden), rechte Erkenntnis, rechter Entschluss, rechtes Leben, rechte Achtsamkeit und rechte Sammlung. Dieses Rad besitzt ebenso viele Speichen.*

NA SO WAS!

Sein oder Nichtsein
Existiere ich? Ja, schließlich träume ich nicht: Ich habe einen Körper und einen Daumen und Zeigefinger, die ihn zwicken können. Ich fühle den Schmerz und das lässt mich reagieren und die Wahrheit begreifen … Was aber ist Wahrheit? Für die Buddhisten besteht der Mensch aus fünf „Anhäufungen“: Form, Empfindungen, Vorstellungen, Wollen und Bewusstsein. Doch jedes Wesen ist nur die momentane Summe dieser Bestandteile. Ich bin nur das, was mich zusammensetzt. Im Grunde existiere ich gar nicht.

***Mudras** sind rituelle Gesten, die verschiedene abstrakte Begriffe ausdrücken können:*

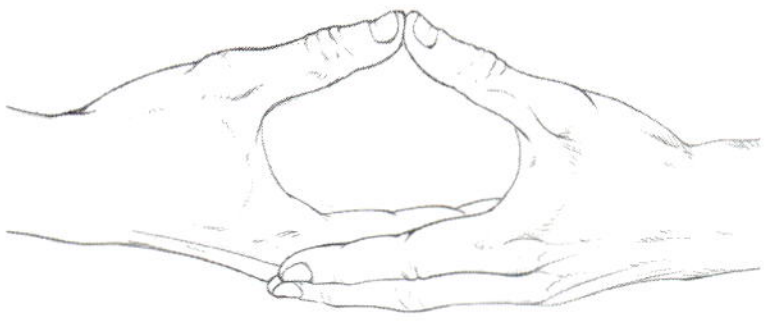

Dhyana mudra: *Meditation, geistige Konzentration*

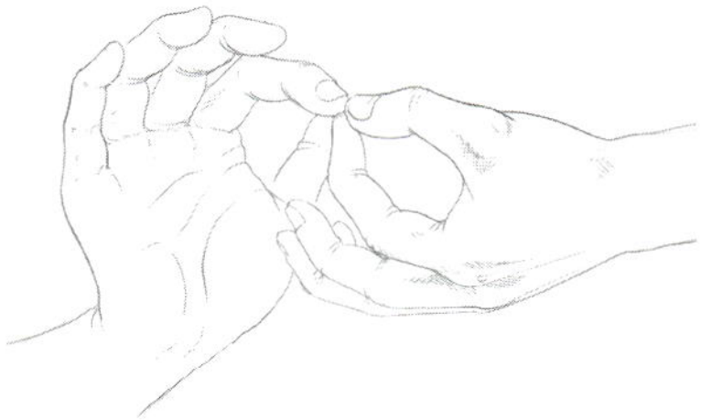

Dharmacakra mudra: *das Rad des* dharma *in Bewegung setzen*

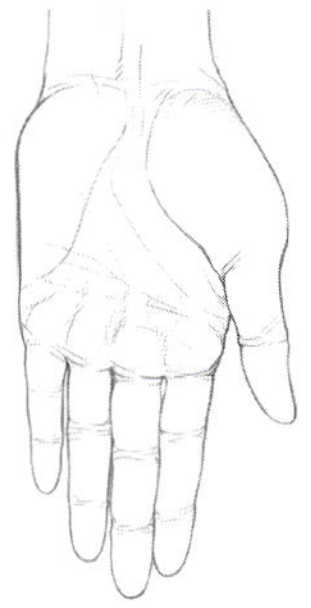

Varada mudra: *Barmherzigkeit, Freigebigkeit*

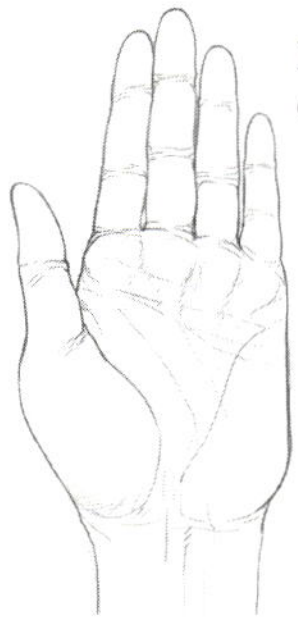

Abhaya mudra: *Vertrauen, Furchtlosigkeit*

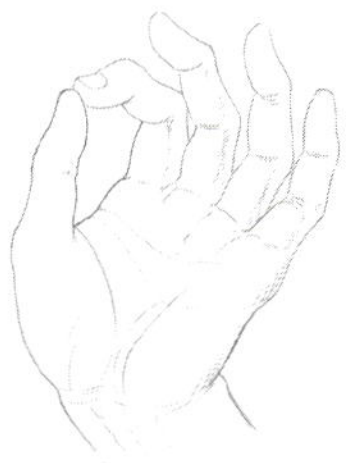

Vitarka mudra: *Vortrag, Reflexion*

Eine Hand wäscht die andere

Die Mönche unterweisen die Laien* und geben ihnen ein gutes Beispiel. Die Laien kommen für den Unterhalt der Mönche auf. Die einen erhalten etwas zu essen und die anderen können ein gutes Karma* anhäufen. Niemand kommt also zu kurz. Die Laien warten auf eine gute Wiedergeburt und meiden Berufe wie Soldat, Schlachter oder Verkäufer von Produkten, die „den Geist trüben“. Sie bemühen sich, mit allen in freundlicher Eintracht zu leben. Dieser alte Buddhismus (Theravada) ist in Südasien verbreitet. Reformer, die ihn für zu elitär und individualistisch hielten, nannten ihn abschätzig „Kleines Fahrzeug“. Sie gründeten andere Traditionen*, die eher die breite Masse ansprechen *(siehe S. 144–145)*.

Buddhistische Feste

Jede Tradition kennt unterschiedliche Feste. Der *Theravada* mag Massenrituale nicht besonders und feiert alle Stationen im Leben Buddhas an nur einem Tag, dem *Vesak*. In Japan feiert man die Geburt und die Erleuchtung Buddhas sowie seinen Eintritt ins Nirvana. Das Magha-puja der Chinesen erinnert an die Regeln der ersten Ordensgemeinde. Theravada-Mönche ziehen sich jedes Jahr für drei Monate zurück. Knaben können sich ihnen dabei anschließen, was wiederum Anlass zu festlichen Prozessionen ist. Die Laien lassen ihre Buddha-Statuen segnen und spenden den Klöstern Geld oder Kleidung. Weitere lokale Feste im Jahresablauf: Totenfeste, Neujahr und die spektakuläre „Feier von Buddhas Zahn“ in Sri Lanka mit Elefantenprozessionen.

***Geistliche Lehrer** nennt man in Tibet Lamas.*

Verschiedene Buddhismen

Kleines Fahrzeug, Großes Fahrzeug, Weg des Diamanten, Zen, Chan – welch merkwürdige Namen! Sie haben aber nichts mit Automarken zu tun, denn diese verschiedenen „Transportmittel" bezeichnen spirituelle Wege, die den Buddhisten ins Nirvana* führen.

Der Buddhismus breitet sich aus
Ab dem 1. Jahrhundert gelangte der indische Buddhismus über Afghanistan nach Zentralasien. Händler verbreiteten diese Lebensanschauung. Beeindruckt von der Lehre Buddhas luden später einige benachbarte Könige gelehrte Mönche ein, Klöster zu gründen und die buddhistischen Texte zu übersetzen. Den Mönchen gelang es, den Buddhismus dem lokalen Glauben (Taoismus, Shinto usw.) anzupassen. Nach 1000 n. Chr. trat der Islam in Konkurrenz zum Buddhismus in Indien. Schließlich erstarkte der Hinduismus wieder und hat den Buddhismus inzwischen fast vollständig verdrängt. Das Foto zeigt eine der buddhistischen Statuen, die von afghanischen Taliban zerstört wurden.

NA SO WAS!

Ruhetage
In einem Zen-Kloster gibt es jeden Monat sechs „Sonntage" (am 4., 9., 14., 19., 24. und 29.). An diesen Tagen nimmt man zusätzlich ein Bad und lässt sich den Kopf rasieren. Ausschlafen kann man nur an zwei Tagen im Monat (dem 14. und 29.). Danach steht aber gründliches Reinemachen auf dem Programm.

Der Buddhismus des Großen Fahrzeugs
Der in China, Korea und Japan verbreitete Buddhismus gestaltete die alte Tradition des Theravada für ein breiteres Publikum um und schuf so die Grundlagen für das „Große Fahrzeug" oder Mahayana. Es entstanden neue Sutras (Lehrtexte). Die Anhänger schmälerten die Bedeutung des Mönchtums und erhoben Laien* in einen hohen Rang. Neben Buddha verehren sie die Bodhisattvas* – Wesen voll Mitgefühl, die die Erleuchtung* quasi erlangt haben, ihren Eintritt ins Nirvana aber freiwillig aufschieben, um den Menschen und anderen Wesen zu helfen. Die Verehrung des Buddha und der Bodhisattvas wurde rasch beliebter als das Streben nach individueller Befreiung.

Der Buddhismus des Kleinen Fahrzeugs
In Sri Lanka verehren die Buddhisten einen Zahn Buddhas. Jedes Jahr versammeln sich unzählige Pilger und Touristen zu einer sehr farbenfrohen Prozession. Dieser Buddhismus wird auch in Thailand und Myanmar praktiziert und ist dort oft mit Elementen der lokalen Kultur verbunden, mit sagenhaften Geistern oder mythischen Helden.

Chan und Zen

Der Buddhismus des „Großen Fahrzeugs“ ermöglicht auch Laien den Weg zur Erleuchtung, kennt aber trotzdem ein aktives Ordensleben. Erfahrene spirituelle Meister lehren eine Meditationskunst (in China Chan und in Japan Zen genannt), die einem spirituellen Training gleichkommt. Beim Meditieren sitzen die japanischen Mönche einander gegenüber (Rinzai-Schule) oder vor einer Wand (Soto-Schule) – ein kleiner, aber feiner Unterschied. Unterstützt wird die Meditation durch verschiedene Konzentrationsübungen.

Der Buddhismus im Westen

Zwei Richtungen des Buddhismus wurden im Westen besonders bekannt: der japanische Zen-Buddhismus und der tibetische Buddhismus. Die Besetzung Tibets durch China trieb zahlreiche Mönche ins Exil. Sie machten ihre Religion auch im Ausland bekannt. Bei dem in unseren Breiten beliebten Streben nach Harmonie greift man gern auf Techniken des Yoga und Zen zurück – dabei handelt es sich häufiger um einen oberflächlichen Ausflug in ein exotisch anmutendes Phänomen als um ein tieferes Vordringen in den Buddhismus.

NA SO WAS!

Voll durchgeplant

Besuch in einem Zen-Kloster: Wecken um 3 Uhr früh, 40 Minuten Meditation im Lotossitz, Stockschlag beim Einnicken, stummes Aufsagen von Sutras. Frühstück mit Pflaumentee, Reisbrei, lauwarmem Wasser (zum Mundausspülen und Trinken), dann Lesen und Hausarbeit. Ausgang mit Betteln um Brot. Um 11 Uhr Mittagessen mit Reis, Getreide, Gemüse. Am Nachmittag körperliche Arbeit. Um 18 Uhr Meditation und Gruß an den Meister. Bettruhe ab 21 Uhr. Das ist wohl nicht für jeden geeignet!

Tibetische Lamas

Hauptbereiche des tibetischen, nepalesischen und mongolischen Buddhismus tragen Namen wie Weg des Donners, Diamantenes Fahrzeug oder Tantrismus. Magische Praktiken begleiten die Spiritualität. Zum Meditieren verwendet man Lehrschriften und Mantras (heilige Formeln, die der Meister dem Schüler mündlich übermittelt). Berühmte tibetische Lamas (geistliche Lehrer) sind der Dalai-Lama (er ist geistliches und weltliches Oberhaupt zugleich und wird ohne Unterbrechung wiedergeboren) und der Panchen Lama.

Der Bahaismus

„Unser Ziel ist die Schaffung einer Weltkultur … Unser Leben ist unmittelbar mit dem aller Menschen verknüpft. Ein Bahai strebt nicht nach persönlichem, sondern nach universalem Heil.“ Diese Worte des Enkels von Baha Ulla, dem Gründer des Bahaismus, beleuchten das Ideal der noch recht jungen Religion.

Le Petit Journal
SUPPLÉMENT ILLUSTRÉ
LE NOUVEAU PROPHÈTE DE L'ISLAM

Streben nach Einheit

Ein junger Perser, der sich Bab (Pforte) nennen ließ, scharte 1844 die ersten Schüler um sich. Er war schiitischer Muslim, doch er sagte, es gelte, den Islam wie auch die anderen Religionen durch die Offenbarungen eines neuen Propheten Gottes zu überwinden. Dafür wurde er im Alter von 31 Jahren zum Tode verurteilt. Mirza Husain Ali, einer seiner Schüler, gab sich 1863 als der angekündigte Prophet zu erkennen. Er wendete sich vom Islam ab und nahm den Titel Baha Ullah („Glanz Gottes“) an, von dem die Bahai ihren Namen ableiten. Trotz Verfolgung und Haft war er überzeugt, dass die Welt und die Religionen sich weiterentwickeln müssen. Der Glaube der Bahai „krönt“ die alten Religionen. Baha Ullah wollte die Mächtigen dieser Welt überzeugen, sich zu einer großen Nation zu vereinen, die sich von der gleichen Religion leiten lässt.

Offenheit gegenüber den anderen Religionen

Baha Ullah predigt in seinen Schriften den gleichen Gott wie die Juden, Christen und Muslime. Die heilige Schrift der Bahai, das *Kitab al aqdas*, bemüht sich nach folgenden Grundsätzen, die Schranken zwischen den Menschen zu überwinden:

- die Vorurteile zwischen den Menschen aufheben
- die Einheit und Relativität der religiösen Wahrheit anerkennen
- die Harmonie zwischen Religion, Vernunft und Wissenschaft anerkennen
- jeden zum unabhängigen Streben nach Wahrheit auffordern
- allen Menschen Bildung zugänglich machen
- Chancengleichheit für Männer und Frauen gewährleisten
- die Kluft zwischen Reich und Arm überwinden
- einen weltweiten Zusammenschluss mit gemeinsamer Sprache, Schrift und Gerichtsbarkeit schaffen.

Als Weltsprache schwebt den Bahai Esperanto vor. Die Achtung vor der Vielfalt soll die Entscheidung für gemeinsame Ziele sowie Mitgefühl und Rechtschaffenheit begünstigen. Die Bahai sind oft gebildet, gegen Gewalt und gegen politische Aktivitäten, respektieren aber die staatlichen Gesetze.

Ein Kalender mit 19 Monaten

Bab schuf einen Kalender mit 19 Monaten zu 19 Tagen, das ergibt 361 Tage. Hinzu kommen vier Feiertage. Nach persischer Tradition beginnt das Jahr am 21. März (Frühlingsanfang) mit dem Neujahrsfest *Newroz*. Die Monate sind nach Eigenschaften Gottes benannt wie Herrlichkeit, Ruhm, Schönheit, Größe, Licht, Barmherzigkeit, Vollkommenheit. Acht Feiertage erinnern an die Geburt und die wichtigsten Ereignisse im Leben von Bab und seinem Nachfolger Baha Ullah.

Die religiöse Praxis

Fasten und Gebet sind die beiden Grundpfeiler. Die Bahai kennen eine Fastenzeit von 19 Tagen ähnlich dem Ramadan (tagsüber Verzicht auf feste und flüssige Nahrung). Jeder Gläubige meditiert über heilige Texte und betet morgens und abends zu Gott. Mittags rezitiert jeder für sich einen heiligen Spruch. Im Bahaismus gibt es keine Priester. Die spirituellen Zusammenkünfte werden von neun gewählten Gläubigen geleitet und finden alle 19 Tage statt. Den Anfang bildet ein gemeinsames Gebet ausgehend von der Bibel, den Evangelien*, dem Koran oder anderen heiligen Schriften, gefolgt von einer Diskussion über Gemeindefragen; eine feierliche Mahlzeit bildet dann den Abschluss.

***Bahai-Mausoleum** in Haifa mit dem Grab des Bab. Die 18 Terrassen wurden 2001 eingeweiht.*

Die Bahai in der Welt

Das Universale Haus der Gerechtigkeit im israelischen Haifa ist das Weltzentrum der Bahai. Auf jedem Kontinent gibt es zudem einen Großtempel: in Chicago (USA) für Nordamerika, in Panama für Mittelamerika, in Hofheim (Taunus, Deutschland) für Europa, in Kampala (Uganda) für Afrika, in Neu-Delhi (Indien) für Asien und in Sydney (Australien) für Ozeanien. In jedem Land gibt es ein spirituelles Zentrum. Insgesamt umfasst die Gemeinschaft der Bahais weltweit sechs Millionen Anhänger, davon leben allein in Indien eine Million. Im Iran, dem Ursprungsland der Bahais, wird die Glaubensgemeinschaft verfolgt. In anderen Ländern wird deren Botschaft von Toleranz dagegen positiv aufgenommen und so wächst die Zahl der Anhänger schnell.

***Weltzentrum der Bahai:** das Universale Haus der Gerechtigkeit*

NA SO WAS!

Bahai-König

Der König der Samoa-Inseln in Ozeanien ist 1973 zum Bahaismus übergetreten.

Neue Religionen

Immer wieder entstehen neue religiöse Strömungen: entweder reformieren Gläubige ihre alte Religion oder sie verbinden sie mit fremden Elementen – oder aber sie gründen im Namen eines göttlichen Auftrags eine ganz neue Religion. Solche Entwicklungen vollziehen sich überall auf der Welt.

Immer wieder etwas Neues

Viele der Religionen, die im 19. Jahrhundert entstanden sind, zählen heute mehrere Millionen Anhänger. Beispiele sind Bahaismus, Mormonen, Kimbanguismus oder Iglesia ni Cristo.
Allein in Afrika gibt es hunderte von Religionen, die Christentum und Geisterkult verbinden und oft ebenso rasch untergehen, wie sie aufgetaucht sind. Auch der Islam ist ein Nährboden für neue Religionen wie die Ahmadiya in Pakistan, die in ihrem Gründer einen neuen Propheten erblickt.

Tenrikyo

Gründer: Miki Nakayama (1798–1887), eine verheiratete Japanerin, wird nach einem mystischen Erlebnis Oyasama, der mit Heilkräften versehene Wohnsitz Gottes.
Ausrichtung: Die „Lehre vom Gesetz des Himmels" (Tenrikyo) besagt, dass der höchste Gott Oyagami die Menschheit auf den Weg der Freuden leiten will.
Quellen: Shintoismus.
Besonderheiten: Hauptsitz und Wallfahrtsort ist die Stadt Tenri-shi (60 000 Einwohner). Missionstätigkeiten in Nordamerika und Brasilien.

Soka Gakkai

Gründer: Um 1930 gründen japanische Laien* die Gesellschaft zur Schaffung von Werten. Sie werden verfolgt und einer von ihnen stirbt im Gefängnis.
Ausrichtung: Soka Gakkai fordert den Einzelnen auf, sein Buddha-Sein zu entwickeln und durch Rezitieren eines heiligen Textes Wohlergehen zu erlangen.
Quellen: Nichiren-Buddhismus.
Besonderheiten: Diese Laienvereinigung geriet in Konflikt mit Nichiren-Mönchen und gründete die japanische Komeito-Partei.

Rissho Kosei-kai
Gründer: 1938 gründet das Medium Naganuma Myoko gemeinsam mit Niwano Nikkyo eine Laiengesellschaft japanischer Buddhisten.
Ausrichtung: Die Anhänger der Rissho Kosei-kai streben nach einem Gemeinschaftsleben gemäß dem buddhistischen Gesetz.
Quellen: Nichiren-Buddhismus.
Besonderheiten: Der Gründungspräsident setzte sich für den Frieden und die Zusammenarbeit der Religionen ein.

P. L. (Perfect Liberty) Kyodan
Gründer: Im Jahr 1919 baut Tokuharu auf Ideen auf, die einen Buddha und die Sonnengöttin miteinander verknüpfen. Er führt eine Wallfahrt und eine neue Religion in Japan ein und stirbt 1940 im Gefängnis.
Ausrichtung: P. L. Kyodan (Kirche der Vollkommenen Freiheit) befürwortet eine Lebenskunst mit dem Ziel der Entfaltung aller. Jeder ist glücklich darüber, was er ist und tut, um „sonnengleich" zu strahlen.
Quellen: Buddhismus und Shintoismus.
Besonderheiten: Gläubige tragen ein schützendes Amulett.

Chondogyo
Gründer: Der Koreaner Choe Che-u kritisiert die westlichen Religionen und begründet 1860 einen synkretistischen* Glauben.
Ausrichtung: Angestrebt wird ein moralisch reines Leben, damit jeder Mensch wieder zu dem Gott wird, der er ist. Werte wie Würde, Freiheit, Gleichheit und Gerechtigkeit werden mit politischen Mitteln verteidigt.
Quellen: Buddhismus, Taoismus und Konfuzianismus.
Besonderheiten: Die Bewegung wurde in Nordkorea verfolgt. In Südkorea ist die Zahl der Anhänger rückläufig.

NA SO WAS!

Motorisierte Geister
In Ozeanien hofften die Menschen, nachdem sie Flugzeuge und Schiffe mit unbekannter Fracht gesehen hatten, dass ihre Ahnen auf eben diese Weise zu ihnen zurückkehren und Geschenke mitbringen würden. Um sie zu ehren und anzulocken, schufen sie eine neue Religion, den Cargo-Kult.

Der Caodaismus
Gründer: Im Jahr 1919 fühlt sich ein vietnamesischer Beamter von den Geistern auserwählt.
Ausrichtung: Der Caodaismus lehrt, dass Gott (Cao-Dai) sich in Buddha, Moses, Jesus und anderen offenbart hat. Wie der Hinduismus glaubt er an die Reinkarnation* und lehrt die Ehrfurcht vor dem Leben.
Quellen: Alle Religionen und Spiritismus.
Besonderheiten: Die rund zwei Millionen Anhänger besitzen einen eigenen Papst, Kardinäle, Bischöfe und männliche wie weibliche Priester. Sie beten zu den „großen Geistern", unter denen sich Persönlichkeiten wie Victor Hugo und Johanna von Orléans befinden.

An den Grenzen der Religion

„Ich will nicht glauben, sondern wissen!" Viele Menschen lehnen den Glauben ab – aus den unterschiedlichsten Gründen. Manche glauben nicht an die Existenz eines höheren Wesens und wollen, dass die Wissenschaft alle Fragen beantwortet. Einige versuchen, die Geheimnisse dieser Welt im kleinen Kreis von Eingeweihten zu entdecken. Andere gründen philosophische Zirkel mit bestimmten Ritualen*, wollen aber nicht von der Religion vereinnahmt werden.

Die Rosenkreuzer (AMORC)
Dieser „alte und mystische* Orden" sieht sich als Bruderschaft, die eine metaphysische Philosophie lehrt. Für sie haben die aus dem alten Ägypten stammenden Symbole Rose und Kreuz keinen Bezug zum Christentum. Die elitäre Organisation übt starken Einfluss auf das Denken ihrer Mitglieder aus, damit sie „das Vertrauen in die eigene Macht erwerben". Die Rosenkreuzer können als Sekte* eingestuft werden.

Religiös-esoterische Strömungen
Das nur den Eingeweihten mögliche Begreifen göttlicher Mysterien oder die Zwiesprache mit den Toten beflügelt von jeher die menschliche Fantasie. Man kennt zahlreiche geheime Praktiken wie Gnostizismus, Magie oder Spiritismus. Die jüdische Kabbala ordnet jedem Buchstaben der Bibel einen Zahlenwert zu und bildet für jedes Wort die Summe. Der Teufel hat beispielsweise den Wert 666, weshalb diese Zahl als verflucht gilt. Daraus entstand eine komplizierte Geheim-„Wissenschaft". Esoterischen Strömungen des Islam begegnet man im Sufismus und im ismaelitischen Islam, etwa bei den libanesischen Drusen.

NA SO WAS!

Die Agnostiker
Die Agnostiker glauben weder an die Existenz noch an die Nichtexistenz Gottes. Ihrer Ansicht nach kann der Mensch die Frage, ob Gott existiert, nicht beantworten. Deshalb lassen sie die Frage offen.

Die Freimaurer

Das Freimaurertum stammt aus dem Mittelalter. Sein zentrales Thema ist die Moral der Gesellschaft. Einige Freimaurer glauben an einen Gott (den „Großen Baumeister der Welt"), andere nicht. Sie sind in Logen organisiert, um unter Anleitung eines erfahrenen Logenmeisters nachzudenken. Die nur den Eingeweihten vorbehaltene Freimaurerei schreibt keinen Glauben vor, sondern baut auf den starken Zusammenhalt ihrer Mitglieder. Ihr Einfluss vor allem auf das politische Leben der westlichen Länder ist beträchtlich.

Das New Age (Neues Zeitalter)

Dies ist weniger eine Religion als eine Weltanschauung, die gegen Ende des 20. Jahrhunderts entstand. Man spricht nicht von Gott, sondern von göttlichen Energien. Und es handelt sich nicht um eine konkrete Organisation, sondern eher um ein „Etikett" für alle möglichen Initiativen. Jüngern des New Age begegnet man in manchen Buchläden oder an den Ständen von Esoterik-Messen. Gurus*, Endzeit-Propheten*, esoterische Autoren, Alternativmediziner – jeder hat seine Methoden, um Menschen und Gesellschaft von den Übeln der Moderne und des Materialismus zu heilen. Die Lösungsvorschläge werden verschiedenen Religionen, der Astrologie oder magischen Strömungen entlehnt. Das New Age lehnt den Rationalismus ab.

Religion in der Diktatur

Das 20. Jahrhundert hat unheilvolle totalitäre Regime erlebt, die versucht haben, die Religion zu verdrängen: den Marxismus/Leninismus und den Nationalsozialismus. In Russland stützten sich Lenin und Stalin auf die Arbeiten von Marx über die sozialen Mechanismen zur Errichtung einer Diktatur des Proletariats. Religionen wurden als Aberglaube angeprangert und als „Opium für das Volk" diffamiert *(siehe S. 295)*. Dennoch hat dieser Atheismus* äußerlich viel mit den Religionen gemein: ein starker Personenkult (Verehrung Gottes) und eine Ideologie (Dogma*), verteidigt von Beamten (Klerus), die für Propaganda (Bekehrung) zuständig sind, und begleitet von endlosen Zeremonien (Liturgie*).
Angeheizt durch den Größenwahn Hitlers entwickelte in Deutschland der Nationalsozialismus eine rassistische Weltanschauung, die angeblich auf wissenschaftlichen Erkenntnissen beruhte. Rituale und Propaganda kennzeichneten auch dieses totalitäre System.

Religion auf Abwegen

Als Sekten* werden kleine religiöse Gruppierungen bezeichnet, in vielen Fällen solche, die sich von ihrer ursprünglichen Religion abgespalten haben. Doch oft versteht man unter dem Begriff totalitäre, pseudoreligiöse Organisationen, die ihre Anhänger von sich abhängig machen.

Gurus* im Rausch der Macht

Der einer Sekte vorstehende Guru setzt seine Autorität manchmal nicht ein, um den Menschen zu dienen, sondern um sie zu unterwerfen. Er versteht es dann, die Anfälligsten zu manipulieren und den eigenen Willen durchzusetzen. Er verheißt Glück, die Offenbarung von Mysterien, göttliche Auserwähltheit oder einen besonderen Schutz beim Weltuntergang. Er spielt mit Schuldgefühlen und droht, „Verräter" zu bestrafen. Seine wahren Motive verbirgt er hinter geschliffenen Reden und geschickten pseudo-religiösen Inszenierungen. Manche solcher Sekten sind einfach grotesk und leicht zu entlarven, andere können sich der Justiz entziehen, indem sie sich hinter einer Organisation verbergen.

„Wenn der Finger zum Mond weist, blickt der Tor auf den Finger."
(Chinesisches Sprichwort)
Gibt ein Guru nur vor, den Himmel zu zeigen, tut aber alles, damit man zu ihm selbst aufschaut?

NA SO WAS!

Abwehrmittel
Um gegen gefährliche sektiererische Strömungen gewappnet zu sein, sollte man sich folgende Fragen stellen:
- Macht: Wer besitzt die Macht? Wer verteilt sie? Wer überprüft, ob sie vernünftig ausgeübt wird?
- Wissen: Wer besitzt das Wissen? Welchen Wert hat das Wort des Einzelnen?
- Besitz: Woher kommt das Geld? Wer verwaltet es? Wohin fließt es?
- Beziehungen: Kann man eine abweichende Meinung vertreten und sich innerhalb der Gruppe trotzdem austauschen?

Leichte Beute

Es gäbe keine schädlichen Sekten, wenn es keine Verblendeten gäbe! Jeder Mensch will an etwas glauben. Manche meinen, sich innerhalb von eher schlichten Glaubenslehren entfalten zu können, die dafür sorgen, dass sie nicht nachdenken müssen. Sie sehnen sich nach Sicherheit und einem leichten Weg und verzichten auf kritisches Denken. Wenn ein „Führer“ ihnen verspricht, sie zu leiten, dann liefern sie sich ihm aus, wenden sich von ihrer Familie ab und schenken ihm nicht nur ihre Zeit, sondern auch ihr Geld. Zweifel an seinen Verheißungen kennen sie nicht. Manche streiten sogar nach ihrem Ausschluss ab, dass man sie hinters Licht geführt hat!

Gegen schädliche Sekten

Zum Schutz der Bürger werden staatliche Erhebungen und Aufklärungskampagnen durchgeführt. Die Sekten wehren sich mit dem Hinweis, ihre Anhänger seien frei. Doch sie üben Druck aus, sei es durch Geld, Drohungen oder einflussreiche Netzwerke. Die Bekämpfung solcher Sekten wird auch dadurch erschwert, dass es keine allgemein verbindliche Definition gibt. Manchmal werden auch sektiererische Tendenzen innerhalb der „anerkannten“ Religionen rechtlich verurteilt, wenn spirituelle Führer im Rausch der Macht und unbeaufsichtigt von ihren Vorgesetzten ihren eigenen Geschäften nachgehen. Fehlgeleitete Kleriker und blinde Gläubige sind dabei Komplizen.

Beispiele von Sekten

- Scientology: Der Gründer Ron Hubbard war Science-Fiction-Autor. Über zwei Millionen Menschen in 30 Ländern konnte er von seiner Botschaft überzeugen (Dianetik als moderne „Wissenschaft“ von der geistigen Gesundheit). Man wirft ihm die Durchführung eines psychologischen Tests vor, der individuelle Schwächen aufdeckt und eine lange, sehr teure Therapie anbietet. Das Auftreten als Religion beschert der Sekte in den USA erhebliche Steuervorteile.
- Vereinigungskirche (Moonies): Der Koreaner Sun Myung Moon *(im Foto links mit seiner Frau)* gründete 1954 die Gesellschaft zur Vereinigung des Weltchristentums. Seine Behauptung: Als wahre Eltern der Menschheit werden Moon und seine Gattin ihre Anhänger erretten. Vorwürfe die gegen Moon hinsichtlich seiner Anhänger erhoben wurden: Verbot, allein zu sein, Zwangsehen, Mangel an Nahrung und Schlaf, Indoktrination, kein Arbeitslohn, dafür Verpflichtung zum Lächeln. Und weiter: Mit seinen Zeitungen, Hotels usw. sei Moon ein multinationaler Konzern. Er verbirgt sich hinter Namen wie „Interreligiöse und internationale Vereinigung für den Frieden“, „Kolloquien für einen neuen Laizismus“ oder „Europa eine Seele geben“.
- Viele weitere: Tausende von Sekten entstehen und verschwinden mit ihren Gründern. Man stößt auf fantastische, selbst gebastelte Glaubenssysteme wie etwa bei dem Franzosen Raël. Er behauptet, mit einem UFO auf der Erde gelandet zu sein, und hat mit Klonversuchen Schlagzeilen gemacht.

SEKTEN

Das Wort „Sekte“ hat zwei Bedeutungen: 1. religiöse Gruppierung, die von ihrer ursprünglichen Religion „abgeschnitten“ ist (die ersten Christen waren eine jüdische Sekte); 2. eine Glaubensrichtung, die einem charismatischen Führer folgt; dieser behauptet zuweilen, er habe mit der angeblich korrupten Gesellschaft gebrochen. Die zweite Definition ist mittlerweile vorherrschend und besitzt einen negativen Beiklang. 1999 definierte ein französischer Regierungsausschuss eine Sekte so: „totalitär strukturierter Verein mit oder ohne erklärte religiöse Ziele, dessen Gebaren die Menschenrechte und das soziale Gleichgewicht gefährdet“.

Heilige Bücher

Religionen haben häufig ganz unterschiedliche heilige Texte als Grundlage. Vor dem 15. Jahrhundert wurden diese Bücher von Hand geschrieben und nur wenige Eingeweihte lasen und interpretierten die Texte. Heute hat nahezu jeder Zugang zu den heiligen Schriften, sodass jeder Interessierte sich eine eigene Meinung zu ihrem Inhalt bilden kann.

Wer schrieb die heiligen Bücher?

Die Menschen leiteten ihren Glauben aus ihrem Leben und ihren religiösen Erfahrungen ab. Ihr Wissen gaben sie zunächst mündlich weiter, später schrieben sie es auf, auch, um es besser verbreiten zu können – so entstanden die heiligen Bücher.

Mündliche Überlieferung

Vor der Verbreitung der Schrift gaben die Menschen ihr Wissen mündlich weiter. Damit man sich die Inhalte besser merken konnte, wurden sie rhythmisch in Form von Liedern und Gedichten vorgetragen. Um die Gesetze des Universums zu erklären, schufen Menschen Mythen mit Helden und Abenteuern, die sich gut ins Gedächtnis einprägten. In Indien wurden die Hymnen der Veden, die Ritualanweisungen für die Priester erhalten, zunächst gesungen. Über Jahrhunderte hinweg wurden sie wiederholt und kommentiert und weiterentwickelt. Diese schließlich schriftlich überlieferten Traditionen* sind in das kulturelle Erbe des Hinduismus eingegangen *(siehe S. 190–191)*.

Ein Volk mit „inspirierter" Geschichte

Das Volk Israel machte eine für seinen Glauben grundlegende Erfahrung bei seiner Versklavung in Ägypten: Gott schickte ihm Moses, um es zu befreien *(siehe S. 162–163)*. Die Geschichte wurde von Generation zu Generation weitergegeben. Im Laufe der Zeit wurden solche Erfahrungen verinnerlicht und zu Abenteuergeschichten, Heldendarstellungen, weisen Sprichwörtern oder auch Liebesliedern verarbeitet. All diese alten, überlieferten Erzählungen und auch Gesetze wurden niedergeschrieben. Die fünf Bücher Mose, die die Thora bilden, schildern, wie Gott sprach und handelte, deshalb nennt man die Schriften „inspiriert".

Heilige Bücher

Religion	Heilige Bücher und andere Schriften
Judentum	Bibel (jüdisch), Talmud
Christentum	Bibel (Altes und Neues Testament)
Islam	Koran, Hadithe
Hinduismus	Veden, Ramayana, Mahabharata, Sutras, Puranas
Mormonen	Buch Mormon
Sikhismus	Granth Sahib (oder Guru Granth)
Bahaismus	Kitab-i-Aqdas (oder Hochheiliges Buch)

Gläubige Zeugen

Ein religiöser Führer, dessen Taten und Worte eine überzeugende Botschaft vermitteln, sammelt schnell Anhänger um sich. Die Menschen, die Zeugen der Erleuchtung Buddhas *(siehe S. 140–141)* wurden, waren von seinen Lehren so beeindruckt, dass sie diese sammelten und entsprechende religiöse Praktiken weitervermittelten. Rund 500 Jahre später predigten die Jünger Jesu seine Lehren, nachdem sie drei Jahre in seiner Nähe verbracht und seine Auferstehung* erlebt hatten. Sie entdeckten in seinen Gesten und Worten einen neuen Sinn und verkündeten die „Frohe Botschaft". Ihre Anhängerschar wuchs rasch. Die frühen Christen schrieben auf, was sie von Jesus wussten, und übermittelten auf diese Weise die christlichen Glaubensvorstellungen.

Wenn Gott selbst „schreibt"

In manchen Religionen gilt Gott selbst als Urheber der heiligen Schriften. Über 23 Jahre hörte der Prophet* Mohammed dem Erzengel Gabriel zu, der ihm von Gott kommende Texte offenbarte – den Koran. Er gab ihn dann Wort für Wort an seine Schüler weiter, die ihn niederschrieben. Seitdem verstehen Muslime den Koran als „Wort Gottes", das zur Gründung ihrer Religion auf die Erde gekommen ist. Auch die Kirche der Mormonen gründet auf einem „von Gott geschriebenen Text". Joseph Smith wurde von Engeln zu einem Berg geführt, wo er Schrifttafeln in einer göttlichen Sprache entdeckte. Der Text, den er mit Gottes Hilfe entzifferte, erzählt von den amerikanischen Stämmen in der Frühzeit und der Erscheinung Jesu auf ihrem Kontinent.

Heilige Bücher lesen

Die heiligen Bücher jeder Religion enthalten in unterschiedlichen Anteilen folgende Aspekte: kulturelle Traditionen, inspirierte Texte, Zeugnisse des Glaubens und/oder Worte Gottes. Die islamischen *Hadithe* beinhalten Aussagen und Taten Mohammeds. Die Evangelien und der Koran greifen Passagen aus der jüdischen Bibel auf, die neben vielem anderem traditionelle Mythen enthält.

Heilige Bücher lesen

Ein Vater will seinen Sohn töten, um ihn Gott zu opfern. Wie soll man so eine brutale Erzählung verstehen? Glaubensbücher stellen entscheidende Fragen oftmals in Form von Geschichten, wie in der von Abrahams Opfer. Seit Jahrhunderten diskutieren Juden, Christen und Muslime über diese Geschichten und verfassen Kommentare dazu.

Abrahams Prüfung

Gott sprach zu Abraham: „Nimm deinen Sohn, deinen einzigen, Isaak, steige auf den Berg Morija und bring ihn als Brandopfer dar." Abraham nahm das Holz und lud es seinem Sohn auf. Isaak sagte: „Das Holz ist da, doch wo ist das Lamm?" Abraham antwortete: „Gott wird dafür sorgen." Abraham stapelte das Holz, dann fesselte er den Jungen und ergriff das Messer. Doch ein Engel rief: „Abraham, tu ihm nichts zuleide! Ich weiß, dass du Gott fürchtest, du hast mir deinen Sohn nicht vorenthalten." Abraham sah einen Widder im Gebüsch und opferte stattdessen ihn. (nach Genesis 22,1–13)

Jüdische Interpretation

- Aufgrund seiner Opferbereitschaft und seines Gehorsams Gott gegenüber gilt Abraham bei den Juden – wie auch bei den Christen und Muslimen – als Vorbild des Glaubens. Die Geschichte von Abrahams Opfer zeigt aber auch (bzw. wird vielfach so ausgelegt), dass Gott kein Menschenopfer will. Denn Gott schickt Abraham den Widder – stellvertretend für das Sohnesopfer. Statt von Abrahams oder Isaaks Opfer sprechen die Juden denn auch von Isaaks Bindung, da sein Vater ihn an den Altar bindet, das Opfer aber letztlich nicht vollzogen wird.
- Der jüdische Gelehrte Raschi *(siehe S. 266)* interpretierte die Geschichte so, dass der alte Abraham seinem Sohn und Nachfolger ungern Platz machen wollte. Indem Gott seinen Arm festhielt und somit das Opfer verhinderte, erklärte er jedoch das Leben des Kindes für heilig.
- Beim Fest Rosch ha-Schanah *(siehe S. 54)* erinnern alte Lieder an Isaak und Abraham, die trotz ihrer Angst auf Gott vertrauen.

Christliche Interpretation

- Die Christen sehen Parallelen zwischen der Opferung Isaaks und dem Opfertod Jesu. Aber durch Jesus hat sich die Situation geändert: „Denn Gott hat die Welt so sehr geliebt, dass er seinen einzigen Sohn hingab …" (Johannes 3,16) Jesus am Kreuz

Vermutungen der Archäologen

Für einige Forscher ist der Berg Morija der Berg Zion in Jerusalem. Die Muslime haben dort den Felsendom erbaut. Hier befindet sich nach der Tradition* der Fels *(auf dem Foto im Vordergrund)*, auf dem Abraham den Opferaltar errichtete und von wo der Prophet* Mohammed den Himmel besuchte.

***Ein Engel** verhindert, dass Abraham seinen Sohn opfert. Hinter dem Busch steht der Widder, der anstelle von Isaak geopfert wird.*

Isaak glaubt, er werde mit seinem Vater ein Lamm opfern, und trägt das Holz für das Opferfeuer. Im Gegensatz zu vielen Darstellungen, in denen Isaak als Kind gezeigt wird, hat er auf dieser jüdischen Buchmalerei einen Bart, denn in der jüdischen Überlieferung ist er ein Erwachsener von 37 Jahren.

(*siehe S. 179*) tritt an die Stelle des Widders. Gott durstet nicht nach Blut, er opfert sich im Gegenteil selbst, denn sein Sohn und er sind eins.

Der Koran

Dann gaben Wir Abraham die frohe Botschaft von einem sanftmütigen Sohn. Als er alt genug war, um mit ihm zu arbeiten, sagte er: „Mein Sohn, ich sehe im Traum, dass ich dich schlachte. Was meinst du dazu?" „Mein Vater, tu, wie dir befohlen; du sollst mich unter den Geduldigen finden." Als sie sich beide gefügt hatten und er ihn mit der Stirn auf den Boden hingelegt hatte, da riefen Wir: „Abraham, du hast bereits die Vision erfüllt." So belohnen Wir die, die Gutes tun. Dies war eine schwere Prüfung. Und Wir lösten ihn durch ein großes Schlachttier aus.
(nach Sure 37, Vers 101–107)

Islamische Interpretation

- In diesem Text meint Gott sich selbst, wenn er „Wir" sagt. Im Islam gilt Ismael als der „duldsame Sohn" und nicht Isaak. Ismael ist ein Prophet, er hat seinem Vater geholfen, das Heiligtum in Mekka zu errichten, und ist ein Vorfahre von Mohammed.
- Das Hammelopfer beim Fest Id al-Kabir (*siehe S. 106*) geht auf diese Geschichte zurück und erinnert an Allahs Versprechen, alle zu belohnen, die ihm gehorchen. Abraham ist der erste „Muslim" (arabisch: der sich Gott unterwirft).
- Für Muslime ist der Koran das Wort des ewigen Gottes. Er allein zeigt im Islam den Weg der völligen Hingabe an Gott. Gelehrte haben Kommentare dazu geschrieben und Interpretationen geliefert, die zum Teil stark voneinander abweichen und diskutiert werden.

Die Genesis: Der Urbeginn

Die Anfänge des Universums hat niemand miterlebt. Um die Entstehung der Welt zu beschreiben, haben die Autoren der Genesis, des ersten Buchs der Bibel, von ihrem Glauben und ihrer Lebenserfahrung inspirierte Bilder entworfen.

Wie hat Gott die Welt erschaffen?
In der Bibel gibt es verschiedene Geschichten über die Schöpfung, darunter eine sehr poetische: „Im Anfang schuf Gott Himmel und Erde … Es wurde Abend und es wurde Morgen: erster Tag." (Genesis 1,1–5) Ein anderer Abschnitt erzählt, wie Gott die Erde als Garten Eden schuf, den der Mensch pflegen und bewahren sollte. Die Erschaffung des Menschen wird so beschrieben: „Da formte Gott, der Herr, den Menschen aus Erde und blies in seine Nase den Lebensatem. So wurde der Mensch zu einem lebendigen Wesen." (Genesis 2,7)

NA SO WAS!

Ein Buch für drei
Die Texte der jüdischen Bibel sind grundlegend für das Judentum. Die Christen haben sie im Alten Testament übernommen und im Neuen Testament andere Schriften, wie die Evangelien angefügt, um ihre Bibel zu schaffen. Die Muslime erkennen diese Bibeln teilweise an, doch die Offenbarungen des Koran *(siehe S. 184–185)* gehen für sie darüber hinaus.

Kann man wie Gott werden?
Die Autoren der Genesis berichteten von Adam und Eva unter dem „Baum des Lebens" und dem „Baum der Erkenntnis". Gott erlaubte ihnen nicht, die Früchte des zweiten Baums zu essen. Wenn sie von ihm äßen, würden sie sterben (auf dem Bild wird der Tod durch den Leichnam symbolisiert). Doch eine listige Schlange überredete sie, von dem zweiten Baum zu essen. Schließlich gaben sie nach und sahen sich betrogen. Diese Geschichte zeigt, dass der Mensch nicht Gott ist.

Mein Bruder, ein Feind?
Eine bekannte Bibelgeschichte ist die Erzählung von Kain und Abel, den Söhnen Adams und Evas. Weil Gott Abel bevorzugte, war Kain eifersüchtig auf seinen Bruder. Gott bemerkte das: „Blicke auf. An der Tür lauert die Sünde* als Dämon. Kannst du seiner Herr werden?" (Genesis 4,7) Trotz dieser Warnung tötete Kain Abel. Und als Gott ihn fragte: „Wo ist dein Bruder?", antwortete er, er sei nicht der Hüter seines Bruders. Gott verfluchte und verjagte ihn, doch er schützte ihn auch durch ein Zeichen vor möglichen Feinden.

Ist Gott von den Menschen enttäuscht?
Bedauert Gott es, die Menschen geschaffen zu haben, da diese so viel Böses tun? Sind die Katastrophen göttliche Strafen, wie es die Mythen von der Sintflut berichten *(siehe S. 17)*? Diesen Mythen fügt die Bibel die Idee des Bundes* zwischen Gott und den Menschen hinzu: Am Tag der großen Flut folgte Noah dem Rat Gottes. Er hatte die Arche, ein großes Schiff, gebaut und rettete von jeder Tierart ein Paar vor dem Ertrinken. Glücklich über Noahs Vertrauen sprach Gott: „Ich will die Erde wegen der Menschen nicht noch einmal verfluchen … Mein Regenbogen wird ein Zeichen des Bundes sein." (Genesis 8,21 und 9)

Wäre es besser, wenn alle gleich wären?
Die Bibel erzählt vom Turmbau zu Babel: Alle Menschen verwendeten einst die gleiche Sprache. Sie beschlossen, eine Stadt und einen Turm zu bauen, der bis in den Himmel reichen sollte, und nicht länger weit verstreut zu leben. Gott war beunruhigt: „Und das ist erst der Anfang ihres Tuns. Jetzt wird ihnen nichts mehr unerreichbar sein, was sie sich auch vornehmen." Also schuf Gott verschiedene Sprachen, damit keiner mehr den anderen verstehen konnte (Genesis 11,1-9). Man könnte diese Geschichte so auslegen, dass sie die Bedeutung von Unterschieden betont. Sie sind wie eine Prägung, die Gott den Menschen gibt.

Den Brüdern verzeihen
Das Buch Genesis endet mit der Geschichte von Josef. Er war der Lieblingssohn von Jakob, seine eifersüchtigen Brüder verkauften ihn daher als Sklaven an Händler. Diese brachten ihn nach Ägypten, wo er das Vertrauen des Pharaos gewann und dessen Verwalter wurde. Später empfing er seine Brüder, die gekommen waren, um Getreide von Ägypten zu erbitten, da in ihrer Heimat eine Hungersnot herrschte. Josef vergab ihnen, denn dank Gott wurde sein Unglück die Rettung für sein Volk.

Die jüdische Bibel

Seit etwa 2000 Jahren werden die Bücher der jüdischen Bibel in drei Sammlungen zusammengefasst:

Das Gesetz (Thora oder Pentateuch)
- Genesis
- Exodus
- Levitikus
- Numeri
- Deuteronomium

Die Propheten (Nebiim)
- Josua
- Buch der Richter
- Samuel I/II
- Buch der Könige I/II
- Propheten: Jesaja, Jeremia, Ezechiel, Hosea, Joël, Amos, Obadja, Jonas, Micha, Nahum, Habakuk, Zephanja, Haggai, Sacharja, Maleachi

Die Schriften (Kethubim)
- Psalmen
- Sprüche
- Hiob
- Ruth
- Hohelied
- Koheleth/Prediger
- Klagelieder
- Esther
- Daniel
- Esra
- Nehemia
- Chronik I/II

Moses, Mann des Gesetzes

Moses ist der grundlegende Prophet im Judentum. Das an Abenteuern reiche Buch Exodus erzählt sein außergewöhnliches Leben. Andere Bibelstellen über Moses sind den Gesetzen und Religionsregeln gewidmet.

Aus dem Wasser gerettet

In Ägypten warf der Pharao den Israeliten vor, ihre Familien seien zu groß, und er befahl die Tötung der neugeborenen Jungen. Die Mutter von Moses versteckte ihr Baby drei Monate lang, dann legte sie es in einen Korb und setzte es am Ufer des Nils aus. Die Tochter des Pharao fand das Kind und zog es auf. Aus Moses wurde so ein ägyptischer Prinz.

Bei der Übersetzung *der Bibel ins Lateinische machte Hieronymus einen Fehler: Anstatt „Moses steigt* strahlend *den Berg hinab“, schrieb er* „gehörnt“. *Der Bildhauer Michelangelo kannte nur diese Fassung und schuf 1515 einen Moses mit Hörnern.*

Errettung von Moses *aus den Fluten. Ein europäischer Künstler des 19. Jahrhunderts stellte die Ägypterinnen mit sehr heller Haut dar.*

Begegnung in der Wüste

Als Erwachsener sah Moses, wie ein Aufseher einen israelitischen Arbeiter misshandelte. Im Zorn tötete Moses den Aufseher und musste für 40 Jahre in die Wüste fliehen. Er heiratete die Tochter eines Priesters und wurde Hirte. Eines Tages sah er einen brennenden Dornbusch und hörte eine Stimme: „Moses, ich bin der Gott deiner Väter, ich habe das Elend meines Volkes gesehen. Ich bin herabgestiegen, um es zu befreien und in ein fruchtbares Land zu führen. Jetzt geh, ich sende dich.“ Moses fühlte sich von diesem Auftrag überfordert. Doch Gott sagte ihm, sein Bruder Aaron werde ihm helfen, und er, Gott, werde immer bei ihm sein.

Die zehn Plagen

Als der Pharao das Volk Israel nicht ziehen lassen wollte, schickte Gott den Ägyptern zehn Plagen, die den Pharao zwangen, nachzugeben: die Verwandlung des Nilwassers zu Blut, die Invasion von Fröschen, Mücken, Bremsen und Heuschrecken, den Hagelsturm, dreitägige Finsternis, die Viehseuche, Geschwüre und den Tod aller Erstgeborenen in Ägypten.

Im brennenden Busch *sieht Moses Gott, der ihn beauftragt, das Volk Israel zu befreien und in das Gelobte Land* zu führen.*

***Moses** teilt das Rote Meer. Auf diesem afrikanischen Bild werden Moses und sein Volk wie Massai-Krieger dargestellt.*

NA SO WAS!

Ein biblisches Alter
Nach der Bibel müsste Moses 120 Jahre alt geworden sein. Über tausend Jahre vor unserer Zeitrechnung war die Lebenserwartung der Menschen aber nicht so hoch. Zahlen wie zum Beispiel die 40 Jahre in der Wüste sind also symbolisch zu verstehen: Als Zahlen der Vollkommenheit weisen sie auf die Bedeutung von Moses in der Bibel hin.

Befreiung

Moses begab sich nach Ägypten und traf Aaron. Gemeinsam versuchten sie, den Pharao zu überzeugen, das Volk Israel freizulassen, aber ohne Erfolg. So drohten sie ihm mit dem Zorn Gottes. Die Ägypter erlitten zehn Plagen *(siehe Kasten S. 162)*, aber erst nach der zehnten Plage ließ der Herrscher das Volk gehen. Bei Nacht zogen sie eilig los. Doch der Pharao brach sein Wort und schickte ihnen seine Armee nach. Als sie ans Rote Meer gelangten, schien ihnen der Weg abgeschnitten, vor ihnen lag das Meer, hinter ihnen näherten sich ihre Verfolger. Doch Moses behielt sein Vertrauen in Gott: Er streckte die Hand über das Meer und das Wasser teilte sich. So konnte das Volk Israel unversehrt durch das Meer gelangen, die Armee des Pharao dagegen ertrank in den Fluten. An diesen Auszug in die Freiheit erinnert das Pessahfest der Juden.

Auf ins Gelobte Land

Moses führte das israelitische Volk 40 Jahre lang durch die Wüste. Das Leben war hart, Nahrung war knapp. Manche bedauerten sogar mittlerweile, die „Sicherheit" der Sklaverei aufgegeben zu haben. Um ihnen Zuversicht zu geben, vollbrachte Moses mit Gottes Hilfe Wunder: Eines Morgens bedeckte Manna (Speisen) den Boden, unverhofft tauchten Wachtelschwärme beim Lager auf und als Moses mit seinem Stab an einen Fels schlug, sprudelte Wasser hervor. Auch ein anderes Ereignis symbolisiert die Autorität Moses': Auf dem Berg Sinai empfing er von Gott die Gesetze und zehn in Stein gemeißelte Gebote *(siehe S. 53)*. Das Volk erhielt so das Gesetz Gottes und besiegelte den Bund* mit ihm. Die Regeln für das religiöse Leben der Israeliten wurden niedergeschrieben. Das Gesetz wurde in der Bundeslade aufbewahrt, die später in Jerusalem im ersten Tempel* beherbergt wurde. Moses aber starb, kurz bevor das Volk ins Gelobte Land einzog.

***Die Geschichte Moses'** hat auch Hollywood inspiriert. In* Die Zehn Gebote *(1956) verkörpert Charlton Heston den Propheten* – hier beim Empfang der Gesetzestafeln.*

Die Könige David und Salomo

Bei Grabungen entdecken die Archäologen immer wieder Spuren der in der Bibel erwähnten Königreiche. Doch sie werden nie Beweise für das Wirken Gottes, wie es in der Bibel beschrieben wird, finden. Das ist eine Frage des Glaubens.

David

• Im Gelobten Land* verlangte das Volk Israel nach einem König, der es führt. Saul, ein guter Krieger, aber jähzornig, wurde der erste König. David war ein Vertrauter Sauls, doch der unter Verfolgungswahn leidende König trachtete ihm auch mehrmals nach dem Leben.

• Nach Sauls Tod um 1000 v. Chr. wurde David König. Es entwickelte sich die Vorstellung, dass David ein Auserwählter Gottes war. Gott soll David bereits in seiner Jugend zum zukünftigen König bestimmt haben.

• Eine Heldentat belegt Davids Glaubensstärke: Die Philister und die Israeliten beanspruchten dasselbe Land. Aus den Reihen der Philister bot sich der Riese Goliath an, den Konflikt in einem Zweikampf zu lösen. Allein der schmächtige David nahm die Herausforderung an. Bewaffnet mit einer Schleuder und seinem Vertrauen auf Gott tötete er seinen Gegner mit einem Stein, den er dem Riesen an den Kopf schleuderte (1 Samuel 17,49).

• Auch als König war David demütig und gestand seine Fehler ein. Nathan, der Prophet* des Herrn, warf ihm vor, einen Soldaten im Krieg in den Tod geschickt zu haben, um dessen Frau Bathseba heiraten zu können. David bereute seine Tat. Das Volk erkannte sich in seinem König wieder: Trotz Niederlagen und Fehlern hoffte das Volk Israel, dass Gott es immer leiten würde.

Bevor sie im Gelobten Land *(Kanaan) ankamen, zogen Moses und das Volk Israel 40 Jahre durch die Wüste. Über den Weg, den sie nahmen, gibt es verschiedene Hypothesen.*

Salomo

• Salomo war ein Sohn Davids und sein Thronfolger. Er galt als weiser König, auch in den arabischen Königreichen, wo er Soleiman genannt wurde. Eine berühmte Geschichte erzählt, wie er den Streit zweier Mütter um ein Kind entschied. Sie

Die Psalmen Davids

Laut Bibel sang David, um den Wahn König Sauls zu besänftigen: „Der Herr ist mein Hirte … er lässt mich lagern auf grünen Auen …“ (Psalm 23) Er schrieb auch Hymnen, die seinem Vertrauen in Gott Ausdruck verliehen: „Denn du bist mein Felsen und meine Burg …“ (Psalm 31,4) sowie Hilferufe: „Gott, sei mir gnädig nach deiner Huld …“ (Psalm 51,3) Die jüdische Tradition schreibt David die Urheberschaft an den Psalmen zu und stützt sich auf diesen großen König, um nachfolgenden Generationen wichtige Lehren ihrer Religion zu vermitteln.

hatten zur gleichen Zeit ein Kind geboren, doch eines der Kinder war tot. Beide behaupteten, die Mutter des lebenden Babys zu sein. Salomo schlug vor, das Kind in zwei Hälften zu teilen. Eine der beiden Frauen akzeptierte den Vorschlag, die andere lehnte ab. Salomo sprach derjenigen das Kind zu, die lieber auf das Kind verzichtet hätte, als es sterben zu sehen (1 Könige 3,16–28).

• Salomo konnte Davids Traum verwirklichen: In sieben Jahren erbaute er aus Gold und Edelholz einen Tempel in Jerusalem. Für Gott war nichts schön genug. Im Herzen des Tempels* stand die Bundeslade, der heilige Kasten aus Akazienholz mit den Gesetzestafeln. David hatte ihn einst nach Jerusalem gebracht. Dort erinnert er nun im Tempel an die Gegenwart Gottes.

Diese Luftaufnahme *des Tempelbergs in Jerusalem zeigt, wie wichtig archäologische Grabungen sind.*

• Die Bibel schreibt, dass Salomo im Alter seinen einst kraftvollen Glauben verlor und auch fremden Kulten anhing. Nach Salomos Tod wollten nicht alle Salomos ältesten Sohn als König anerkennen, was zur Spaltung des Königreichs in Norden (Israel) und Süden (Juda) führte. Über das Volk kam Unheil. Nebukadnezar, König von Babylon, eroberte 586 v. Chr. Jerusalem und zerstörte den Tempel. Das ins Exil nach Babylon verschleppte Volk musste seine Religion künftig auf seine Geschichte und Riten* gründen.

Der Wohnsitz Gottes

Die Gegenwart Gottes hatte ihren Sitz im Tempel von Jerusalem, für dessen Unterhalt die Priester verantwortlich waren. Die wichtigsten Räume des Tempels waren das Allerheiligste, wo die Bundeslade mit den Gesetzestafeln aufbewahrt wurde, und das Heiligtum mit dem Altar für den Weihrauch. Die Gläubigen betraten den Tempel beispielsweise zu Versammlungen.

NA SO WAS!

Ein toller Fund
1947 entdeckte ein Hirte in einer Höhle bei Qumran, nahe beim Toten Meer, Tonkrüge voller Schriftrollen, die so genannten Qumran-Rollen. Es handelte sich um die ältesten bekannten Kopien von biblischen Texten. Sie waren dort von Gläubigen versteckt worden, als um 70 n. Chr. der zweite Tempel in Jerusalem endgültig von den Römern zerstört wurde.

Das Ende von Salomos Reich

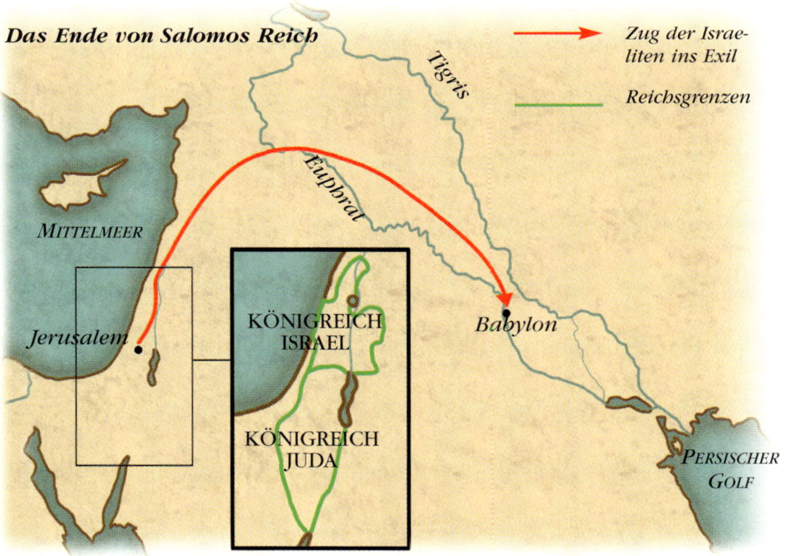

Propheten und die Schrift

Von Zeit zu Zeit wurde es nötig, an den Bund* zwischen Gott und seinem Volk zu erinnern. Die Propheten* gaben ihre Erfahrungen mit Gott weiter. Sie konnten dabei sehr emotional reagieren und neben innigen Bitten und Versprechungen auch drohen und zornig werden.

Hosea ist verliebt
Hosea wurde von der Frau, die er liebte, betrogen. Er begriff, dass Gott genauso fühlte wie er: Gott wurde durch die Untreue des Volkes Israel verletzt. Durch Hosea hört man Gott über sein Volk wie ein Verliebter über seine Geliebte sprechen: „Ich werde sie verlocken und in der Wüste zu ihrem Herzen sprechen. Sie wird mir dort wie in ihrer Jugend folgen. Ich lasse aus ihrem Mund die Namen der Baale (anderer Götter) verschwinden." (nach Hosea 2,16–19)

Amos verurteilt die Heuchler
Amos verabscheute die Scheinheiligkeit der Reichen und war sich sicher, dass Gott es auch tat. Durch ihn ließ Gott sagen: „Ich hasse eure Feste, ich kann eure prächtigen Feiern nicht riechen. Wenn ihr mir fette Brandopfer darbringt, sehe ich sie nicht an. Weg mit dem Lärm eurer Lieder! Lasst lieber das Recht strömen wie Wasser, die Gerechtigkeit wie einen nie versiegenden Bach." (nach Amos 5,21–24)

Elias hört Gott in der Stille
Der Prophet Elias beschreibt seine Begegnung mit Gott im Gebirge: „Da kam ein Sturm, doch Gott war nicht darin, da kam ein Erdbeben, doch Gott war nicht darin, da kam ein Feuer, doch Gott war nicht darin, nach dem Feuer kam ein sanftes Säuseln. Als ich das hörte, verhüllte ich mein Gesicht. Gott sprach zu mir …" (nach 1 Könige 19,11–13)

Jesaja besingt seinen Glauben an die Zukunft
Jesaja prophezeit in einer von Krieg und existentieller Bedrohung gekennzeichneten Zeit eine heilvolle und friedliche Zukunft: „Das Volk, das im Dunkel lebt, sieht ein helles Licht. Denn das drückende Joch auf unseren Schultern, den Stock des Treibers, zerbrichst du, Gott. Denn uns ist ein Kind geboren, ein Sohn ist uns geschenkt – Wunderbarer Ratgeber, Starker Gott, Fürst des Friedens." (nach Jesaja 9,1–5)

Jonas zittert vor Angst und Zorn

Der Herr sprach zu Jonas: „Geh in die Stadt Ninive und sag ihnen, dass ich wegen ihrer Bosheit zornig bin." Jonas flüchtete vor dieser Aufgabe auf ein Schiff, doch die Mannschaft warf ihn über Bord. Gott rettete ihn aber vor dem Ertrinken. Schließlich erfüllte der Prophet seinen Auftrag und die Stadtbewohner besannen sich. Gott nahm seine Drohung zurück, was Jonas zornig machte. Gott erklärte ihm: „Warum sollte ich kein Mitleid mit ihnen haben? Sie haben ihre schlechten Taten bereut." (nach Jonas)

Jeremia befürchtet das Schlimmste

Jeremia warnte die Israeliten, dass Gott sich von ihnen abwenden und ein anderes Volk auswählen könnte: „Gott hat zu mir gesprochen: ‚Geh zum Töpfer.' Dem Töpfer misslang das Gefäß. Er nahm den Ton und begann mit einem neuen Gefäß. Also sprach der Herr: ‚Wie der Ton in den Händen des Töpfers, so bist du in meinen Händen, Haus Israel.'" (nach Jeremia 18,1–6)

Hiob beteuert seine Unschuld

Innerhalb weniger Tage wurde Hiob arm, krank und einsam. Aber warum? Seine Nachbarn behaupteten, Gott bestrafe ihn zu Recht. Hiob protestierte: „Ihr quält und beschimpft mich. Ich bin unschuldig." Er klagte Gott an. Gott sagte ihm: „Du machst mich verantwortlich für dein Unglück, was weißt du schon?" Hiob fügte sich: „Deine Wunder übertreffen meine Vorstellung, belehre mich." Die letzten Jahre Hiobs waren voller Glück. (nach dem Buch Hiob)

Esther vereitelt die Verfolgung

Ein persischer König heiratete Esther, die Tochter des vornehmen jüdischen Einwanderers Mardochai. Sein eifersüchtiger Wesir Haman plante, alle Juden töten zu lassen. Esther *(links auf dem Bild)* riskierte den Zorn des Königs und bat um Gnade für ihr Volk. Der König gewährte dies, verurteilte Haman zum Tode und nahm Mardochai zum Berater (nach dem Buch Esther). Diese Begebenheit ist ein Sinnbild für die Verfolgung der Juden (Antisemitismus*). An sie wird jedes Jahr beim Purimfest *(siehe S. 54)* gedacht.

Geschichten aus der Bibel

Einige Bibelgeschichten sind so bekannt, dass sie zum Allgemeinwissen gehören. Sie haben viele Künstler inspiriert und dienen den Menschen bis heute als moralische Stütze.

Sodom und Gomorra
Sodom und Gomorra waren Stätten des Lasters. Gott wollte sie vernichten und sandte zwei Boten. Nur Abrahams Neffe Lot nahm diese freundlich auf. Deshalb rieten die Gesandten des Herrn ihm, mit seiner Familie zu fliehen und nicht zurückzublicken, um nicht mit Sodom unterzugehen. Doch Lots Frau schaute zurück und wurde in eine Salzsäule verwandelt (Genesis 19). Diese Geschichte wurde unter anderem von dem Schriftsteller Marcel Proust aufgegriffen.

Verkauf des Erstgeburtsrechts für ein Linsengericht
Isaak, Abrahams Sohn, hatte Zwillingssöhne und der erstgeborene Esau sollte sein Erbe werden. Er war grob und ein wilder Jäger. Jakob, sein jüngerer Bruder, war viel feinsinniger und vernünftiger. Eines Tages kehrte Esau erschöpft und hungrig von der Jagd zurück. Jakob bot ihm seinen Teller Linsen an, wenn er ihm sein Recht als Erstgeborener und bevorzugter Erbe abtreten würde. Esau war einverstanden und so mussten seine Nachkommen später den Nachkommen Jakobs gehorchen (Genesis 25,19–34). Diese Szene wurde oft bildlich dargestellt, wie auf diesem Gemälde von Assereto aus dem 17. Jahrhundert.

Der Glaube reißt Mauern ein
Josua, der Nachfolger von Moses, führte sein Volk ins Land Kanaan, doch die Mauern der Stadt Jericho verstellten ihm den Weg. So wie Gott befahl, griff Josua die Stadt nicht an, sondern ließ Prozessionen um die Festung ziehen. Die Posaunen der Priester und das Kriegsgeschrei des Volkes, das die Bundeslade trug, ließen die Mauern einstürzen (Josua 6). Dichter wie Victor Hugo oder Robert Desnos nahmen darauf Bezug.

NA SO WAS!

Ein Bestseller!
Die Bibel ist das weltweit meist verkaufte Buch: Jährlich werden 500–700 Millionen Exemplare produziert. Sie wurde in mehr als 2000 Sprachen übersetzt.

Das Hohelied
Die Legende sagt, König Salomo habe sich sehr in das Mädchen Schulammit verliebt und für es das Lied der Lieder (Hohelied) geschrieben. Selbst wenn es nicht von Salomo stammt, ist es doch ein schönes Liebeslied: „Schön bist du, meine Geliebte, ja, du bist schön! Deine Augen sind wie Tauben. Schön bist du, mein Geliebter, ja, schön bist du! Frisches Grün ist unser Lager." Domenico Morelli (19. Jahrhundert) ließ sich durch diese Verse zu seinem Gemälde *Das Lied der Lieder* anregen.

Die Kraft hängt an einem Haar
Der junge Israelit Simson war seit seiner Geburt Gott geweiht. Als Zeichen seiner Reinheit durfte er sich nicht die Haare schneiden. Dieses Gelübde verlieh ihm ungeheure Kraft. Delila, eine Feindin der Israeliten, verführte ihn, entdeckte sein Geheimnis und als er schlief, schnitt sie ihm die Haare ab. Simson konnte sich nicht mehr wehren und wurde gefangen genommen (Richter 13–16). Im 19. Jahrhundert komponierte Camille Saint-Saëns eine Oper zu dieser Geschichte. Der Film *Samson und Dalila* entstand 1949.

Daniel in der Löwengrube
Der junge Daniel wurde sehr vom babylonischen König geschätzt, denn er konnte Träume deuten. Da wurden die Beamten des Reichs neidisch. Sie setzten ein Gesetz durch, das verbot, jemand anderen als den König zu verehren. Als Daniel weiterhin seinen Gott anbetete, sah sich der König gezwungen zu handeln und ließ ihn in die Löwengrube werfen. Aber Gott „verschloss den Rachen der Löwen" und rettete Daniel (Daniel 6, 1–29). Dieses Ölgemälde von Briton Rivière trägt den Titel *Daniel in der Löwengrube* (1872).

Die Königin von Saba
Die Königin von Saba hörte von König Salomos Weisheit und besuchte ihn, um sich selbst ein Bild von diesem Herrscher zu machen. „Deine Weisheit ist noch größer, als man sagt!", stellte die Königin fest und pries den Gott der Israeliten, der ihn auf den Thron gesetzt hatte. Nach dem Austausch kostbarer Geschenke kehrte die Königin von Saba in ihr Land zurück, das je nach Interpretation in Äthiopien oder im Jemen lag (1 Könige 10 und 2 Chronik 9). In Äthiopien wird dieses Thema in der Kunst gern dargestellt.

Der Talmud – die Kunst, das Gesetz zu diskutieren

Im Judentum wurde das Wort Gottes mündlich weitergegeben. Man diskutierte darüber und schrieb Kommentare dazu. Auch nach der Zerstörung des zweiten Tempels* wurde diese Tradition* weitergeführt. So entstand der Talmud, das bedeutendste Schriftwerk des Judentums nach der Bibel.

Eine Seite aus dem Talmud

Seitennummer

Name des Traktats

Kapitelnummer

Name des Kapitels

Bezugsstellen im Talmud

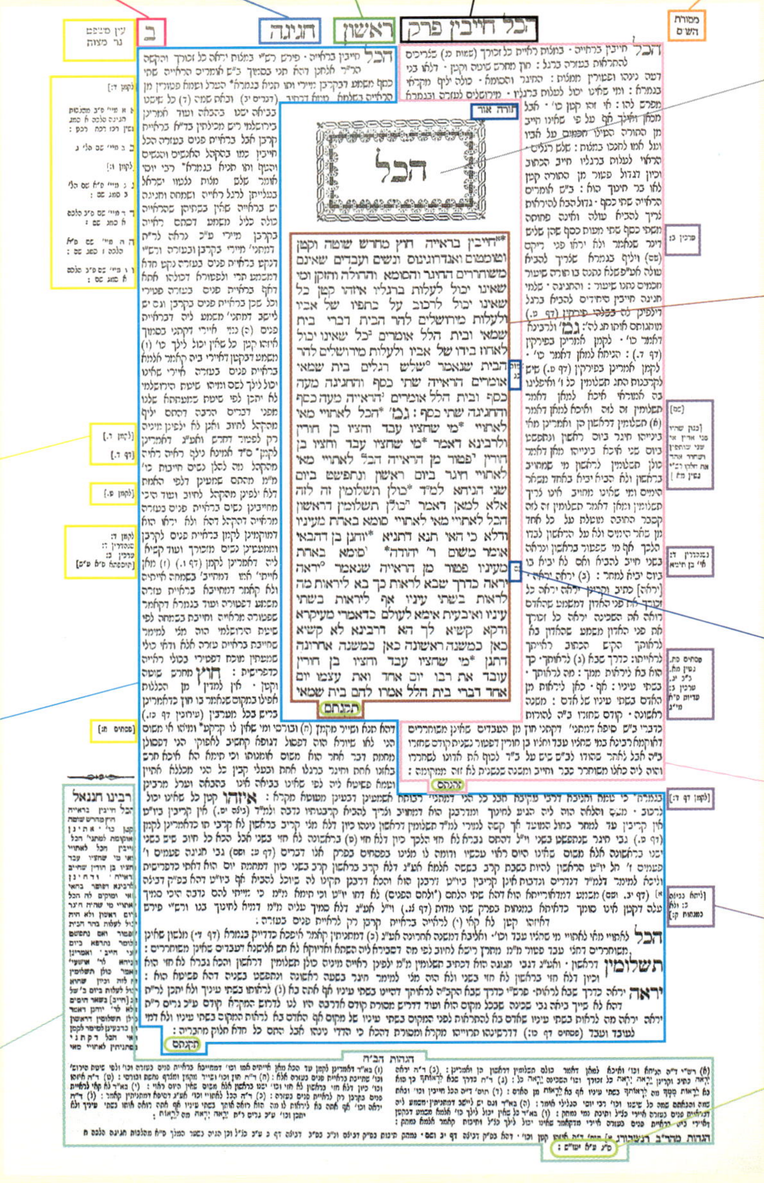

Eine auf Hebräisch geschriebene Seite wird von rechts nach links gelesen. Diese Seite aus dem Talmud zeigt, dass der Mensch das Wort Gottes oft nur mithilfe verschiedener Hinweise und Kommentare verstehen kann.

Erstes Wort des Traktats in der Mischna (siehe S. 171)

Text des Traktats aus der Mischna, direkt gefolgt von Ergänzungen der Gemara (im 2.–6. Jahrhundert verfasst). Weil Satzzeichen fehlen, muss der Leser aktiv nach einer Textstruktur suchen.

Verweise auf verschiedene Gesetzestexte

Bezugsstellen in der Bibel

Ergänzende Kommentare der Tossafisten (Schüler von Raschi) aus dem 12.–14. Jahrhundert. Ihr stark verkürzter Stil ist nur nach intensivem Studium zu verstehen.

Kommentare von Raschi, „dem ersten Pädagogen", aus dem 11. Jahrhundert

Anmerkungen aus dem 17. und 18. Jahrhundert

Kommentare von Chananel aus dem 11. Jahrhundert

Anfangsworte der Textspalte auf der nachfolgenden Seite

Das Buch Sohar

Verschiedene Mystiker* des Judentums haben versucht, die Geheimnisse Gottes und der Welt zu ergründen. Ihre Lehre nennt sich Kabbala. Ende des 13. Jahrhunderts schrieb ein spanischer Kabbalist den Sohar, „um die Mysterien und Geheimnisse zu enthüllen, die nur ein weiser, gelehrter Leser begreifen kann".

Wie bewahrt man die Tradition?

Im Jahr 70 wurde der unter Herodes erweiterte zweite Tempel in Jerusalem zerstört – dieses Mal endgültig. Die Katastrophe führte zur Diaspora, der Zerstreuung des jüdischen Volks außerhalb Israels. Die Gelehrten stellten sich deshalb viele Fragen: Wie bleibt man gläubig? Was ist das Wesentliche der Religion? Wie gibt man den Glauben weiter? Sie versuchten, die mündlichen Traditionen aus der Tempelzeit schriftlich festzuhalten, und sammelten alle auf der Thora beruhenden Regeln für das tägliche Leben.

Eine gigantische Arbeit

Es war eine gewaltige Aufgabe, die Lehren, Kommentare und Diskussionen zusammenzutragen, die die Umsetzung der Thora von Anfang an begleiteten. Dieser Prozess dauerte mehrere Jahrhunderte. Die Bemühungen der Rechtsgelehrten mündeten schließlich in die Entstehung des Talmud (hebräisch: Lehre), der verschiedene Bestandteile enthält:

- Die Mischna (hebräisch: Wiederholung) ist eine Sammlung von 63 Traktaten zur Umsetzung des mündlich überlieferten Gesetzes. Der im 2. Jahrhundert in Hebräisch verfasste Text beinhaltete Segenssprüche, das Strafgesetz, Hinweise zu Festen, zur Familie, zum Leben im Tempel und Angaben darüber, was rein und was unrein ist.
- Die Gemara (aramäisch: Vervollständigung) kommentiert die Mischna. Sie gleicht deren Widersprüche aus und fügt neue mündliche Traditionen hinzu.

Verschiedene Traditionen

In den Talmudtexten findet man zwei literarische Formen. Die Halacha ist im Stil von Gesetzesartikeln verfasst. Die eher erzählerische Haggada illustriert das Gesetz mit Anekdoten und sucht nach dem tieferen Sinn der Texte. Es gibt zwei Versionen des Talmud, die auf derselben Mischna beruhen, aber jeweils eine eigene Gemara haben: der palästinensische Talmud (3. bis Anfang 5. Jahrhundert) und der babylonische Talmud (Ende des 5. Jahrhunderts abgeschlossen). Heute wird vorrangig der babylonische Talmud verwendet. Im Laufe der Zeit haben bekannte Autoren zahllose Kommentare dazu verfasst, wie der französische Rabbi Raschi (11. Jahrhundert) oder der spanische Gelehrte Maimonides (12. Jahrhundert) *(siehe S. 267)*. Andere, weniger bekannte Gelehrte haben viele wertvolle Informationen angefügt, etwa die Tossafisten (Schüler von Raschi), Moses von Coucy (13. Jahrhundert), Chananel (11. Jahrhundert), Jakob ben Ascher (13. Jahrhundert) und Joseph Karo (16. Jahrhundert).

NA SO WAS!

Humor des Rabbi

Eine jüdische Hausfrau bestreicht ein Brot mit Marmelade und lässt es aus Unachtsamkeit herunterfallen. Erstaunlicherweise landet die „Marmeladenseite" nicht auf dem Teppich. Die Frau möchte Gewissheit und lässt das Brot erneut fallen – gleiches Resultat. Sie eilt zum Rabbi, der ihr erst glaubt, als er es selbst ausprobiert hat. Der Rabbi bittet um etwas Zeit zum Nachdenken. Er zieht seine Bücher zu Rate und ruft dann die Frau an: „Ich hab's gefunden: Sie haben die Marmelade auf die falsche Brotseite gestrichen!"

Die Evangelien: Gott wird Mensch

Das kleine Kind in der Krippe ist der Sohn Gottes? Die Evangelisten* Matthäus, Markus, Lukas und Johannes sind sich sicher und erklären dieses Phänomen jeder auf seine Art. Alle vier sind sich einig, dass die Ankunft Jesu die frohe Botschaft (auf Griechisch: Evangelium) sei, auf die die Welt wartet.

Vier Evangelien
Die Evangelien sind die ersten vier Bücher des Neuen Testaments. Ihre Verfasser Matthäus, Markus, Lukas und Johannes erzählen vom Leben Jesu und wie er gestorben und auferstanden ist. Ihre Berichte ähneln sich und sind zugleich verschieden. Jeder erklärt auf seine Art, wer Jesus war. Sie alle versichern aus tiefster Glaubensüberzeugung, dass Jesus der Mensch gewordene Gott sei.

Josef, Beschützer im Hintergrund
Das Evangelium des **Matthäus** beginnt mit der Abstammung Jesu. Dann berichtet er, wie Gott Josef beauftragte, Jesus zu beschützen. Als Josef merkte, dass seine Verlobte Maria schwanger war, ohne dass er sie zur Frau genommen hatte, sprach der Engel des Herrn zu ihm: „Fürchte dich nicht, Maria als deine Frau zu dir zu nehmen, denn das Kind, das sie erwartet, ist vom Heiligen Geist. Gib dem Kind den Namen Jesus." Das bedeutet „Jahwe ist Heil". Jesus wurde in Bethlehem geboren und der Engel erschien Josef erneut: „Flieh nach Ägypten, denn König Herodes will das Kind töten." Nachdem Herodes tot war, sprach der Engel: „Kehr nach Israel zurück." Josef ging also mit Jesus und Maria nach Nazareth (nach Matthäus 1 und 2).

Kampf gegen das Böse in der Wüste
Dem Evangelisten **Markus** zufolge ist Jesus gekommen, um das Reich Gottes zu predigen. Sein Kommen wurde von Johannes dem Täufer vorbereitet, der Männer und Frauen zur Bekehrung aufrief. Viele strömten zu Johannes dem Täufer in die Wüste, um ihre Sünden* zu bekennen. Er tauchte sie im Jordan unter und sprach: „Ich taufe* euch mit Wasser, doch der einst kommen wird, wird euch mit dem Heiligen Geist* taufen." Eines Tages ließ sich Jesus von Johannes taufen. Als er aus dem Wasser auftauchte, ertönte eine Stimme vom Himmel: „Du bist mein geliebter Sohn." Wenig später führte der Geist Gottes Jesus in die Wüste, wo er 40 Tage lang blieb und dem Satan widerstand (nach Markus 1,1–13).

Gott ist nichts unmöglich
Das Evangelium des **Lukas** zeigt, wie Gott durch den Menschen wirkt. Im Tempel* sprach ein Engel zum Ehemann von Elisabeth, der nicht mehr jungen, unfruchtbaren Kusine Marias:

Symbolische Namen

Die Evangelisten bekamen nach einer Vision des Propheten* Ezechiel symbolische Bilder zugeordnet: „Da waren vier Lebewesen mit dem Gesicht eines Menschen, eines Löwen, eines Stiers und eines Adlers." Hieronymus, der die Bibel ins Lateinische übersetzte, teilte ihnen passend zu ihrem Text ein Symbol zu: den Menschen für Matthäus, der die Ahnen Jesu erwähnt; den Löwen für Markus, dessen Evangelium in der Wüste beginnt; den Stier für Lukas, dessen Erzählung im Tempel, dem Ort der Opfer beginnt; und schließlich den Adler für Johannes, dessen Gedanken hoch auffliegen.

„Fürchte dich nicht, deine Frau wird dir einen Sohn gebären." Sechs Monate später verkündete der Engel Maria: „Der Heilige Geist wird über dich kommen und du wirst einen Sohn gebären, Jesus, den Sohn Gottes. Für Gott ist nichts unmöglich, denn auch Elisabeth ist schwanger." Elisabeth gebar Johannes. Danach brachte Maria Jesus zur Welt. Hirten besuchten sie, denn ein Engel hatte ihnen verkündet: „Eine gute Nachricht, der Heiland* ist geboren. Ehre sei Gott und Friede auf Erden den Menschen, die ihn lieben!" (nach Lukas 1 und 2)

Hört, Gott spricht …

Für **Johannes**, den Mystiker*, bedeutet Jesus hören, Gott hören, und Jesus sehen, Gott sehen. Im sehr poetischen Prolog seines Evangeliums zeigt er, dass Gott direkt zu den Menschen sprechen will. Sein Sohn Jesus überbringt sein Wort, weshalb ihn Johannes auch „das Wort" nennt:

„Im Anfang war das Wort, und das Wort war bei Gott, und Gott war das Wort, und in ihm war das Leben. Das wahre Licht, das in die Welt kam, erleuchtet jeden Menschen. Allen, die es aufnahmen, gab er die Macht, Kinder Gottes zu werden. Und das Wort ist Fleisch geworden, es hat unter uns gewohnt. Gott, den niemand je gesehen hat, zeigt sich in seinem einzigen Sohn."
(nach Johannes 1,1–18)

Das öffentliche Wirken Jesu

In Nazareth führte Jesus ein gewöhnliches Leben als Sohn eines Zimmermanns. Mit etwa 30 Jahren begann er, den Menschen von Gott zu erzählen. Die Jünger, die sich ihm anschlossen, behielten seine Worte und Taten in Erinnerung und gaben sie weiter, denn für sie waren es Worte und Taten Gottes.

Verwandte Berichte

Manche Begebenheiten aus dem Leben Jesu wurden nur von einem Evangelisten erzählt, andere mit Abwandlungen von mehreren. Die Evangelien von Matthäus, Markus und Lukas gleichen sich in Aufbau und Inhalt, weshalb diese drei als „synoptische“ Evangelien (von griechisch „synopsis“: Zusammenschau) bezeichnet werden.

Lieben und geliebt werden
Mehr als 30 Jahre führte Jesus ein fast unauffälliges Leben in seinem Dorf. Er erlernte den Beruf des Zimmermanns. Seine Nachbarn waren einfache Leute, die Brot backten, säten, ernteten und Vieh züchteten. Er hatte Freunde wie Martha, Maria und Lazarus, die in Bethanien wohnten. Als er zu lehren begann, versammelte er Jünger um sich, die ihm dabei zur Seite standen. Er empfing alle, die kamen, um ihn zu sehen, selbst kleine Kinder, wie die Evangelisten* Lukas (18,15–17), Matthäus und Markus berichten.

Nahrung und Freude schenken
Bei seinem ersten Wunder versorgte Jesus eine Festgesellschaft mit Wein. Er war mit seiner Mutter Gast auf einer Hochzeit in Kana, als Maria zu ihm sagte: „Sie haben keinen Wein mehr.“ Jesus verwandelte das Wasser in den Krügen in köstlichen Wein und die Gäste freuten sich (Johannes 2,1–11). Ein anderes Mal kümmerte sich Jesus darum, dass alle seine Zuhörer zu essen hatten. Seine Jünger wollten die Leute wegschicken, weil sie nur noch fünf Brote und zwei Fische hatten. Doch Jesus vermehrte Brot und Fisch, sodass fünftausend davon satt wurden und sogar noch etwas übrig blieb (nach Matthäus 14,13–21 und Berichten der anderen Evangelisten).

Anhören und heilen
Die Bibel berichtet von zahlreichen Wundern Jesu: Er heilte Aussätzige und bewirkte, dass Lahme wieder gehen, Taube hören und Stumme sprechen konnten. Eines Tages in Jericho schrie ein Blinder mit ganzer Kraft: „Jesus, hab Erbarmen mit mir!“ Die Menge fuhr ihn an und befahl ihm zu schweigen, doch Jesus ging auf ihn zu und fragte: „Was soll ich für dich tun?“ Der Blinde antwortete: „Ich möchte wieder sehen können!“, und sogleich konnte er sehen (nach Markus 10,46–52; Matthäus und Lukas).

NA SO WAS!

Ein viel zitierter Redner, der nie schrieb
Jesus hat nichts Schriftliches hinterlassen. Er schrieb nur in den Sand, als er sich weigerte, der Steinigung einer Ehebrecherin zuzustimmen. Seine in den Evangelien überlieferte Botschaft wurde aber in über 2000 Sprachen übersetzt.

Anleiten und vergeben
Jesus begegnete den Menschen ohne Vorurteile. An einem Brunnen in Samaria bat er eine Frau mit schlechtem Ruf um Wasser. Er sprach offen ihr lasterhaftes Leben an, doch er lud sie ein, neu zu beginnen und nach dem ewigen Leben zu suchen (Johannes 4,5–42). Einmal brachte man eine Frau zu ihm, die Ehebruch begangen hatte. Nach jüdischem Gesetz sollte sie gesteinigt werden und man wollte seine Meinung dazu hören. Jesus bückte sich, schrieb in den Sand und sagte: „Wer von euch ohne Sünde ist, werfe als erster einen Stein auf sie.“ Als er aufblickte, stand nur noch die Frau vor ihm (Johannes 8,3–11). Jesus verurteilte nicht, sondern gab denen, die falsch gehandelt hatten, eine zweite Chance.

Den Glauben stärken und retten
Jesus beeindruckte seine Jünger sehr. Eines Nachts, sie ruderten in einem Boot gegen starken Wind an, sahen sie, wie er ihnen auf dem Wasser entgegenkam. Sie waren erschrocken: „Das ist ein Gespenst!“ Jesus beruhigte sie: „Habt keine Angst, ich bin es.“ Petrus sagte zu ihm: „Wenn du es bist, dann lass mich auf dem Wasser zu dir gehen.“ „Komm!“, antwortete Jesus und Petrus stieg aus dem Boot. Doch der Wind wurde stärker und die Angst ließ Petrus untergehen. Jesus ergriff ihn und zog ihn heraus (nach Matthäus 14,22–33; Markus und Johannes). Die Jünger sahen in Jesus einen Heiland*, der sogar das Leben zurückgeben konnte. Als Lazarus starb, klagten seine Schwestern Martha und Maria, ihr Bruder wäre nicht gestorben, wenn Jesus dagewesen wäre. Jesus ging zum Grab, um zu Gott zu beten. Dann rief er: „Lazarus komm heraus!“ Obwohl er schon vier Tage tot war, kam Lazarus heraus (Johannes 11,1–44).

Die Lehre Jesu

Jesus war Jude und in seiner Botschaft spiegelte sich die Tradition und Kultur wider, in der er aufgewachsen war. Dennoch verwirrte er seine Zeitgenossen durch seine Gedankenfreiheit und Vertrautheit mit Gott, den er Vater nannte. Seine gesamte Lehre war auf die Liebe bezogen.

Jesus *sprach gern über Gott. Bereits als Kind diskutierte er mit jüdischen Gelehrten und überraschte sie mit seiner Intelligenz.*

Predigten und Gleichnisse

Die bekannteste Rede Jesu ist die Bergpredigt mit den Seligpreisungen *(siehe S. 177, Kasten)*. Doch seine Jünger haben vor allem seine Taten und Gleichnisse aufgezeichnet *(siehe S. 174–177)*, kleine Geschichten aus dem Alltag, die er erzählt hatte, um seine Zuhörer zum Nachdenken anzuregen. Diese übertragbaren Geschichten sind oft anschaulicher und einprägsamer als mancher Lehrspruch. Jesus wollte nicht, dass seine Schüler die Lektionen einfach nachsprachen, sondern erwartete, dass sie lernten, selbstständig zu denken. Jede seiner Geschichten lehrt eine Facette der Liebe Gottes. Dazu stellte er denen, die bereit waren, seiner Lehre zu folgen, Fragen.

Der Sämann

Jesus spricht von den Körnern, die der Bauer aussät: Einige werden vom Unkraut erstickt, andere vertrocknen, doch wieder andere keimen und tragen Früchte, weil sie auf guten Boden gefallen sind. Jesus versichert, dass Gott seine Botschaft an alle richtet, aber er fragt seine Zuhörer: Wie nehmt ihr sie auf und wie setzt ihr sie um, damit sie Früchte trägt? (vgl. Matthäus 13,1–9)

Das verlorene Schaf

Jesus beschreibt einen guten Hirten, der trotz der Vielzahl seiner Schafe alle beim Namen kennt, sie vor den Wölfen schützt und sie sogar allein lässt, um ein verlorenes Schaf zu suchen. Ist das nicht ein großer Anlass zur Freude, wenn das verlorene Schaf gefunden wird – vergleichbar mit einem Sünder, der umkehrt? (vgl. Lukas 15,1–7 und Johannes 10,11–21)

NA SO WAS!

Urheberrechte

„Liebe deinen Nächsten wie dich selbst!" Dieses Gebot Jesu beschreibt die Lebensregel der Christen. Doch sie waren nicht die Ersten, die es verwendeten, denn Jesus hat diesen Wahlspruch aus der jüdischen Bibel (Levitikus 19,18) übernommen, um ihn zum Kern seiner Botschaft zu machen. So geben Religionen ihre Schätze weiter.

Einladung zur Hochzeit
Jesus erzählt, dass bei einer Einladung zu einer Hochzeit einige nicht kommen, weil sie etwas Besseres zu tun haben, andere kommen, aber nicht entsprechend gekleidet sind und wieder andere nur um der Ehre Willen hingehen und dadurch nichts Positives zum Fest beitragen. Jesus benutzte dieses Gleichnis, um zu zeigen, dass auch Gott alle Menschen einlädt, seine Freude zu teilen. Aber er hinterfragt, wie der Einzelne auf diese Einladung reagiert. (vgl. Matthäus 22,1–14)

Die Körner der Senfpflanze
Jesus spricht von den winzigen Senfkörnern, die zu einer großen Pflanze heranwachsen, in deren Schatten Vögel nisten können. Er weist auch auf die Hefe hin, die, so unscheinbar wie sie ist, dem Brot sein Volumen gibt. Diese Gleichnisse beziehen sich auf das Reich Gottes: Aus einem kleinen Anfang, der durch Jesus und seine Anhänger gemacht worden ist, entsteht unaufhaltsam ein gewaltiges Gebilde. Und so fragt Jesus: Welche Stärken verbergen sich in etwas, das äußerlich klein und schwach wirkt? (vgl. Lukas 13,18–21)

Das Licht der Welt
Jesus erklärt, dass man ein Licht nicht unter ein Gefäß stellt, sondern dorthin, wo man es am besten sieht. Er fordert seine Anhänger damit auf, seine Botschaft durch ihr Verhalten nach außen wirken zu lassen, und fragt: Wie kann man sie mit anderen teilen? (vgl. Matthäus 5,14–16)

Seligpreisungen

Die Seligpreisungen Jesu beschreiben seine Art, das wahre Glück zu sehen und zu leben:
„Selig, die arm sind vor Gott, denn ihnen gehört das Himmelreich.
Selig die Trauernden, denn sie werden getröstet werden.
Selig, die keine Gewalt anwenden, denn sie werden das Land erben.
Selig, die hungern und dürsten nach der Gerechtigkeit, denn sie werden satt werden.
Selig die Barmherzigen, denn sie werden Erbarmen finden.
Selig, die ein reines Herz haben, denn sie werden Gott schauen.
Selig, die Frieden stiften, denn sie werden Söhne Gottes genannt werden.
Selig, die um der Gerechtigkeit Willen verfolgt werden, denn ihnen gehört das Himmelreich.
Selig seid ihr, wenn ihr um meinetwillen beschimpft, verfolgt oder verleumdet werdet. Freut euch und jubelt: Euer Lohn im Himmel wird groß sein. Denn so wurden schon vor euch die Propheten* verfolgt." (nach Matthäus 5,3–12 und Lukas 6,20–23)

Tod und Auferstehung Jesu

Was für ein Wandel: Zunächst erleben die Freunde Jesu seine Verurteilung und seinen Tod, doch wenig später stellen sie fest, dass er auferstanden* ist. Für sie steht das Kreuz nicht allein für den Tod, es wird ein „Baum des Lebens".

Hinweise auf die Auferstehung
Jesus kündigte seinen Jüngern mehrfach seinen Tod und seine Auferstehung an, doch sie verstanden nicht, was er ihnen sagen wollte. Eines Tages sahen sie ihn verklärt (leuchtend und in einem weißen Gewand) im Gespräch mit Moses und dem Propheten* Elias, die beide schon lange tot waren. Erst nach seiner Auferstehung verstanden die Jünger dieses Ereignis: Bei dieser Verklärung hatte Jesus ihnen sein göttliches Antlitz als Bezwinger des Todes gezeigt. (Die Katholiken und Orthodoxen feiern die Verklärung Christi am 6. August, die Protestanten am letzten Sonntag [vor der Passionszeit] nach Epiphanias, dem Dreikönigsfest.)

Ist er ein König?
Für seinen Einzug in Jerusalem, kurz vor seinem Tod, ließ sich Jesus einen Esel als Reittier bringen. Eine große Anhängerschar bedeckte den Weg Jesu mit Kleidern und Palmzweigen. Dazu sang sie: „Hosanna (rette uns)! Gesegnet sei er, der da kommt in dem Namen des Herrn!" Die Einwohner Jerusalems waren über diesen Zug erstaunt, kannten sie doch die Prophezeiung vom Einzug eines Friedenskönigs in ihre Stadt auf einem einfachen Esel. (Am Sonntag vor Ostern feiern die Christen den Palmsonntag.)

Ist er ein Diener?
Im Wissen um seinen nahen Tod bereitete Jesus ein letztes Mal das Pessahfest* *(siehe S. 54)* vor. Johannes schreibt, dass sich Jesus während des Mahls erhob, um seinen Jüngern wie ein Diener die Füße zu waschen. Er versprach ihnen Seligkeit, wenn sie seinem Beispiel folgten. Matthäus, Markus und Lukas berichten gleichermaßen, dass er das Brot teilte und sprach: „Nehmt und esst; das ist mein Leib." Dann reichte er den Kelch mit Wein herum und sprach: „Trinkt alle daraus, das ist mein Blut. Tut dies zu meinem Gedächtnis." (Die Christen gedenken des letzten Abendmahls am Gründonnerstag vor Ostern.)

***Darstellung** des Leidenswegs Christi und der Auferstehung als Baum des Lebens (italienische Malerei, 13. Jahrhundert)*

Bedroht er die Macht?

Jesus hatte unter den Ältesten und Hohe Priestern Feinde, die seinen Tod wollten. Nachdem ihn Judas, einer seiner Jünger, für Geld verraten hatte, wurde Jesus vor den Sanhedrin, das höchste jüdische Gericht, gebracht. Während des Prozesses hielt sich Petrus aus Angst versteckt und leugnete dreimal, ein Jünger Jesu zu sein. Man klagte Jesus an, sich als Messias* ausgegeben und Drohworte gegen den Tempel* gesprochen zu haben. Danach wurde Jesus dem römischen Präfekten Pilatus ausgeliefert, der ihn fragte, ob er der „König der Juden“ sei. Jesus antwortete: „Du sagst es.“ Jesus wurde zum Tod durch Kreuzigung verurteilt.

Ist er ein Verbrecher?

Nun begann für Jesus die Passion, der Leidensweg. Er wurde gegeißelt. Man setzte ihm eine Krone aus Dornen auf, um ihn als selbst ernannten König zu verspotten. Anschließend musste er sein Kreuz bis zum Kalvarienberg, der Hinrichtungsstätte, tragen. Dort wurde er zwischen zwei Verbrechern, die man ebenfalls zum Tode verurteilt hatte, ans Kreuz genagelt. Seine Mutter Maria, Johannes und andere Freunde erlebten seinen Todeskampf mit. Die Evangelisten* berichten die letzten Worte Jesu. Er rief, einen Psalm zitierend: „Mein Gott, warum hast du mich verlassen?“ Und er sprach: „Vater, vergib ihnen, denn sie wissen nicht, was sie tun. Vater in deine Hände lege ich meinen Geist.“ (Die Christen gedenken der Passion und dem Tod Jesu am Karfreitag.)

Ist der Tod das Ende?

Der Leichnam Jesu wurde in ein mit einem schweren Stein verschlossenes Grab gelegt, das Soldaten bewachten. Doch drei Tage nach seinem Tod fanden Frauen das Grab leer vor. Ein Engel sagte ihnen, dass Jesus auferstanden sei, wie er es vorhergesagt hatte. Tatsächlich erschien Jesus mehrmals seinen Jüngern. Sein Körper trug die Wundmale der Kreuzigung, unterlag aber nicht mehr den Naturgesetzen. Als er sich das letzte Mal zeigte, erklärte er seinen Jüngern: „Ich werde alle Tage bei euch sein.“ Er verlangte von ihnen: „Seid meine Zeugen“, und versprach: „Ich werde euch meinen Geist* senden.“ (Die Christen feiern die Auferstehung Jesu an Ostern, seinen Aufstieg in den Himmel an Christi Himmelfahrt und die Entsendung des Heiligen Geistes an Pfingsten*.)

Die Schriften der Apostel

In Jerusalem bereiteten sich die Jünger auf die Rückkehr Jesu vor, die das Ende der Welt einleiten sollte. Sie fanden sich zur ersten christlichen Gemeinde zusammen. Dank der Schriften aus den Jahren 50–100 n. Chr. kann man die Gründung der Kirche* nachvollziehen.

Die Zeit nach Christus

Im 1. Jahrhundert bot die jüdische Gemeinschaft ein ganz uneinheitliches Bild: Einige sprachen aramäisch, andere griechisch; es gab Sadduzäer (dem Tempel* in Jerusalem verbundene Konservative), Pharisäer (beachteten genau die Reinheitsvorschriften) und Essener (tempelkritisch, lebten in freiwilliger Armut). In den Synagogen waren die Jünger Jesu nur eine jüdische Gruppe unter vielen. Doch sie unterschieden sich allmählich von den anderen, denn sie begrüßten auch Nichtjuden an ihrem Tisch, was traditionelle Juden nicht akzeptieren konnten. Ab 70 n. Chr., als der zweite Tempel zerstört wurde, zerstreute sich die jüdischen Gemeinschaft.

__Die Apostel__ Petrus, Andreas, Thomas, Jakobus, Johannes und Matthäus

NA SO WAS!

Im 4. Jahrhundert erschienen
Im 1. Jahrhundert lasen die Christengemeinden die jüdische Bibel (Altes Testament), daneben Kopien der Paulusbriefe und Auszüge aus den Evangelien. Ende des 4. Jahrhunderts fanden sich 27 „Bücher" im christlichen Kanon (Liste der offiziellen Bücher), dem Neuen Testament: die vier Evangelien, die Apostelgeschichte, 21 Apostelbriefe und die Apokalypse (Offenbarung des Johannes). Die so genannten Apokryphen („verborgene Schriften"), wie die Evangelien des Petrus, Thomas und anderer, wurden nicht berücksichtigt.

Die Apostelgeschichte

In den Jahren 80–90 schrieb Lukas als Fortsetzung seines Evangeliums* die Apostelgeschichte. Hier liest man, wie die Jünger sich von ihrem bisherigen Leben abwandten, um in Jerusalem das Ende der Zeit zu erwarten. Sie beteten gemeinsam, teilten Mahlzeiten und Besitz miteinander. Doch das Ende der Welt kam nicht. Also organisierten sie mit den Jahren ihr Gemeinschaftsleben. Lukas berichtet von den Abenteuern der Apostel, von Reisen, Schiffbruch, Verhaftungen und Befreiungen.

• **Pfingsten* verändert das Leben.** Am Pfingsttag bemerkten die Apostel „einen starken Windstoß" und „Feuerzungen": Der von Jesus angekündigte Heilige Geist* kam auf sie herab *(Bild oben)* und sie konnten plötzlich in allen möglichen Sprachen von Gott erzählen.

• **Saulus, der römische Jude, konvertiert.** Auf dem Weg nach Damaskus sagte eine Stimme zu Saulus: „Saulus, warum verfolgst du mich?" Saulus war wie verwandelt, er ließ sich taufen* und wurde als Paulus zum Apostel Jesu. Er reiste durch das ganze Reich und wandte sich auch an Nichtjuden.

• **Die Versammlung in Jerusalem.** Jakobus (zuständig für die Gemeinde in Jerusalem), Petrus (dem Jesus seine Jünger anvertraut hatte), Paulus und andere versammelten sich. Man wollte klären, ob alle jüdischen Bräuche beachtet werden müssen, um der Lehre Jesu zu folgen. Die Antwort war „Nein" und bedeutete einen Bruch mit konservativen jüdischen Bräuchen. Gegen Ende des 1. Jahrhunderts wurden die Christen allmählich autonom. Um 150 war schließlich die Trennung vom Judentum vollzogen.

***Paulus** besucht Petrus im Gefängnis.*

Die Briefe der Apostel

Der älteste christliche Text ist ein Brief (Epistel) des Paulus, den er im Jahr 50 an die Getauften in Thessaloniki schrieb. Man kennt sechs weitere von seiner Hand und sechs in seinem Namen geschriebene Briefe. Es gibt noch eine Epistel von Jakobus, zwei von Petrus, drei von Johannes und eine von Judas. Alle enthalten Glaubensgrundsätze und Ratschläge an die Gläubigen.

Die Apokalypse

Zur Zeit des römischen Kaisers Domitian (81–96) wurden die Christen verfolgt. Johannes schrieb damals die Apokalypse, in der er bildgewaltig den Sieg Gottes über das Böse schildert.

70 Jahre zum Schreiben

Um 30: Kreuzigung Jesu.
Zwischen 33 und 36: Martyrium des Stephanus und Bekehrung des Paulus.
Um 50: Versammlung in Jerusalem.
Zwischen 50 und 57: Paulus schreibt seine Briefe.
Zwischen 62 und 67: Tod von Jakobus, Petrus und Paulus.
Zwischen 65 und 70: Markus verfasst sein Evangelium.
70: Zerstörung des zweiten Tempels durch die Römer.
Zwischen 80 und 90: Matthäus schreibt sein Evangelium, Lukas sein Evangelium und die Apostelgeschichte.
Um 90 bis 100: Unter dem Namen Johannes werden das Evangelium, die Briefe und die Apokalypse geschrieben.

***Paulus** überreicht den Aposteln seine Schriften.*

Der Koran spricht über den Koran

„Wir haben den Koran leicht gemacht zum Ermahnen. Aber gibt es einen, der sich ermahnen lassen will?“ (Sure 54, Vers 18) Im Koran hören die Gläubigen Gott sprechen. In der Abfolge der Suren verknüpfen sich Lehren, um Muslime zu unterrichten.

***Kalligrafie** „Kein Gott außer Allah“ von Ghani Alani*

Den Koran vortragen

Über 23 Jahre trug der Prophet* Mohammed seinen Schülern die Worte vor, die er durch den Erzengel Dschibril (Gabriel) von Gott empfangen hatte: „Und Wir haben den Koran in Abschnitten offenbart, damit du ihn den Menschen in Ruhe verlesen mögest und Wir sandten ihn nach und nach hinab.“ (Sure 17, Vers 107)

Der Koran (arabisch: Lesung) stellt keine durchgängige einheitliche Erzählung dar, vielmehr umfasst das Werk, das in Reimprosa abgefasst ist, 114 einzelne Kapitel, die so genannten Suren. Der Koran ist eine Belehrung, ein Gespräch, das ein Thema wiederholt aufgreift, um die Gläubigen zu schulen. Seine poetische Schönheit kommt vor allem beim Vortrag zur Geltung. Wer den gesamten Koran auswendig kann, ist sehr angesehen. Wem das gelingt, wird als Hafiz („einer, der den Koran im Herzen trägt“) bezeichnet.

Den Koran lesen

Der Prophet Mohammed schrieb nicht selbst auf, was ihm offenbart wurde. Seine Schüler merkten sich, was er ihnen weitergab, und notierten es. Die Offenbarung – zunächst in Mekka, dann in Medina *(siehe S. 103)* – zog sich über 23 Jahre hin. Der Gesamttext umfasst 6236 Verse. Weil Papier damals wenig verbreitet war, schrieb man auf alles, was verfügbar war, so auch auf Tonscherben oder Kamelknochen. Nach dem Tod Mohammeds wurden die einzelnen Texte des Koran gesammelt und niedergeschrieben. Noch im 7. Jahrhundert beschloss Othman, der dritte Kalif, auf Basis dieses Exemplars einen offiziellen Koran als Referenz für die Gläubigen zu verfassen. Er ordnete die 114 Suren der Länge nach, beginnend mit der längsten bis hin zur kürzesten. Nur die Fatiha (die Eröffnende) genannte Sure bildet eine Ausnahme. Sie steht am Anfang *(siehe S. 107)*, obgleich sie ein relativ kurzer Gebetstext ist.

***Kind** in Burkina Faso beim Auswendiglernen des Koran*

Welches Arabisch?

So wie das heutige Deutsch nicht das Deutsch des Mittelalters ist, so ist das moderne Arabisch nicht die Sprache des Koran. Noch weniger entspricht sie der Sprache, die man in Zeitungen liest. Übrigens können sich ein Marokkaner und ein Palästinenser nicht so ohne weiteres verständigen. Einige Linguisten sagen, das Arabisch von Mohammed sei von anderen Sprachen der damaligen Zeit beeinflusst. Das würde erklären, warum als rätselhaft geltende Koranverse vor dem Hintergrund anderer Sprachen verständlich werden. Diese sprachlich-historische Analyse wird aber oft aus religiösen Gründen abgelehnt.

Koran-Handschrift *aus dem 9. Jahrhundert (in Mauretanien gefunden)*

Den Koran verstehen

Religionsgelehrte, die die Tradition* vertreten, betrachten den Koran als das auf Arabisch offenbarte ewige Wort Gottes. Eine Erforschung der Geschichte des Textes, seiner Abschriften und Varianten lassen sie nicht zu, denn dieser „von Gott in klarem Arabisch herabgekommene" Text muss buchstabengetreu respektiert werden. Gleichzeitig werden die Gläubigen aufgefordert, den Sinn des Textes zu verstehen und Lehren für den Alltag daraus zu ziehen. Dies ist nicht einfach, denn der Koran selbst räumt ein, dass manche Verse andere korrigieren: „Wenn Wir einen Vers aufheben oder der Vergessenheit anheimfallen lassen, so bringen Wir einen besseren als ihn oder einen gleichwertigen hervor. Weißt du denn nicht, dass Allah allmächtig ist?" (Sure 2, Vers 107)

Mit diesem Brief *könnte Mohammed beim persischen König für den Islam geworben haben.*

NA SO WAS!

Man nennt sie Feige

Die Koransuren tragen Namen wie Die Feige, Die Bienen, Die Kuh, Das Festmahl, Die Stufen oder Die Dröhnende. Diese Titel sind manchmal von einem der ersten Wörter im Text, manchmal vom Inhalt abgeleitet, meist sind sie aber rätselhaft.

Zwei Verse *preisen die Demut der Bienen, die sich mit dem begnügen, was Gott ihnen gibt, und die den Honig liefern, der für die Menschen so wertvoll ist (Sure 16, Vers 69–70).*

Der Koran und die Bibel

„Und dieser Koran hätte nicht ersonnen werden können, außer durch Allah. Er bestätigt, was ihm vorausging, und erklärt ausführlich die Schrift*, darüber herrscht kein Zweifel.“ (Sure 10, Vers 38)

***Laut Koran** hat Gott den Mond geschaffen, um die Zeit zu messen. Die Mondsichel ist das Symbol des Islam.*

Offenbarung des Koran

Für die Muslime ist der Koran unnachahmlich und nicht erschaffen. Er ist „so alt wie Gott“, dessen Macht und Allwissenheit er rühmt: „Täten sich die Menschen und die Dschinn (Geister) zusammen, um etwas Gleiches wie diesen Koran hervorzubringen, sie würden scheitern, selbst wenn sie einander beistünden.“ (Sure 17, Vers 88) Er betont die Einzigartigkeit Gottes, was für die damalige Zeit an sich kein ungewöhnlicher Gedanke mehr war: „Er ist es, der für euch alles auf der Erde erschuf und sich dann dem Himmel zuwandte und ihn in sieben Himmeln ausrichtete.“ (Sure 2, Vers 29)

***Auf dieser Stele** steht der Anfang der Sure 20: „Sein ist, was in den Himmeln und was auf Erden ist und was zwischen beiden und was unter dem Erdreich liegt. Ist dir Moses' Geschichte nicht zu Ohren gekommen? Als er ein Feuer sah, sagte er: ‚Ich gehe dorthin, vielleicht kann ich ein Stück Glut holen oder beim Feuer einen Führer finden.‘ Dort angekommen wurde er gerufen: ‚Moses, Ich bin es, dein Herr. So zieh deine Schuhe aus, denn du bist im heiligen Wadi Tuwa. Und Ich habe dich erwählt …‘“(Sure 20, Vers 6–13)*

Der Koran bezieht sich öfter auf Inhalte der Bibel, die der Prophet* von Juden und Christen kannte.

Koran und Bibel

Adam, Noah, Abraham, Moses und Jesus kommen auch im Koran vor, aber es gibt Abweichungen von den Bibeltexten. Im Koran heißt es etwa, dass ein Sohn Noahs auf einem Hügel Schutz suchte und ertrank (Sure 11, Vers 44). In Sure 28 (Vers 39–41) ertrinken der Pharao und sein Heer *(siehe S. 163)*, die in Verbindung mit dem Turm zu Babel *(siehe S. 161)* stehen: „Und Pharao sagte: ‚O ihr Vornehmen, ich kenne keinen anderen Gott für euch außer mich. Haman entzünde ein Feuer und baue mir einen Turm aus Ziegeln. Ich werde bis zum Gott des Mose aufsteigen, den ich für einen Lügner halte.‘ Er wähnte sich ohne Grund groß, ebenso seine Soldaten. Also haben wir sie gepackt und in die Fluten geworfen. Sieh, was mit den Ungerechten geschah!“

Jesus im Koran

Im Koran ist Issa (Jesus) ein großer Prophet, der von Marjam (Maria), einer Jungfrau, geboren wurde. Er kündigt das Kommen des letzten Propheten Mohammed an. Einige der im Koran erwähnten Wunder Jesu finden sich auch in den Evangelien*. Laut dem Koran ließ Allah nicht zu, dass Jesus gekreuzigt wurde und ein Doppelgänger nahm seinen Platz ein (Sure 4, Vers 158). Issa wird einst dem Jüngsten Gericht* vorstehen.

Der Koran vollendet die Bibel

Sure 17 (Vers 23–33) enthält Gebote, die an die der Bibel *(siehe S. 53)* erinnern: „Dein Herr hat befohlen: Verehrt keinen außer Ihm und erweist den Eltern Güte … Gebt dem Verwandten, was ihm gebührt, ebenso dem Armen und dem Wanderer, aber seid nicht verschwenderisch … Kommt der Unzucht nicht nahe … Und tötet keinen Menschen,

Die Arche Noah, *von einem muslimischen Künstler aus dem Senegal (20. Jahrhundert)*

den Allah euch verwehrt hat." Weitere Ermahnungen betreffen beispielsweise die Eltern: „Wenn ein Elternteil oder beide bei dir ein hohes Alter erreichen, so sage dann nicht ‚Pfui!' zu ihnen und schilt sie nicht, sondern sprich zu ihnen in ehrerbietiger Weise. Und füge dich ihnen aus Barmherzigkeit und sprich: ‚Mein Herr, erbarme Dich ihrer, so wie sie mich aufzogen, als ich klein war.'" (Sure 17, Vers 23–24)
Der Koran bringt auch neue Gebote: „Verwaltet das Gut der Waise sorgsam, bis sie erwachsen ist. Und haltet die Verpflichtung ein … Wägt mit richtiger Waage … Und wandelt nicht in Hochmut auf der Erde!" (Sure 17, Vers 34–36)

Der Koran korrigiert die Bibel

„Für jedes Volk ist ein Gesandter bestimmt." (Sure 10, Vers 47) Für den Koran genießen alle Menschen die Aufmerksamkeit Gottes. Die Juden hatten Moses, die Christen Jesus, doch Mohammed ist der letzte der Propheten: „Allah hat Seinen Gesandten geschickt mit der Führung und der wahren Religion, damit Er über alle anderen Religionen siege, mögen deren Anhänger auch noch so abgeneigt sein." (Sure 9, Vers 33) Der Koran bekämpft den Polytheismus*. Er lehnt die christliche Trinität* ab, da ein dreifacher Gott zu drei Göttern führte: „Sprich: ‚Allah ist der einzige Gott, der ewige Gott. Er zeugt nicht und ist nicht gezeugt worden und niemand ist Ihm gleich.'" (Sure 112) Die schwerste Beleidigung Gottes ist es, ihm „Seinesgleichen" zur Seite zu stellen.

NA SO WAS!

Engel im Koran
Der Koran beendete nicht den Glauben an geistige Wesen: „Und Wir sprachen zu den Engeln: ‚Werft euch vor Adam nieder' und sie warfen sich nieder, außer Iblis (Satan), einem der Dschinn." (Sure 18, Vers 50) Das arabische Wort Dschinn kommt von dem lateinischen *genius*, was Schutzgeist, aber auch Genie bedeutet.

Die Sure 54 *(Vers 1–2) ist eine Mahnung Gottes. Sie beginnt: „Die Stunde ist nahe gekommen und der Mond hat sich gespalten. Doch sie wenden sich ab und sagen: ‚Nur ein flüchtiger Zauber!'"*

Der Koran und die Gläubigen

Der Koran enthält unter anderem Gesetze. Dieses islamische Recht nennt sich Scharia*. „Ihr gebietet das, was Rechtens ist, und ihr verbietet das Unrecht und ihr glaubt an Allah.“ (Sure 3, Vers 110)

Hingabe

Islam leitet sich von dem Wort *aslama* („sich hingeben“) ab. Im Koran verbinden sich in der Hingebung zu Allah Respekt, Vertrauen, Liebe und Ehrfurcht: „O ihr Gläubigen, gehorcht Allah und gehorcht dem Gesandten und den Autoritäten. Und wenn ihr über etwas streitet, so bringt es vor Allah und den Gesandten.“ (Sure 4, Vers 60) Doch man muss wachsam bleiben: „Gehorcht nicht denen, die nicht Maß halten, die auf Erden Verderben stiften und nicht Heil.“ (Sure 26, Vers 152–153)

Gutes anordnen

Der Koran preist ausführlich moralische Werte wie Gastfreundschaft, Vergebung, Anstand, Redlichkeit und Gerechtigkeit. „Der aufstrebende Weg ist, einen Sklaven zu befreien, eine Waise oder einen Armen zu speisen und unter denen zu sein, die glauben und einander ermahnen zur Geduld und Barmherzigkeit.“ (Sure 90, Vers 13–18)

Schlechtes ablehnen

Der Koran verurteilt Leidenschaften, Opportunismus, Ignoranz, Hochmut, Zorn, Verleumdung, Gier, Verschwendung, Geiz, Faulheit, Feigheit und Zweifel. Er verbietet bestimmte Praktiken: „Allah verbietet euch das Fleisch verendeter Tiere, Blut, Schweinefleisch und das Fleisch nichtmuslimischer Opfertiere.“ (Sure 2, Vers 174) „Satan will durch Wein und Glücksspiel nur Feindschaft und Hass zwischen euch auslösen, um euch von Allah und vom Gebet abzuhalten. Werdet ihr euch denn abhalten lassen?“ (Sure 5, Vers 92)

Erben

Der Koran setzt sich für die Waisen ein: „Die der Waisen Gut ungerecht aufzehren, werden im Höllenfeuer verbrennen.“ (Sure 4, Vers 11) Es gibt im Koran viele und sehr genaue Anweisungen zum Erbe: „Wenn ein Mann stirbt und keine Kinder hinterlässt … bekommt ein Bruder einen Teil, der dem von zwei Schwestern entspricht.“ (Sure 4, Vers 177) Zuvor erbten Frauen meist nichts.

Handel

„Doch Allah hat den Handel erlaubt und das Zinsnehmen verboten.“ (Sure 2, Vers 276) Der Koran enthält zahlreiche Bestimmungen, um einen korrekten Handel und Geldverleih zu garantieren: „Ihr Gläubigen, wenn ihr eine Anleihe gewährt, dann schreibt es nieder … Und nehmt Zeugen, wenn ihr untereinander Handel treibt.“ (Sure 2, Vers 283)

NA SO WAS!

Diebstahl
Es steht geschrieben: „Dem Dieb und der Diebin schneidet ihr die Hände ab.“ (Sure 5, Vers 39) In Nordafrika hat man das Gebot nie praktiziert, wohl aber im Osten, etwa in Saudi-Arabien. Einem Amerikaner wurde dort unter Narkose die Hand amputiert.

Richten

Im Islam ist jeder direkt vor Gott verantwortlich und es gibt keinen vermittelnden Klerus. Aber der Koran rät allen Menschen, gerecht zu handeln: „Wenn du richtest, dann richte gerecht. Wahrlich, Allah liebt die Gerechten ... Richte zwischen ihnen nach den Gesetzen, die Gott hinabgesandt hat." (Sure 5, Vers 43–45)
Über moderne Probleme, die nicht im Koran behandelt werden, entscheiden die Ulemas (Religionsgelehrten), indem sie die Sachlage mit den bereits bestehenden Gesetzen vergleichen: So wird beispielsweise das Verbot von Alkohol auf Rauschgift ausgedehnt.

Gott verleugnen

Der Koran sagt eindeutig, dass es „keinen Zwang im Glauben" gibt (Sure 2, Vers 257), warnt aber: „Jeder, der Allah verleugnet, nachdem er an ihn geglaubt hat ... wird bestraft." (Sure 16, Vers 107)

Ehe

Der Koran empfiehlt Männern, ihre Frauen gut zu behandeln und für ihren Unterhalt zu sorgen. Frauen sollen sich um ihren Mann und um das Haus kümmern. Der Koran sorgt sich auch um eine gute Beziehung zwischen den Ehegatten: „Und wenn ihr einen Bruch zwischen beiden befürchtet, dann sendet einen Schiedsrichter ... Wollen sie sich aussöhnen, so wird Allah Frieden zwischen ihnen stiften." (Sure 4, Vers 35)

Status der Frau

In vielen Punkten verbesserte der Koran die Stellung der Frauen in der arabischen Gesellschaft des 7. Jahrhunderts. Doch einige Weisungen sind heute nicht mehr zeitgemäß: „Und jene, deren Widerspenstigkeit ihr befürchtet: ermahnt sie, meidet sie im Ehebett und schlagt sie." (Sure 4, Vers 35) Ein Muslim durfte vier Ehefrauen haben – vorausgesetzt, er behandelte sie absolut gleich. Gab es vier Zeugen für einen Ehebruch, konnte die Schuldige gesteinigt werden. Heute jedoch gibt es in den meisten islamischen Staaten eine moderne Gesetzgebung.

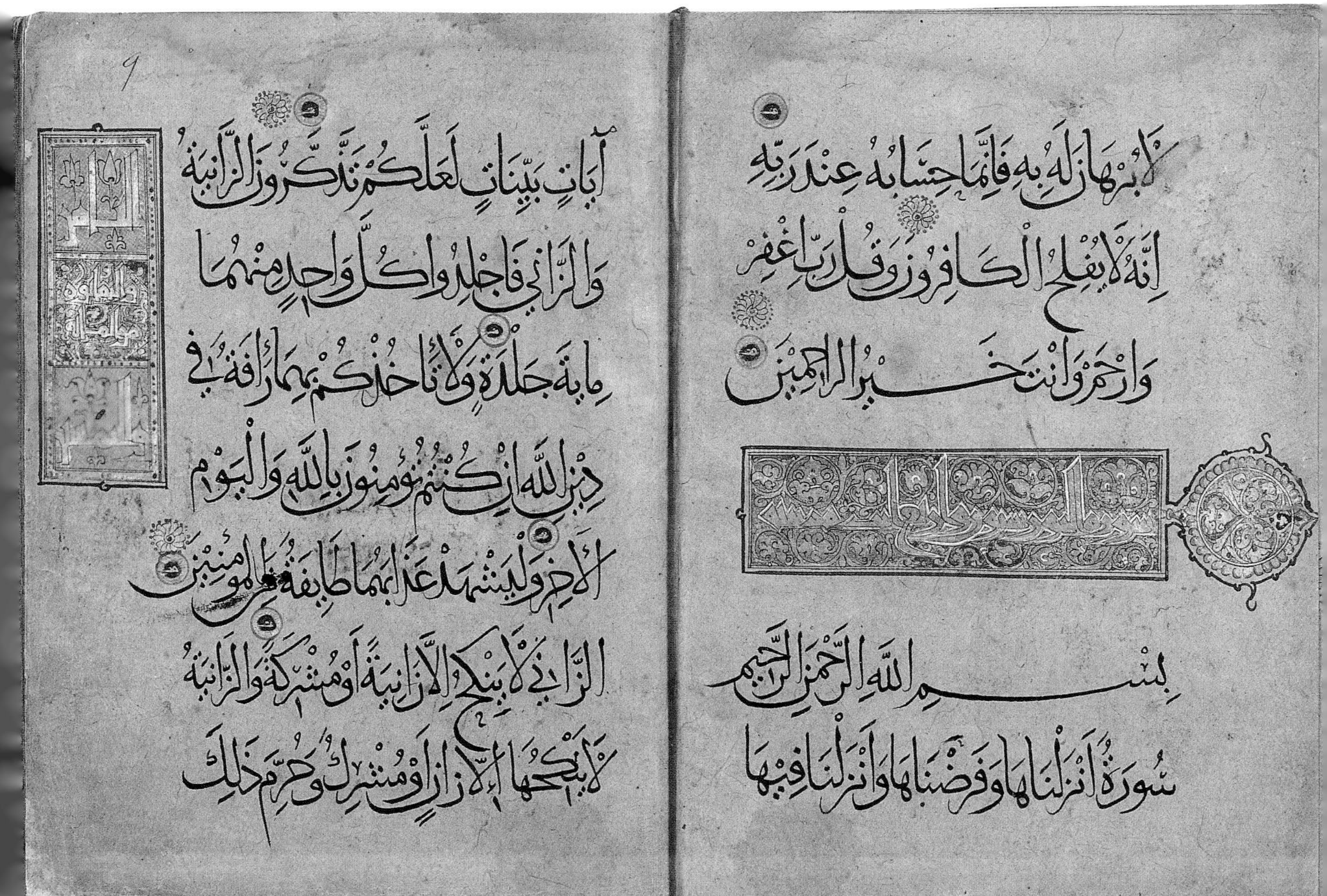

Andere Schriften des Islam

„Oh Volk, kein Prophet* wird nach mir kommen und kein neuer Glaube wird geboren werden. Bedenkt und versteht die Worte gut, die ich euch übergebe. Ich hinterlasse zwei Dinge, den Koran und mein Vorbild, die Sunna, und wenn ihr ihnen folgt, werdet ihr nie irregeleitet werden.“

Nur ein Mensch wie ihr …

Die Muslime betreiben keinen besonderen Kult um Mohammed, denn im Koran steht: „Ich bin nur ein Mensch wie ihr.“ (Sure 18, Vers 111) Eine Begebenheit aus dem Leben des Propheten belegt dies: „Der Prophet sieht, wie Männer in Medina die Blätter der Dattelpalmen bestäuben, wie sie es gewohnt sind. Sie fragen ihn, ob sie weitermachen sollen, und er antwortet: ‚Ich weiß es nicht!‘ Als sie wieder fragen, rät er ihnen, damit aufzuhören. Sie gehorchen und im nächsten Jahr ist die Ernte kleiner. Als sie das bemerken, sagt der Prophet: ‚Ich bin auch nur ein Mensch. Wenn ich etwas über eure Religion sage, dann befolgt es. Wenn ich etwas über weltliche Dinge sage, dann bin ich nur ein einfacher Mensch.‘“ (Sahih des Muslim, Buch 29, Nummer 5831)

… aber ein vorbildlicher Mensch!

Im Koran ist Mohammed „der Warner und Verkünder". Er ist auch Vorbild: „Ihr habt an dem Gesandten Allahs ein schönes Vorbild für jeden." (Sure 33, Vers 21). Deshalb hielten seine Gefährten seine Erläuterungen des Koran, seine Taten und Worte fest. Diese Zeugnisse werden Hadithe (arabisch: Erzählungen) genannt. Es gibt tausende davon, die zusammen die Sunna (arabisch: überlieferte Handlungsweise) bilden. Zu jedem Hadith wird der Name desjenigen genannt, der ihn gesammelt und überliefert hat. Die Ulemas (Religionsgelehrten) beglaubigen die Echtheit der Hadithe. Als zuverlässig gelten alle, die mehrfach und deshalb zweifelsfrei überliefert wurden oder von einem erwiesenermaßen zuverlässigen Zeugen stammen. Bei einem „schwachen" Hadith ist die Kette der Überlieferung unterbrochen oder die Zeugen sind für Fehler bekannt. Die „gefälschten" widersprechen der Überlieferung des Propheten oder enthalten zeitlich widersprüchliche Texte. Die Ulemas stützen sich auf die Sunna, um Probleme zu lösen, die im Koran nicht eindeutig geregelt sind.

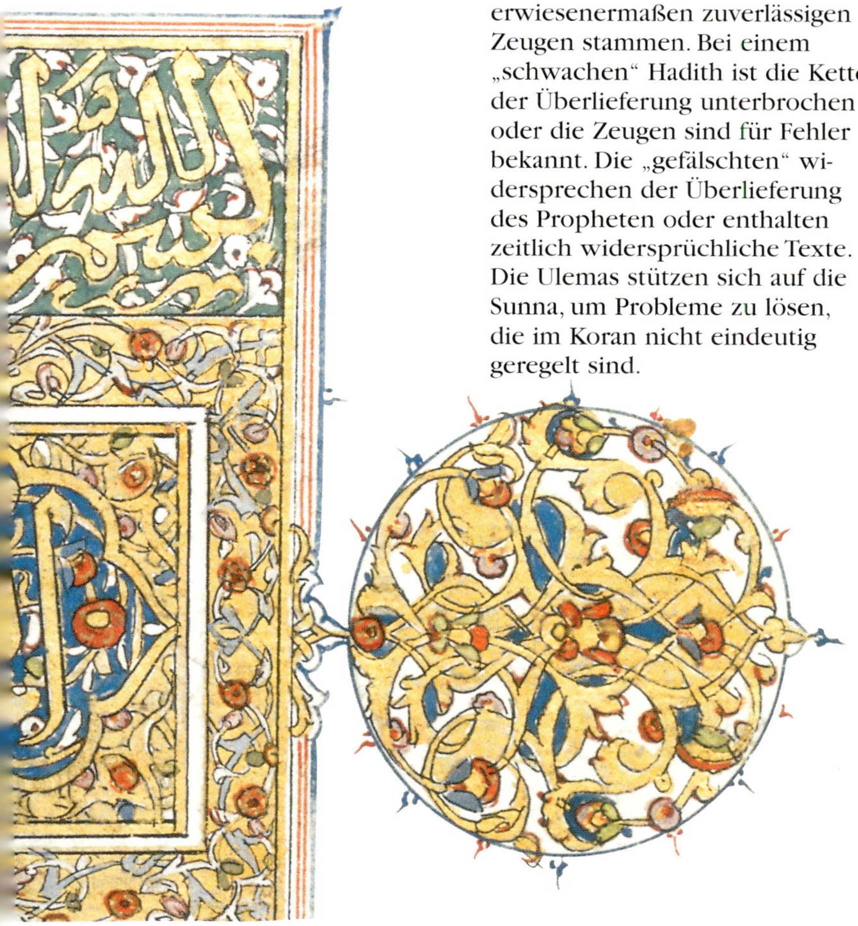

Einige Hadithe

- Über Hadithe:

„Nach Ali hat der Gesandte Allahs gesagt: ‚Lüge nicht über mich! Wer es doch tut, wird zur Hölle fahren.'" (Hadith Nr. 2, Sahih des Muslim)

- Über Gläubige:

„Abu Hurairara überliefert diese Worte des Gesandten Allahs: ‚Die vollkommensten im Glauben sind von den Gläubigen die Besten an Charakter und Benehmen und die Besten von euch sind die, die ihre Frauen am besten behandeln.'" (berichtet von At-Tirmidhi)

- Über Neuerungen:

„Nach Aischa hat der Prophet gesagt: ‚Wer in unserer Religion Neuerungen einführt, die nicht hineingehören, der ist ein Abtrünniger.'" (Hadith Nr. 3242, Sahih des Muslim)

- Über das Gebet:

„Nach Abu Masud trifft ein Mann den Gesandten Allahs und sagt zu ihm: ‚Ich nehme nicht am Morgengebet teil, weil Herr Soundso es so lange hinzieht.' Nie habe ich den Gesandten Allahs so zornig gesehen. ‚Oh ihr Menschen, einige vertreiben die Gläubigen. Wenn einer von euch die Leute im Gebet leitet, soll er es leicht machen, denn unter ihnen sind die Kranken, die Schwachen und die Alten.'" (Hadith Nr. 713, Sahih des Muslim)

NA SO WAS!

Weiser Rat des Propheten

Ein Mann kommt zum Propheten und fragt ihn, was mit einer Fundsache geschehen soll. „Erzähle ein Jahr lang allen Menschen, was du gefunden hast. Wenn der Eigentümer sich meldet, so gib es ihm zurück, sonst darfst du es für dich behalten." – „Und wenn man ein Kamel findet?" – „Was geht dich denn das Kamel an? Es hat sein Wassergefäß und seine Füße, es kann fressen und trinken, während es wartet, dass sein Besitzer es findet!" (nach Said Ibn Khalid al-Juhani)

Die heiligen Bücher Indiens

***Aus dem* Ramayana:**
Rama und Sita in Begleitung des Affengotts Hanuman

Die heiligen Bücher Indiens bestehen insgesamt aus zehntausenden von Versen! Man schätzt sie wegen ihres hohen Alters und des Wissens, das sie enthalten. Für Hindus stellen sie eine Glaubensgrundlage dar.

Das heilige Wissen der Veden

Die ersten hinduistischen Hymnen sind die Veden (Wissen), die den Rishis (Weisen) von den Gottheiten eingegeben wurden. Heilig ist bereits der Klang der Worte, die bis 300 v. Chr. aufgeschrieben wurden. Die Upanishaden entwickeln spirituelle Lehren und sind in allen vier Sammlungen der Veden enthalten (zwei Arten Hymnen, Melodien und Gebetsformeln). Diese vor allem auf die Brahmanen bezogenen heiligen Schriften bilden die Grundlage der hinduistischen Philosophie. Kommentare zu Aussprache, Gesängen, Astronomie, Interpretationen usw. erhellen ihren Reichtum *(siehe auch S. 131)*.

Der zehnköpfige *Dämon Ravana kämpft mit Jatayu, dem König der Geier.*

Das Epos *Ramayana*

Epen sind dichterische Schilderungen vergangener Ereignisse. Sie werden zu Lehrzwecken ausgeschmückt und vermengen Heldenabenteuer mit kosmologischen, moralischen oder religiösen Lehren. Die 24 000 Doppelverse des *Ramayana* handeln von den Heldentaten Ramas, des siebten „Herabstiegs“ *(avatara)* Vishnus. Sita, die Frau des Hindukönigs Rama, wird von dem zehnköpfigen Dämonen Ravana auf die Insel Lanka (Sri Lanka) entführt. Rama lässt sich von Affen helfen, die eine Brücke zwischen Indien und Lanka bilden. Er tötet den Dämonen Ravana und kehrt mit Sita heim. Dieses große Epos verweist auf die Ausbreitung der vedisch-indischen Kultur auf Südindien und Sri Lanka und damit auf die der vedisch-hinduistischen Philosophie.

Vom Quirlen des Milchmeers

Im *Mahabharata* und *Ramayana* riet Vishnu den Göttern, das Milchmeer in einen Unsterblichkeitstrank zu verwandeln, um die Dämonen zu besiegen. Dazu mussten sie es quirlen, so als wollten sie Butter herstellen. Woher sollten sie aber einen Quirl von ausreichender Größe nehmen? Vishnu verwandelte sich in eine Schildkröte. Auf ihren Rücken stellten die Götter den Berg Mandara und ließen ihn wie einen Quirl von einer riesigen Schlange antreiben. So entstanden nach 1000 Jahren manche unerwarteten Dinge: Mond, Nymphen, Weingöttin ... und der Unsterblichkeitstrank, den nach einer wilden Rauferei die Götter allein tranken. Seitdem sind die Dämonen sterblich.

Das Epos *Mahabharata*

Das längste Gedicht der Welt handelt vom Wirken des Prinzen Krishna, des achten *avatara* Vishnus *(siehe S. 133)*. Bei seiner Geburt sagte man seinem Onkel Kamsa, dem Schreckensherrscher von Benares, voraus, soeben sei jener geboren, der ihn bestrafen werde. Kamsa tötete alle Neugeborenen, doch die Mutter von Krishna rettete ihr Baby, indem sie es gegen das Neugeborene eines Rinderhirten austauschte. Also wuchs Krishna auf dem Land auf. Dort vollbrachte er wahre Wundertaten: Er tötete Dämonen und rettete sein Dorf vor einer Überschwemmung. Nachdem er die Mächte des Bösen besiegt hatte, wurde er durch einen verirrten Pfeil getötet. Diese Schilderung ist für die Inder ein wahrer Schatz an weltlichem und spirituellem Wissen. Der bekannteste Teil des Epos ist die *Bhagavadgita*. „Furchtlosigkeit, Freigebigkeit, Selbstbeherrschung, Veda-Studium, Gewaltlosigkeit, Sanftmut, Entsagung, Mitgefühl, Milde, Stärke, Entschlossenheit, Demut" *(Bhagavadgita*, 16. Gesang, Verse 1–3) – dies sind einige Eigenschaften der Tugendhaften.

***„Wer das** einsilbige heilige Wort Om ausspricht, mit dem Gedanken an mich, und so den Leib verlassend dahinscheidet, der wandelt auf der höchsten Bahn."* (Bhagavadgita, *8. Gesang, Vers 13)*

***Kosmische Gestalt** Vishnus in einer Miniatur (18. Jahrhundert)*

Die *Puranas*

Bewunderer Shivas oder Vishnus verfassten diese Verse zwischen dem 6. und 15. Jahrhundert. Ihre Legenden sind mit den damaligen Traditionen* und Kenntnissen der Hindus vermengt. In zahlreichen Schöpfungsgeschichten entstand die Welt aus der Zerteilung des kosmischen Menschen, einem kosmischen Ei, einem Traum des Schöpfergottes Brahma oder aus den Tränen Prajapatis, des Herrn der Geschöpfe.

NA SO WAS!

Rüffel vom Meister

„Am Schlimmsten beim Aufsagen der Veden ist jener, der singt, der hastet, der den Kopf bewegt, der ablesen muss, der nicht versteht und der eine schwache Stimme hat." So klagte der Meister Paniniyasiksa über seine Schüler. Man stelle sich nur seine Wut vor, als er ihnen die 100 000 Doppelverse des *Mahabharata* beibrachte: zwölf Tage Aufsagen am Stück!

Andere heilige Bücher

Gläubige legen verschiedene Maßstäbe an, wenn sie eine Schrift als heilig bezeichnen. Manche erkennen in den wundersamen Umständen bei der Niederschrift eine göttliche Autorität, so die Mormonen. Anderen, wie den Sikhs und Bahai, gelten ihre Schriften als heilig, ohne dass deren Abfassung von solchen Umständen begleitet worden wäre.

DER ANFANG DES *GRANTH SAHIB* FASST DEN GLAUBEN DER SIKHS ZUSAMMEN:

ੴ
IK Oankar
Es gibt nur einen Gott.

ਸਤਿ ਨਾਮੁ
Sat Naam
Alle Wahrheit geht von Ihm aus. Sein Name ist Wahrheit.

ਕਰਤਾ ਪੁਰਖ
Karta Purkh
Er ist der Schöpfer.

ਨਿਰਭਉ
Nir Bhau
Er ist ohne jede Furcht.

ਨਿਰਵੈਰੁ
Nir Vair
Er ist ohne Hass.

ਅਕਾਲ ਮੂਰਤਿ
Akaal Moorat
Ewig und allgegenwärtig.

ਅਜੂਨੀ
Ajooni
Er ist nicht geboren. Er ist aus Sich selbst.

ਸੈਭੰ
Saibang
Er wird durch Sich selbst erleuchtet. Er zeigt sich durch Sich selbst.

ਗੁਰ ਪ੍ਰਸਾਦਿ
Gur Prasaad
Er wird durch die Gnade des Guru erkannt.

Granth Sahib der Sikhs

Die Sikhs besaßen zunächst keine offizielle Textsammlung, um ihre Tradition* weiterzugeben. Erst der fünfte Guru* vereinte die Schriften des Gründers Nanak und seiner Nachfolger *(siehe Kasten auf S. 137)*. Der zehnte Guru vollendete das heilige Buch *Guru Granth Sahib* und erklärte es zum letzten Guru. Es wurde im Goldenen Tempel aufbewahrt und verehrt. Die 1437 Seiten enthalten 3384 Hymnen mit 15 575 Versen, die von Sikhs, Hindus oder Muslimen verfasst wurden. Sie führen den Gläubigen zur Befreiung *(Mukti)*, indem sie ihm helfen, sich auf den göttlichen Namen zu konzentrieren: „Wenn ihr einen Schritt hin zu Gott tut, dann tut Gott 20 Schritte hin zu euch."
„Gesegnet seien Tag und Stunde, an denen einer den Herrn zu lieben beginnt."
„Nicht durch Leiden noch durch Trauer wird berührt, wer sich auf den Namen des Herrn stützt."
„Wer durch den Guru errettet wird, durchquert den Ozean des Lebens. Der Ort, an dem sich die Heiligen versammeln, ist prachtvoll und selbst heilig. Nur wer den Wahren Guru entdeckt, findet einen Anker. Nanak geworden, baut er sein Haus an einem Ort, wo es weder Tod noch Geburt oder Alter gibt." *(Granth Sahib*, S. 44)

***Dieser indische Nihang** ist ein Verfechter des traditionellen Sikhismus und nimmt dabei hin, dass die modernen Sikhs ihn als Sektierer bezeichnen.*

Bücher der Mormonen

Die Mormonen besitzen vier kanonische* Bücher: *Das Buch Mormon, Lehren und Bündnisse, Die kostbare Perle* und die Bibel in der „korrekten" Übersetzung ihres Gründers, des Propheten* Joseph Smith *(siehe S. 98)*.

• *Das Buch Mormon* „ist eine mit der Bibel vergleichbare Sammlung heiliger Schriften. Es ist eine Zusammenfassung der Beziehungen Gottes zu den frühen Einwohnern Amerikas und enthält die Fülle des ewigen Evangeliums*. Die Worte der früheren Propheten wurden von einem Propheten und Historiker namens Mormon auf Goldtafeln niedergeschrieben … Sein Sohn Moroni fügte einige Wörter hinzu und versteckte die Tafeln auf dem Hügel Cumorah. Am 21. September 1823 erschien Moroni … dem Propheten Joseph Smith und gab ihm Anweisungen hinsichtlich der uralten Annalen und der anzufertigenden Übersetzung ins Englische …" Laut Joseph Smith „ist *Das Buch Mormon* das korrekteste aller Bücher auf Erden und der Schlussstein unserer Religion". Neben einer Einführung, aus der die obigen Zeilen stammen, enthält das Werk die Bücher Jakob, Enos, Jarom, Omni, Mosiah, Alma, Helaman, Ether, Moroni, Mormon, die Reden einiger Mormonen und vier Bücher Nephis.

• *Lehren und Bündnisse* wurde den Propheten „von Gott gegeben", um in unserer Zeit das Königreich Gottes auf Erden zu gründen.

• *Die kostbare Perle* umfasst auch die Glaubenssätze der Kirche Jesu Christi der Heiligen der Letzten Tage: „Artikel 8: Wir glauben, dass die Bibel das Wort Gottes ist, sofern sie richtig übersetzt wurde; auch glauben wir, dass *Das Buch Mormon* das Wort Gottes ist."

Missionierende Mormonen, *wie dieser junge Engländer, berufen sich auf ihre heiligen Schriften, um Anhänger zu gewinnen.*

Schriften der Bahai

Baha Ullah, Begründer des Bahaismus, verfasste im 19. Jahrhundert mehrere Bücher. Er sah sich als Nachfolger von Moses, Buddha, Jesus und Mohammed: „Ihr Menschen der Stadt! Wenn ihr wahrhaft ergeben seid Mohammed, dem Apostel Gottes und Siegel der Propheten, und wenn ihr folgt seinem Buch, dem Koran, das frei ist von Fehlern; hier ist Seinesgleichen: dieses Buch, das wir sandten unserem Diener, in aller Wahrheit und mit Gottes Erlaubnis." (*Die unfehlbare Waage*, 15,4)

In Paris hat sich diese Bahai-Familie *iranischer Abstammung versammelt, um zu beten und heilige Texte vorzulesen.*

NA SO WAS!

Ganz oder gar nicht

Die Bahai streben nach Frieden und Einheit der Religionen: „Die göttliche Religion ist nicht die Ursache für Hader und Zwist. Wenn denn die Religion zum Quell von Widerspruch und Gegensatz wird, ist die Abwesenheit von Religion vorzuziehen." *(Die Grundlagen der Einheit der Welt, 6,11)*. Falls also die Religionen das Leben in der Gemeinschaft nicht fördern, sondern nur Unheil bringen, sollte man sie besser aufgeben!

Religion – ein Beruf?

Fast alle Religionen haben Glaubensvertreter, die eine leitende Funktion ausüben. Hier zeigt sich eine erstaunliche Vielfalt: Da gibt es die Schamanin*, deren Fähigkeiten meist angeboren sind, den Priester, auf Lebenszeit geweiht, und den Imam, den muslimischen Vorbeter. Was haben sie gemeinsam?

AYATOLLAH

Religion: Schiitischer Islam.
Ausbildung: Theologie an einer Koranhochschule.
Unterstellt: Allah, dem Koran und dem Propheten*.
Aufgabe: Lehrt, erstellt Fatwas (Rechtsgutachten), berät Politiker.
Besonderheiten: Leitet seine Autorität aus seinem Ansehen ab.
Entlohnung: Gehalt von der Gemeinde oder vom Staat, der ihn um Rat fragt.
Varianten: Ausschließlich Männern vorbehalten.

BRAHMANE

Religion: Hinduismus.
Ausbildung: Durch seine Kaste in die Veden eingeführt.
Unterstellt: Den Regeln seiner Kaste.
Aufgabe: Häufig Priester, aber auch Gelehrter und Lehrer der Veden.
Besonderheiten: Brahmanen bilden im indischen Kastensystem die oberste Kaste.
Entlohnung: Erhält seinen Lebensunterhalt von den Gläubigen.
Varianten: Er kann mit einem Tempel verbunden sein.

MAHAYANA-MÖNCH

Religion: Mahayana-Buddhismus.
Ausbildung: Durch einen Meister.
Unterstellt: Meist dem Schutzpatron des Klosters.
Aufgabe: Nach Befreiung streben, lehren und die Liturgie* durchführen.
Besonderheiten: Leben in einer Gemeinschaft mit Aufgabenteilung.
Entlohnung: Mit Spenden der Laien* bezahlt das Kloster Unterkunft, Verpflegung und Kleidung.
Varianten: Es gibt auch Frauenklöster.

MAYA-SCHAMANIN

Religion: Schamanismus der Maya.
Ausbildung: Einweihung durch eine Ältere, angeborene Fähigkeiten.
Unterstellt: Den geistigen Wesen.
Aufgabe: Vermittlerin zwischen Menschen und geistiger Welt; Vorhersage, Heilung, Abwenden von Unglück.
Besonderheiten: Setzt Pflanzen, Trance und Magie ein.
Entlohnung: Opfergaben der Gläubigen.
Varianten: Auch Männer (Schamanen) können diese Funktionen ausüben.

NA SO WAS!

Heilige Väter und heilige Mütter!
Um eine Religion weiterzugeben, braucht es mitunter Theologen*, die ihre Glaubensgrundsätze formulieren, Exegeten, die ihre Texte studieren, Prediger, Professoren, Katecheten*, Schriftsteller und Herausgeber, die ihre Botschaft verbreiten. Aber jede Religion setzt vor allem darauf, dass die Eltern ihre Kinder religiös erziehen.

SUNNITISCHER IMAM

Religion: Sunnitischer Islam.
Ausbildung: In einer Madrasa (Koranschule).
Unterstellt: Allah, dem Koran und dem Propheten.
Aufgabe: Vorbeter beim islamischen Gebet.
Besonderheiten: Seine Rolle kann grundsätzlich von jedem übernommen werden.
Entlohnung: Ehrenamtlich, manchmal von der Gemeinschaft entlohnt.
Varianten: Der Imam wird unter besonders weisen Männern der Gemeinde ausgewählt. Manche haben kaum Bildung erhalten, andere sind Gelehrte.

ORTHODOXER MÖNCH

Religion: Orthodoxes Christentum.
Ausbildung: Noviziat in einem Kloster.
Unterstellt: Einem Vorgesetzten (Superior).
Aufgabe: Beten für die Welt und arbeiten für die Gemeinschaft.
Besonderheiten: Lebt in einer Gemeinschaft nach bestimmten Ordensregeln.
Entlohnung: Kleidung, Kost und Unterkunft aus Erlösen der gemeinsamen Arbeit.
Varianten: Einige Mönche leben einsam als Eremiten.

MUDANG

Religion: Koreanischer Schamanismus.
Ausbildung: Einweihung durch einen Meister, angeborene Fähigkeiten.
Unterstellt: Den geistigen Wesen.
Aufgabe: Vermittlerin zwischen Menschen und geistiger Welt; Vorhersage, Heilung, Abwenden von Unglück.
Besonderheiten: Benutzt Pflanzen und Magie.
Entlohnung: Opfergaben der Gläubigen.
Varianten: Auch Männer (Schamanen) können diese Funktion ausüben.

SUNNITISCHER MUFTI

Religion: Sunnitischer Islam.
Ausbildung: Islamisches Recht meist an einer Madrasa oder Hochschule.
Unterstellt: Allah, dem Koran und dem Propheten.
Aufgabe: Berater und Schlichter; erstellt auf Anfrage von Institutionen oder Einzelpersonen Fatwas (Rechtsgutachten).
Besonderheiten: Leitet seine Autorität aus seinem Ansehen ab.
Entlohnung: Lohn von der Gemeinde oder vom Staat, der ihn um Rat fragt.
Varianten: Auch Frauen können Mufti werden, in Ägpyten gibt es mehrere.

SUNNITISCHER ULEMA

Religion: Sunnitischer Islam.
Ausbildung: Theologisch-juristische Studien an einer Koranhochschule.
Unterstellt: Allah, dem Koran und dem Propheten.
Aufgabe: Religionsgelehrter, der die islamische Tradition* studiert und lehrt.
Besonderheiten: Kann Einfluss auf Regierungen haben.
Entlohnung: Gehalt der Madrasa, die ihn beschäftigt.
Varianten: Einige sind an einer Moschee tätig.

EVANGELISCHE PASTORIN

Religion: Evangelisches Christentum.
Ausbildung: An einer theologischen Fakultät.
Unterstellt: Dem Rat ihrer Pfarrgemeinde und der Kirche.
Aufgabe: Durchführung des Gottedienstes, Organisation des Lebens in der Pfarrgemeinde, Unterricht und Predigt.
Besonderheiten: Darf verheiratet sein.
Entlohnung: Aus Kirchensteuern oder Einnahmen der Gemeinde.
Varianten: Frauen und Männer können Pastorinnen bzw. Pastoren werden; manche sind nicht an eine Kirchenkonföderation gebunden.

CHRISTLICHER PRIESTER

Religion: Christentum.
Ausbildung: In einem Priesterseminar.
Unterstellt: Einem Bischof.
Aufgabe: Erteilt die Sakramente*, leitet den Gottesdienst, organisiert das Leben seiner Kirchengemeinde.
Besonderheiten: Im Katholizismus nur unverheiratete Männer (Zölibat).
Entlohnung: Durch die Kirche (zum Teil aus Kirchensteuern).
Varianten: Orthodoxe und anglikanische Priester dürfen heiraten. Die Anglikaner haben auch Priesterinnen.

RABBINER

Religion: Judentum.
Ausbildung: In einer Jeschiwa (Talmudhochschule) bzw. einem Seminar.
Unterstellt: Einem Großrabbiner und seinem Rat.
Aufgabe: Unterrichtet, berät und gestaltet das religiöse Leben.
Besonderheiten: Gewöhnlich verheiratet, häufig mit großer Familie.
Entlohnung: Gehalt von der Gemeinde.
Varianten: In einigen Gemeinschaften lehren auch Rabbinerinnen.

KATHOLISCHE NONNE

Religion: Katholisches Christentum.
Ausbildung: In einem Noviziat.
Unterstellt: Einer Oberin.
Aufgabe: Beten für die Welt und arbeiten für die Gemeinschaft.
Besonderheiten: Leben in einer Gemeinschaft nach Ordensregeln (Stille, Unterricht, Armenfürsorge usw.).
Entlohnung: Kleidung, Kost und Unterkunft aus Erlösen der gemeinsamen Arbeit.
Varianten: Nonnen leben normalerweise in einem Kloster; wenn sie offenen Orden angehören, leben sie „draußen" in der Welt. Es gibt auch katholische Mönche.

Religion und kulturelle Einflüsse

Jede Kultur ist auch religiös geprägt. Vornamen, Redewendungen und Bauwerke wie Kirchen, Synagogen und Moscheen sind nur einige Dinge, die auf den Glauben und heilige Personen oder Stätten verweisen. Religiöse Feiertage und Bräuche sind in unserem täglichen Leben fest verankert.

Die Kalender

Um die Zeit zu messen, vertrauten frühe Kulturen auf Priester, die zugleich Astrologen waren. Diese erfanden Rechensysteme, in denen wichtige Augenblicke durch den Rhythmus der Gestirne bestimmt werden. Sonnen- und Mondjahr vermochten sie jedoch nicht in Übereinstimmung zu bringen … und einander ebenso wenig! Daher kennen Religionen unterschiedliche Kalender.

Astrologische Tafel *aus Mesopotamien. Im 7. Jahrhundert v. Chr. verknüpften die babylonischen Priester die Bahnen der Sterne (Heimstätten der Götter) mit dem Ablauf der Zeit.*

Die Beobachtungen der frommen Weisen

In der Antike richteten sich die babylonischen Astronomen nach dem Mond, um die Monate zu zählen, und nach der Sonne, um die Tage zu bestimmen. Ihr Jahr hatte 360 Tage, eine heilige Zahl. So konnte die Stunde in 60 Minuten zu je 60 Sekunden gegliedert werden. Fromme Juden entschieden sich für die siebentägige Woche. Die Chaldäer benannten die Tage nach Sternen und Göttern. All diesen Astronomen gelang es jedoch nicht, Sonnen- und Mondjahr in Einklang zu bringen. Das Ergebnis war ein heilloses Durcheinander bei den Kalendern!

Caesar und Gregor greifen ein

Julius Caesar (100–44 v. Chr.) hatte es begriffen: Wer die Zeit im Griff hat, sichert seine Macht. Als Pontifex maximus schuf er den julianischen Kalender. Er verlängerte die Monate, die nun nicht mehr mit den Mondzyklen verknüpft waren, und ordnete alle vier Jahre ein Schaltjahr (mit 366 statt 365 Tagen) an. Später errechneten die arabischen Astronomen, dass der julianische Kalender alle 134 Jahre gegenüber dem Sonnenzyklus einen Tag verlor. Papst Gregor XIII. verfügte 1582 den gregorianischen Kalender, der dafür sorgte, dass sich Ostern stets nach der Tag- und-Nacht-Gleiche des Frühlings richtete. Die Protestanten zogen es bis ins 18. Jahrhundert vor, am julianischen Kalender festzuhalten – lieber in Missklang mit dem Sonnenzyklus als in Einklang mit dem Papst.

Kalender für das Jahr 2000–2001: *① gregorianisch, ② islamisch, ③ jüdisch. Im jüdischen Kalender wird je nach Jahr nach Adar I ein zusätzlicher Monat (Adar II) eingeschoben. Die roten Striche markieren den Jahresanfang.*

①	März 2000	April 2000	Mai 2000	Juni 2000	Juli 2000	August 2000	September 2000	Ok… 20…
②		Muharram 1421	Safar 1421	Rabi I 1421	Rabi II 1421	Dschumada I - 1421	Dschumada II - 1421	Rads… 14…
③								Tis… 57…

Manche Kulturen halten es anders

Der gregorianische Kalender hat die ganze Welt erobert, dennoch ist er heute nicht der einzig gültige. Im Iran verwendet man noch häufig den persischen Sonnenkalender, bei dem das Jahr nicht am 1. Januar beginnt, sondern im Frühling, am 21. März. Zu religiösen Zwecken benutzen Muslime und Juden neben dem gregorianischen andere Kalender. Ihre wichtigen Feiertage gehen auf diese Kalender zurück, während man im Alltag dem gregorianischen Kalender folgt.

• Für die Juden beginnt die Zeitrechnung mit dem vermuteten Schöpfungsdatum; im gregorianischen Kalender wäre dies das Jahr 3761 v. Chr. Ihr Kalender besteht abwechselnd aus zwölf und 13 Monaten; der zusätzliche Monat ermöglicht den Anschluss an das Sonnenjahr.

• Für die Muslime beginnt das Jahr 1 (622 des gregorianischen Kalenders) mit der Flucht des Propheten* Mohammed nach Medina *(siehe S. 103)*. Ihr Mondjahr besteht aus zwölf Monaten mit 29 oder 30 Tagen. Da das Mondjahr elf Tage kürzer ist als das Sonnenjahr, kehren die Monate nur alle 33 Jahre an ihren angestammten Platz zurück.

• Die orthodoxen Christen halten am julianischen Kalender fest, so auch die Kopten. Deren Zeitrechnung beginnt jedoch mit dem Jahr 284.

„Kompass“ *für französische Muslime zum Ermitteln der Gebetsstunden*

Jüdischer Kalender *aus einer Handschrift, 14. Jahrhundert*

NA SO WAS!

Heiliger Bimbam!
Lange Zeit haben die Katholiken die Tage des Jahres nach Heiligen benannt, die man teilweise noch heute kennt (Nikolaus, Sylvester). Im 19. Jahrhundert gab es in der anglikanischen Kirche Versuche, dies nachzuahmen. Einen ihrer Bischöfe ärgerte das, weshalb er seine Briefe mit „geschrieben am Waschtag“ einleitete.

Römische Monate und Wochentage

Die Römer gaben den Monaten die Namen ihrer Götter wie Janus (Hüter der Tore), Februus (Gott der Reinigung), Mars (Kriegsgott), Maius (Gott des Wachstums) und Juno (Schutzgöttin der Ehe). Der Juli ist nach Julius Caesar benannt, der August nach dem römischen Kaiser Augustus.

Unsere Monate September bis Dezember waren bei den Römern die Monate sieben bis zehn. Jeder Wochentag entsprach einem göttlichen Gestirn: Mond (Montag), Mars (Dienstag), Merkur (Mittwoch), Jupiter (Donnerstag), Venus (Freitag), Saturn (Samstag) und Sonne (Sonntag).

…ember …000	*Dezember 2000*	*Januar 2001*	*Februar 2001*	*März 2001*	*April 2001*	*Mai 2001*	*Juni 2001*	*Juli 2001*	*August 2001*	*September 2001*	*Oktober 2001*
…ban …21	*Ramadan 1421*	*Schawwal 1421*	*Zulkade 1421*	*Zulhidsche 1421*	*Muharram 1422*	*Safar 1422*	*Rabi I 1422*	*Rabi II 1422*	*Dschumada I - 1422*	*Dschumada II - 1422*	*Radschab 1422*
…wan …61	*Kislew 5761*	*Tewet 5761*	*Schewat 5761*	*Adar I 5761*	*Nisan 5761*	*Ijar 5761*	*Siwan 5761*	*Tammus 5761*	*Aw 5761*	*Elul 5761*	*Tischri 5762*

Feiertage aller Art

Wer das Wort „Himmelfahrt“ hört, denkt nicht selten zuerst ans Ausruhen. Viele haben die eigentliche Bedeutung der kirchlichen Festtage vergessen. Dabei ist es noch gar nicht so lange her, dass sich die Menschen in den Kirchen* drängten, um die leibliche Aufnahme Jesu Christi in den Himmel zu feiern – anstatt lange zu schlafen und später die Autobahnen zu verstopfen.

Heilige Ruhe tut gut!

Die siebentägige Woche der Juden, Muslime und Christen geht auf die biblische Schöpfungsgeschichte zurück. Da Gott am siebten Tag ruhte, widmen die Gläubigen diesen Tag der Erholung und dem Gebet. Doch sie haben nicht alle denselben Tag gewählt: Bei den Juden ist es der Samstag, bei den Christen der Sonntag und bei den Muslimen der Freitag. In Israel dauert das Wochenende von Freitagabend bis Samstagabend, in Europa von Samstagmittag bis Sonntagabend und in Algerien von Donnerstagmittag bis Freitagabend.

Weltliche und religiöse Feiertage

Naturerscheinungen wie Frühlingsanfang oder Sonnenwende waren schon immer ein Grund zum Feiern. Religionen bedienten sich dieser Daten. Das hinduistische Holi-Fest feiert zugleich den Frühling und die Jugend Krishnas. Die Christen orientierten sich am kürzesten Tag des Jahres, der Wintersonnenwende, um den Tag der Geburt Christi festzulegen. Freizeit und Kommerz haben sich inzwischen der religiösen Feiertage bemächtigt. So stehen an den Weihnachtstagen bei vielen eher die Geschenke im Vordergrund als die Heilsbotschaft. In den USA sind manche Festtage in der eigenen Geschichte verwurzelt: Thanksgiving erinnert an das Überleben der ersten Siedler, Luther King's Day an die Gleichberechtigung von Schwarzen und Weißen und der Memorial Day an die Kriegsopfer. Zugleich gibt es einen starken religiösen Bezug: Die ersten Siedler waren fromme Protestanten und dankten Gott; Martin Luther King war Baptistenpfarrer und am Memorial Day geht man auf den Friedhof zum Beten.

Koptisches Dreikönigsfest *in Asmara, Eritrea (Nordostafrika)*

NA SO WAS!

Andere Länder, andere Sitten
In Frankreich verspeist man am Dreikönigstag einen Kuchen, in dem eine Bohne oder eine kleine Figur verborgen ist; wer sie findet, ist König. Die Papierkrone steht allerdings eher für die Könige Frankreichs als für die drei Weisen aus dem Morgenland. Um an deren kostbare Gaben zu erinnern, beschenkt man sich in Spanien und Rom an diesem Tag reicher als zu Weihnachten.

***Feier des Aid el Fitr** in Kandahar, Afghanistan*

***Nachbildung** des neunarmigen Leuchters am Rathaus von Tel Aviv (Israel) anlässlich des Lichterfests (Chanukka)*

Allgegenwärtige Religion

In Indien gibt es jede Woche nur einen Ruhetag (Sonntag), doch zum Ausgleich eine Vielzahl von Feiertagen für Hindus, Buddhisten, Muslime, Christen, Sikhs und Jainas. Weihnachten und Ostern feiert man im Libanon gleich dreimal, denn Orthodoxe, Armenier und Katholiken verwenden unterschiedliche Daten, die allesamt vom Staat anerkannt werden. Es gibt kein Land, das nur weltliche Feiertage kennt. Trotz der atheistischen* Regime feiert man in Kuba Weihnachten und in China das buddhistische Neujahrsfest. Einzige Ausnahme ist Nordkorea, dessen Diktatur alle Feste abgeschafft hat, die nicht das Regime feiern.

***Der Goldene Tempel** von Amritsar während des Lichterfests Dipavali*

		Anzahl der freien Tage in …					
	Name des Feiertags	Frankreich	Deutschland	Algerien	USA	Israel	Indien
Weltliche Feiertage	Staatliche und historische Gedenktage	3	1	3	7	1	3
	Tag der Arbeit	1	1	1	1		
	Neujahr oder jahreszeitliche Festtage	1	1	1	1	1	
Judentum *(siehe S. 54–55)*	Rosch ha-Schanah (jüdisches Neujahr)					2	
	Pessah (Befreiung des jüdischen Volkes)					2	
	Schawuot (Wochenfest)					1	
	Tischa B'aw (Fastentag)					1	
	Sukkot (Laubhüttenfest)					2	
	Jom Kippur (Versöhnungstag)					1	
	Simchat Thora (Ende der Thora-Lesung)					1	
	Chanukka (Lichterfest)					7	
Christentum *(siehe S. 80)*	Epiphanie (Heilige Drei Könige)		(1)				
	Ostern (mit Karfreitag)	1	2				1
	Christi Himmelfahrt	1	1				
	Pfingsten (Herabkunft des Hl. Geistes*)	1	1				
	Mariä Himmelfahrt	1	(1)				
	Allerheiligen	1	(1)				
	Weihnachten (Geburt Jesu)	1	1		1		1
	Fronleichnam (Gegenwart Christi)		(1)				
	Reformationstag		(1)				
	Buß- und Bettag		(1)				
Islam *(siehe S. 106)*	Id al-Kabir (Opferfest)			1			1
	Hidschra (islamisches Neujahr)			1			
	Aschura (Martyriums- bzw. Segensfest)			2			
	Mulud (Geburtstag des Propheten*)			1			1
	Id al-Fitr (Fastenbrechen)			1			1
Hinduismus *(siehe S. 132)*	Shivaratri (Festtag Shivas)						1
	Holi (Jugend Krishnas, Frühling)						1
	Ramanvani (Festtag Ramas)						1
	Dashera (Durga, Ende des Monsuns)						1
	Dipavali (Lichterfest)						1
Buddhismus *(siehe S. 143)*	Vesak (Festtag Buddhas)						1
Sikhismus *(siehe S. 137)*	Geburtstag von Guru Nanak						1
Jainismus *(siehe S. 136)*	Mahavir Jayanti (Festtag Mahaviras)						1

(1) Nur in einigen Bundesländern gesetzlicher Feiertag

Religion und Nahrung

Opfergabe an die Wachgeister (nat) in einem animistischen Tempel

Alle Religionen reden vom Essen und Trinken – das ist ja auch wichtig! In den heiligen Schriften geht es vor allem darum, in einer Mischung aus Religion und Hygienegebot „reine" und „unreine" Speisen zu unterscheiden.

Ein Gott aus Fleisch und Blut

Wie alle Juden nahmen auch die frühen Christen an jüdischen Brüdermahlen teil. Damit sich aber auch Nichtjuden beteiligen konnten, die Jesus folgen wollten, verzichteten sie schließlich auf die Reinheitsvorschriften *(siehe S. 203)*. Bei ihrem Abendmahl *(siehe S. 69)* erinnerten sie an die Worte Jesu: „Esst davon, dies ist mein Leib, der für euch gegeben wird. Trinkt davon, dies ist mein Blut, das für euch vergossen wird." Für sie trat Jesus an die Stelle des Pessah-Lamms; Gott empfängt also keine Opfer mehr, sondern gibt sich selbst als Opfer. Die Feier des Abendmahls nimmt im Gottesdienst der Christen eine wichtige Stellung ein.

Speis und Trank für die Götter

Bereits die Neandertaler legten den Toten wahrscheinlich Lebensmittel in die Gräber; vielleicht glaubten sie an ein Leben nach dem Tod. Die Verfasser der Veden *(siehe S. 190)* und die alten Griechen glaubten, dass die Götter gemeinsame Festmahle mit den Menschen veranstalteten: Die Götter taten sich dabei gütlich an Gerüchen und tranken den Nektar der Unsterblichkeit, während die Menschen Fleisch aßen. Die Anweisungen in der Bibel sind ganz klar: „Alles, was sich regt und lebendig ist, diene euch zur Nahrung; wie das Grünkraut gebe ich euch alles. Jedoch lebendiges Fleisch, mit seinem Blut noch verbunden, sollt ihr nicht essen." (Genesis 9,3–4) Um Gott das ihm gebührende Opfer darzubringen, ließen die jüdischen Priester das Blut der Lämmer oder Stiere im Tempel* fließen und verbrannten ihr Fett, damit dessen Rauch den Himmel „entzückt".

Opferung eines Hammels *durch Samaritaner für das Pessahfest*

Manche buddhistische Klöster *besitzen keine eigene Küche; die Mönche ziehen jeden Tag durch die Nachbarschaft, um Almosen zu empfangen.*

Speisevorschriften

Hindus und Buddhisten sind vorzugsweise Vegetarier, damit sie keine Lebewesen töten müssen. Juden und Muslime müssen die Tiere, die sie verzehren wollen, zuerst ausbluten lassen. Rein (koscher) ist für Juden allein das Fleisch von Wiederkäuern mit gespaltenem Huf (Rind, Ziege). Schwein und Pferd sind verboten, ebenso Fische ohne Flossen und Schlangen. Muslimische Gläubige dürfen das Fleisch von Pflanzenfressern (Hammel usw.) verzehren, nicht jedoch das von Fleisch- oder Allesfressern (Schwein). In der Tisch-Sure des Koran werden ebenso „Ersticktes und Erschlagenes oder durch Fall zu Tode Gestürztes“ (Sure 5, Vers 4) verboten. Auch die Eigenschaften eines Nahrungsmittels spielen eine Rolle: Buddhisten, die nachts meditieren, empfehlen den anregenden Tee. Der Zen *(siehe S. 145)* erfand eine wahrhafte Teezeremonie. So prägen Ernährungsregeln auch gesellschaftliche Verhaltensregeln: Der Koran verbietet berauschende Getränke, die die Zunge lockern. Die gemeinsame Mahlzeit der Sikhs nach der Liturgie* soll den Zusammenhalt fördern.

Sprechende Speisen

Das traditionelle Pessahfest erzählt vom Auszug der Israeliten aus Ägypten *(siehe S. 163)*. Das Bitterkraut steht für die harte Sklaverei, die Fruchtmasse für den Lehm auf den Baustellen des Pharaos. Das Salzwasser erinnert an die vergossenen Tränen, die Keule an das vor der Reise geopferte Lamm und der ungesäuerte Fladen an den hastigen Aufbruch (für Sauerteig war keine Zeit).

NA SO WAS!

Nur nichts verkommen lassen!
In Indien haben Kühe heiligen Rang. Manche frommen Hindus trinken ein reinigendes Gemisch aus Milch, Molke, Butterschmalz, Urin und Kuhfladen. Interessant!

Fasten für Gott

Nahrung ist lebenswichtig. Für das Fasten muss es also einen guten Grund geben. Die Menschen in der Vorgeschichte aßen nicht, bevor sie auf die Jagd gingen, um sich die Geister der Tiere gewogen zu machen. Die Schamanen* fasten, um mit den Geistern in Verbindung zu treten. Die Strenggläubigen der Offenbarungsreligionen tun dies, um ihrem Gott zu begegnen. Fasten versetzt den Körper in einen Zustand, der das spirituelle Erwachen begünstigt. Die Juden fasten an Jom Kippur, um ihr Herz zu läutern. Die christliche Fastenzeit dient der spirituellen Einkehr. Der islamische Fastenmonat Ramadan bedeutet Unterwerfung des Gläubigen unter Allahs Gesetz. Bei den Jainas fasten manche Asketen*, bis sie „diese Wiedergeburt friedvoll verlassen“, also bis zum Tod.

Der Ramadan *wird streng befolgt und vereint die Muslime am Abend zu einer gemeinsamen Mahlzeit.*

Religion und Wissen

Averroes, ein islamischer Gelehrter aus dem 12. Jahrhundert, versicherte, Religion und Wissenschaft stellten zwei unterschiedliche Wege für das Streben nach Wahrheit dar. Damit trug er maßgeblich zur Versöhnung von Wissenschaft und Religion bei.

***Der griechische** Philosoph Aristoteles (384–322 v. Chr.) gilt als gründlicher Naturbeobachter.*

Glaube und Wissensdurst

Im Altertum wurden viele wissenschaftliche Phänomene durch Religion erklärt. Der Wissensdrang von Priestern und Magiern förderte indes den Entdeckergeist. Indische Astronomen leisteten einen Beitrag zur Geburt der Mathematik. Die beim Einbalsamieren von Mumien erfahrenen Ägypter entdeckten nach und nach die Funktionen des menschlichen Körpers. Die Babylonier pflegten ihre Kranken mit Pflanzen und göttlichem Beistand. Dieses Wissen öffnete die Pforten für Chirurgie, Medizin, Chemie und die Herstellung von Arzneimitteln.

Glaube und Wissenschaft in Konkurrenz

Im 4. Jahrhundert v. Chr. rückte der griechische Philosoph Aristoteles von den Göttern ab. Bevor man glaubt, solle man zunächst die Realität beobachten. Einen Schöpfer kannte er, aber mathematische Gesetze bestimmten seiner Ansicht nach den Lauf der Welt. Diese These erwies sich als starker Impuls für das wissenschaftliche Denken. Im 12. Jahrhundert behauptete Averroes *(siehe S. 268)*, dass hinsichtlich der Wahrheit zwischen Koran, Philosophie und Wissenschaft Einvernehmen herrschte. Daraufhin wurden einige seiner Werke verbrannt.

Die Evolution der Spezies Mensch

In der Bibel steht, dass Gott den Menschen „nach seinem Abbild" schuf. Als Charles Darwin die These von der gemeinsamen Abstammung von Mensch und Affe aufstellte, regte sich starker Widerspruch. Die anglikanische Kirche gestattete ihm letztlich dann doch ein ehrenhaftes Begräbnis. Die katholische Kirche wartete noch bis 1950, bis sie sich seinen Theorien öffnete. Heute wollen „Kreationisten" die Evolutionslehre aus den Schulen verbannen. Der Jesuit Teilhard de Chardin sah in der Lehre dagegen eine Chance, die Rolle des Menschen im Kosmos besser zu erfassen.

***Um die Zeit messen** und die religiösen Festtage bestimmen zu können, errichteten hinduistische Astronomen zahlreiche Observatorien, wie dieses in Jaipur (18. Jahrhundert).*

Thomas von Aquin *(1225–1274), italienischer Philosoph und Theologe*

Der jüdische Philosoph Maimonides *(siehe S. 267)* schrieb 1190 einen Leitfaden für ratlose jüdische Gläubige, die versucht waren, dem Judentum den Rücken zu kehren. Die Christen wiederum übersetzten im Mittelalter Werke der Griechen und Araber und gründeten Universitäten mit dem Vorrecht, nichtchristliche Lehren zu untersagen. 1268 versöhnte Thomas von Aquin *(siehe S. 269)* die christliche Lehre mit dem Denken der Griechen. Erst wurde er verdammt, dann aber sogar heilig gesprochen. Auch die Wissenschaftler Galileo und Darwin *(siehe Kasten)* sind heute rehabilitiert.

NA SO WAS!

Revolution im Universum
Christen stellten lange Zeit die Erde in den Mittelpunkt des Weltalls. Für sie waren der Mensch die Krone und die Erde das Herzstück der Schöpfung, um das sich das ganze Universum drehte. Als Kopernikus 1543 lehrte, dass sich die Erde um die Sonne dreht, war das eine Revolution. Galileo, der diese Theorie unterstützte, wurde 1632 vom Papst als Ketzer* verurteilt und wäre beinahe auf dem Scheiterhaufen gelandet. Rehabilitiert wurde er erst 1757.

Der Kanon der Medizin *ist eine echte medizinische Enzyklopädie und wurde von dem persischen Denker und Arzt Avicenna (980–1037) verfasst.*

Sigmund Freud *(1856–1939), österreichischer Arzt und Begründer der Psychoanalyse*

Können Glaube und Wissenschaft einander ergänzen?

Im 19. Jahrhundert wollten atheistische* Wissenschaftler beweisen, dass der Mensch auf Gott nicht angewiesen sei und man die Religion demzufolge abschaffen könne. So tat Sigmund Freud, dem einige tiefe Einblicke in die menschliche Seele gelangen, den Glauben an einen Gott oder „himmlischen Vater" als Fantasieprodukt ab. Doch die Schrecken des 20. Jahrhunderts (Atombombe, Umweltkatastrophen, Diktaturen) zeigten die Grenzen der Wissenschaft auf. Es scheint, dass sowohl Wissenschaft als auch Religion ihre Berechtigung haben und einander ergänzen sollten. Heute etwa nutzen nicht wenige Gläubige die Freud'sche Psychologie, ohne ihre Religion aufzugeben. Auch ist eine Zusammenarbeit von Naturwissenschaftlern und Theologen zu beobachten *(siehe S. 342–343 und 352)*.

Im Dienste der Armen und Kranken

Gebrechliche Menschen kommen nicht allein zurecht. Was tun? Resignieren oder versuchen, ihnen zu helfen? Nicht immer können Angehörige helfen. Um die Bedürftigsten kümmern sich oft karitative Organisationen, auch solche ohne religiösen Hintergrund.

Das Recht des Stärkeren?

Im Mittelalter hat man Leprakranke ausgestoßen; sie mussten ein Glöckchen läuten, damit man ihnen aus dem Weg gehen konnte. Oft meinte man, die Kranken trügen selbst Schuld an ihrem Unglück: „Das ist nun die Strafe!", „Er zahlt für die Sünden* seiner Vorfahren!" oder „Weg mit ihm!" Auch heute noch gibt es Menschen, die sich auf das „Recht des Stärkeren" berufen. In der modernen Gesellschaft kommen die Schwächsten oft zu kurz.

Das Gesetz der Nächstenliebe

Die drei monotheistischen* Religionen lehren, dass Gott alle Menschen gleich erschaffen hat. Wenn es Starke und Schwache gibt, müssen die Ersteren den Letzteren helfen. Der jüdische Prophet* Jesaja sagt über Gott: „Den Armen Frohes zu melden, hat er mich gesandt, zu heilen, die gebrochenen Herzens sind, Befreiung zu künden den Gefangenen, den Gefesselten Lösung." (Jesaja 61,1) Jesus spricht: „Was ihr getan habt einem von diesen meinen geringsten Brüdern, habt ihr mir getan." (Matthäus 25,40) Mohammed verkündet das göttliche Gesetz, von seinem Vermögen zu geben „den Verwandten, Waisen und Armen und den Pilgern, überhaupt jedem, der darum bittet; der Gefangene löst, das Gebet verrichtet, Almosen spendet." (Sure 2, Vers 178) Auch Buddha lehrt das Mitgefühl mit den Schwächsten. Im Mittelalter entstanden die ersten Hospitäler, in der christlichen Welt vor allem auf Betreiben der Bischöfe und Klöster, in der islamischen Welt auf Initiative bedeutender Ärzte.

__Muslimischer Arzt__ bei der Behandlung eines Verletzten (15. Jahrhundert)

Für die Würde des Menschen

Seit dem 15. Jahrhundert ging die Verwaltung der Hospitäler nach und nach in die Verantwortung der Städte über und die Krankenpflege wurde von Laien* durchgeführt. Im Laufe der Zeit begann die Gesellschaft, auf die Bedürfnisse der Schwächsten zu reagieren. Einige Werte, die bisher nur von den Religionen verfochten wurden, fanden allgemeine Anerkennung. Entsetzt von der blutigsten Schlacht des 19. Jahrhunderts – 1859 bei Solferino zwischen Frankreich und Österreich – gründete der Schweizer Protestant Henri Dunant 1863 das Internationale Komitee vom Roten Kreuz (IKRK). Sein Ziel: Die Staaten sollten die Menschenrechte auch in Kriegszeiten achten, unabhängig von der Herkunft der Gefangenen oder Opfer. In den islamischen Ländern wurde später der Rote Halbmond gegründet. Rotes Kreuz und Roter Halbmond schlossen sich 1928 zusammen, um zu dokumentieren, dass sie trotz Verwurzelung in unterschiedlichen Kulturen das gleiche Anliegen verfolgen.

Zusammenarbeit *von Rotem Kreuz und Rotem Halbmond in Gaza, Israel*

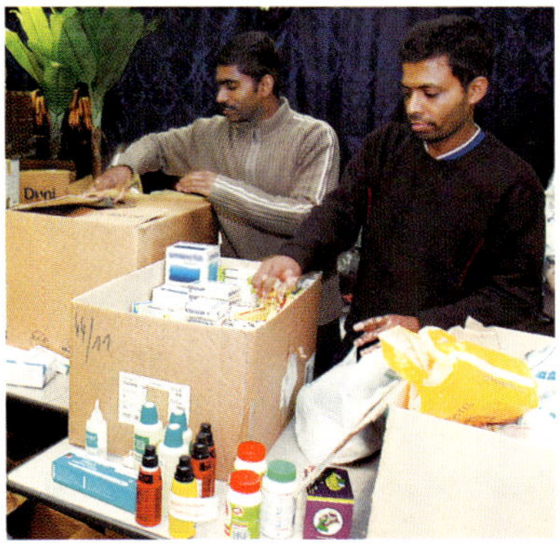

Lebensmittelspenden*, organisiert von einer hinduistischen Gemeinde, für die Tsunami-Opfer vom Dezember 2004*

Fortschritt der Menschheit?

Zeitungen und Fernsehnachrichten erinnern uns täglich daran, dass „brüderliche Liebe" oder „humanitäre Solidarität" sich nicht überall durchsetzen. Die Menschheit hat beeindruckende technische Fortschritte erzielt. Ungerechtigkeit, Ausgrenzung und Armut konnten jedoch noch nicht besiegt werden. Doch kann man nicht erst von einem wahren Fortschritt der Menschheit sprechen, wenn diese Übel bekämpft werden?

In den weltweit *vertretenen, von Jean Vanier gegründeten Arche-Gemeinschaften leben Menschen verschiedener Konfession mit geistig Behinderten zusammen.*

Religion und Bildung

Die Schule ist dazu da, Bildung zu vermitteln. Das geht nicht, ohne Religion zum Thema zu machen. In Deutschland gibt es in den meisten Schulen katholischen oder evangelischen Religionsunterricht. Heute bieten viele Schulen auch Ethikunterricht an, der an keine Konfession gebunden ist.

Das Buch von den Eigenschaften der Dinge *(14. Jahrhundert) lehrt alles über „Gott und seine Kreaturen des Himmels, der Erde und des Meeres, sichtbare wie unsichtbare, leibliche wie geistige". Wissenschaft und Religion waren damals noch eins.*

Denker und Theologen machen Schule

Seit der Antike wurden nur wenige privilegierte Jungen in die Kunst des Lesens und Schreibens eingeführt: In Ägypten unterrichteten die Schriftgelehrten die Jungen; in Asien lehrten die buddhistischen Mönche und die Schüler des Konfuzius. Nach der Einführung des griechischen Alphabets im 8. Jahrhundert v. Chr. nahm die Zahl dieser immer noch kleinen Gruppe in Europa zu. Dort sorgten vor allem die mittelalterlichen Klöster für eine höhere Bildung, bei der die Theologie* im Mittelpunkt stand. Abälard unterrichtete 1122 in Paris an einem Ort, aus dem später eine der ersten Universitäten Europas, die Sorbonne, hervorging. Gemeinsam mit anderen Lehrenden setzte er sich für eine größere Unabhängigkeit von der Kirche* ein. Ende des 13. Jahrhunderts hatte Paris 3000 Studenten weltlicher Fächer wie Grammatik, Arithmetik, Musik oder Astronomie und nur 400 im Fach Theologie.

Der Pädagoge, *Porzellan (13. Jahrhundert)*

NA SO WAS!

Immer auf Trab

Im alten Griechenland war der Pädagoge („Knabenführer") jener Sklave, der die Kinder zur Schule begleitete. Heute ist es Aufgabe des Pädagogen, den Schülern etwas beizubringen. Dabei darf man nicht vergessen, dass Lehren und Lernen bedeutet, seinen Geist in Bewegung zu setzen.

***Universität** im Mittelalter (15. Jahrhundert)*

Im 19. Jahrhundert *war Jules Ferry ein glühender Verfechter der unentgeltlichen öffentlichen Pflichtschule. Seine Idee fand auch außerhalb Frankreichs Anklang. Das Bild zeigt die Einweihung eines Denkmals in Tunis für ihn.*

Laizismus in Frankreich

In Bezug auf religiöse Vielfalt gilt in Frankreich das Prinzip des Laizismus*. Anders als in Deutschland gibt es an den staatlichen Schulen keinen Religionsunterricht. Damit ist aber nicht gesagt, dass Religion nicht zur Sprache kommen darf, denn Unwissen würde die Intoleranz begünstigen. Vielmehr sollen die Schüler über die unterschiedlichen Glaubensrichtungen ohne Vorurteile aufgeklärt werden.

Die Bildung wird verstaatlicht

In Deutschland entstanden im 17. Jahrhundert Volksschulen unter kirchlicher Aufsicht. Zuvor hatte es hauptsächlich nur so genannte Lateinschulen gegeben. Aber erst im Laufe des 18. Jahrhunderts setzte sich die allgemeine Schulpflicht durch (ab 1717 in Preußen). In den 1770er-Jahren reformierte Freiherr von Zedlitz und Leipe, ein preußischer Staatsmann, das höhere preußische Schulwesen und 1779 wurden das humanistische Gymnasium sowie das Abitur eingeführt. Später kam noch die Realschule hinzu.

Und die religiöse Bildung?

Religionen übermitteln ihre Botschaft durch Eltern, Rituale* und religiöse Institutionen doch jede Religion hat bei der religiösen Erziehung ihre Besonderheiten.

- **Christentum:** Priester, Pastoren oder Katecheten betreuen Kindergruppen, im Pfarrzentrum bei den Katholiken, im Kindergottesdienst bei den Protestanten und nach der Liturgie* bei den Orthodoxen. Katholische Kinder gehen vor der Erstkommunion zum Kommunionsunterricht, evangelische Jugendliche vor der Konfirmation zum Katechumenenunterricht. Organisationen wie Pfadfinder, Kirchenchor, Jugendkreise oder Diskussionsforen laden junge Menschen ein, ihren Glauben auszuüben.
- **Judentum:** Das Schriftstudium bildet die Grundlage der jüdischen Religion, wie bereits die Namen ihrer heiligen Bücher deutlich ausdrücken: Thora (Gesetz, Weisung), Talmud (Lernen, *siehe S. 170–171*) und Mischna (Lehre). Für die Juden bietet das ganze Leben Gelegenheit zu lehren und lernen. Am Sonntagmorgen gehen die Kinder im Alter von 4–15 Jahren in die Talmudschule *(siehe Foto unten)*. Auch den Erwachsenen stehen die Talmudschulen offen.
- **Islam:** Die praktischen Dinge für das Leben als Muslim (Gebet usw.) werden vor allem in der Familie erlernt. In Europa gibt es nur wenige Koranschulen, in denen man den Koran in arabischer Fassung lesen und auswendig lernen kann – ein langwieriges Unterfangen für Kinder, deren Muttersprache nicht Arabisch ist (bei 80 % der Muslime ist dies der Fall). In einigen Ländern gibt es Koranschulen als öffentliche Schulen, die den Koran in den Mittelpunkt der Lehre stellen.

Heute *versucht man in laizistischen Ländern, den Kindern die religiösen Grundlagen zu vermitteln. In diesem italienischen Museum zum Beispiel werden die Schüler in die christliche Sakralkunst eingeführt.*

Namen mit religiösem Hintergrund

***Kalligrafie** mit dem Namen des Kalifen Othman neben dem Namen Allahs*

Das Religiöse durchdringt alle Kulturen. Zahlreiche Vornamen sind religiösen Ursprungs und auch viele bekannte Redewendungen. Wer genau hinschaut, kann Religion an fast jeder Straßenecke begegnen.

Vornamen

In der westlichen Welt haben viele Vornamen einen religiösen Ursprung, der in die verschiedensten Zeiten zurückreicht. Am ältesten und jüdischer Herkunft sind Vornamen mit *el* (meist am Ende). Dieses *el* bedeutet „Gott". Michael heißt „Wer ist wie Gott?", Samuel „von Gott erhört" und Daniel „Gott ist mein Richter". Das griechische Wort für Gott ist *theos*; dies führte zu Vornamen wie Theodor („Gottesgeschenk") oder Theophil („Götterfreund"). Viele Vornamen gehen auch auf Heilige und die ersten Jünger und Anhänger Jesu zurück (Johannes, Peter, Magdalena, Matthias, Martha usw.). In den islamisch geprägten Ländern haben die meisten Vornamen eine religiöse Bedeutung. Beliebt sind die Namen von Kalifen (den Nachfolgern Mohammeds). Bisweilen bestehen sie aus dem Wort *abd* („Diener" oder „Bewunderer"), gefolgt vom Namen Gottes (Allah) oder einer seiner Eigenschaften wie Qader („der Mächtige") oder Nasser („der Siegreiche"). Auch die Namen biblischer Gestalten sind häufig: Daud (David), Süleyman (Salomo), Issa (Jesus), Yahya (Johannes der Täufer), Ibrahim (Abraham), Mussa (Moses), Yussuf (Joseph) usw. Viele weibliche Vornamen gehen auf Mohammeds Verwandte zurück, wie etwa Chadidscha (seine Frau) oder Fatima (seine Tochter).

***Der berühmte Fußballer** Zinédine Zidane trägt einen religiösen Vornamen. Das arabische Wort* din *bedeutet „Religion",* Zin ed din *heißt „Schönheit der Religion".*

Redewendungen

In allen Sprachen findet man gängige Redewendungen religiösen Ursprungs. Auf das Alte Testament verweist zum Beispiel „Nach mir

Ein göttlicher Name

Die Schauspielerin Uma Thurman trägt den Namen einer hinduistischen Göttin des Lichtes und der Schönheit. Ihr Vater (Professor für Indologie und der erste Amerikaner, der vom Dalai-Lama zum Mönch geweiht wurde) und ihre Mutter (Psychotherapeutin) gaben ihren Brüdern diese Vornamen: Dechen (tibetischer Vorname), Ganden (Kloster in Nepal) und Mipam (berühmter Lama).

***Straßenschild** in Portugal (Heilig-Geist-Passage)*

die Sintflut!" *(siehe S. 17)* oder der Ausdruck „zur Salzsäule erstarren" *(siehe S. 168)*. Auf das Leiden Christi *(siehe S. 179)*: „Ich wasche meine Hände in Unschuld" (Ausspruch des Pilatus), „sein Kreuz auf sich nehmen" oder der Wunsch, „der Kelch möge an einem vorübergehen" (Gebet Jesu vor seiner Gefangennahme).
Muslime verwenden bei vielen Gelegenheiten Ausdrücke wie Inschallah („so Gott will"), Bismillah („im Namen Gottes"), Mektub („es steht geschrieben") oder Maschallah („Gottes Wille").

Ortsnamen

Zumindest bei Ortsnamen ist die Religion offenbar noch stark vertreten. In ganz Europa tragen Städte und Dörfer den Namen eines christlichen Heiligen, etwa Sankt Anton, Sankt Florian, Sankt Moritz oder Sankt Peter. San Francisco an der Westküste der USA ist nach dem heiligen Franziskus benannt. In manchen Fällen ist der Name des Heiligen nicht gleich erkennbar, wie bei dem spanischen und chilenischen Ortsnamen Santiago (heiliger Jakobus). Städte, in denen es ein Kloster (lateinisch: monasterium) gegeben hat, tragen in ihrem Namen noch einen mehr oder weniger deutlichen Hinweis darauf: Münster oder Monastir (Tunesien). Bei manchen Ortsnamen kann nur der Sprachkundige erkennen, dass sie einen religiösen Ursprung haben: Der Name der französischen Ortschaft Oradour geht auf das lateinische *oratorium* (Betsaal) zurück.

WER SOLL SICH DA NOCH AUSKENNEN?

Es gibt unterschiedliche Möglichkeiten, um arabische Wörter in lateinischer Schrift wiederzugeben. Hinzu kommt, dass nichtarabische Muslime manche dieser Wörter verändert haben: Babkar für Abu Bakar, Usman für Othman, Nordin für Nur ed din („Licht der Religion") oder Abdulasche für Abdallah („Diener Gottes"). Statt Mohammed sagen die Afrikaner Mamadu und die Berber Mohand.

***Diese Straße in Jerusalem** trägt den lateinischen Namen Via Dolorosa (Schmerzensweg), um an den Kreuzweg Christi zu erinnern.*

***Noch lange nicht am Ziel:** radelnde Pilger auf dem Jakobsweg*

NA SO WAS!

Nach der Schlacht
Die Türken wurden 1683 endgültig vor den Toren Wiens geschlagen. Ein weiteres Vordringen des Islam war damit verhindert und in Wien kehrte Ruhe ein. Die Konditoren der Stadt erinnerten an die Türken durch allerlei süßes Naschwerk und Hörnchen in der Form des Halbmonds, dem Symbol des Islam.

Religion, Sprache und Schrift

Manche Religionen ziehen mehrere Sprachen vor. Für liturgische* Zwecke bedient man sich entweder einer Sprache, die von allen Anwesenden verstanden wird, oder der ursprünglichen Sprache der jeweiligen Religion.

Hebräisch
Diese verzierte Seite stammt aus einem religiösen Buch des 14. Jahrhunderts und ist in Hebräisch verfasst. Hebräisch war lange eine rein liturgische Sprache, bis es in Israel zur Alltagssprache wurde. Ähnlich wie im Arabischen sind die Vokale nicht eindeutig gekennzeichnet; eine korrekte Aussprache setzt daher gute Sprachkenntnisse voraus.

Arabisch
Der Koran wurde auf Arabisch verfasst, in der Sprache der göttlichen Offenbarung *(siehe S. 102–103)*. Da sie sich seit dem Propheten* Mohammed verändert hat, ist das Arabisch des Korans für Laien manchmal schwer verständlich. Die Seite zeigt keine Abbildungen von Personen; es dürfen nur kalligrafische Ornamente verwendet werden.

Sanskrit
Die alten religiösen Schriften des Hinduismus und Jainismus benutzen das Sanskrit, das im heutigen Indien keine Alltagssprache ist. Die verwendete Schrift heißt *devanagari* („Schrift der Götter"). Die wichtigste indische Sprache, das Hindi, verwendet dasselbe Alphabet. Abgebildet ist eine Jaina-Miniatur aus dem 14. Jahrhundert.

Lateinisch

Diese Seite eines katholischen Gebetbuchs aus dem 15. Jahrhundert ist in Lateinisch verfasst. Seit dem Zweiten Vatikanischen Konzil (1965) wird die Messe in der jeweiligen Landessprache gelesen. Bei den katholischen Riten der nichtromanischen Völker fanden schon immer die Sprachen der jeweiligen Kultur Verwendung: Arabisch bei den Melchiten und Maroniten, Armenisch für den armenischen Ritus, Aramäisch für die Katholiken des chaldäischen Ritus *(siehe S. 86)*, Malayalam bei den Katholiken im indischen Kerala usw.

Altkirchenslawisch

Liturgische Objekte der russisch-orthodoxen Kirche tragen Inschriften in Altkirchenslawisch mit einem Alphabet, das vor allem den Priestern (Popen) bekannt ist. Dies ist bis heute die Sprache der russisch-orthodoxen Liturgie.

Ge'ez

Dieses Buch der äthiopischen Christen enthält ein Bildnis des heiligen Georg. Sein Sieg über den Drachen steht für den Sieg des Guten über das Böse. Der Text ist in einer alten Sprache (Ge'ez) verfasst, doch die Schrift ist die des Amharischen, der äthiopischen Amtssprache.

Religiöse Gewänder

Wenn die Gläubigen zusammenkommen, um einer Zeremonie beizuwohnen, benötigen sie oft „Fachkundige" für das Gebet und die Durchführung der Riten*. Diese „Zeremonienmeister" tragen meist eine besondere Kleidung, die ihren Rang oder die Heiligkeit ihres Amtes ausdrückt.

Dieser **katholische Bischof** trägt einen hohen dreieckigen Hut (Mitra), dessen beide Spitzen das Alte und das Neue Testament symbolisieren, und ein weiß-goldenes Messgewand für Feiertage. In der Hand hält er den Bischofsstab, der auch Hirtenstab genannt wird und zum Ausdruck bringt, dass er seiner Diözese wie ein Hirte vorsteht.

Dieser **orthodoxe Bischof** ist in Schwarz gekleidet, da er, wie quasi jeder orthodoxe Bischof, Mönch ist. Er trägt den runden Hut der Priester, doch Schleier und Stab erinnern an seine bischöfliche Autorität. Die Farben des reich bestickten Umhangs richten sich nach den jeweiligen liturgischen* Gegebenheiten.

Dieser **Rabbiner** ist so gekleidet wie jeder traditionelle Jude, der zum Gebet in die Synagoge kommt. Gebetskäppchen *(Kippa)* und Gebetsschal *(Tallit)* drücken aus, dass er die schützende Macht Gottes anerkennt. Die kleinen Kapseln mit Auszügen aus der Thora und die ledernen Gebetsriemen *(Tefillin)*, die er am linken Arm und auf der Stirn trägt, zeugen von seinem Wunsch, Gott möge sein Denken und Tun bestimmen.

Dieser **muslimische Imam** trägt eine Kappe und einen prachtvollen Mantel. Er hätte aber auch eine andere Kopfbedeckung und Mantelform wählen können, denn für das Gebet gilt keine strenge Kleiderordnung. Daher kleidet sich jeder Imam so, wie es den Gepflogenheiten in seiner Gemeinde entspricht.

Dieser **hinduistische Brahmane** erscheint mit nacktem Oberkörper in einem schlichten Schurz zur Zeremonie. Stets trägt er die Schnur – das Erkennungsmerkmal, das anzeigt, dass er „zweimal geboren" wurde und die Veden kennt *(siehe S. 190)*. Bisweilen hat er einen Punkt *(tilak)* auf der Stirn als Symbol dafür, dass er verheiratet ist. Die auf die Stirn gemalten drei senkrechten Striche weisen ihn als Anhänger Vishnus aus.

Dieser **Voodoo-Priester** im traditionell weißen Gewand trägt als Zeichen seines Amtes einige Amulette um den Hals – Beutel mit Kräutern, Hühnerkrallen, Schlangenhäuten usw., die nach einem geheimen und nur ihm bekannten Ritual zusammengestellt werden. Beutel und Halskette sind mit Kaurimuscheln verziert, die früher als Währung dienten.

Buddhistische Mönche tragen meist ein safrangelbes Gewand, von dem ein Teil die linke Schulter bedeckt. Indem man es selbst näht, folgt man dem Beispiel Buddhas, der alte Leichentücher im Ganges wusch, sie mit Erde färbte und zusammennähte, um sich zu verhüllen.

Dieser **Vorleser aus dem heiligen Buch der Sikhs** ist wie ein normaler Gläubiger gekleidet. Kaum sichtbar trägt er die fünf Attribute der Sikhs (Haarknoten und Kamm unter dem Turban, Hosen, Dolch unter der Kleidung und Armreif). Die Stola ist der Ausdruck seiner Aufgabe, dem heiligen, als Guru verehrten *Granth Sahib* Luft zuzufächeln und daraus vorzulesen.

Dieser **protestantische Pastor** trägt einen schwarzen Talar mit weiten Ärmeln. Seine Schlichtheit zeugt von dem Bestreben der Protestanten, jeden Prunk zu vermeiden. Zum Talar wird das so genannte Beffchen getragen, das aus zwei Streifen weißen Stoffs besteht. In einigen Regionen trägt man stattdessen eine weiße Halskrause.

Dieser **Shinto-Priester** trägt ein Gewand, das seit dem Mittelalter nicht mehr verändert wurde. Hut, Umhang und Holzschuhe sollen eine Tradition* fortführen, die auf keinen Fall verändert werden darf, denn schließlich ist er der Wächter über die Werte der Ahnen.

Mode und Religion

Kleidung ist ein Spiegelbild kultureller Gewohnheiten. Manche Religionen schreiben den Gläubigen jedoch eine besondere Kleiderordnung vor, sei es als Erkennungszeichen oder aus Gründen der Schicklichkeit.

Wenn Kleidung etwas bekunden soll

Kleidung soll oft zeigen, wofür ein Mensch steht und was er schätzt. Manche tragen einen Schmuckanhänger mit dem Porträt ihres oder ihrer Liebsten oder ein T-Shirt mit dem Konterfei ihres Lieblingssängers. So wundert es nicht, dass auch die Gläubigen Symbole ihres Glaubens zur Schau stellen: ein Medaillon des Heiligen, dessen Namen sie tragen, ein christliches Kreuz, bei muslimischen Frauen die Hand der Fatima (Tochter Mohammeds), Anhänger aus hebräischen Worten usw. Anhänger Vishnus malen sich drei senkrechte Striche auf die Stirn als Symbol für sein Durchschreiten des Universums mit drei Schritten. Solche Zeichen der religiösen Zugehörigkeit sind überaus zahlreich.

Wenn Kleidung verbirgt

Den Männern gilt der Vollbart bereits seit der Antike als Zeichen ihrer Weisheit und üppiges Haar als Beweis der Macht. In der weiblichen Haartracht erblicken sie jedoch eine mögliche Verführung und haben bereits früh den Schleier erfunden. Sie wünschen, dass die Frauen ihre Schönheit nach außen hin zusammen mit ihrem Haar unter einem Schleier verbergen. Um ihre Wertvorstellungen durchzusetzen, stützen sich die Religionen auf kulturelle Traditionen*. Hierbei spielt das weibliche Schamgefühl eine besondere Rolle: „Männergewand soll eine Frau nicht tragen und ein Mann soll keine Frauenkleider anziehen." (Deuteronomium 22,5) „Denn wenn eine Frau sich nicht verhüllt, möge sie auch die Haare sich abschneiden lassen. Ist es aber schimpflich für eine Frau, sich die Haare abschneiden oder sich scheren zu lassen, so verhülle sie sich." (1. Korintherbrief 11,6) „Sage, Prophet, deinen Frauen und

Junge türkische Muslima

***Beim Vaishakhi-Fest** stellen die Sikhs ihre fünf Erkennungsmerkmale zur Schau: Kamm, verborgenes Haar (unterm Turban fixiert), Hosen, Schwert und metallenen Armreif.*

Töchtern und den Frauen der Gläubigen, dass sie ihr Übergewand über ihr Antlitz ziehen sollen, wenn sie ausgehen … damit man sie als ehrbare Frauen erkenne und sie nicht belästige." (Sure 33, Vers 60) Religionen kreieren zwar keine Mode, doch sie empfehlen jene Kleidungsstücke, die ihren Vorstellungen am ehesten entsprechen. Um die Männer zur Demut anzuhalten, wird den Juden die *Kippa* *(siehe S. 57)* und den Muslimen ein Bart und ein weites Gewand empfohlen.

***Bei dieser Messe** in China tragen alle Frauen einen Spitzenschleier.*

Und wenn Kleidung zur Pflicht wird?

Die Gesellschaft beruft sich in manchen Fällen auf religiöse Schriften, um die Beibehaltung traditioneller Kleidung zu rechtfertigen. Manche sehen darin ein Zeichen der Achtung kultureller Identität, andere den Willen, die Frauen weiterhin zu unterjochen. Bei den Hindus tragen verheiratete Frauen einen roten und junge Mädchen einen schwarzen Punkt auf der Stirn. Einige Jüdinnen tragen Perücken. Manche Katholikinnen bedecken sich mit einem Spitzenschleier, bevor sie die Kirche betreten. Und einige muslimische Gemeinden verlangen, dass die Frauen einen Schleier tragen. In Afghanistan wurden Frauen lange unter einer Art Zelt versteckt (dies ist die Bedeutung des persischen Wortes Tschador). In den Golfstaaten müssen sie eine Ledermaske anlegen, während sie in Nordafrika nur einen dünnen Schleier tragen, der die Gesichtszüge erahnen lässt. In manchen Staaten ist die Verwendung religiöser Symbole gesetzlich geregelt: Das iranische Regime der Ayatollahs schreibt allen Frauen (auch den andersgläubigen) ein Kopftuch vor, während es in der Türkei und in Tunesien den Staatsbediensteten untersagt ist. In England werden alle religiösen Symbole geduldet, während in Frankreich und Deutschland das offene Tragen religiöser Zeichen sehr kontrovers diskutiert wird.

***Diese Frauen** im afghanischen Kabul tragen eine* burkha, *die den ganzen Körper bedeckt; als Sehschlitz dient ihnen ein Baumwollgitter.*

***Diese Hindu-Frauen** sind verheiratet, wie an dem roten Punkt auf der Stirn zu erkennen ist.*

NA SO WAS!

Beschützender Schleier?
Soheib Bencheikh, der Großmufti von Marseille, und das Nationale Zentrum für pädagogische Dokumentation (CNDP) erklärten: „Bei den Beduinen diente der Schleier dem Schutz der Frauen. Heute wird der Schutz der Frauen jedoch durch die Erziehung gewährleistet."

Symbole der Religionen

Wofür steht Feuer? Leben, Liebe, Tod? Der Mensch geht über die Wirklichkeit der Dinge hinaus, um mithilfe von Symbolen eine Brücke zwischen dem Sichtbaren und dem Unsichtbaren zu bauen.

Seit dem *symbolon* der Griechen

In der Antike nahm ein Bürger, der mit einem Fremden einen Vertrag schließen wollte, ein „Erkennungszeichen" *(symbolon)* aus Ton, zerbrach es, behielt eine Hälfte und gab die andere dem Fremden. Dieses Zeichen erinnerte an das eingegangene Bündnis und jede seiner Hälften an das fehlende Gegenstück. Als Symbol bezeichnen wir somit alles, das zwischen der sichtbaren und der unsichtbaren Welt vermittelt. Manche Symbole wurden zu Erkennungszeichen, deren Bedeutung nur den Eingeweihten bekannt ist und die auf Außenstehende rätselhaft wirken.

Voraussetzungen für ein Symbol

Ein Gegenstand, ein Tier oder eine Handlung ist zunächst kein Symbol. Etwas wird erst zum Symbol, wenn man ihm eine „weitere" Bedeutung verleiht. Ein bestimmter Gegenstand hat in verschiedenen Kulturen nicht immer die gleiche Bedeutung und gehört in besonderer Weise zu der Religion, die ihn gebraucht. Körper, Natur, Formen, Gegenstände, Nahrung usw. können zu Symbolen werden.

• Das **Auge** des Horus, Zeichen des Schutzes, wurde von den Ägyptern als Amulett getragen. In Barockkirchen findet man das Auge Gottes, das alles sieht. In den Stupas ist Buddha durch seine Augen dargestellt.

NA SO WAS!

Sym-bolisch und dia-bolisch
Vor *bolon* („zufällig geworfen") stellten die Griechen *sym* („zusammen") oder sein Gegenteil *dia* („auseinander"); das *dia-bolon* (Teufel) zerstreut und schafft Widersinn, während das *symbolon* erlaubt, die Dinge zusammenzufügen.

Feuer der Hölle und der Götter:

In dieser *römischen Opferszene lässt das „umwandelnde" Feuer die Opfergabe zu einem Wohlgeruch werden, der die Götter nährt.*

Buddhistische *Totenverbrennung in Thailand. Das Feuer zeigt an, dass nichts vom Verstorbenen übrig bleibt.*

Der heilige Petrus *besiegt einen Drachen: das „diabolische" Feuer des Bösen wird durch das Gute bekämpft.*

• Das **Herz** der verstorbenen Ägypter wurde dem Mythos nach gewogen. Die Christen verehren das „Herz Jesu".

• Die **Hand** Gottes erschafft die Welt (Bibel). Der jüdische Lesestab endet mit einer Hand *(yad)*. Die fünf Gebete und die fünf Säulen des Islam entsprechen den fünf Fingern der Hand. Die buddhistischen *mudras* (Handgesten) stehen für Geisteshaltungen. Die *mudras* der hinduistischen Götter symbolisieren ihre Macht.

• Der **Halbmond** neben der Sonne steht für den ägyptischen Mondgott Thot. In Mesopotamien war Ischtar in der Nacht Göttin (Mond) und am Tag Gott (Sonne). Die arabische Silbe *Nun* gleicht einem umgedrehten Halbmond und ist im Islam das Symbol der Auferstehung; daraus entstand der Halbmond als Symbol des Islam. Viele islamische Staaten verwenden dieses Symbol in ihrer Flagge.

Talismane oder Symbole?

An der Uhrkette der österreichischen Kaiserin Sissi waren die Hand der Fatima, ein Herz und Medaillons angebracht. Waren das für sie religiöse Symbole oder magische Glücksbringer, so wie ein Hufeisen? Das wusste nur sie allein!

• Der **Baum** wurde in Ägypten als Göttin verehrt. Im Garten Eden der Bibel wurde den Menschen verboten, Früchte vom Baum der Erkenntnis zu essen. Die Wurzel Jesse ist eine Darstellung des Stammbaums Jesu. Im Islam schenkt der Baum Zoqqum den Verdammten Dornen und bittere Früchte. Wenn Allah die Seele eines Gläubigen nimmt, fällt ein Blatt des „Weltenbaums" zu Boden.

• Die **Schlange** spricht oft mit gespaltener Zunge. Bei den Germanen ist Midgard das Symbol des Chaos, während Tlaloc der aztekische Gott des Regens und der Fruchtbarkeit ist. In der Bibel bewahrt die von Moses in der Wüste aufgerichtete „eherne Schlange" das jüdische Volk vor tödlichen Bissen, während die Schlange im Garten Eden das Böse verkörpert.

• Die **Kreise** und **Vierecke** der buddhistischen Mandalas führen zur Harmonie *(siehe S. 224)*. In Mekka laufen die Pilger im Kreis um die würfelförmige Kaaba *(siehe S. 111)*.

***Diese Darstellung** des christlichen Pfingsttages zeigt, wie das Feuer des Heiligen Geistes* den Geist der Apostel erhellt.*

***Shinto-Priester** werfen Salz ins Feuer einer Einäscherung; das „verführerische" Feuer des Todes wird durch das Salz des Lebens besiegt.*

***Bei dieser** muslimischen Wallfahrt nach Kerbela (Irak) verbindet das „vom Menschen entfachte" Feuer den Menschen mit dem Göttlichen.*

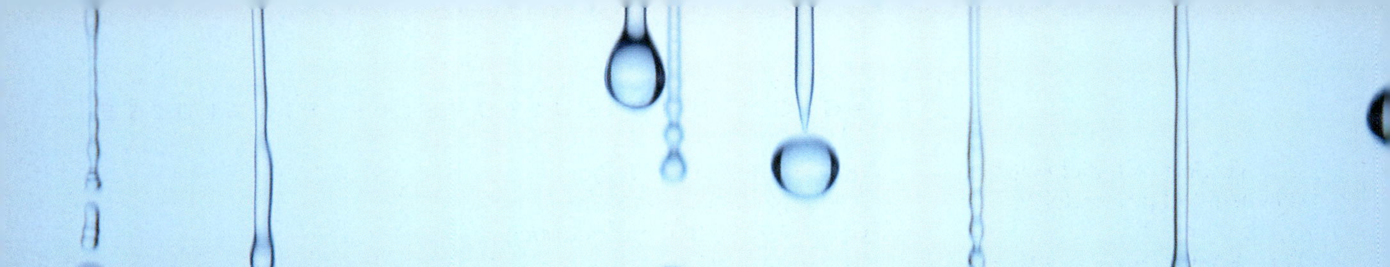

Das Reine und das Unreine

Kann der Mensch rein sein, also schön, gut, unschuldig und makellos? Lassen sich die Unvollkommenheiten abwaschen? Manche Religionen betrachten Reinheit als etwas Göttliches. Ihre Riten* und Gesetze sollen verhindern, dass sich die Menschen „besudeln", und bewirken, dass sie etwas Besseres anstreben.

Was bedeutet Reinheit?

Griechen und Römer suchten unter dem Schutz von Hygieia, der Göttin der Gesundheit, die öffentlichen Bäder auf. Die Araber gehen ins Hammam. Reinheit bedeutet für alle so viel wie Hygiene. Ist damit das Problem der Unreinheit gelöst? Mit Unreinheit verbindet der Mensch allgemein etwas, was ihn beunruhigt. Die Israeliten fürchteten nicht nur, dass der Körper besudelt wird, sondern auch die Antastung ihrer Identität durch Kulturfremdes. Aus Achtung vor dem Gebot der Schöpfung lehnten sie eine ungezügelte Sexualität ab. Religionen schaffen sich komplexe und manchmal widersprüchliche Definitionen von Reinem und Unreinem. Blut kann unrein sein (Kadaver, Menstruation), aber auch rein (Märtyrer). Mit der Zeit erhielt der Begriff der Reinheit neben der körperlichen auch eine moralische Bedeutung. Die jüdischen Propheten* sprechen von der Besudelung durch Gedanken, Worte oder Taten. Die Christen haben ihre Furcht vor unreinen Speisen abgelegt. Dennoch ist das Reinheitsproblem in einem anderen Zusammenhang auch für sie wieder aktuell: Wie kann man die Erde vor Umweltverschmutzung schützen und wie lässt

Wasser von oben und von unten ...

① ***Das „zerstörerische" Wasser.*** *Reinigt Gott, der Menschen überdrüssig, die Welt durch Sintfluten?*

② ***Das „hygienische" Wasser.*** *Heißer Wasserdampf öffnet die Hautporen. Nimmt er mit Schmutz und Schweiß auch Mühsal und Übel fort?*

③ ***Das „saubere" Wasser.*** *Bevor sie Allah entgegentreten, vollziehen die Muslime eine rituelle Waschung, um den Wüstenstaub und die Spuren jeglicher Unreinheit zu beseitigen.*

④ ***Das Wasser als „Hort der Ungeheuer".*** *Kinder haben dem „Alten" (heiliges Krokodil in Burkina Faso) ein Huhn geopfert, damit er ihren animistischen Stamm nicht angreift.*

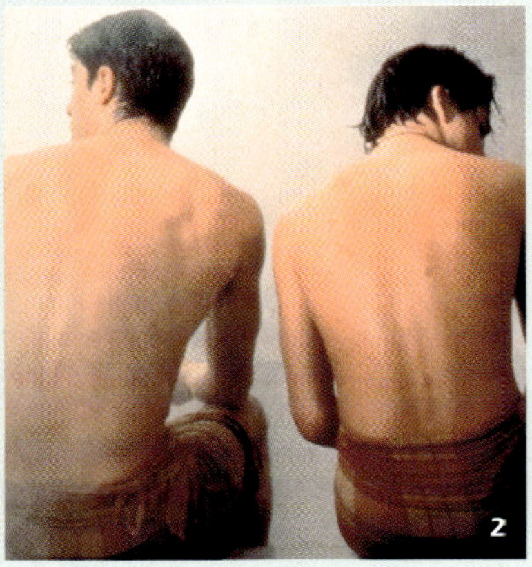

sich die Unbedenklichkeit der Lebensmittel gewährleisten?

Wie kann man rein sein?

• Der Gläubige versucht, sich tatsächlich und symbolisch vor Unreinheit zu schützen: vor der Unreinheit des Todes durch Totenwaschung und Trauer, vor der Unreinheit der Nahrung durch Speisevorschriften *(siehe S. 202–203)*, vor der Unreinheit der Sexualität durch Moral, vor der Unreinheit in der Beziehung zum Göttlichen durch liturgische* Vorschriften usw.

• Da er nicht jegliche Unreinheit vermeiden kann, vollzieht der Gläubige bestimmte Handlungen, bevor er seinem Gott begegnet: Der Hindu spült sich den Mund, der Shintoist wäscht sich Hand und Mund, der Muslim wäscht sich Arme, Füße und Kopf usw.

• Berufliche Glaubensvertreter, zum Beispiel Priester, gelten gewöhnlich als rein. Diese können „rein" sein durch ihre Geburt (die königliche Familie beim Pharao oder die Brahmanenkaste beim hinduistischen Priester), ihr Wissen (Initiation der Schamanen*, Lehrzeit bei einem buddhistischen Meister), ihre Weihe* (Ordination der Priester) und durch ihren Lebenswandel, da er im Allgemeinen strengeren Regeln hinsichtlich Sexualität, Besitz oder Machtausübung unterworfen ist.

• Die Glaubensregelungen legen die Rituale der Reinigung fest und bestimmen, was rein ist und was nicht. Den beruflichen Glaubensvertretern kommt die Aufgabe zu, Opfer darzubringen oder böse Geister auszutreiben. Im Islam werden die Strafen für sündige Handlungen vom Koran und der Tradition* festgelegt. Die katholischen und orthodoxen Priester nehmen den Gläubigen das Bekenntnis ihrer Sünden* ab und sprechen sie von ihren Sünden los.

NA SO WAS!

Keine Chance!
Im Mittelalter warf man Frauen, die der Hexerei bezichtigt wurden, gefesselt ins Wasser. Wenn sie oben blieben, glaubte man, das reine Wasser würde diese satanischen Wesen abstoßen. Wenn sie untergingen, war ihre Unschuld erwiesen. Zu spät!

⑤ ***Das „von Geistern bewohnte" Wasser.*** *Um den Iwas (Geistern der Wogen) für ihr Wohlwollen zu danken, hat sich dieser Haitianer im Rahmen einer Voodoo-Zeremonie in die Fluten gestellt.*

⑥ ***Das „heilende" Wasser.*** *Quellen an einem heiligen Ort (hier Lourdes in den Pyrenäen) sollen Heilkraft besitzen.*

⑦ ***Das „göttliche" Wasser*** *des Ganges spült den Unrat der Welt fort. Der Hindu badet in dem Fluss und wird ihm nach dem Tod seine Asche anvertrauen.*

⑧ ***Das „belebende" Wasser.*** *Das Wasser der Taufe* lässt den Gläubigen wiedergeboren werden. Christ werden heißt, ein Leben zu empfangen, das sich erneuert.*

Vom Profanen zum Heiligen

In vielen Religionen ist es üblich, sich an heiligen Stätten demütig zu verhalten. Man zieht die Schuhe aus, verbeugt sich, bedeckt den Kopf oder zieht die Kopfbedeckung ab. Dies erinnert jeden daran, dass er Gott auf Erden begegnen kann.

Ein Ort wird heilig

In der Bibel steht, dass Abraham den Berg Morija hinaufging, um Gott seinen Sohn zu opfern *(siehe S. 158–159)*. Doch ein Engel hielt ihn davon ab und sagte ihm, er müsse seinen Sohn nicht töten. Stattdessen schickte er ihm einen Widder. Durch diese Erfahrung gestärkt, taufte Abraham den Ort „Der Herr sieht"; seine Nachfahren sagen „Dort wird der Herr gesehen". (Genesis 22,14) Dort, auf dem Berg Zion in Jerusalem, soll König Salomo den Tempel* errichtet haben. Jesus lehrte hier und Mohammed hat den Ort im Traum besucht. Diese Stätte ist den Juden, Christen und Muslimen heilig *(siehe S. 312–313)*. Noch unzählige andere Orte auf der ganzen Welt wurden heilig, von schlichten Stätten der Andacht bis hin zu großen Wallfahrtsorten. An heiligen Orten ehren Gläubige eine frühere Begegnung mit dem Göttlichen, manchmal in der Hoffnung, dass es sich dort wieder zeigt.

Heilige Boten
Als Boten der Götter bilden die Engel das Bindeglied zwischen Heiligem und Profanem.

① ***Dieser Engel*** *mit dem Weihrauchgefäß soll die Aufmerksamkeit Gottes auf die französische Stadt Rodez lenken.*

② ***Hermes*** (links im Bild) *ist der griechische Gott des Handels und Götterbote.*

③ ***Der Heilige Geist**** *kommt in Gestalt einer Taube zur Erde herab, umgeben von seinen Boten in Menschengestalt und mit Engelflügeln.*

Heilig heißt „anders“

Heilige Orte gelten oft als Wohnstätten des Göttlichen. Wer ein Heiligtum aufsuchen will, muss sich in vielen Religionen zunächst reinigen. Er kleidet sich in besonderer Weise (Muslime ziehen die Schuhe aus, Juden und Muslime bedecken den Kopf) und verhält sich anders (Schweigen, Gesang, gemeinsames Gebet). Das Heilige ist nicht immer jedem zugänglich – das Innerste des Shinto-Schreins ist den Gläubigen verboten, das Zentrum der Hindu-Tempel ist den Brahmanen vorbehalten und nur die orthodoxen Priester dürfen den Raum hinter der Ikonostase betreten *(siehe S. 77)*. Ein Ort kann aber auch nur vorübergehend heilig sein, um eine Begegnung mit dem Göttlichen nachzuerleben. Jedes jüdische Haus wird vor dem Sabbat geputzt: Es soll an die Schöpfung erinnern *(siehe S. 54)*. Für den Muslim kann ein schlichtes, in den Sand gezeichnetes Rechteck in der Wüste zur „Moschee“ werden *(siehe S. 109)*.

KIRCHENASYL

Im Mittelalter boten die Kirchen* den Opfern von Kriegen zwischen Feudalherren Zuflucht. Heute ist dieses „Asylrecht“ vielfach nicht mehr verbrieft und bietet keinen Schutz vor der Polizei. Sucht man in einer Kirche Zuflucht, weil dieser heilige Ort nicht durch Gewalt entweiht werden kann? Oder weil er daran erinnert, dass das Leben jedes Menschen heilig ist?

Was bedeutet profan?

Für die Römer galt alles, was außerhalb des heiligen Tempelraums lag, als profan (von *profanum:* „vor dem Tempel“). Ihre Begegnung mit dem Göttlichen konzentrierte sich auf Feste und heilige Stätten. Ganz anders der Animismus, wo alles heilig sein kann, sei es ein Wald, ein Fluss oder ein Tier. Die meisten Religionen kennen weder das „gezähmte Heilige“ der Römer noch das „wilde Heilige“ des Animismus. Sie ziehen das Wechselspiel von Heiligem und Profanem vor und lassen sich vom Heiligen beseelen, um Werte und Regeln für den Alltag zu gewinnen. Auch dort kann das Göttliche sich ihnen offenbaren. So gelangt das Heilige in das Profane und das Profane wird heilig. In vielen Religionen gelten manchen Gläubigen die ganze Welt und das Leben an sich als heilig.

NA SO WAS!

Ordnungshüter Jizo

Verzweifelt über die als Mülldeponie zweckentfremdeten Straßenränder ließen die japanischen Behörden dort Statuen des Bodhisattvas* Jizo aufstellen, die bei der Bevölkerung hohes Ansehen genießt. Jizo erwies sich tatsächlich als sehr wirksamer Ordnungshüter.

④ ***Durch den Erzengel Gabriel*** *spricht Gott zu Mohammed.*

⑤ ***Garuda*** *ist in der hinduistischen Mythologie das Reittier Vishnus. Eine indonesische Fluggesellschaft trägt ebenfalls diesen Namen.*

⑥ ***Wenn ein Bote Gottes*** *das schlichte Lächeln eines Kindes hat (hier der Erzengel Gabriel in Reims), erhält das Heilige profane Züge.*

⑦ ***Kambodschanischer Buddha.*** *Wenn der Mensch beim Verkünden der befreienden Botschaft ein göttliches Lächeln hat, wird das Profane heilig.*

7

4

5

6

***Thanka* des Buddha Vairocana**
Charakteristisch für den tibetischen Buddhismus sind Malereien auf Stoff, die man als *thankas* bezeichnet. Diese buddhistischen Bilder stellen häufig Mandalas dar. Ein Mandala (Sanskrit: Kreis) ist eine Abbildung des Kosmos, die sich sehr gut zum Meditieren eignet.

Hinduistische und buddhistische Symbole

Für Buddhisten und Hindus ist die ganze Natur ein Symbol. Ihre Zyklen sind ein unmittelbares Zeugnis des unendlichen Kreislaufs. Und ihre religiösen Kunstwerke dienen unter anderem dazu, den Menschen in Bezug zum Kosmos zu setzen.

Blumen-Mandala in Bhutan
Für ihre Zeremonien fertigen die buddhistischen Mönche oft Mandalas aus Blumen. Dies soll daran erinnern, dass die Welt vergänglich ist. Durch das Wechselspiel aus Kreisen und Vierecken in kontrastierenden Farben ist das Mandala ein Symbol für die Versöhnung der Gegensätze, die nun einander ergänzen. Das Mandala lädt den Betrachter zum Meditieren ein und zum Erleben des Einsseins mit dem Göttlichen.

Lingam
Auf diesem indischen Gemälde aus dem 18. Jahrhundert verehren einige Frauen einen stehenden Stein. Dieses Lingam stellt das männliche Geschlechtsorgan (Phallus) dar. Das Attribut des Gottes Shiva gilt den Hindus als Symbol für Fruchtbarkeit und Schöpferkraft *(siehe S. 135)*.

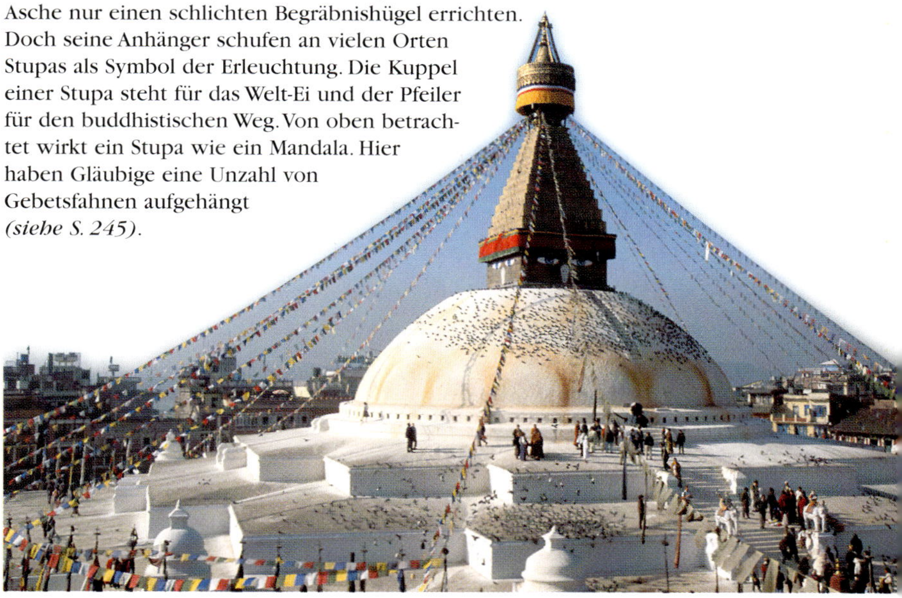

Stupa von Katmandu
Buddha hatte darum gebeten, man möge über seiner Asche nur einen schlichten Begräbnishügel errichten. Doch seine Anhänger schufen an vielen Orten Stupas als Symbol der Erleuchtung. Die Kuppel einer Stupa steht für das Welt-Ei und der Pfeiler für den buddhistischen Weg. Von oben betrachtet wirkt ein Stupa wie ein Mandala. Hier haben Gläubige eine Unzahl von Gebetsfahnen aufgehängt *(siehe S. 245)*.

Fußabdrücke Buddhas
Als Gegenstand der Verehrung begegnet man im Buddhismus oft den Fußabdrücken Buddhas. Über den beiden Kreisen sind zwei Hakenkreuze zu erkennen. Dieses sehr alte Zeichen heißt in der indischen Überlieferung Swastika. Es symbolisiert die Bewegung der Sonne und die positiven Kräfte und ist eines der Attribute des Gottes Ganesha. Die Nazis haben dieses Symbol missbraucht und verfälscht.

Lotosblüte
Die Symbolkraft der Lotosblume rührt daher, dass diese Pflanze in schlammigem Wasser wächst und prächtig blüht. Die Hindus glauben, Brahma sei aus einer Lotosblüte geboren worden, die dem Nabel Vishnus entsprungen sei. Aus ihr machte man den Thron Buddhas. Ihre Knospe vergleicht man mit einem Ei, dem Keim der Schöpfung. Die Hände des hier dargestellten Buddha zeigen jene Geste *(mudra)*, die symbolisiert, wie er die Erde zur Zeugin nimmt. Andere *mudras* stehen für Predigt, Meditation oder Furchtlosigkeit *(siehe S. 143)*.

Landschaft aus Yin und Yang
Die chinesische Kultur schuf eine Synthese von Buddhismus und Taoismus *(siehe S. 126–127)*. Auf diesem Teller sind Elemente des Yin und des Yang nach präzisen Regeln der chinesischen Kunst miteinander verbunden. Die Künstler bemühten sich um ein vollkommenes Gleichgewicht zwischen Berg (Yang), Wasser (Yin) und Blumen (Symbol der Freude).

Sakrale Bauten

In sämtlichen Kulturen findet man Bauwerke, die von Touristen bewundert werden. Besonders eindrucksvoll sind sakrale (religiöse) Bauten, seien es Kathedralen, Moscheen oder Pagoden. Hier finden sich die Gläubigen ein, um zu beten, eine Predigt zu hören oder einer Zeremonie beizuwohnen.

Die Indianer *praktizierten den Schamanismus**. Im Mittelpunkt ihrer Kulthandlungen standen stattliche Totempfähle, die mit Darstellungen von Ahnen und Tieren verziert waren.*

Bauen, um die Gegenwart des Göttlichen zu zeigen

Ein abstrakter Gott, dem man nirgendwo begegnen kann – mit dieser Vorstellung tun sich die Menschen schwer. Daher sind Religionen oft bestrebt, die Anwesenheit des Göttlichen durch eindrucksvolle Denkmäler zum Ausdruck zu bringen. Diese Aufgabe erfüllten bereits die indianischen Totempfähle: Sie zeigen die Anwesenheit der Ahnen und der Geister an, die den Stamm behüten.

Bauen, um die Gläubigen zu versammeln

Religionen haben eine wichtige gesellschaftliche Aufgabe: Sie stärken die Einheit der Gläubigen durch feierliche Zusammenkünfte. Kirchengebäude stehen oftmals mitten im Stadtzentrum, auf einem Marktplatz. Früher überragten sie meistens alle anderen Gebäude. Im Mittelalter waren die Kirchen zudem eine Begegnungsstätte der Bruderschaften. Die Glocken der Kirche rufen wie der Muezzin der Moschee die Gläubigen zum Gebet.

Dieser Maya-Tempel *im mexikanischen Palenque ist das Zeugnis einer Kultur, die vor rund 1000 Jahren unterging. Von den Wohnstätten der Menschen blieb nichts erhalten. Allein der Tempel war auf Dauerhaftigkeit angelegt.*

NA SO WAS!

Haus des Volkes, Haus Gottes

Als im Mittelalter in ganz Europa Kathedralen entstanden, erschienen diese Bauwerke einfach gigantisch und lockten auch Bewunderer aus weiter Ferne in Scharen an. Erschöpft vom oft langen Marsch, ruhten sich die Menschen in den Kirchen aus, um dann manchmal zwischen ihren dürftigen Habseligkeiten einzuschlafen. Sie versuchten, den Skulpturenschmuck zu verstehen und vertraute Heilige wiederzuerkennen.

__Der erste Präsident__ der Republik Elfenbeinküste ließ eine überdimensionale Kathedrale in seinem Land errichten. Dieser Nachbau des römischen Petersdoms wurde 1990 geweiht.

Bauen, um zu belehren

Kirchen, Tempel und Moscheen sind auch Orte der Belehrung. So werden hier Predigten während des Gottesdienstes gehalten und Kindern wird Religionsunterricht erteilt. Im Mittelalter dienten die reichen Malereien oder Skulpturen mancher Kirchen und hinduistischen Tempel auch als Bildergeschichten, um die Gläubigen, die nicht lesen konnten, zu belehren. Die Darstellungen sollten die Tugend fördern oder die Sünder* durch eindringliche Schilderungen der Höllenqualen einschüchtern.

__Die Moldauklöster__ sind für ihre Malereien an den Außenwänden berühmt. Die durch ein Überdach nur bedingt geschützten Bilder stellen Heilige und Szenen aus den Evangelien dar.

__Moscheen__ sind nicht nur ein Ort des Gebets, sie dienen auch als Lehrstätte. In dieser Moschee im iranischen Isfahan sitzt ein Lehrer im Kreis seiner Schüler, die in den Koran vertieft sind.

Steinerne Szenen

Im 10. Jahrhundert an einem entlegenen Ort errichtet, zeigen die indischen Tempel von Khajuraho lebendige Szenen – ein buntes Gemisch aus Göttern, Kriegern, Musikern, Liebespaaren usw. Die über 30 m hohen, auf einem Hochplateau stehenden Tempel weisen nach Osten, also zur aufgehenden Sonne.

Kirchenbauten

Die technische Entwicklung der Baukunst ließ je nach Zeit und Ort unterschiedliche Stilrichtungen entstehen. Die zunächst massiven Formen wurden durch die Gotik aufgelockert. Mit Stahlbeton lassen sich heute auch die gewagtesten Bauvorhaben verwirklichen.

Frühe Basiliken
Dieser römische Bischof aus dem 6. Jahrhundert zeigt ein Modell seiner Kirche. Frühe Kirchen hatten nicht einen Tempel zum Vorbild, sondern eine Basilika – ein öffentliches Gebäude, das den alten Römern als Markthalle, Justizpalast und Wandelhalle diente.

Romanische Kirche
Die romanische Kirche von Saint-Généroux (Frankreich) stammt aus dem 9. bis 10. Jahrhundert. Typisch für die Romanik sind die Rundbogen an Eingängen und Fenstern. Die damaligen Bautechniken erlaubten noch keine schlankere Konstruktion. Durch die schlichten, massiven Formen entsteht jedoch der Eindruck großer Reinheit.

Unterirdische Kirche
Diese Kirche im äthiopischen Lalibela zeichnet sich dadurch aus, dass sie in den Fels gehauen wurde. Der König, nach dem sie benannt ist, lebte im 13. Jahrhundert. Er wollte ein zweites Jerusalem errichten, weit entfernt von den muslimischen Besatzern. An diesem Ort stehen insgesamt elf recht große und teilweise durch einen Tunnel verbundene Kirchen. Die größte ist 33 m lang, 23 m breit und 11 m hoch. Lalibela wurde weltweit zum Touristenmagnet, blieb aber zugleich ein bei den Einheimischen beliebter Wallfahrtsort.

Gotische Kathedrale
Die Kathedrale von Peterborough (Großbritannien) stammt aus dem 7. Jahrhundert, ihre heutige – gotische – Form geht auf das 12. Jahrhundert zurück. Im Zuge der Kirchenreform durch Heinrich VIII. *(siehe S. 92)* wurde sie anglikanisch. Wegen der flammenartig zum Himmel strebenden Türme spricht man vom Flamboyant-Stil.

NA SO WAS!

Schön draußen bleiben!
Die Dachtraufen der gotischen Kirchen sind mit steinernen, fratzenhaften Wasserspeiern verziert. In ihnen mag die Sintflut ruhig toben. Der Teufel bleibt jedenfalls draußen, denn die Kirche ist ein Zufluchtsort der Gläubigen.

Moderne Kirche
Die protestantische Kirche von Reykjavík (Island) entstand zwischen 1945 und 1988. Hat der Architekt vielleicht den Umriss einer Rakete gewählt, um die Gläubigen gen Himmel streben zu lassen?

Futuristische Kathedrale
In den 1960er-Jahren entstand in Brasilien eine neue Hauptstadt im Zentrum des Landes: Brasilia. In der 1967 geweihten Kathedrale finden 4000 Menschen Platz. Sie zeugt von jener Moderne, die der damalige Präsident Kubitschek seinem Land verleihen wollte.

Dauerbaustelle
In Barcelona wollte der Architekt Gaudí ab 1883 eine bereits begonnene Kathedrale in einem neuen Stil vollenden. Doch die Kathedrale Sagrada Familia wurde bis heute nicht fertig gestellt. Ist sie vielleicht ein Turm zu Babel *(siehe S. 161)*, der den Himmel erreichen sollte, doch nie vollendet wurde?

Wiederauferstandene Kathedrale
Stalin ordnete 1931 die Zerstörung der orthodoxen Moskauer Christ-Erlöser-Kathedrale an und ließ an ihrer Stelle ein Freibad errichten. 1992 wurde die Kirche nach Originalplänen neu erbaut.

KIRCHENFENSTER

In der Gotik war man bestrebt, durch große Fenster einen lichtdurchfluteten Kirchenraum zu erhalten. Auf den Wänden wurden Szenen aus der Bibel oder dem Leben von Heiligen dargestellt, bisweilen auch großzügige Spender abgebildet.

Malaysische Farben
Eine der vielen Moscheen von Kuala Lumpur, der Hauptstadt des überwiegend islamischen Malaysia, ist dem Sultan Saladin Abdul Aziz Shah gewidmet. Mit ihren 140 m hohen Minaretten ist sie eine friedliche Oase inmitten der brodelnden Stadt.

Moscheebauten

Moscheen sind Orte des Gebets und der Belehrung. Ihr Baustil reicht von eher schlicht bis sehr verspielt und unterscheidet sich je nach Land und Epoche. Ein oder mehrere Minarette dienen dazu, die Gläubigen zum Gebet zu rufen.

Afrikanische Erde
Die Moschee im malischen Djenné ist bekannt für ihr besonderes Baumaterial, ein in der Sonne getrocknetes Gemisch aus feuchtem Lehm und Stroh. Dieses Material eignet sich nicht, um große Räume zu überdachen. Der Innenraum ist daher mit zahlreichen Stützpfeilern versehen, die den Gläubigen nur wenig Platz lassen.

PETRODOLLARS

Saudi-Arabien und die Vereinigten Arabischen Emirate verwenden einen Teil ihrer Gewinne aus der Ölförderung, um überall auf der Welt Moscheen zu finanzieren und damit ihre Auslegung des Islam zu fördern. Dies stößt nicht bei allen Muslimen auf Akzeptanz.

Iranische Bögen
Die Fassade dieser Moschee im iranischen Jesd erinnert an die Bauten in Isfahan, der für ihre Architektur berühmten Nachbarstadt. Die sehr schlanken Minarette sind typisch für den iranischen Stil.

Lichter von Brunei
Diese Moschee befindet sich im Sultanat Brunei auf der Insel Borneo. Der Verkauf von Erdöl hat dem Sultan unermesslichen Reichtum beschert. Die Moscheen in der Hauptstadt Bandar Seri Begawan sind entsprechend üppig verziert und beleuchtet.

Tunesische Schlichtheit
Auf der tunesischen Touristeninsel Djerba steht diese kleine, sehr schlichte Moschee aus weiß getünchtem Lehm. So könnten die ersten Moscheen aus der Zeit des Propheten* Mohammed ausgesehen haben.

Monumentales Mausoleum
Das Imamzadeh ist das Grabmal eines Heiligen, der von Iranern aus der Provinz Gilan verehrt wird. In Nordafrika bezeichnet man solche Mausoleen als Marabuts. Wallfahrer kommen hierher, um einen Heiligen zu ehren.

Der Islam im Westen
Die Moschee von Paris mit ihrem 33 m hohen Minarett und das benachbarte Islam-Institut wurden zwischen 1922 und 1926 errichtet, um der im Ersten Weltkrieg (1914–1918) für Frankreich gestorbenen Muslime zu gedenken.

Buddhistische Bauwerke

Buddhistische Bauwerke können mehreren Zwecken dienen. So wurden einige errichtet, um eine Reliquie* Buddhas (etwa ein Zahn oder Haar) zu beherbergen. Zugleich können sie ein Abbild des Kosmos darstellen (Mandala). Oft versammeln sich die Buddhisten statt in einem Tempel auch einfach nur um die Statue eines Buddhas.

Riesenhafte Buddhastatuen
Monumentale Statuen sind typisch für den Buddhismus. Buddha wird in verschiedenen Haltungen dargestellt, zum Beispiel: stehend (oft als Sieger), sitzend (oft predigend) oder liegend (sterbend). Das Foto stammt aus Korea und zeigt drei stehende Buddhastatuen von ganz unterschiedlicher Größe.

Monumentales Mandala
Dieses Monument auf der indonesischen Insel Java wurde von der UNESCO auf die Liste des Weltkulturerbes gesetzt. Aus der Vogelperspektive hat es die Form eines Mandalas *(siehe S. 224)*, des Symbols für das Universum. Inzwischen kommen mehr Touristen als Pilger hierher.

Goldene Pagode
Die weltberühmte, mit Gold bedeckte Shwe-Dagon-Pagode thront über Myanmars Hauptstadt Yangon. Sie ist 99 m hoch. Viele der zahlreichen Pilger spenden ein Stück Blattgold, mit dem man die Verzierung der Pagode fortführt.

Museumstempel
Dieser steinerne Tempel unweit des südkoreanischen Kjöngdschu wurde seit 535 in der schlichten Tradition der buddhistischen Architektur errichtet und danach regelmäßig ausgebaut, verschönert und restauriert. Inzwischen ist der Tempel ein Museum und zieht zahlreiche Besucher an. Die Frau in Weiß auf dem Foto ist keine Nonne, sondern eine Bäuerin in Landestracht.

Marmortempel
Dieser Ende des 19. Jahrhunderts gebaute thailändische Marmortempel erinnert mit seinen Fenstern und Säulen an europäische Kirchen. Er birgt einige bronzene Buddhastatuen. Die Außenmauern grenzen an einen Kanal. Hier leben Schildkröten, die von Pilgern als Symbol der Langlebigkeit gespendet wurden.

Kostbare Reliquie
Die Provinzhauptstadt Kandy in Sri Lanka besitzt einen Tempel mit einer berühmten Reliquie: einem Zahn Buddhas. Zahlreiche Pilger und Touristen besuchen dieses Bauwerk aus dem 16. Jahrhundert, vor allem zum alljährlichen Fest Esala Perahera.

Der Shanti-Stupa von Leh
Dieses in Nordindien gelegene Bauwerk soll mit seinem Wechselspiel runder und eckiger Formen den Buddhismus symbolisieren. Manche deuten die Kuppel als Symbol des Welt-Eis *(siehe S. 225)* und ihre Spitze als den buddhistischen Weg. Der Bau beherbergt eine Reliquie Buddhas.

Die Buddhas von Bamian
Die gewaltigen Buddhastatuen, Zeugnisse aus einer Zeit, da Afghanistan noch nicht islamisch war, wurden im März 2001 von den fundamentalistischen* Taliban zerstört. Ihr Wiederaufbau ist geplant.

Andere sakrale Bauwerke

Die meisten Religionsgemeinschaften drücken die Verehrung ihrer Götter in Stein aus. Je nach Empfinden und künstlerischer Tradition entstehen riesige oder sehr zurückhaltende Monumente, die sich in die Umgebung einfügen. Alle diese Bauwerke helfen, jene Spiritualität zu begreifen, die sie hervorgebracht hat.

Lotosblüte
Der Bahaismus *(siehe S. 146-147)* besitzt auf jedem Kontinent einen Haupttempel. Einer der jüngsten Tempel entstand 1986 im indischen Neu-Delhi. Die über einem Kern aus Stahlbeton angebrachte Marmorverblendung hat die Gestalt einer Lotosblüte (eines der Symbole des Buddhismus). Die neun Pforten stehen für die neun Weltreligionen.

Von allem etwas
Dieser reich ausgestattete caodaistische Tempel in Vietnam birgt so manche Überraschung. Architekten und Dekorateure schufen ein Gemisch aus Formen und Farben nach dem Vorbild des Caodaismus, der Gottheiten und berühmte Personen aller Länder verehrt *(siehe S. 149)*.

Macht und Reichtum
Von protestantischen Landsleuten verfolgt, flüchteten die Mormonen *(siehe S. 98)* ans Ufer des Großen Salzsees in den USA. 1847 gründeten sie Salt Lake City, die Hauptstadt von Utah. Die Mormonen glauben, von Gott auserwählt zu sein, und huldigen ihm in ihrem Tempel.

Sinfonie aus Dächern
Der Taoismus ist eine Lebensphilosophie und eine Religion *(siehe S. 126–127)*. Er besitzt einige herrliche Bergklöster (wie dieses in den chinesischen Wudang-Bergen), deren Bewohner in aller Abgeschiedenheit der Natur nahe sein können. Diese Stätten werden von Pilgern und Touristen gleichermaßen besucht.

Steinerne Säulen
Die Gemeinschaft der Jainas *(siehe S. 136)* gilt als relativ wohlhabend. Ihre stets reich verzierten und sehr sauberen Tempel strahlen in makellosem Weiß. Manche beherbergen eine kostbare alte Bibliothek. Abgebildet ist der Tempel von Dilwara im indischen Rajasthan.

Stangenartiges Tor
Der naturnahe japanische Shinto-Kult umfasst die Verehrung heiliger Haine, Quellen und Berge. Der Eingang zu einer heiligen Stätte wird durch ein *torii* markiert. Dieses japanische Wort bedeutet „Sitzstange". Früher nämlich saßen dort Hähne und verkündeten den Aufgang der Sonne (das Erscheinen der Göttin Amaterasu).

Gewaltige Pforten
Die hinduistischen Tempelanlagen Südindiens sind wahre Städte, in die man durch große Tore *(gopuram)* gelangt. Manche dieser bis zu 60 m hohen Pforten künden bereits aus der Ferne von dem heiligen Ort. Sie sind häufig reich verziert. Stein- und Stuckreliefs stellen Szenen mit Göttern und Göttinnen dar.

Götterdarstellungen

Wenn „Götter" das Wort für unsichtbare Mächte wäre, warum sollte man dann Götterbilder schaffen und vor allem: nach welchem Vorbild? Einige Künstler, die sie schaffen, bringen die göttlichen Mysterien symbolisch zum Ausdruck. In anderen Fällen sind die Gläubigen der Auffassung, dass das Göttliche dem Bild innewohnt. Dann wird das Abbild als Gott selbst verehrt.

Prähistorische Fruchtbarkeitsgöttin
Fruchtbarkeitsgöttinnen sind die ältesten bekannten Götter. Die erhalten gebliebenen kleinen Stein- und Tonfiguren haben große Brüste und/oder breite Schenkel. Manchmal waren den Göttinnen männliche Figuren in Form von Feldarbeitern oder Stieren beigegeben.

Göttin der Weltordnung
Maat, die ägyptische Göttin der Weltordnung, steht für Gerechtigkeit, Wahrheit und Harmonie. Sie trägt Flügel, weil sie das Universale mit dem Menschlichen verbindet. Hier umhüllt sie den Gott Ptah, den Schöpfer der Erde, und gibt ihm das Henkelkreuz *(ankh)* als Symbol des Lebens und das Säulenzepter *(djed)* als Symbol der Beständigkeit. In ihren Tempeln wurde Maat von Priestern symbolisch genährt.

Gott des Lebens und des Jenseits
Dieser für rituelle* Opfer verwendete Kessel zeigt den keltischen Gott Cerunnos, dessen Rentiergeweih sich unaufhörlich erneuert. Er ist der Gott des ewig wiederkehrenden Lebens und Hüter des Jenseits. In der Hand hält er den keltischen Metallreif, der Reichtum bescheren soll. Begleitet wird er von Tieren des Waldes, denn seine gewaltige Kraft beschützt die Jäger.

Griechische Fruchtbarkeitsgöttin
Artemis war die wichtigste Gottheit in Ephesos. Ihre aus den Tierkreiszeichen bestehende Halskette weist darauf hin, dass sie über das Schicksal der Einwohner wacht. Kennzeichen der Artemis aus Ephesos sind die zahlreichen Brüste (oder Hoden von den ihr geopferten Stieren, wie manche Wissenschaftler meinen). Sie wird von zwei Hirschen begleitet, da Artemis auch die Göttin der Jagd ist.

Kreislauf des Lebens
Vishnu, der das Leben erhaltende Gott der Hindus, ist der Begleiter von Brahma, der es schuf, und von Shiva, der es erneuert. In dieser indischen Miniatur aus dem Jahr 1650 ist Vishnu als sein erster *avatara* dargestellt: als der goldene Fisch Matsya. In seinen vier Armen hält Vishnu die wohltätige Lotosblume, das Rad, das Muschelhorn und die Schlachtkeule. In dieser Gestalt bewahrt er das Leben der Welt, indem er König Satyavrata bittet, Getreide, Tiere und die sieben großen Weisen in seinem Schiff vor der Sintflut *(siehe S. 17)* zu retten.

Haus- und Weggötter
Wer ist dieser Hausgott? Ein Sohn des Merkur oder der Lieblingsgott des Gläubigen, der ihn bei sich zu Hause aufgestellt hat? Nicht so wichtig, solange er dafür sorgt, dass alles reibungslos abläuft. Während er tanzt, ergießt sich seine schützende Macht wie der Wein aus seinem Kelch. Die Laren waren die Hausgötter der Römer, die man auch an Straßen und an Wegkreuzungen aufstellte.

Spirituelle Mächte
Die nigerianischen Igbo schufen Nachbildungen ihrer Skulpturen, die im 20. Jahrhundert durch Missionare zerstört worden waren. Dargestellt werden spirituelle Mächte nach dem Vorbild einzelner Familienmitglieder, mit Bemalungen, Tätowierungen, Narben und komplizierten Frisuren. Für das Bilderfest holt man sie hervor, reibt sie mit Sägemehl ein und legt ihnen Schmuck und Lendenschurz an. Nun ehrt man sie mit Opfergaben (Geld, Früchte), Musik und Tänzen, um weiterhin ihren Schutz zu genießen.

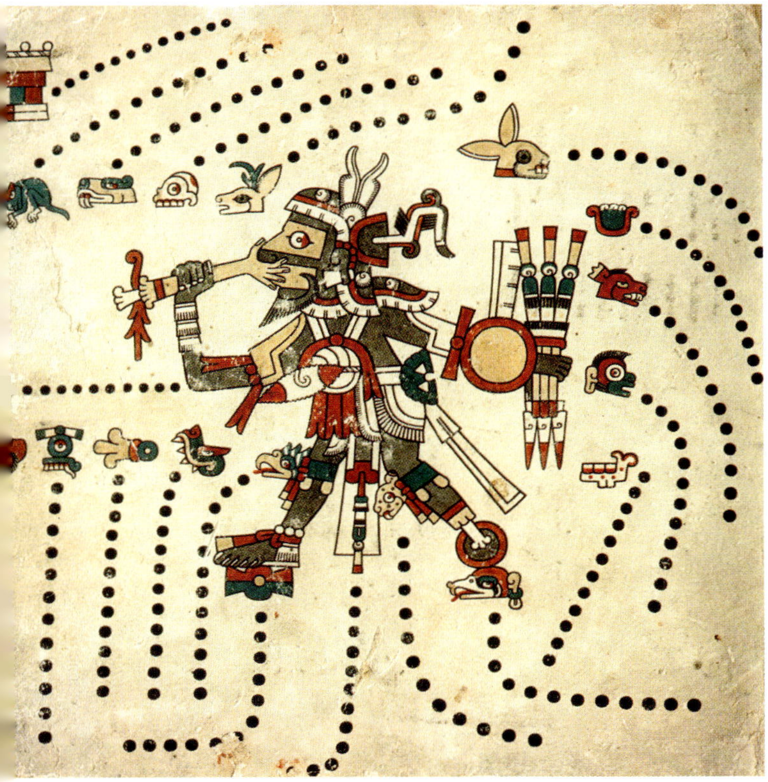

Gott über Nacht, Krieg und Zeit
Der ewig junge aztekische Gott Tezcatlipoca herrscht über die Nacht, den Krieg und die Zeit – bald wütend, bald wohltätig. Um ihm zu gefallen, hat man ihm Jünglinge geopfert. Auf diesem Pergament aus dem 16. Jahrhundert hält er den Arm eines Opfers in der einen und die Pfeile der Buße in der anderen Hand. Einer seiner Füße wurde von einem Erdungeheuer zerrissen und durch den „rauchenden Spiegel" ersetzt, von dem er das Schicksal abliest.

Der Gott ohne Abbild

In der Bibel steht geschrieben: „Du sollst neben mir keine anderen Götter haben. Du sollst dir kein Gottesbildnis machen, das irgendetwas darstellt am Himmel droben, auf der Erde unten oder im Wasser unter der Erde.“ (Deuteronomium 5,7–8) Das Bilderverbot gehört zu den zehn Geboten.

Kein Bildnis Gottes

Die Israeliten verzichteten nur ungern auf verschiedene Götter und deren Abbildung. Manche, die die Mondgöttin Aschera (vergleichbar mit Innana der Sumerer, Ischtar der Assyrer und Chandra der Inder) anbeteten, backten ihr zu Ehren halbmondförmige Plätzchen. Erst nach der Rückkehr aus dem babylonischen Exil (538 v. Chr.) entstand eine gemeinsame jüdische Identität. Die Grundzüge des jüdischen Glaubens an den einen Gott sind im Deuteronomium zusammengefasst: Fremde Götter zu verehren und „Götzenbilder“ herzustellen wird dort ausdrücklich untersagt. Von da an war jegliche Abbildung Gottes verboten. Auch der tief in der jüdischen Tradition verankerte Islam kennt das Bilderverbot. Der Koran verurteilt das Anbeten von Bildern. Mohammed ging vehement gegen Pilger vor, die nach Mekka kamen, um verschiedene Götter anzubeten. Er entfernte deren Figuren aus der Kaaba, wo sie gelagert waren. In Ergänzung zum Koran begründet er das Verbot so: Der Hochmütige, der vorgibt, die Lebenden abzubilden, wetteifert mit dem Schöpfer und zeigt sich ehrfurchtslos. Damit war jegliche Abbildung von Lebewesen untersagt. Zur Verzierung der heiligen Bücher und der Innenräume von Moscheen durften nur Pflanzenmotive, abstrakte Ornamente und Schriftzeichen verwendet werden. Eine bedeutende Rolle spielte dabei die Kalligrafie.

***Koran** mit reichen Verzierungen (14. Jahrhundert)*

Das Unsagbare

Jüdische Gläubige sollen sich weder ein Bild von Gott machen noch durch Worte seine Heiligkeit antasten. Daher nennen sie ihn nicht bei seinem hebräischen Namen, sondern sie bezeichnen ihn als „Herr“ oder „Ewiger“. Auch die Muslime verehren den Namen Gottes, dem sie 99 Eigenschaften zuweisen (der Wahre, der Barmherzige usw.). Sie sprechen und schreiben den Namen Allahs, doch die 100. Eigenschaft, die nur Allah kennt, betrachten sie als nicht erfahrbar und unaussprechlich.

Jüdische Kunstwerke

Die meisten jüdischen Künstler hielten sich an das im fünften Buch Mose festgehaltene Bilderverbot. Die jüdischen Bibeln sind aus diesem Grund vor allem mit geometrischen Mustern, Tiermotiven oder Blattwerk verziert, die Abbildung der menschlichen Gestalt war im Allgemeinen verpönt. Die ersten Worte eines Kapitels sind oft kunstvoll gestaltet und manchmal sogar mit Blattgold belegt. Bedeutende Szenen aus der Bibel stellen Gott allerdings doch indirekt durch Engel, Wolken am Himmel oder den „Widerschein seines Glanzes“ in den Gesichtern der Propheten* dar. Bisweilen erscheint eine „göttliche Hand“ aus der Wolke. Doch bis auf ganz seltene Ausnahmen wird Gott nie selbst gezeigt. Die Illustratoren der Gebetbücher haben sich dagegen erlaubt, die religiösen Feste darzustellen und damit auch Personen abzubilden.

***Erste Seite** des Buchs Esther aus einer jüdischen Handschrift (18. Jahrhundert). Bei ihrem Gemahl, dem persischen König, bewirkte Esther die Rettung ihres Volkes.*

***Diese jüdische Bibel** zeigt, wie Moses Zwiesprache mit Gott hält. Gott ist aber rechts oben in der Wolke zu erkennen! Der in Italien lebende Künstler vermochte der christlichen Mode des 15. Jahrhunderts nicht zu widerstehen.*

Islamische Kunstwerke

Da im Islam religiöse Themen nur selten bildlich dargestellt wurden, entwickelte sich die Kalligrafie zu einer ungemein erlesenen Kunstform. Abstraktes Flechtwerk, Arabesken und gefällige Lettern zieren die verschiedenen Ausgaben des Korans. Die Kalligrafie und Geometrie verbindende islamische Kunst erlangt in der Ornamentik ihrer Moscheen eine bis dahin unerreichte Fertigkeit. Manche kalligrafischen Elemente erinnern an figürliche Motive, an Tiere oder menschliche Fußabdrücke (und damit an den Fußabdruck des Propheten). Schiitische persische Künstler haben im Gegensatz zu anderen islamischen Ausrichtungen durchaus auch heilige Personen dargestellt. Vereinzelt wurde mit Bildergeschichten das Leben des Propheten erzählt.

***Das Vorsatzblatt** dieses heiligen islamischen Buches ist ein gutes Beispiel für die Kunst der Kalligrafie.*

NA SO WAS!

Und im Fernen Osten?
Im Hinduismus kennen die Veden zunächst keine Götterbildnisse. Und bis zum 1. Jahrhundert n. Chr. wurde auch Buddha nicht abgebildet, sondern nur durch die Lotosblume, den Abdruck seines Fußes oder das Rad des Gesetzes dargestellt.

Das Antlitz Gottes

Christen glauben, dass Gott sich als Mensch verkörpert hat. Zunächst malten die Künstler Gott noch recht zaghaft mit menschlichen Zügen. Sie begründeten eine Kunstgeschichte des Gottesbildnisses.

Erkennungszeichen (2.–3. Jahrhundert)
Auf ihren Gräbern verwendeten die frühen Christen – vielleicht aus Schutz vor Verfolgung? – nur verschlüsselte Zeichen: der gute Hirte (eine Bezeichnung für Jesus), der Anker (Gestalt des Kreuzes) oder der Fisch (das griechische *ichthys* lässt sich aufschlüsseln in Iesous Christos Theou Yios Soter – Jesus Christus, Gottes Sohn, Heiland).

Antlitz Jesu? (6. Jahrhundert)
Jesus sprach: „Wer mich sieht, hat den Vater gesehen." So entstanden Jesus-Bildnisse mit der Vorstellung, man könne Gottvater im Antlitz Jesu erblicken. Doch in den Evangelien* steht nirgendwo, wie Jesus aussah. Die Abbildungen zeugen daher ausschließlich von den Vorlieben des jeweiligen Künstlers. Später wollten Bilderstürmer diese Bildnisse zerstören, um die Verehrung von Bildern zu verhindern. Auf dem Konzil* von 787 setzten sich jedoch die Befürworter von Bildern durch.

Symbolhafte Darstellung (12. Jahrhundert)
Die Benediktinerin, Heilkundige, Mystikerin* und Künstlerin Hildegard von Bingen schuf im Jahr 1150 ein Bildnis der Dreifaltigkeit*. Es besteht aus der Figur eines jungen Mannes (Christus), einem goldenen Hintergrund (Heiliger Geist*) und einem beide umschließenden weißen Kreis (Gottvater).

Vater und Sohn als Zwillinge (13. Jahrhundert)
Wenn Jesus gleich dem Vater ist, so ist dieser der Zwilling seines Sohnes. Zwischen beiden schwebt der Heilige Geist (hier als Taube dargestellt, manchmal auch als dritte, identische Person). Der gemeinsame Thron und die ausgetauschten Blicke stehen für die göttliche Einheit.

Populäres Bildnis (14. Jahrhundert)
Trotz des gleichen Gesichts unterscheidet sich der Vater vom Sohn. Gottvater sitzt im prächtigen Gewand auf dem Thron, während Jesus nackt am Kreuz hängt. Diese Art der Darstellung war vom 13. bis 15. Jahrhundert auch als Skulptur weit verbreitet.

Bild eines „päpstlichen" Vaters (16. Jahrhundert)
Im Laufe der Jahrhunderte wird Gottvater immer älter und mit den Zeichen der Macht ausgestattet (der päpstlichen Krone und dem kaiserlichen Mantel). Auf dem Schoß hält er väterlich seinen vom Kreuz genommenen Sohn.

Orientalische Reaktion (16. Jahrhundert)
Im Osten entstanden Ikonen nach festen Regeln. Bei der Abbildung der Dreifaltigkeit stützt man sich auf jene biblische Geschichte, in der drei Engel Abraham um seine Gastfreundschaft bitten und ihm verkünden, dass er einen Sohn (Isaak) haben werde (Genesis 18,1–15).

Gott oder Jupiter? (18. Jahrhundert)
Bei William Blake ist Gott ein Himmelsgreis und mächtiger Geometer. Im Westen malte man Gott damals oft als einen im Himmel thronenden „bärtigen Alten" mit den Muskeln eines Jupiter. Ende des 19. Jahrhunderts fand dieses Gottesbild durch neue Vervielfältigungstechniken weite Verbreitung und wurde noch im 20. Jahrhundert in der Werbung verwendet.

Seltenes Bild (19. Jahrhundert)
Seit dem 12. Jahrhundert sind Gemälde bekannt, in denen man die Dreifaltigkeit durch eine Person mit drei gleichen Gesichtern abgebildet hat. Dieses seltene Bild bringt deutlich zum Ausdruck, dass die Darstellung des dreifaltigen Gottes kaum möglich ist. Sie lässt sich durch zusammengesetzte Bilder allenfalls andeuten.

Schwebendes Kruzifix (20. Jahrhundert)
Die Schrecken des 20. Jahrhunderts beeinflussten auch die Künstler. Ihre Darstellungen von Christus am Kreuz künden vom Leiden des Menschen. Weltkriege und Massenvernichtung scheinen sich nicht mit dem Bild eines allmächtigen Gottes zu vertragen. In *Galas Christ* (1978) malte Salvatore Dalí einen jungen, kräftigen Gekreuzigten, der in der Luft zu schweben scheint.

Religiöse Bilder verstehen

Alte Gemälde erschließen sich nicht immer auf Anhieb. Manchmal bedarf es einiger Hilfe, um ihre Aussage zu verstehen. Man kann sich aber auch von seinen Empfindungen leiten lassen und ein Zwiegespräch mit dem Künstler führen.

Der Titel

Dieses Gemälde trägt den Titel *Das Jüngste Gericht*. Es illustriert eine Schilderung aus dem Evangelium*: „Wenn aber der Menschensohn kommen wird in seiner Herrlichkeit und alle Engel mit ihm, dann wird er sich auf den Thron … setzen. Denen zu seiner Rechten wird er sagen: ‚Kommt, ihr Gesegneten … ich war hungrig und ihr habt mich gespeist; ich war durstig und ihr habt mich getränkt; ich war fremd und ihr habt mich beherbergt; ich war nackt und ihr habt mich bekleidet; ich war krank und ihr habt mich besucht; ich war im Gefängnis und ihr seid zu mir gekommen. … Was ihr getan habt einem von diesen meinen geringsten Brüdern, habt ihr mir getan.‘ Zu denen zur Linken spricht er: ‚Weichet von mir, ihr Verfluchten, in das ewige Feuer … Denn ich war hungrig und ihr habt mich nicht gespeist … was ihr nicht getan

Die geflügelten Seraphim (hier als kindliche Köpfe) haben die Aufgabe, Gott zu dienen.

Die Stadt ist das himmlische Jerusalem, die ideale Stadt im Königreich Gottes.

Der blühende Garten erinnert an den Garten Eden (siehe S. 50).

Der Weg steht für den Lebensweg.

habt einem dieser Geringsten, habt ihr auch mir nicht getan.'" (nach Matthäus 25,31–45)

Der Bildaufbau

Das Bild ist in drei Teile gegliedert. Im Zentrum weist Christus als mächtiger Richter mit der Rechten zu den Erretteten und mit der Linken zu den Verdammten. Zu seiner Rechten bilden die in den Seligpreisungen erwähnten Berufenen *(siehe S. 177)* einen Kreis der Stille und Anmut. Zu seiner Linken erleiden die Verdammten Höllenqualen.

Die Personen

In der himmlischen Gemeinschaft erkennt man hinter Maria ① Petrus ② an seinem Schlüssel, den heiligen Paulus ③ an seiner Kahlköpfigkeit und den heiligen Dominikus ④ an seiner Kutte und Lilie. Gegenüber erblickt man den Johannes ⑤, den bekrönten König David ⑥ und den heiligen Franziskus ⑦ mit den Wundmalen Christi. Auf der Gartenseite sehen Geistliche und Edelleute erwartungsvoll zum Himmel auf. Auf der Höllenseite herrscht bei Königen, Geistlichen und Handwerkern das nackte Grauen.

Künstlerische Freiheit

In den Grotten sieht man Lüsterne, die von einem Ungeheuer gefressen werden, dahingestreckte Müßiggänger, streitende Hochmütige, zu Tisch gezwungene Fresser, mit flüssigem Gold gemästete Geizhälse oder Neider, die in einem Topf schmoren. Der Künstler hat sich dafür entschieden, die sieben Todsünden *(siehe S. 66)* zu illustrieren und nicht die sieben im Evangelium erwähnten Werke der Barmherzigkeit (anderen zu essen und zu trinken geben, sie zu beherbergen usw.).

Der Künstler und seine Zeit

Guidolino di Pietro, seit 1420 Dominikaner, war ein italienischer Maler. Bekannt wurde er unter dem Namen Fra Angelico („engelhafter Bruder"). Auf der Gartenseite hat er seine Ordensbrüder abgebildet. Die Personen tragen die Kleidung jener Zeit (um 1430), damit seine Zeitgenossen sich mit ihnen identifizieren.

Der Auftraggeber

Hatte der Bischof oder der Stadtrat dieses Werk in Auftrag gegeben? Im Mittelalter war der Tod das alles beherrschende Thema (Kriege, Hungersnöte, Pest). Kirche und weltliche Macht nutzten die Angst vor dem Jüngsten Gericht*, um Unruhen zu vermeiden. Sie predigten den Glauben ans Jenseits und die Achtung vor Moral und bestehender Ordnung. Dabei dienten ihnen Kunstwerke als Hilfsmittel.

Der Heiligenschein Christi kennzeichnet seine Göttlichkeit. Engel und Heilige im Paradies begrüßen ihn. Auf Erden sind die Rechtschaffenen, die noch nicht heilig gesprochen wurden (siehe S. 274–275), *mit einem schlichten Strahlenkranz dargestellt. Das Gold steht für spirituelles Strahlen, nicht für Reichtum.*

Der mandelförmige Heiligenschein (Mandorla) steht für den Glanz des Göttlichen.

Die Engel schauen in Ehrfurcht auf Christus.

Die Posaunen kündigen das Jüngste Gericht an.

Die Grotten mit ihren unterirdischen Wassern sind ein Sinnbild der Hölle.

Die Teufel sind gehörnte Ungeheuer mit Fledermausflügeln. Ihr Meister (unten) hat drei schlingende Mäuler.

Die zur Seite gerückten Platten und das leere Grab Christi erinnern an den Tod als Übergang.

Mit Bildern beten

Erscheint die Theologie* zu kompliziert oder zu intellektuell, dann „schaffen“ sich die Menschen eine schlichtere Religion. Sie greifen dabei auf konkrete Dinge wie Heiligenbilder zurück, um ihre Gefühle, Ängste und Hoffnungen auszudrücken. Zwischen volkstümlichem Glauben und Aberglauben lässt sich nicht immer sauber trennen.

Erinnerung
Wie lässt sich die Botschaft einer Religion einfach vermitteln? Im Mittelalter, als die meisten weder lesen noch schreiben konnten, sollten Bilder einen Zugang zu den biblischen Geschichten ermöglichen. Viele Religionen verwenden Illustrationen, um ihre Glaubensvorstellungen und Praktiken zu veranschaulichen. Die islamischen Schiiten erinnern sich anlässlich des Aschura-Festes mithilfe zahlreicher Erzählungen und Bilder an den Tod Husseins und seiner Familienmitglieder.

Heiligkeit
Es ist allzu menschlich, Götter und Heilige bei sich zu Hause haben zu wollen, damit sie für uns da sind und Unheil fernhalten. Viele Gläubige schaffen sich eine „himmlische“ Umgebung (hier mit hinduistischen Ikonen), damit sie sich geborgen fühlen. So gelangt das Heilige ins eigene Heim. Auch Andenken von einer Wallfahrt lassen einen Hauch von Heiligkeit einkehren. Manchmal dienen solche Devotionalien beim Hausbau sogar als Grundstein.

Identität
Bilder sind bei den Gläubigen so beliebt, weil sie unmittelbar ansprechen. Ein Kreuz benötigt keinen Kommentar, um den christlichen Glauben auszudrücken. Vielmehr kennzeichnet es den Ort oder seinen Träger sogleich als christlich. Diese Sternenlandschaft mit Halbmond ist ein unverkennbares Symbol für den Islam. Solche religiösen Bilder sind weniger spirituell, sie dienen eher als Erkennungszeichen.

Heilung
Mit den in manchen Kirchen hängenden Votivtafeln bedanken sich Christen dafür, dass ihre Gebete erhört wurden. In vielen Religionen werden Bilder, Ikonen oder Statuen verehrt, denen man segnende Kräfte zuschreibt. Obwohl den Anbetern solcher Bilder manchmal ein naiver Glauben unterstellt wird, können sie sich keine Religion vorstellen, die Glück verheißt, ohne die Frommen zu heilen.

HEILIGES BILDNIS?

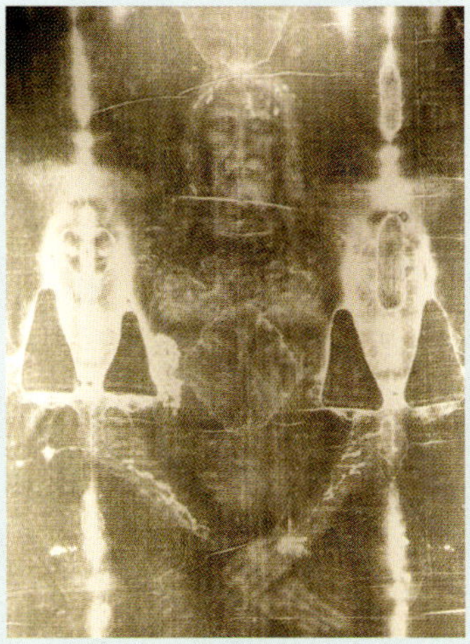

Das Grabtuch von Turin ist ein wahrer Zankapfel. Manche glauben, dass es das Leichentuch Jesu mit dem Abdruck seines Körpers sei. Wissenschaftliche Untersuchungen haben bisher keine Beweise für diese Annahme erbracht. Bisweilen wird das Tuch als Reliquie* betrachtet – als ein Objekt, das mit Jesus in Berührung kam und so eine besondere Kraft in sich bewahrt haben soll. Andere wiederum halten es für ein historisches Zeugnis ohne Bezug zu Jesus. Manche wittern auch Betrug. Die Diskussion ist noch nicht beendet.

Schutz
In das Lenkrad dieses Busses sind Koranverse eingelassen, die den Fahrer vor Unfällen schützen sollen. Ein katholischer Kollege würde eine Ikone oder ein Medaillon des heiligen Christophorus vorziehen – der Legende nach hat er das Jesuskind über einen Fluss getragen und wurde so zum Schutzpatron der Reisenden.

Erhöhung
Diese buddhistischen Gebetsfahnen sind mit heiligen Texten, Gebetsversen (Mantras) und Symbolbildern bedruckt. Sie tragen die Wünsche derer, die sie aufgehängt haben. Die bunten Fahnen flattern im Wind und setzen ihre Kräfte frei, bis die Stoffbotschaften durch Wind und Wetter zu Staub werden. So lösen sie sich in Luft auf. Das erinnert an das Streben der Gläubigen, von allem Leiden und jeglicher Unvollkommenheit befreit zu werden.

Nähe
Fromme Bilder durchdringen unseren Alltag und machen nicht einmal vor Plastiktüten Halt. Für den Gläubigen haben sie oft die gleiche Funktion wie die Fotos seiner Liebsten, die ihn stets an seine ganz persönliche Welt erinnern. Ein solches Bild muss zugleich spirituell und leicht verständlich sein. Ein koreanischer Künstler entschied sich für zeitgenössische Kleidung. Sein Gemälde zeigt Jesus, der Petrus vor dem Ertrinken bewahrt.

Religiöse Musik

Glöckchen, himmlische Stimmen, Engelchöre. Welche Musik wird das Paradies entzücken? Gibt es dort die reine Stimme, den einen göttlichen Ton? Oder erklingt dort die schönste Harmonie aus Tönen, die einander ergänzen? Auf Erden versucht religiöse Musik, einem entsprechenden Ideal nahe zu kommen.

Am Anfang war der Klang

In einem Mythos der Ägypter klatscht Thot, Gott des Wissens und der Weisheit, siebenmal in die Hände und bricht in Lachen aus, um die Welt zu erschaffen. In Ostafrika glauben die Massai, im Donnergrollen ein Echo des Weltanfangs zu erkennen. Den Hindus zufolge schlägt Shiva die kosmische Trommel des Seins. In der Bibel herrscht vor der Schöpfung nur „Tohuwabohu". Einige Mystiker* „hören die Schöpfung". So heißt es bei Johannes: „Im Anfang war das Wort (Gottes)." Die Sufis schließlich meditieren, damit ihre Seele mit der ersten göttlichen Schwingung im Gleichklang ist.

Die Götter lautstark wecken

In ihren Tempeln veranstalten die Hindus ein ziemliches „Getöse", um die Götter zu wecken. Und aus der Kleidung des Schamanen muss es nur so knirschen, klingen und klirren. In Trance begleitet er seinen rätselhaften, von den Geistern stammenden Gesang mit Trommelschlägen. Bei manchen afrikanischen Ritualen* sind die Trommeln selbst Götter. Ihr Dröhnen soll Furcht verbreiten. Man verwahrt sie in gesonderten Hütten, füttert und kleidet sie. Nur Eingeweihte dürfen sie schlagen. Manche Instrumente besitzen eine solche Macht, dass man sie nie benutzt.

Den religiösen Klang erleben

Die liturgische* Musik der Hindus und Buddhisten folgt einem strengen Aufbau. Das Singen uralter heiliger Silben (Mantras) erlaubt es, den Wiedergeburten zu entrinnen und ins Nirvana zu gelangen. Die Veden *(siehe S. 190)* werden im Gleichklang rezitiert. Jeder Fehler bringt den Kosmos aus dem Gleichgewicht. Tibetische Mönche benutzen zum Meditieren den mehrstimmigen Obertongesang, der viel Übung verlangt.

***Tibetische Mönche** begrüßen das neue Jahr mit dem Klang ihrer Hörner.*

***Der Zen-Gong** gibt bei buddhistischen Zeremonien den Takt vor. Es gibt auch größere Exemplare, die man auf den Boden stellt.*

***In den USA** erklingt aus manchen Gotteshäusern Gospel-Musik.*

Die göttliche Harmonie der Klänge

Manche Christen mögen die ätherische Reinheit der gregorianischen Chormusik oder des orthodoxen Kirchengesangs. In jeder Epoche gab es Komponisten, deren Kirchenmusik auf eine Harmonie der Kontraste abzielte. Durch Bach erhielten die Hymnen Luthers mehrere Stimmen. Mozart komponierte mehrere Messen und ein *Requiem* (Totenmesse). Aber auch andere klassische Komponisten widmeten sich der Kirchenmusik. Seit einigen Jahrzehnten erhalten diese mehrstimmigen Werke zunehmend Konkurrenz durch Folk, Rock, Rap usw.

***Die** ney ist eine Flöte, die innerhalb des Taoismus weit verbreitet ist.*

Fast keine Musik

Musik hat einen nachhaltigen Einfluss auf Menschenmengen und ihre Gefühle. Daher fürchten einige Religionsvertreter, sie sei zu sinnlich, zu sehr ablenkend, zu weltlich oder gar heidnisch*. In manchen jüdischen Synagogen ertönt allein das Widderhorn *(siehe S. 54)*. Der Islam verlangt vom Muezzin und vom Vorleser aus dem Koran einen abwechslungsreichen Vortrag, damit der Gläubige aufmerksam zuhört. Er soll ein Echo des zu Mohammed sprechenden Engels darstellen.

***Bei der Zeremonie** des Zekr tanzen die Derwische Kurdistans zum Rhythmus ihrer Tamburins* (daf).

NA SO WAS!

Reggae und Religion

Die Rastafari glauben an Gott (Jah) und die Bibel, doch mit einigen Abstrichen! Oft ist das Tragen von Zöpfen *(dreadlocks)* und das Rauchen von Haschisch Bestandteil ihrer Religion. Eigentlich ist dies eher eine Philosophie oder gar Ideologie, mehr noch eine kulturelle Bewegung mit dem Reggae im Mittelpunkt.

Religiöser Tanz

Zu manchen Zeiten und an gewissen Orten ist der Tanz eine religiöse Handlung. Um sich von Andersgläubigen abzugrenzen, haben ihn die monotheistischen* Religionen jedoch oft verachtet. Allmählich wechselte der Tanz von den Tempeln in Ballsäle oder Theater.

No-Schauspieler *in Tokio*

Traditioneller Tanz *in Tibet*

Der Tanz ist göttlich

Die Hindus glauben, dass Shiva die Welt im Tanz ständig neu erschafft. Seine Trommel gibt das universale Tempo vor: Leben-Tod, Tod-Leben usw. Kali, sein weibliches Gegenstück mit wildem Blick, herausgestreckter Zunge und Schädelkette um den Hals, tanzt auf einer Leiche. Wenn sie zornig ist, bringt ihr Tanz die ganze Welt in Gefahr, dann greift Shiva ein. Um von den Taten der Götter zu erzählen und ihre Haltungen zu bekunden *(mudras)*, wissen sich die Tänzerinnen mit großem Geschick aller Körperteile zu bedienen – bis hin zu den Augenbrauen.

Der Tanz kündet von den Göttern

In Japan ist eine religiöse Mischung aus Theater, Oper und Tanz entstanden, hervorgegangen aus dem No (15. Jahrhundert) und dem Kabuki (17. Jahrhundert). Das No-Stück *Hagoromo* erzählt von einem Priester, der das „Federkleid" einer himmlischen Tänzerin findet. Sie begehrt es zurück, aber dafür möchte er sie tanzen sehen. Sie tanzt für ihn den „Zyklus des Mondes", der die Menschen zu trösten vermag, und verschwindet im Nebel. Die tibetischen Mönche haben einige heilige Tänze bewahrt. Zum Klang von Muscheln, Posaunen, Glocken und Zimbeln spricht der Lama seine Gebete, begleitet vom Tanz der Mönche: langsame ruckartige Prozessionen, Kreisen von Masken, Begegnungen zwischen Heiligen und Dämonen usw. Nach acht Stunden haben die Götter endlich gesiegt.

NA SO WAS!

Schaurige Totentänze

Im Spätmittelalter entstanden Darstellungen des Todes (symbolisiert durch ein oder mehrere Skelette) im munteren Reigen mit Bischöfen, Edelleuten und dem Volk. Diese Totentänze sollten daran erinnern, dass man plötzlich aus dem Leben gerissen werden kann und vor dem Tod alle gleich sind.

Straßentänze *in Tel Aviv anlässlich des Simchat Thora*

Der Tanz als Geschenk

Die griechischen Götter schenkten den Sterblichen den Tanz, damit diese sie ehrten. Athene lehrte die jungen Männer den Kriegstanz *(pyrrhiche)*, um aus den besten Tänzern ihre besten Kampfgefährten zu machen. Zeus zeugt mit der Titanin Mnemosyne die neun Musen, die mit ihren jeweiligen Künsten die Bande zu den Menschen herstellen sollen. Der Tanz geht auf die Musen Terpsichore und Euterpe zurück. Auch das Volk Israel bedient sich des Tanzes, um Gott zu ehren. Die Bibel berichtet, wie König David um die Bundeslade tanzt. Bis heute tanzen die Juden am Simchat Thora, um das von Gott gegebene Gesetz zu feiern.

Terpsichore*, die Muse des Tanzes*

Die Derwische *suchen durch den Tanz die mystische* Vereinigung mit Gott.*

Heilige Trance

Der rasende Tänzer zittert, wird von Krämpfen geschüttelt, reißt die Augen auf und speichelt. Womöglich fällt er in Ohnmacht, läuft unbeschadet über glühende Kohlen, durchbohrt sich, ohne zu bluten, oder spricht fremde Sprachen. In einem solchen Trancezustand üben die Schamanen ihre Macht aus. Im Voodoo ruft man den *loa* (Geist) mit seiner Musik, damit er von den in Trance befindlichen Tänzern Besitz ergreift. Die Sioux ahmen das Kreisen der Planeten nach, bis sie in Trance fallen, um dem Schöpfergeist zu danken. Süditalienische Pilger tanzten die wilde Tarantella, um Schwermut zu heilen. Die Dogon erneuern die Welt, indem sie ihre Masken tanzen lassen. Vom rhythmischen Hämmern der Goldschmiede inspiriert, soll der Sufimeister Rumi in einem Basar begonnen haben, sich mit offenen Armen zu drehen. Seine Schüler, die tanzenden Derwische, tun es ihm nach, um in einem Wirbel der Seele die Tiefe Gottes zu finden.

Der Tanz außerhalb des Religiösen

Heilige Tänze werden leicht zu reinen Spektakeln für Neugierige. Tänze wie die der ausschweifenden Bacchanalien zu Ehren des Bacchus, des Gottes der Trunkenheit, wurden 186 v. Chr. vom römischen Senat verboten. Um sich von Nichtchristen abzugrenzen, verzichten Christen in ihren Riten ganz auf Tänze. So wird Tanz in der christlichen Religion oft mit Verführung, Ausschweifung und Unsittlichkeit verbunden. Auch der Islam fürchtet eine durch den Tanz hervorgerufene Sittenlosigkeit.

Macuilxochitl *ist der aztekische Gott des Tanzes, der Liebe und der Musik.*

Religiöse Literatur

Bücher religiösen Inhalts findet man nicht nur in Fachbibliotheken. Auch Romane, Theaterstücke, Aufsätze und Gedichte haben nicht selten einen positiven oder negativen Bezug zur Religion.

***Diese balinesische Maske** kommt bei der Aufführung des* Ramayana *zum Einsatz.*

Bücher mit Geschichten

Zahlreiche literarische Werke haben historische Ereignisse oder Mythen zum Thema. Indem sich ein Autor von der Gegenwart löst, kann er freier und unbefangener über die Natur des Menschen schreiben. Das klassische Theater ist ein gutes Beispiel dafür. Die Werke vieler moderner Autoren greifen auf antike Tragödien zurück. Das Hauptthema dieser Schauspiele religiösen Ursprungs ist das menschliche Geschick – Gefühle und Leidenschaften sowie Verstrickungen, die sich daraus ergeben, also ein zeitloses Thema. Dies gilt auch für die indischen Epen *Mahabharata* und *Ramayana*; sie werden als Theaterstücke nachgespielt, die einen ganzen Tag dauern können.

Bücher zur Belehrung

Neben Büchern wie Bibel oder Koran, die als heilig oder von Gott eingegeben gelten, gibt es in vielen Religionen Bücher zur Vermittlung ihrer Lehre (Katechismus*) und zum Verständnis ihres Glaubens (Theologie*). Die Autoren untersuchen heilige Texte, stellen die Religionsgeschichte dar, diskutieren über die Existenz Gottes und den Glauben, beleuchten die Grundlagen der Moral usw. Wenn sie frei arbeiten dürfen und nicht unter politischem und sonstigem Druck stehen, können sie ihre Religion und den Dialog zwischen den Religionen fördern.

***Tibetischer Mönch** mit tibetisch-englischem theologischem Wörterbuch*

NA SO WAS!

Doppeldeutige Poesie
Im alten Persien gelang es den Dichtern, ihre ziemlich gewagten Werke anerkennen zu lassen, indem sie glaubhaft machten, dass es sich um religiöse Texte handelte. „Weinseligkeit" wurde dabei gleichbedeutend mit „göttliche Trunkenheit" oder „mystische* Ekstase". Hat dieses Wort nun eine profane oder eine religiöse Bedeutung?

The Mahabharata, *Szene aus einem Spielfilm von Peter Brook (1989)*

Bücher als Vorbild

Kein Mensch ist vollkommen und sei er noch so gut! Bei der Wahl ihrer Vorbilder hat die religiöse Literatur zwei Möglichkeiten: Entweder berichten die Autoren über jemanden, dessen Leben bereits verbindlich für heilig erklärt wurde – wie bei den Katholiken oder den Buddhisten mit ihren Schilderungen vom Leben der Heiligen oder mit ausgeschmückten Geschichten über legendäre Personen. Oder sie entscheiden sich wie die jüdischen Schriftsteller für vorbildliche, weil gesetzestreue Verhaltensweisen, ohne das gesamte Leben einer Person als heilig zu werten. Im Islam sind beide Ansätze gebräuchlich.

Bücher als Zeugnis

Die Begegnung mit Gott im Gebet oder durch einschneidende Erlebnisse hat viele Autoren inspiriert. Augustinus' *Bekenntnisse* (4. Jahrhundert) oder die *Geschichte einer Seele* (1898) der heiligen Theresia von Lisieux wurden zu wahren Bestsellern. Von ihrem Glauben beseelt, schufen andere Autoren Romane, in denen ihre religiösen Überzeugungen zum Ausdruck kommen. Muslimische Schriftsteller, vor allem Sufis, wie Ibn Arabi in *Mekkanische Offenbarungen* oder Rumi in *Mesnewi*, haben ihre spirituellen Erfahrungen beschrieben und das Nachdenken über ihre Religion vertieft.

Dieser chassidische Rabbiner *(und Surfer!) schrieb ein Buch als Zeugnis seines Glaubens und als Lehrstück für die Jugend.*

Anti-religiöse Bücher

Autoren, die sich für nichtgläubig erklären oder sich gegen die religiöse Erziehung wenden, bewerten Religionen oft negativ. Die Agnostiker *(siehe S. 150)* misstrauen jeder Glaubenserfahrung. In China entwarf Konfuzius eine Moral für die Gesellschaft, ohne sich dabei mit Religion zu befassen. (Interessanterweise werden einige seiner Schriften von manchen Lesern wie eine religiöse Schrift verehrt.) Manche Atheisten* wenden sich aktiv gegen die Religion. Im 19. Jahrhundert bezeichnete der Philosoph Karl Marx die Religion als „Opium des Volkes", als Hemmnis der Gedankenfreiheit. Unzählige Denkströmungen gingen aus den Werken von Freigeistern wie Voltaire oder Jean-Paul Sartre hervor; sie lehnten jeden Zwang ab, der durch den Glauben an einen Gott gerechtfertigt würde.

Während des ungarischen Volksaufstands im Herbst 1956 *verbrannte die Bevölkerung sowjetische Bücher, um ihre Missbilligung der sowjetischen Einmischung in ihrem Land zu demonstrieren.*

Religion im Kino

Filmische Darstellungen sind häufig fiktiv. Wer sich einen Film anschaut, der religiöse Geschichten wiedergibt, sollte sich zudem darüber im Klaren sein, dass er immer eine subjektive Sicht präsentiert bekommt. Filme mit religiösem Bezug können aber neue Perspektiven aufzeigen und die Diskussion anregen.

Standpunkte
Alle Filme über das Leben Jesu geben die Sichtweise des Regisseurs oder des Auftraggebers wieder. Auf Anregung von Papst Paul VI. drehte Franco Zeffirelli den „katholischen" Film *Jesus von Nazareth* (1977). Jesus wurde aber auch anders dargestellt: eher als Guerillero (in *Das 1. Evangelium – Matthäus* von Pier Paolo Pasolini, 1964), als „Superman" (*Die größte Geschichte aller Zeiten* von George Stevens, 1965), als großer Kommunikator (*Jesus Christ Superstar* von Norman Jewison, 1973), als Sohn eines Taxifahrers (*Maria und Josef* von Jean-Luc Godard, 1984), als Mann, der davon träumt, eine Familie zu gründen (*Die letzte Versuchung Christi* von Martin Scorsese, 1988), bis hin zu dem von manchen als antisemitisch* bewerteten Film *Die Passion Christi* (2003) von Mel Gibson. Im westlichen Kino kommt auch Moses häufiger vor, während die ersten indischen Filme aus den 1930er-Jahren die Jünger Vishnus auf die Leinwand brachten.

Subjektive Rekonstruktionen
Mithilfe der Historiker können Filmemacher manche Ereignisse der Religionsgeschichte wieder lebendig werden lassen. In *Mission* (1986) zeigt Roland Joffé das Bündnis zwischen Jesuiten und paraguayischen Indios gegen die spanischen und portugiesischen Siedler. In *Der Stellvertreter* (2001) prangert Costa Gavras die Untätigkeit des Vatikans gegenüber dem Völkermord an den Juden an. Indem er Geschichte und Legende verschränkt, rekonstruiert Bernardo Bertolucci das Leben Buddhas (*Little Buddha*, 1993). In *Winter 1954* (1989) schildert Jo Amar den Einsatz des Geistlichen Pierre für die Obdachlosen. Alle Darstellungen sind subjektiv und verfolgen ein bestimmtes Anliegen, von der Auswahl eines beliebten Schauspielers über Musik und Kameraführung bis hin zu Lichteffekten.

Religiöse Science-Fiction?

Das Science-Fiction-Genre spielt mit der Neuinterpretation religiöser Themen. In *Star Wars* verkörpern die Jedi-Ritter das Gute in der Hoffnung, dass Vater und Sohn Skywalker zwischen dem guten und dem schlechten Gebrauch „der Macht" unterscheiden können. In der Trilogie *Der Herr der Ringe* kämpfen Frodo und seine Gefährten gegen den Herrn der Finsternis und die zerstörerische Macht des begehrten Ringes. Auch in den *Harry-Potter*-Filmen wird Religion nicht thematisiert, doch Harry stellt seine Zauberkraft in den Dienst positiver Werte.

Sozialkritische Filme

Einige sozialkritische Filme haben religiösen Bezug. In *Inschallah – Endlich Sonntag* (2001) zeigt Yasmina Benguigui eine Nordafrikanerin, die in Frankreich isoliert lebt. Die Feiern zum großen Opferfest werden zum Anlass genommen, die Konflikte zwischen den verschiedenen Kulturen zu beleuchten. In *Die Stunde des Siegers* (1981) singt Hugh Hudson ein Loblied auf zwei Olympia-Sieger: Der eine ist Pastor und siegt, indem er sich auf seinen Glauben stützt; der andere, ein Jude, fühlt sich an den Rand gedrängt und gewinnt dank seiner Rachegefühle. In *Anatevka* (1971) von Norman Jewison hat der Milchmann eines ukrainischen Dorfs Schwierigkeiten, seine Töchter traditionsgemäß zu verheiraten. Zudem wird er mit antisemitischen Anfeindungen konfrontiert.

Parodien

Manche Filme mit religiöser Thematik werden von einigen als Gotteslästerung empfunden. Doch kaum jemand stört sich an Fernandel als Don Camillo (ewige Rivalität zwischen kommunistischem Bürgermeister und Dorfpfarrer), Louis de Funès als Rabbi Jacob (ein als Rabbiner verkleideter Rassist, der zur Toleranz findet) oder Whoopi Goldberg als ziemlich rockige Pseudo-Nonne und Fürsprecherin des Guten in den beiden Teilen von *Sister Act*.

Lehrstücke der Moral

Bollywood, das indische Hollywood, produziert gern Streifen mit moralischen Ansprüchen wie *Devdas* (2002), in dem Sanjay Leela Bhansali von einem verzweifelten jungen Mann berichtet, der aufgrund der Kastenunterschiede seiner Liebe entsagen muss. Der Film verlegt die Liebe von Krishna und Radha, den ewigen Liebenden, ins 20. Jahrhundert. Trotz ihrer grellen Kostüme und reicher Dekoration kommen indische Filme wegen ihres hohen moralischen Anspruchs in islamischen Ländern gut an. In Europa nähert man sich der Moral anders: In den zehn Filmen seines *Dekalog* stellt Krzysztof Kieslowski seine Helden vor schreckliche Entscheidungen; danach sind sie entweder in ihrem Glauben bestärkt oder zerstört.

Skandal-Poster?

Der Produzent von *E.T. – der Außerirdische* zögerte nicht, E.T. auf dem Filmplakat göttergleich darzustellen. Das Motiv orientiert sich an Michelangelos berühmtem Fresko *Die Erschaffung des Adam (siehe S. 15)*. Als das Plakat für *Der Stellvertreter* das christliche Kreuz mit dem Hakenkreuz zusammenbrachte, gab es einen Aufschrei der Empörung.

Medien und Religion

Um am Geschehen in der Welt teilzunehmen, ging man früher auf den Markt oder in die Kirche. Heute wird uns die Welt von den Medien ins Haus geliefert. Einige sind deshalb der Auffassung, dass Religion im Fernsehen präsent sein muss, damit sie wahrgenommen wird und die Menschen erreicht.

Medien nutzen der Religion
In einigen Ländern haben manche Rundfunk- und Fernsehsender auch religiöse Sendungen im Programm. Die einzelnen Konfessionen produzieren Reportagen und Informationen über das Leben ihrer Gemeinde sowie spirituelle, theologische*, historische oder liturgische* Beiträge. In Frankreich zum Beispiel – einem Land in dem besonders viele Religionen vertreten sind – haben einige Sender spezielle Programme für Buddhisten, Muslime, Juden, Protestanten, Orthodoxe oder Katholiken, sei es am Sonntagmorgen oder an Werktagen.

Nachrichten – ein Hauch von Religion?

Die Abendnachrichten sind für viele Menschen in Europa ein fast heiliger Bestandteil des Alltags mit ihrem festen Ritual* (Erkennungsmelodie, Übersicht, Wettervorhersage) und dem vertrauten Sprecher am „Altar der Information". Comedy-Sendungen widmen sich ausführlich diesen Gepflogenheiten. Dabei werden die Nachrichtensprecher und -moderatoren imitiert. Zuweilen wird sogar das „Wort zum Sonntag" gesprochen und dabei „das Böse" verdammt und „das Gute" beweihräuchert.

Religion nutzt den Medien
Die Medien wissen, dass man mit Religion auch Zuschauer gewinnen kann. Manchmal widmen sie Personen und Begebenheiten, die mit Religion zu tun haben, umfangreiche Reportagen. Manche Sender geben sich dogmatisch und arbeiten mit Zerrbildern, andere führen eine offene Diskussion. Auch Spielfilme bedienen sich gern religiöser Elemente, manchmal auch in sehr klischeehafter Weise: So erscheinen in einigen Filmen Priester, Engel oder Heilige.

Showbusiness und Religion

Es gibt Schauspieler, berühmte Sänger oder Fernsehstars, die für ihren Glauben sozusagen Werbung machen. Ihre Bekenntnisse sind vielfältig: Ein Starlet erzählt, dass sie zu ihrem Schutzengel betet, ein Rocksänger berichtet von seinem religiös motivierten Engagement für die Armen, ein Schauspieler (hier Richard Gere) zeigt sich mit dem Dalai-Lama, eine Sängerin lässt sich mit Kabbalisten fotografieren, ein Sportler bekreuzigt sich vor dem Wettkampf usw. Sind sie alle aufrichtig oder sind manche nur „modisch“? Das ist nicht immer leicht zu unterscheiden.

Religion und Showbusiness

In Ländern wie den USA oder Brasilien treten Fernsehprediger vor tausenden von Zuschauern auf. Manche dieser Geistlichen zeichnen gern Schwarz-Weiß-Bilder, wenn sie von der Furcht vor dem Teufel reden, von der AIDS-Gefahr oder wenn sie Wunderheilungen versprechen. Manche katholische Priester erwärmen sich ebenfalls für Veranstaltungen mit „Eventcharakter“: konzertartige Messen, millionenfach verkauften CDs, Übertragungen von Orten von Marienerscheinungen usw. Diese zuweilen theologisch zweifelhaften Religionsspektakel ziehen die Massen an. Und das Fernsehen ist ein „Massenmedium“. „Masse“ bedeutet „Einfluss“ auf die öffentliche Meinung, in manchen Fällen Geld und Macht.

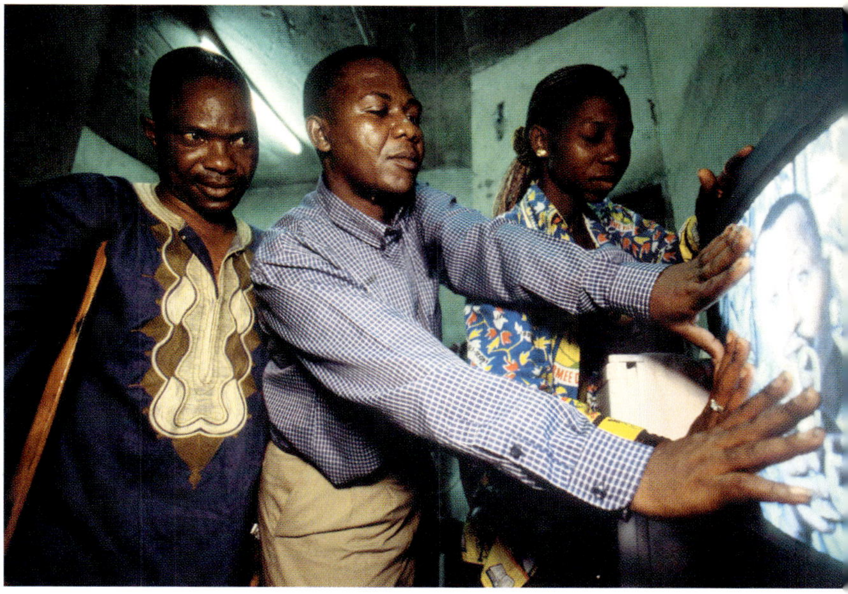

Seriöse Information

Ernsthafte Religionsvertreter appellieren heute weniger an die Gefühle als an die Intelligenz der Menschen. Seriöse religiöse Medien sollten dem Publikum die Grundlagen für eine freie, kritische Weltsicht liefern. Es gibt konfessionell ausgerichtete, täglich oder wöchentlich erscheinende Presseerzeugnisse. Einige Bistümer in Deutschland unterhalten auch Radiostationen, die ein Programm sowohl für junge als auch ältere Zuhörer ausstrahlen.

Wandelbare Klassiker

Manche Themen werden seit Jahrhunderten immer wieder von Schriftstellern, Malern oder Komponisten aufgegriffen und immer neu interpretiert. Ob gläubig oder nicht, viele von ihnen bedienen sich der überlieferten religiösen Kultur. Selbst profane Mythen tragen Religiöses in sich.

Der Orpheus-Mythos

- **Spannung garantiert!** Vom Gesang und Leierspiel des Orpheus geht ein mächtiger Zauber aus. Eurydike, seine Gemahlin, stirbt noch am Tag der Hochzeit. Untröstlich steigt er in die Unterwelt* hinab und betört Hades, ihm seine Frau zurückzugeben. Doch er verstößt gegen ein Verbot, als er sich auf dem Rückweg nach ihr umschaut; so verliert er sie endgültig. Später wird er von den Dienerinnen des Dionysos zerrissen, doch sein Kopf singt weiter und seine Leier spielt von selbst.
- **Zahlreiche Bearbeitungen:** Der Dichter Ovid verwendete diesen sehr alten Mythos in seinen *Metamorphosen*. Monteverdi komponierte die Oper *Orfeo*. Jean Cocteau drehte den Film *Orpheus*. In dem Film *Orfeu negro* von Marcel Camus ist Orpheus ein brasilianischer Straßenbahnfahrer.
- **Und das Religiöse?** Im Griechenland des 6. Jahrhunderts v. Chr. entstand die Orphik, eine religiöse Bewegung. Der Mythos hat Gemeinsamkeiten mit der Geschichte von Lot, dessen Frau bestraft wird, weil sie sich umgeblickt hat *(siehe S. 168)*. Und auch von Gesang und Leierspiel König Davids geht ein mächtiger Zauber aus.

Die Odyssee des Odysseus

- **Spannung garantiert!** Odysseus, König der griechischen Insel Ithaka, heiratet Penelope. Er zieht in den Krieg gegen Troja und zeichnet sich durch Mut, Gewandtheit und List aus. Auf dem Heimweg muss er viele Hindernisse überwinden. Penelope glaubt, sie sei Witwe, und verspricht denjenigen zu heiraten, der den Bogen des Odysseus spannen könnte. Dem als Bettler verkleideten Odysseus gelingt dies als Einzigem. Dann gibt er sich zu erkennen.
- **Zahlreiche Bearbeitungen:** Homer verfasste die *Ilias* und die *Odyssee*, der französische Dichter Joachim Du Bellay schrieb seine berühmten Verse „Glücklich, wer wie Odysseus eine schöne Reise unternommen hat …“ und der irische Romancier James Joyce ließ seinen *Ulysses* im Jahr 1904 leben.
- **Und das Religiöse?** Odysseus ist „von den Göttern gesegnet“, einfallsreich und mutig. Als unschuldiges Opfer erlangte er seine Würde zurück.

Die Legende vom heiligen Gral

- **Spannung garantiert!** Der Zauberer Merlin erzieht König Artus, überreicht ihm sein Schwert Excalibur und schenkt ihm zur Hochzeit einen Tisch. Dort haben die Ritter der Tafelrunde (Parzival, Lancelot u. a.) die Vision eines Kelchs und machen sich auf die Suche nach dem heiligen Gral.
- **Zahlreiche Bearbeitungen:** Der französische Dichter Chrétien de Troyes verfasste *Perceval oder die Geschichte vom Gral*, Richard Wagner schuf die Oper *Parsifal* (1882), Julien Gracq schrieb *Auf Schloss Argol* und in Hollywood entstanden viele Spiel- und Zeichentrickfilme.
- **Und das Religiöse?** Der Gral verleiht Leben, erhellt und macht reine Herzen unbesiegbar – gleich ob er den heiligen Kessel der Kelten oder den Kelch mit dem Blut Christi darstellt.

Die Legende von Robin Hood

- **Spannung garantiert!** Der englische Volksheld Robin Hood nimmt von den Reichen, um den Armen zu geben. Gemeinsam mit seinen Gefährten verspottet er die Würdenträger.
- **Zahlreiche Bearbeitungen:** Im Mittelalter verarbeitete man die Legende in Balladen, dann in Theaterstücken, Romanen (*Ivanhoe* von Walter Scott und *Robin Hood* von Alexandre Dumas) und in Filmen wie *Robin Hood, der König der Vagabunden* mit Errol Flynn, der die Mächtigen stürzen will, und in *Robin Hood – König der Diebe* mit Kevin Costner als Fürsprecher von Armen und Frauen. Walt Disney stellte ihn sogar als Fuchs dar!
- **Und das Religiöse?** Robin, dem Rächer, bereitet es Vergnügen, mit den Mächtigen (Sheriff von Nottingham und Klerus) hart ins Gericht zu gehen.

Einige Wortbedeutungen

Epos: ausführliche Schilderung heldenhafter Geschehnisse.
Mythos: symbolische Schilderung mit Wahrheitsanspruch.
Legende: später ausgeschmückte Schilderung eines wahren Ereignisses.

Der Faust-Mythos

- **Spannung garantiert!** Doktor Faust schließt einen Pakt mit dem Teufel: Um Wissen zu erlangen, verpfändet er seine Seele an Mephistopheles (den Teufel).
- **Zahlreiche Bearbeitungen:** Die ersten deutschsprachigen Schilderungen waren Anlass zu Puppenspielen. In Goethes *Faust* tritt Faust als Gelehrter auf. Spohr, Berlioz und Gounod verwendeten den Stoff für eine Oper, Edwin Porter widmete ihm einen Stummfilm.
- **Und das Religiöse?** In den ersten Schilderungen wurde dieser Rebell gegen Kirche* und offizielle Wissenschaft am Ende bestraft. Im 18. Jahrhundert jedoch stellte man Faust als Denker dar, der Gott angriff und im letzten Augenblick von Engeln gerettet wurde.

Gläubige, Gelehrte und Weise

Jede Kultur hat große Männer und Frauen hervorgebracht, die ein intensives spirituelles Leben geführt haben: Mystiker, Weise, Gelehrte und die großen Verfechter der Nächstenliebe. Teilweise suchten sie mit Leidenschaft den Dialog mit Gott und manche von ihnen setzten sich unermüdlich für die anderen ein.

Das spirituelle Leben

Um ein spirituelles Leben zu führen, muss man nicht einer Religion angehören. Jeder Mensch ist ein geistiges Wesen. Das zeigt sich in der Kunst und Kultur, in den philosophischen Fragen, mit denen man sich befasst, und natürlich auch im Glauben.

Spiritualität

Jeder Mensch ist ein spirituelles Wesen, auch wenn Spiritualität nicht einfach zu beschreiben ist. Jeder entfaltet sie auf seine Weise: Der Dichter wird von einer Blume angeregt, die geliebte Frau zu beschreiben; der Maler beschwört Leid, Schönheit und Liebe mit Farben auf einer Leinwand; die Tänzerin setzt ihre Gefühle und Gedanken in einer Choreografie um; der Gläubige verleiht seinem Glück, von Gott geliebt zu werden, in seinen Gebeten und Taten Ausdruck oder erbaut sich an spiritueller Musik. Der Mensch teilt den anderen auf diese Weise auch die Erfahrungen seiner inneren, geistig-spirituellen Welt mit. Spiritualität ist mit dem Verstand nicht zu erfassen, sie wird mehr intuitiv erfahren und ist ein wichtiger Teil der menschlichen Natur. Religionen sind besonders geeignet, zu einem spirituellen Leben anzuleiten. Dies kann sich in Form der Mystik*, der Weisheit und der Nächstenliebe (lateinisch: *caritas*) ausdrücken. Hindus verwenden die Begriffe *bhakti* (Anbetung Gottes), *dschnana* (Wissen) und Karma* (Tat) im Bezug zum spirituellen Weg.

Die mystische Begegnung

Die Menschen sind sehr unterschiedlich. Dies gilt auch für ihr spirituelles Leben, das sich auf eine nicht persönliche höchste Kraft oder auf einen persönlichen Gott beziehen kann. Als Mystiker bezeichnet man oft die leidenschaftlich Betenden, die „in Liebe zu Gott brennen". Zuweilen können sie die starken inneren Erlebnisse kaum beschreiben. Sie befreien sich von Gewohnheiten, die der Begegnung mit dem spirituellen Ziel im Wege stehen. Sie „versinken in sich selbst", um dem „ganz anderen" (zum Beispiel Gott) zu begegnen, mit dem sie vollkommen eins werden: Sie fallen in Ekstase. Doch wie kann man zwischen psychologischen Störungen und der echten mystischen Gotteserfahrung unterscheiden? Manche überprüfen mit ihrem geistigen Führer die Bedeutung ihrer spirituellen Erlebnisse *(siehe S. 262–265)*.

Die Suche nach Weisheit

Zu allen Zeiten gab es Männer und Frauen, die ein intensives spirituelles Leben lebten, einen inneren Dialog mit Gott führten, die heiligen Schriften lasen, die Lehren ihrer religiösen Tradition* studierten und gleichzeitig offen für die Gelehrten ihrer Epochen waren. Manche wurden ihrerseits zu Gelehrten, denen es gelang, die Verbindung zwischen Wissenschaft und Glaube herzustellen oder den Weg zum spirituellen Ziel zu erkennen. Bestreben dieser großen Persönlichkeiten war es, ihre Weisheit und ihr Wissen über den Menschen und die Welt immer weiter zu vervollkommnen. Ihre Überlegungen berührten oftmals die Grenzen dessen, was der Mensch verstehen kann. Dennoch setzten sie unbeirrt ihre Suche fort *(siehe S. 266–269)*.

Öffnung des Herzens für die Nächstenliebe

Manche Religionen sagen, dass der beste spirituelle Weg der Weg der Liebe sei, und dass derjenige, der sich Gott nähert, auch automatisch sein Herz für die Liebe öffnet. Deshalb finden nicht selten die Verteidiger der Schwachen und die Kämpfer für Frieden und Gerechtigkeit ihre Kraft im intensiven Gebet. Durch das Eintauchen in tiefe Meditation und das Erleben der Anwesenheit Gottes öffnen sie sich für den, der die Liebe ist, und stellen sich in seinen Dienst. Je nach den Erfordernissen ihrer Zeit schützen sie die Witwen und Waisen, helfen Bedürftigen und Bettlern, besuchen alte Menschen, pflegen Kranke und begleiten Sterbende *(siehe S. 270–271)*.

NA SO WAS!

Vereinte Gegensätze

Gregor von Nyssa, griechischer Mystiker des 4. Jahrhunderts, besaß das Geschick, Gegensätze sprachlich und gedanklich miteinander zu verbinden. Er schuf Ausdrücke wie stiller Schrei, nach unten aufsteigen, lebendiger Tod, nüchterne Trunkenheit, feste Bewegung, leuchtende Finsternis, wacher Schlaf. Verwirrend klar, nicht wahr?

Muslimische Mystiker: Sufis

Die Sufi-Meister haben mystische* Wege gefunden, die ihnen eine intensive Nähe zu Gott ermöglichen. Einige wurden zu wichtigen Lehrern wie Ibn Arabi, der sagte: „Wer sich selbst kennt, kennt seinen Herrn."

Sufi-Zeremonie *in der Qadiriyya-Bruderschaft*

Spirituelle Schulen

Der Islam ist eine Religion, deren Spiritualität durch die fünf Säulen *(siehe S. 104)* definiert ist. Einige Muslime machten sehr komplexe Erfahrungen in ihrer Beziehung zu Gott. Sie fanden neue Wege, um sich mit ihm zu verbinden, zum Beispiel durch das Rezitieren des Namens Allahs, durch Musik, Tanz und Arbeit. Sie gründeten zahlreiche spirituelle Schulen, die Bruderschaften oder *Tariqa* (Weg), die unter dem Begriff Sufismus zusammengefasst werden *(siehe S. 113)*. Sufis gibt es bei den Sunniten ebenso wie bei den Schiiten.

Rabia al-Adawiyya (um 720–801)

Die junge Sklavin Rabia aus Basra im Irak beeindruckte ihren Dienstherrn durch die Kraft, die von ihr ausging, wenn sie betete. Als er sie aus der Sklaverei entließ, zog sie sich mit einer Dienerin zurück, um in Armut zu leben. Sie war Dichterin, auch wenn sie selbst nichts niederschrieb. Ihr Leben hatte auf andere eine starke Ausstrahlung. Zu denen, die sie besuchten, sprach sie mit Leidenschaft über die Liebe Gottes und das Aufgeben des eigenen Willens: „Ich bete ihn weder aus Furcht vor der Hölle* noch aus Hoffnung auf das Paradies an. Sonst wäre ich nur eine Dienerin, die für einen Lohn arbeitet. Ich bete ihn an um seiner selbst willen, in der brennenden Sehnsucht nach ihm selbst."

Nachdem *Mansur al-Halladsch lachend und tanzend zur Richtstätte in Bagdad ging, wird er auf Befehl des Kalifen gefoltert, gehängt und enthauptet.*

Mansur al-Halladsch (858–922)

Für diesen persischen Sufi war das Ziel des Lebens das Einswerden mit Gott. Er kehrte sich von weltlichen Dingen ab, betete unablässig, stieß die Traditionalisten vor den Kopf und lehnte jegliche Gebote, Gesetze oder Rituale* ab. Seine Verbundenheit mit Gott veranlasste ihn zu sagen: „Ich bin die Wahrheit." Dies schockierte die offiziellen Vertreter des Islam, für die nur Gott die Wahrheit war. Halladsch, der in ihren Augen Gottes erhabene Stellung jenseits der Welt antastete, wurde zum Tode verurteilt, gefoltert und hingerichtet. Aber seine Schüler übermitteln noch heute seine Gebete an Gott: „Dein Bild ist in meinem Auge. Deine Verehrung auf meinen Lippen. Dein Haus in meinem Herzen. Aber du, wo verbirgst du dich?"

Ein Schüler, *der sich zu Rumis Füßen verneigt*

Ibn Arabi (1165–1240)

Ibn Arabi war das begabte Kind einer einflussreichen Familie im spanischen Andalusien. Als er dem Gelehrten Averroes *(siehe S. 268)* erklärte, dass „die Mystik über die Vernunft hinausgeht, ohne irrational zu sein“, war er erst 14 Jahre alt. Er wählte Issa (Name Jesu im Koran) zu seinem ersten spirituellen Meister, reiste durch Nordafrika und pilgerte nach Mekka. Von Mohammed angeregt, schrieb er über 200 Bücher. Für ihn lag das Wesentliche in der Liebe und im Einssein von allem, was ist: „Ich folge der Religion der Liebe, wohin auch ihr Weg führen mag, denn die Liebe ist meine Religion und mein Glaube.“

Ibn Arabi *und sein Stiefsohn und Schüler Sadr al-din Qunawi*

Rumi (Dschalal ad-Din Rumi) (1207–1273)

Der auch als Mevlana („unser Meister“) bezeichnete Rumi gründete in Konya in der Zentraltürkei den Mevlevi-Derwischorden. Durch das ununterbrochene Drehen um die eigene Achse versetzen sich die tanzenden Derwische in einen meditativen Zustand. „Verschiedene Wege führen zu Gott. Ich gehe den Weg des Tanzes und der Musik“, erklärte Rumi. Wie zahlreiche persische Dichter stützte er sich auf die Erfahrung der Liebe und des Rauschzustands, um die Begegnung mit Gott zu beschreiben: „Der Wein der Liebe macht mich trunken. Die Ekstase, die Verzückung sind alles, was ich begehre.“ Seine mystischen Gedichte umfassen über 50 000 Verse.

Umstrittene Einflüsse

Die spirituelle Praxis der Sufi-Bruderschaften hat Weisheit und Toleranz gelehrt. Aber sie trug auch zur Heiligenverehrung im Islam bei, die sich manchmal zu mehr volksfrommen als spirituellen Ritualen entwickelte. Beispiele hierfür sind die als Heilige verehrten Marabuts* oder die Fakire und die Faszination für die Übungen dieser Asketen*. Der Sufismus mischte sich zuweilen auch in die weltliche Politik ein.

Weitere muslimische Mystiker: Ali (600–661), Schwiegersohn Mohammeds, auf den der Schiismus zurückgeht; Al Ghazali (1058–1111), der den Sufismus stärker ins Zentrum rückte; Mulla Sadra (1571–1640), ein großer schiitischer Denker; Amadou Bamba (1850–1927), Gründer der Muridiyya-Bruderschaft.

Mohammed *(Mitte) segnet seinen Schwiegersohn Ali.*

Weitere Mystiker

Zu allen Zeiten gab es Mystiker*, die je nach religiöser Tradition* ihrer Sehnsucht nach Gott oder nach dem Absoluten folgten – wobei die östliche Religiosität an sich durchdrungen ist von dem, was man als Mystik bezeichnet.

Milarepa (1040–1123)
Der als Kind wohlhabender Bauern in Tibet geborene Buddhist Milarepa verlor mit sieben Jahren seinen Vater und wurde von einem Onkel um sein Erbe betrogen. Er erlernte die Magie, um sich zu rächen. Später bereute er dies und suchte bei einem buddhistischen Meister den rechten Weg. Der Meister wies ihn in das Yoga ein. Milarepa lebte danach ein sehr karges Leben als Einsiedler und widmete sich völlig der Meditation. Später unterwies er Schüler in Gesängen wie: „Ich wirke dort, wo keine Freude ist, aber ich bin froh … Ich, der Yogi, ich frohlocke vor Glück!"

Weitere buddhistische Meister der Meditation: Der legendäre Bodhidharma, Missionar in China im Jahr 527; Padmasambhava, auch bekannt als Guru* Rinpoche („Kostbarer Meister") in Tibet Ende des 8. Jahrhunderts.

Theresa von Ávila (1515–1582)
Theresa wurde in eine kinderreiche christliche Familie des spanischen Kleinadels geboren. Sie war intelligent und temperamentvoll, hatte eine große geistige Offenheit, eine gute Ausbildung und eine Liebe für Bücher. Mit 20 trat sie in das Karmelitinnenkloster von Ávila ein. Als sie 40 war, sprach während ihres Gebets ihr zufolge Jesus zu ihr und eröffnete sich ihr als Freund. Von nun an war es ihr innigstes Anliegen, „etwas für Gott zu tun". Sie gründete neue Klöster, die zeitgemäßer und traditionsgetreuer waren. Sie verfasste zahlreiche Ratgeber für das Gebet, Zeugnisse ihrer großen Gottesliebe: „Nichts soll dich verwirren, nichts dich erschrecken … Wer Gott hat, dem fehlt nichts: Gott allein genügt."

Weitere christliche Mystiker: Antonius (3. Jahrhundert), „Vater der Mönche"; Hildegard von Bingen (1098–1179), Philosophin, Ärztin, Musikerin, Dichterin; Franz von Assisi (1182–1226) wählte die Armut und gründete den Franziskanerorden; Meister Eckhart (1260–1327), Dominikaner, bedeutender Prediger und Theologe; Johannes vom Kreuz (1542–1591), Reformator des Karmeliterordens; Seraphim von Sarow (1759–1833), russisch-orthodox; Henri le Saux (1910–1973), in den Hinduismus eingeführter katholischer Mönch.

Ramakrishna (1836–1886)
Der in Bengalen als Kind einer armen Brahmanenfamilie geborene Ramakrishna hatte seit seinem sechsten Lebensjahr Visionen. Er wurde als Hindu Priester der Kali (der weiblichen Entsprechung zu Shiva). Mit seiner Frau Sarada Devi studierte er die christlichen und muslimischen Mystiker. Er kam zu der Auffassung, dass alle Religionen Wege seien, die zu einem Absoluten führen, das man Gott nennen kann. „Ihr sucht Gott? Dann sucht ihn im Menschen", sagte er. Seine Lehren wurden von seinem Schüler Vivekananda veröffentlicht, der auch die *Ramakrishna-Mission* gründete (Krankenhäuser und Schulen, in denen westlicher wissenschaftlicher Geist und hinduistische Spiritualität miteinander verbunden wurden).

Weitere hinduistische spirituelle Meister: Mirabai (ca. 1498–1546), Krishna verehrende Dichterin; Sri Aurobindo (1872–1950), Philosoph und Guru, Anandamayi Ma (1896–1982), weiblicher Guru.

Martin Buber (1878–1965)
Martin Buber wurde in Österreich als Kind einer gelehrten jüdischen Familie geboren. Er studierte auch in der Schweiz und in Deutschland und interessierte sich stark für den Chassidismus (eine mystische Bewegung im Judentum). 1938 floh er vor dem Nationalsozialismus* nach Jerusalem, wo er lehrte. Er gründete die Vereinigung Ihud (Einheit), die sich für die Versöhnung mit den Arabern einsetzte. Seine Schriften sind vielfältig: Bibelübersetzung, Pädagogik, Spiritualität. Er regte an, Gott „in der Begegnung mit den anderen" zu suchen.

Weitere jüdische Mystiker: Mosche de Leon (1240–1305), Kabbalist, der die Bibel Wort für Wort studierte; Israel Ben Elieser, genannt Baal Schem Tow (1698–1760), Begründer des Chassidismus.

Jüdische Weise und Gelehrte

„Gott, der Herr, gab mir die Zunge eines Jüngers, damit ich verstehe, die Müden zu stärken durch ein aufmunterndes Wort." (Jesaja 50,4) Die jüdischen Gelehrten studierten die heiligen Schriften, sie wurden zu Meistern in der Kunst der Analyse dieser Schriften, ihrer Auslegung und ihrer Überlieferung.

Die Lehrhäuser

Nach der Zerstörung des zweiten Tempels von Jerusalem 70 n. Chr. kamen die Juden verstärkt in Synagogen zusammen, um zu beten, und in Lehrhäusern, um zu studieren. Dort vertieften sie ihr Verständnis der in der Thora niedergeschriebenen und mündlich überlieferten Gesetze. Ihr Ziel war, die Bibel immer besser zu verstehen, um sie unverfälscht im täglichen Leben anzuwenden. Die Kunst bestand darin, immer neue Fragen aufzuwerfen, sich vorwärts zu tasten, zu suchen. Die Wirkung einiger dieser Gelehrten reichte über die Jahrhunderte und über die geografischen und religiösen Grenzen hinaus.

Raschi (1040–1105)

Raschi (Rabbi Salomo ben Isaak) wurde im französischen Troyes als Sohn eines Winzers geboren. Er war ein sehr begabtes Kind und später ein hervorragender Student, der Rabbi wurde. Mit 27 gründete er ein Lehrhaus, in dem er die Art, die Bibel und den Talmud zu kommentieren, erneuerte. Statt der Suche nach allgemeinen Ideen schlug er seinen Schülern vor, Satz für Satz und Wort für Wort zu lesen. Er untersuchte alle Bedeutungen schwieriger Begriffe, bevor er daraus ableitete, was sie sagen sollten. Der Talmud ist in einem schwierigen, manchmal rätselhaften Stil geschrieben, aber Raschi hielt es für sehr wichtig, ihn zu verstehen *(siehe S. 170)*. Seine Arbeit eröffnete zahlreiche mystische* und philosophische Interpretationsmöglichkeiten. Aus ganz Europa kamen Gläubige zu ihm, um ihn zu Rate zu ziehen. Seine moralische Autorität war so groß, dass sich sogar die christlichen Theologen* an ihn wandten. Die Maxime Raschis wie „Aus Liebe zu gehorchen ist besser als aus Angst zu gehorchen" sind auch heute noch gültig.

***Raschi** beim Studium*

Maimonides (1135–1204)

Der im spanischen Córdoba geborene Rabbi Mosche ben Maimon, genannt Moses Maimonides, ist die berühmteste jüdische Persönlichkeit des Mittelalters. Im Zuge der Judenverfolgungen floh er mit seiner Familie nach Marokko, Palästina und schließlich nach Ägypten, wo er Leibarzt des Sultans Saladin wurde. Er war auch Theologe, Jurist und Philosoph und schrieb in Arabisch und Hebräisch über Medizin und über die Thora. Er verfasste den berühmten *Führer der Unschlüssigen*, in dem er aufzeigte, wie Glaube und Vernunft miteinander vereinbart werden können. Sein Werk hat nicht nur das jüdische, sondern auch das christliche und islamische Denken beeinflusst. Maimonides stellte die sehr rationale Methode des großen griechischen Philosophen Aristoteles *(siehe S. 204)* in den Dienst der religiösen Reflexion. Er lehnte magische Praktiken ab und lehrte, dass man sich mit dem Verstand an Gott binden muss.

***Seite aus dem Führer der Unschlüssigen** von Maimonides, die Aristoteles und seine Schüler zeigt (jüdisches Manuskript, 14. Jahrhundert)*

Emmanuel Lévinas (1905–1995)

Emmanuel Lévinas, Sohn eines jüdischen Buchhändlers in Litauen, studierte ab 1923 in Frankreich Philosophie. Im Zweiten Weltkrieg geriet er in deutsche Gefangenschaft. Mit Ausnahme seiner Frau und seiner Tochter wurde seine gesamte Familie von den Nationalsozialisten ermordet. Nach seiner Befreiung 1945 widmete er sich jüdischen Schriften und unterrichtete Philosophie. Er erhielt einen Lehrstuhl an der Sorbonne in Paris. Sein Denken kann so zusammengefasst werden: „Ich trage eine Verantwortung gegenüber dem anderen. Das macht mich einzigartig: Niemand kann mich in der Ausübung dieser Verantwortung ersetzen." Für Lévinas wird der Mensch erst dann Mensch, wenn er von der „Sorge um sich selbst" zur „Sorge um den anderen" gelangt.

Weitere jüdische Gelehrte: Philon von Alexandria (um 20 v. Chr.–50 n. Chr.), erforschte die verschiedenen Bedeutungen der Thora; Saadja Gaon (882–942), Philosoph, Theologe, Dichter, übertrug die Bibel ins Arabische; Jehuda Halevi (1075–1141), für alle Religionen offener mystischer Dichter; Moses Mendelssohn (1729–1786), Vorläufer der Reformbewegung; Leo Baeck (1873–1956), Leiter der Weltunion für progressives Judentum.

Weitere bedeutende Gelehrte und Weise

Weise Männer und Frauen hielten sich nicht immer an die geltenden Regeln. Die großen religiösen Denker waren oft Nonkonformisten, die es wagten, unerwartete Ideen zu entwickeln. Sie erstaunten immer, wurden häufig angefeindet und manchmal verurteilt.

Averroes (1126–1198)
Der Muslim Ibn Ruschd oder Averroes *(Abbildung unten, Figur links)* wurde im spanischen Córdoba als Sohn eines Kadi (Richter) geboren. Er studierte nicht nur Jura und Theologie*, sondern auch Mathematik, Astronomie, Physik, Medizin und Philosophie! Averroes führte ein bewegtes Leben zwischen Córdoba, Marrakesch und Fez. Er war ein vom Glauben geprägter Mensch und ermöglichte es den Gelehrten des Abendlandes, die griechischen Philosophen der Antike wiederzuentdecken. Er lehrte, dass Religion und Philosophie getrennt bleiben müssen, dass aber Philosophie, verstanden als Weisheit, zu Religion in Bezug gesetzt werden kann. Er entwickelte gewagte Ansichten und kritisierte die islamischen Autoritäten. Seine Funktion als Leibarzt am Hof schützte ihn einige Zeit vor Angriffen, schließlich musste er aber untertauchen. Erst kurz vor seinem Tod wurde er nach Marrakesch zurückgerufen und vom Sultan rehabilitiert.

NA SO WAS!

Antwort auf alle Fragen
Auf die Frage eines Novizen „Was tat Gott, bevor er die Welt erschuf?" antwortete Thomas von Aquin: „Er erschuf eine Hölle* für diejenigen, die solche Fragen stellen!"

Avicenna (980–1037)
Der junge Perser und Muslim Ibn Sina, den man im Abendland Avicenna nannte, war ein hochbegabtes Kind. Mit zehn kannte er den Koran auswendig, mit 18 war er Arzt und wusste alles, was man zur damaligen Zeit über Physik, Philosophie und Jura wissen kann, mit 21 schrieb er sein erstes Philosophiebuch. Er war einflussreich, wurde schließlich sogar Wesir (hohes Regierungsamt), zog aber auch Neid und Hass auf sich. Avicenna musste flüchten und führte ein Wanderleben, bis er beim Emir von Isfahan Zuflucht fand. Er schrieb Enzyklopädien, die die medizinischen Kenntnisse der damaligen Zeit zusammenfassten. In der Philosophie suchte er Begründungen, die den Glauben an Gott, den Schöpfer, bestätigten.

Nichiren (1222–1282)

Der Japaner und Buddhist Nichiren trat mit elf Jahren ins Kloster ein. Er war erstaunt darüber, dass sich die Lehre Buddhas in so viele unterschiedliche Schulen aufgespaltet hatte. Als er Mönch wurde, beschloss er, den Buddhismus zu reformieren. Er gründete eine Schule, die auf dem *Lotus-Sutra* beruhte (seiner Meinung nach der wichtigste buddhistische Text), und forderte die Herrschenden auf, alle anderen Schulen abzuschaffen. Nichiren wurde verfolgt und zog sich schließlich auf den Berg Minobu zurück. Er schrieb Abhandlungen und predigte: „Es gibt kein größeres Glück, als das Lotus-Mantra zu rezitieren."

Theresia von Lisieux (1873–1897)

Thérèse Martin war ein zartes, eigensinniges, aber sehr frommes Mädchen. Als sie vier war, starb ihre Mutter und als ihre Lieblingsschwester ins Karmelitinnenkloster von Lisieux eintrat, folgte ihr Thérèse, um ihr Leben Jesus zu weihen. Mit 15 wurde sie schließlich Nonne und nahm den Namen Theresia vom Kinde Jesu an. Sie starb bereits mit 24 Jahren. Sie vollbrachte keine außergewöhnliche Tat, aber ihre Erinnerungshefte *Geschichte einer Seele* brachten ihr den Titel Kirchenlehrerin ein, denn ihre Schrift wurde als wichtiges Zeugnis für den Glauben erkannt. Ihr Leitbild war es, „das Gewöhnliche außergewöhnlich gut zu tun". Sie nannte dies den „kleinen Weg" zu Gott. „O Jesus, meine Liebe … endlich habe ich meine Berufung gefunden, meine Berufung ist die Liebe!", ruft sie in einem ihrer Gebete aus.

Thomas von Aquin (1225–1274)

Thomas von Aquin war ein christlicher italienischer Adliger mit umfassenden Kenntnissen in den Naturwissenschaften und der Philosophie. Mit 20 trat er in Neapel in den Dominikanerorden ein. Man nannte ihn „stummer Ochse", aber sein Lehrer soll gesagt haben: „Dieser stumme Ochse wird einmal brüllen, dass die ganze Welt davon widerhallt!" Sein Ruf als Philosoph war so gut, dass sogar Päpste sich an ihn wandten. In der *Summa Theologica* wies er nach, dass der Glaube über Vernunft zugänglich ist. Er war Anhänger der Lehren Aristoteles' *(siehe S. 204)* und bezog sich auf die Kommentare Avicennas und Averroes' zu dessen Werk.

Weitere weise Persönlichkeiten: heiliger Augustinus (354–430), großer christlicher Philosoph und Kirchenlehrer; Shankara (700–750 oder 788–820), Philosoph des Hinduismus; Al-Ghazali (1058–1111), Sufi und großer islamischer Denker; heiliger Dominikus (1170–1221), Christ, Gründer des Dominikanerordens.

Christliche Kämpfer für Nächstenliebe

Christen setzten sich schon früh besonders für die Bedürftigen ein. Sie gründeten religiöse Orden und Vereinigungen, die den Armen im Namen Christi dienten. Einige opferten sogar ihr Leben im Kampf für Wehrlose.

Erzbischof Oscar Romero (1917–1980)

Der 62-jährige Oscar Romero hatte bereits eine steile Karriere in der Kirche* von El Salvador hinter sich, als ein befreundeter Priester ermordet wurde. Romero forderte vergebens eine Untersuchung. Jeden Sonntag prangerte er nun in seiner Kathedrale und im Radio die Übergriffe gegen die Menschenrechte an: „Die Gefolterten und Ermordeten sind der neue, durch die Sünde getötete Christus!“ Er bekämpfte den Hass und die Rachsucht in seinem unter der Diktatur und dem Bürgerkrieg leidenden Land. Der Bischof wurde nur von Armen unterstützt und war innerhalb der Kirche isoliert, aber er gab den Drohungen des Militärs nicht nach: „Wir vollenden in unserem Leben einen winzigen Teil des großartigen Unternehmens der Arbeit Gottes … Wir pflanzen die Samen, die eines Tages keimen werden.“ Mitten in einer Messe wurde Romero ermordet, als er gerade aus dem Evangelium* las: „Wenn das Weizenkorn nicht in die Erde fällt und stirbt, bleibt es allein; wenn es aber stirbt, bringt es reiche Frucht.“ (Johannes 12,24)

Vinzenz von Paul (1581–1660)

Vinzenz, ein junger Hirte aus der Nähe von Pouy (Frankreich), wurde Priester. Während seiner Tätigkeit bei Adligen sah er die Armut in den Städten und war entsetzt. Angesichts der hungernden Menschen versprach er Gott, den Armen zu dienen. Er war ein Meister im Organisieren, der die Spenden seiner großzügigen Freunde umsichtig einsetzte. Mit Louise de Marillac gründete er die Barmherzigen Schwestern. Er richtete Priesterseminare zur Verbesserung der Ausbildung ein. Sein Ruf war so gut, dass er Berater von Königin Anna von Österreich wurde. Aber im Zentrum seines Wirkens stand stets die Liebe Gottes für die Armen.

Erzbischof Romero, *1980*

Martin Luther King *bei einer Rede, 1966*

Martin Luther King (1929–1968)

Martin Luther King war Baptistenpastor. Im Süden der USA erlebte er täglich die Diskriminierung von Schwarzen im öffentlichen Leben. „Was mir Angst macht", kritisierte er, „ist nicht die Unterdrückung der Bösen, sondern die Gleichgültigkeit der Guten!" In seinen Predigten ermutigte er die Schwarzen, ihre Rechte einzufordern. Er selbst wurde mehrfach verhaftet, trat aber immer für Gewaltlosigkeit ein. In seinen Predigten forderte er die Menschen auf, den Gegner zu überzeugen, ohne ihn zu erniedrigen, Taten und nicht Personen zu beurteilen, Gewalt zu dulden, ohne zurückzuschlagen, und sich gegen ungerechte Gesetze zu wehren. 1964 erhielt Martin Luther King den Friedensnobelpreis. Die Rassentrennungsgesetze wurden nach und nach abgeschafft, doch Martin Luther King kämpfte weiter gegen die soziale Benachteiligung der Schwarzen und den Vietnamkrieg. Im Alter von 39 Jahren wurde er ermordet.

Schwester Emmanuelle (geboren 1908)

Schwester Emmanuelle unterrichtete Geisteswissenschaften an Privatschulen in der Türkei, in Tunesien und Ägypten. Als sie pensioniert wurde, bat sie ihre Oberin, mit den Armen von Kairo in einem Elendsviertel auf einem Müllberg leben zu dürfen. Dort praktizierte und erfuhr sie Solidarität und Nächstenliebe. Sie gründete Ambulanzen, Schulen, Heime und sogar eine Fabrik. Trotz ihres grauen Kittels und ihrer abgelaufenen Turnschuhe hatte sie eine hohe Medienwirksamkeit, weil sie ihre Ideen mutig umsetzte: „Lächle die Welt an und die Welt wird zurücklächeln!" Ihre Vorträge hatten Erfolg: Ein Botschafter half ihr in Ägypten und Freiwillige arbeiteten im Sudan, im Libanon und im Senegal. Als sie 85 wurde, rief ihre Oberin sie nach Frankreich zurück: „Ein schrecklicher Schock … fern von der lebendigen Freude, dort, wo man zwar ohne Wasser, ohne Strom, ohne Freizeit, aber in Brüderlichkeit lebt." Ihre Gottesliebe blieb lebendig: Sie kümmert sich um Obdachlose und schreibt Bücher.

Schwester Emmanuelle *mit Menschen von den Müllbergen von Kairo*

Jean Vanier *mit Mitgliedern der Arche, einer ökumenischen Organisation, die er für geistig Behinderte gegründet hat.*

Die Liste der Namen aus der Vergangenheit ist lang, aber auch in neuerer Zeit gab und gibt es Verteidiger der Armen: Mutter Teresa (1910–1997) half Armen in Indien; Jean Vanier (geboren 1928) kümmert sich um Menschen mit geistigen Behinderungen; Jerzy Popieluszku (1947–1984), polnischer Priester, wurde wegen seiner Opposition zum totalitären Regime ermordet.

Weitere vorbildliche Persönlichkeiten

Es hat so viele verehrte religiöse Persönlichkeiten gegeben, dass nicht alle bekannt sein können. Es gibt keinen buddhistischen, hinduistischen oder islamischen Heiligenkalender. Aber auch in diesen Religionen hat es viele Persönlichkeiten mit Vorbildcharakter gegeben.

Abd el-Kader (1808–1883)
Der Muslim Abd el-Kader war ein glänzender Schüler. Mit 20 pilgerte er mit seinem Vater el-Mahiddin, dem anerkannten Leiter einer algerischen Sufi-Bruderschaft, nach Mekka. Er wollte sich dem Studium und dem Unterricht widmen. Aber die Franzosen eroberten 1830 Algier. El-Mahiddin rief den heiligen Krieg aus. Er ließ seinen Sohn zum „Sultan der Araber" ernennen, da er die Qualitäten eines guten Führers hatte: Er war tapfer, ein guter Reiter, sehr fromm, redegewandt und diplomatisch. Als Emir (militärischer Führer) organisierte Abd el-Kader den Widerstand, erhob Steuern, sprach Recht und richtete Schulen ein. Seine Qualitäten als Kriegsführer und seine religiöse Autorität verschafften ihm hohes Ansehen. Nach Jahren des Widerstandes ergab sich der Emir schließlich. Er wurde zunächst in Frankreich inhaftiert, danach ließ er sich in Damaskus nieder, wo er sich der Meditation, dem Unterricht und der Wohltätigkeit widmete. 1860 rettete er tausende von Massakern bedrohte Christen. Er war ein humanistischer Gelehrter, für den die Religion mit der Wissenschaft vereinbar war. Er bereitete den Weg für die Reformatoren der heutigen muslimischen Welt.

NA SO WAS!

Lebendige Weisheit
Auf die Bitte eines Bischofs um die Freilassung eines Soldaten antwortete Abd el-Kader: „Ich habe deinen Brief erhalten. Erlaube mir jedoch die Bemerkung, dass du als Diener und Freund der Menschen um die Freilassung aller christlichen Gefangenen hättest bitten müssen … Und dass du deiner Mission doppelt so würdig wärest, wenn du den Muslimen, die in euren Gefängnissen darben, die gleiche Gunst erweisen würdest."

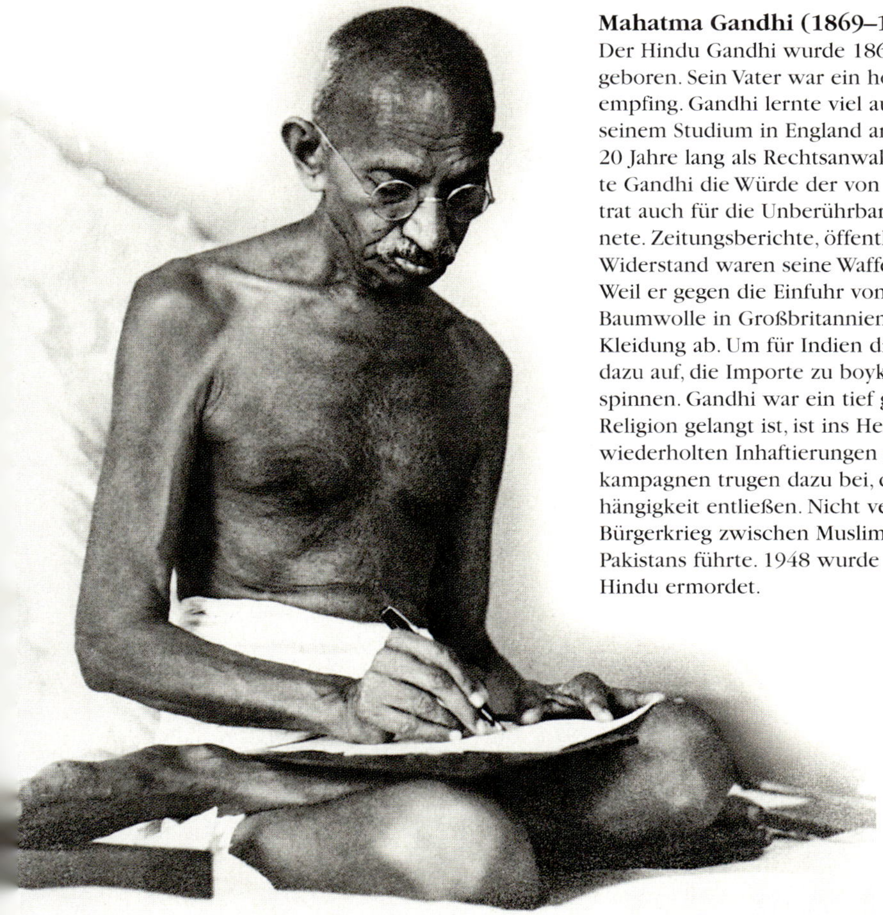

Mahatma Gandhi (1869–1948)
Der Hindu Gandhi wurde 1869 in Indien, damals britische Kolonie, geboren. Sein Vater war ein hoher Beamter, der Gäste aller Religionen empfing. Gandhi lernte viel aus diesen Kontakten seines Vaters. Nach seinem Studium in England arbeitete er zunächst in Bombay und dann 20 Jahre lang als Rechtsanwalt in Südafrika. Zurück in Indien verteidigte Gandhi die Würde der von den Engländern diskriminierten Inder. Er trat auch für die Unberührbaren ein, die er als „Kinder Gottes" bezeichnete. Zeitungsberichte, öffentliche Versammlungen und gewaltfreier Widerstand waren seine Waffen: „Hass tötet immer, Liebe stirbt nie." Weil er gegen die Einfuhr von britischen Stoffen war, die aus indischer Baumwolle in Großbritannien gefertig wurden, lehnte er europäische Kleidung ab. Um für Indien die Unabhängigkeit zu erreichen, rief er dazu auf, die Importe zu boykottieren und die Baumwolle selbst zu spinnen. Gandhi war ein tief gläubiger Mensch: „Wer ins Herz seiner Religion gelangt ist, ist ins Herz der anderen Religionen gelangt." Seine wiederholten Inhaftierungen steigerten seine Popularität. Seine Protestkampagnen trugen dazu bei, dass die Briten Indien 1947 in die Unabhängigkeit entließen. Nicht verhindern konnte Gandhi allerdings den Bürgerkrieg zwischen Muslimen und Hindus, der zur Abspaltung Pakistans führte. 1948 wurde Gandhi von einem extremistischen Hindu ermordet.

Dalai-Lama (geboren 1935)
Als er zwei Jahre alt war, wurde Tenzin Gyatso als dreizehnte Reinkarnation* des Dalai-Lama („Ozean der Weisheit"), einer Manifestation des Bodhisattvas* des Mitgefühls, anerkannt. Er ist geistliches und weltliches Oberhaupt der Tibeter und gehört der tibetisch-buddhistischen Schule der Gelug an. Die Wirkung des Dalai-Lama geht jedoch weit darüber hinaus. 1949 wurde Tibet von China besetzt, die Mönche wurden getötet und die Klöster niedergerissen. Der ins indische Exil vertriebene Dalai-Lama reist um die Welt, er praktiziert und ermutigt den gewaltfreien Widerstand für die Befreiung seines Landes: „Man kann nicht lieben und Mitgefühl zeigen, ohne seine direkten Wünsche und Interessen zu zügeln." 1989 erhielt er den Friedensnobelpreis. Er wiederholt gern, dass jeder spirituelle Weg zur Erkenntnis führen kann und dass es besser sei, den Weg seiner eigenen Kultur zu vertiefen, als einen anderen zu suchen. „Ich glaube, dass das Ziel aller großen religiösen Traditionen* nicht darin liegt, große Tempel außerhalb von uns zu errichten, sondern Tempel der Güte und des Mitleids in unseren Herzen zu schaffen."

Katholische Heilige als Vorbilder

Der katholische Heiligenkalender enthält eine Vielzahl von Vorbildern. Über die Jahrhunderte hinweg hat die Kirche* stets sehr unterschiedliche Personen ausgewählt und verehrt, deren Leben sie als beispielhaft ansah.

Welche Vorbilder?

Gott fordert jeden Menschen auf, Heiligkeit und Vollkommenheit anzustreben. Die Kirche machte Heilige zum Vorbild, deren Leben sie für besonders bemerkenswert hielt. Einige sind beispielhaft für Mut und moralische Werte. Andere, die ein ausschweifendes Leben führten, wandten sich nach ihrer Bekehrung der Liebe Gottes zu. Einige waren ungebildet, andere dagegen große Gelehrte. Einige waren sehr aktiv, andere lebten sehr zurückgezogen. Einige starben in ihrem Bett, andere als Märtyrer. Einige wurden sehr schnell nach ihrem Tod heilig gesprochen, andere erst Jahrzehnte später. Je nachdem, welches Zeichen die Kirche setzen wollte, hat sie stärker Herrscher, Ordensleute oder Laien* herausgestellt. 2001 umfasste das Verzeichnis der katholischen Heiligen 6538 Namen. Während des Pontifikats von Johannes Paul II. wurden 452 Menschen (davon 401 Märtyrer) heilig gesprochen und 1265 (davon 1016 Märtyrer) selig gesprochen.

***Heiligsprechungen** ziehen häufig große Mengen von Gläubigen an. So wurde Padre Pio 2002 von Johannes Paul II. vor 300 000 Menschen auf dem Petersplatz (Vatikan) heilig gesprochen.*

***Namenstage** im Juni (Kalender aus dem 13. Jahrhundert)*

NA SO WAS!

Heiliger Buddha?
Für ihren Heiligenkalender überprüft die Kirche aufmerksam die Quellen. Dabei kam die merkwürdige Geschichte des heiligen Barlaam und des heiligen Josaphat zu Tage. Seit dem Mittelalter wurde Ersterer als christlicher Mönch verehrt, der den indischen Prinzen Josaphat bekehrte. Aber keiner von beiden hat je gelebt! Die Legende wurde durch Buddhas Biografie inspiriert: Er diente als Vorbild für den Prinzen Josaphat. Die beiden Heiligen wurden aus dem Kalender gestrichen.

Selig- und Heiligsprechungen

Für die Selig- und Heiligsprechung führt der Vatikan Untersuchungen durch, den so genannten Prozess. Es wird nachgeforscht, ob die Person Glaube, Hoffnung und Liebe (die theologischen Tugenden) sowie die so genannten Kardinaltugenden in besonderer Weise praktiziert hat. Zeugnisse (z. B. 5000 Seiten für den italienischen Priester Padre Pio) werden überprüft. Der Berichterstatter,

Gläubige, *denen die Kirche eine besondere Vorbildfunktion beimisst, werden bei einer Messe selig und später heilig gesprochen. Seligsprechung von fünf Frauen und Männern unterschiedlicher Nationalität im Jahr 2004.*

der den künftigen Heiligen vertritt, und der Promotor Fidei (Förderer des Glaubens), der darlegt, was dagegen sprechen könnte, werden angehört. Es wird auch untersucht, ob der Kandidat ein Wunder vollbracht hat. Wenn alles dafür spricht, wird für die Seligsprechung (den ersten Grad der Heiligkeit) gestimmt, die endgültige Entscheidung hat jedoch allein der Papst. Gewöhnlich dauert der Prozess mindestens 15 Jahre (Ausnahme war Mutter Teresa, die sechs Jahre nach ihrem Tod selig gesprochen wurde). Nach einem zweiten Verfahren kann der Papst das Kanonisierungsdekret veröffentlichen. Dann erhält der Heilige seinen Platz im Heiligenkalender.

Die italienische Stadt *Gubbio feiert ihren Heiligen, Bischof Ubald.*

Heilige als Vorbilder

Dem Vorbild eines berühmten Heiligen zu folgen kann Ansporn sein, etwas noch besser machen zu wollen, mutig für eine Sache einzustehen und über seine eigenen Grenzen hinauszuwachsen. Ignatius von Loyola (1491–1556), der spätere Gründer des Jesuitenordens, soll sich nach einer Kriegsverwundung auf dem Krankenlager mit religiöser Literatur und dem Leben der Heiligen beschäftigt haben. Die Lektüre veranlasste ihn dazu, sein Leben von Grund auf zu ändern und es Gott zu weihen. Ignatius wurde 1622 heilig gesprochen. Der Volksglaube sieht in einem Heiligen sogar eine Art Anwalt, der sich für die Belange des Gläubigen einsetzt. So kann man in Kirchen zu Heiligen beten und sie um Unterstützung bitten.

Heilige Eheleute

Ein Heiliger wird an seinem Todestag gefeiert. Was aber tun bei Luigi und Maria Beltrame Quatrocchi, die gemeinsam selig gesprochen wurden, aber im Abstand von zehn Jahren starben? Da mit ihnen zum ersten Mal ein Ehepaar selig gesprochen wurde, gedenkt man ihrer am Tag ihrer Eheschließung.

Auch in der *orthodoxen Kirche werden zahlreiche Heilige verehrt.*

Religion und Volksglaube

Wenn jemand erzählt, dass er durch medizinische Behandlung von einer Krankheit geheilt wurde, gilt dies als ein Erfolg der Wissenschaft. Wenn die Heilung durch die Berührung des Mantels eines Heiligen erfolgte, spricht man von einem Wunder. Wissenschaft und Religion haben nicht immer die gleichen Antworten.

Sehnsucht nach Antworten

Die Welt ist voller Geheimnisse. Wissenschaft und Technik geben Antworten auf bestimmte Fragen, werfen aber auch neue auf. Religionen versprechen oft Glückseligkeit, können aber nicht die sofortige oder sichere Erfüllung garantieren. So versucht mancher Mensch, sich durch vereinfachte Glaubensvorstellungen zu beruhigen: „Wenn ich dies tue, bekomme ich das." Anstatt durch eine spirituelle, ethische oder intellektuelle Suche nach dem Glück zu streben, will man es durch magische Praktiken erkaufen. Angesichts des Unglücks in der Welt denken die Religionen über den Sinn des Lebens oder die Ethik nach und die Wissenschaft sucht nach historischen, psychologischen oder auch wirtschaftlichen Erklärungen. Dabei geht es um komplexe Überlegungen. Manche ziehen jedoch einfache Antworten vor wie: „Die Sterne stehen nicht gut für dich."

***Diese Glücksbringer** sollen den bösen Blick abwehren.*

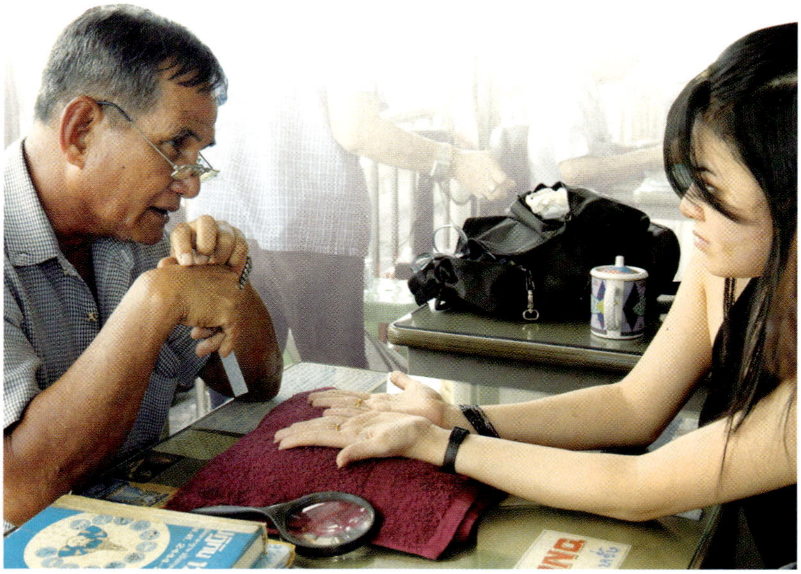

***Da er etwas über sich** und die Geheimnisse seines Lebens erfahren möchte, ist mancher Mensch bereit, Handlesern und Kartenlegern zu glauben.*

Aberglaube

Niemals mit 13 Personen am Tisch sitzen, niemals unter einer Leiter durchgehen, Vorsicht bei schwarzen Katzen ... Diese merkwürdigen Regeln haben möglicherweise eine Erklärung: Am letzten Abendmahl nahmen 13 Personen teil und die 13. Person war der Verräter Judas; eine schwarze Katze oder eine umgeworfene Leiter hat vielleicht eines Tages einen Unfall verursacht usw. Aber was ursprünglich ein einmaliges Ereignis war, entwickelte sich nach und nach zu einer festen Regel, mit der sich Unglück angeblich vermeiden lässt. Gewiefte Zeitgenossen machen sich solche Ängste zuweilen zu Nutze und schlagen Kapital daraus.

Aberglaube ist international: Nur wenige Hotels haben Zimmer mit der Nummer 13, in japanischen Flugzeugen gibt es keine Sitze mit der Nummer 4, weil *shi*, das Wort für vier, genauso ausgesprochen wird wie das Wort für Tod, und Sportler haben häufig kleine Talismane, die ihre Siege sichern sollen.

Ein Heiligenbild *wird berührt in der Hoffnung, den Segen des Heiligen auf sich zu übertragen.*

Volksfromme Rituale

Religionen beinhalten häufig einen Volksglauben. Der Heiligenkult ist ein Beispiel dafür. So stehen manche christlichen oder muslimischen Gläubige stundenlang an, um das Grab eines Heiligen oder seiner Reliquie* (Mantelsaum, Haare, mit seinem Leben oder Tod verbundener Gegenstand) zu berühren. Von einer Reliquie wird angenommen, dass sie die Kraft des Heiligen in sich trägt und *Baraka* (Segenskraft) übermittelt. Die Volkstradition entwickelte ihre eigenen Rituale, die genau zu befolgen sind: Man nähert sich beispielsweise einem Grab auf Knien oder umkreist ein Heiligtum mehrmals in einer bestimmten Abfolge. Vom Heiligen wird erwartet, dass er sich bei Gott als Mittler einsetzt. So lassen zum Beispiel am Grab von Sidi Boumediene in Algerien Pilger ein Stück ihrer Kleidung zurück, um die Segnung des Heiligen zu erhalten.

Skrupellose Prediger *schüren die Ängste ihrer Gläubigen. Ein englischer Karikaturist des 18. Jahrhunderts macht sich über diese Predigten voller Teufel, Hexen und Niederkünfte, bei denen Hasen geboren werden, lustig.*

Gegen den Personenkult

Für Juden, Christen und Muslime gibt es nur einen einzigen Gott. Im Islam gibt es keinen größeren Verstoß, als Personen an die Seite Gottes zu stellen. So wurden einige Sufi-Bruderschaften wegen des Kultes für ihre Gründer verfolgt. Die Katholiken versuchten, Volkstraditionen zu lenken, indem sie sie in Prozessionen und genau definierten Ritualen kontrollierten. Diese Kompromisse wurden allerdings von den Protestanten heftig kritisiert, die eine Personenverehrung und die Anbetung von Bildern ablehnten. Die Heiligen auf einen Sockel zu stellen, grenzt sie vom gewöhnlichen Sterblichen ab, obwohl die Heiligkeit doch das Ziel aller Getauften* ist. Der Heilige weist auf die Größe Gottes hin und nicht auf seine eigene. Ihn übermäßig zu verehren würde bedeuten, die Größe Gottes zu übersehen.

Gebet und Meditation

In ihren Gebeten öffnen Gläubige Gott ihr Herz und teilen ihm ihre Sorgen, Lobpreisungen und ihre Dankbarkeit mit. In ihren Meditationen streben sie nach Befreiung oder erfahren, wer Gott ist, und verbinden sich mit ihm.

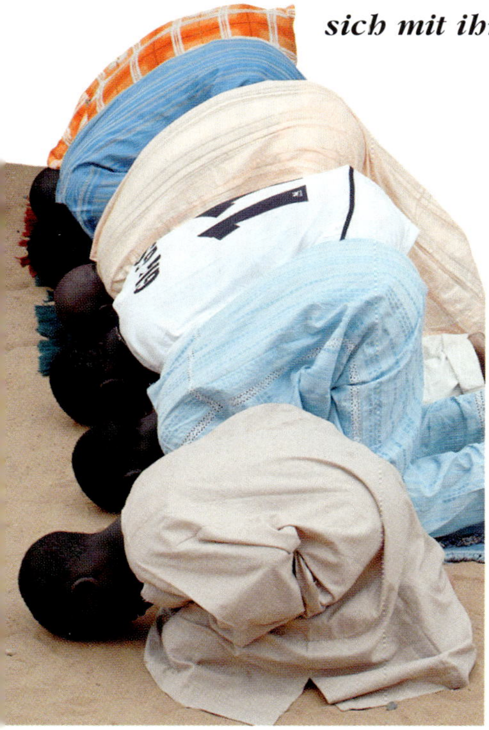

„Sei wie die Blume, entfalte dich frei und lasse die Bienen dein Herz ausplündern!"
Ramakrishna, Hindu (1836-1886)

„Meditiert immer über Gott, egal was ihr tut, egal wo ihr seid. Denkt daran, dass alles, was ihr seht, alles, was ihr hört, eine Manifestation Gottes ist."
Anandamayi Ma, weiblicher Guru, Hindu (1896-1982)*

„Ich kann nicht begreifen, dass zwei Männer, die Gott suchen, sich für Gott bekämpfen."
Amadou Hampâté Bâ, Muslim (1901-1991)

„Das Feuer der Leidenschaft verbrennt mein Herz und der, den ich liebe, ist in meinem Geist."
Ibn Arabi, Muslim (1165-1240)

„Tragen nicht alle Menschen - und besonders diejenigen mit einem ehrlichen Glauben - ein Quentchen des Geistes Gottes in sich?"
Tierno Bokar, Muslim (1875-1939)

„Gott sagt: Wenn der Betende sich mir um eine Handbreit nähert, nähere ich mich ihm um eine Elle, wenn er sich mir um eine Armeslänge nähert, wenn er einen Schritt auf mich zu macht, laufe ich ihm entgegen und erhöre seine Wünsche."
Al-Ghazali, Muslim (1058-1111)

„Wo Angst ist, gibt es keine Religion."
Gandhi, Hindu (1869-1948)

„Du, mein Gott, der mich so bereichert hat, erlaube auch mir, mit vollen Händen zu geben."

Etty Hillesum (1914-1943), Jüdin, schrieb dieses Gebet in einem Konzentrationslager

„Wo wohnt Gott? – Gott wohnt, wo man ihn einlässt."

Martin Buber (1878-1965), Jude

„Nach unserer Thora gibt es drei Grundregeln für den Dienst an Gott: Die Himmelsfurcht, die Liebe und die Freude; nähere dich Gott mit allen dreien."

Jehuda Halevi (1075-1141), Jude

„In seine Hand empfehle ich meinen Geist zur Zeit, da ich schlafe und erwache, und mit meinem Geist auch meinen Leib, Gott ist mit mir, ich fürchte mich nicht."

Jüdisches Morgengebet

„Dunkelheit kann Dunkelheit nicht vertreiben, nur das Licht kann das. Hass kann Hass nicht vertreiben, nur Liebe kann das."

Martin Luther King (1929-1968), Christ

„Das Glück besitzt man nicht wie etwas für immer Erreichtes. Es geht darum, in jedem Augenblick einen Funken Freude zu entfachen. Wenn du leben willst, musst du lieben."

Schwester Emmanuelle (geboren 1908), Christin

„Woran du dein Herz hängst, das ist dein Gott."

Martin Luther (1483-1546), Christ

„Gepriesen seist du, Herr, mit allen deinen Kreaturen; … Gepriesen seist du, Herr, durch jene, die aus Liebe zu dir verzeihen … Selig, die in Frieden dulden."

Franz von Assisi (1182-1226), Christ

„Ein König führt Blinden einen Elefanten vor. Diejenigen, die seinen Rüssel berühren, sagen: ‚Es ist ein gebogener Schlauch.' Diejenigen, die sein Ohr betasten: ‚Es ist ein Fächer.' Diejenigen, die einen Stoßzahn befühlen: ‚Es ist ein Stößel.' Die am Kopf: ‚Ein Kessel.' Die am Rücken: ‚Ein Hügel.' Die an der Seite: ‚Eine Mauer.' Die am Bein: ‚Ein Baum.' Die am Schwanz: ‚Ein Seil.' Sie beschuldigen sich gegenseitig, Unrecht zu haben. Der König lacht und sagt: ‚Die Blinden können sich nicht einigen und doch ist es ein Elefant.'"

Nach einem von Rumi (Muslim) und aus zahlreichen anderen Überlieferungen übernommenen Gleichnis

„Möge mir der Verdienst, den ich erworben habe, dazu verhelfen, dass ich für alle Wesen zum Beruhiger ihres Schmerzes werde! … Möge ich der Beschützer der Verlassenen sein, der Führer der Wanderer, … eine Lampe für die, die eine Lampe brauchen, ein Bett für die, die ein Bett brauchen."

Shantideva (685-763), über den Bodhisattva-Weg schreibender buddhistischer Dichter

Religionen in der Geschichte

Für das Verständnis der Welt und der aktuellen Geschehnisse ist es wichtig, die Geschichte und die Ereignisse der Vergangenheit zu kennen. Revolutionen, Politik oder die Entwicklungen von Ländern kann man nicht erklären, ohne die Religionen mit einzubeziehen, denn sie haben den Lauf der Geschichte stets beeinflusst.

Religionen und politische Systeme

Die Religion ist vor allem eine persönliche Überzeugung. Da sie aber auch in Gemeinschaften gelebt wird, die ihre eigenen Vorstellungen über die Gesellschaft haben, ist die Beziehung der religiösen Gemeinschaften zur Politik eine wichtige Frage.

Von revolutionären Rebellen *zerstörte katholische Kirche in Sierra Leone*

Religion ist eine persönliche Sache

Jeder Mensch hat die innere Freiheit, die Botschaft einer Religion anzunehmen und zu glauben oder nicht. Glauben lässt sich nicht erzwingen und sogar ein Gefangener darf denken, was er will. In den meisten Religionen werden die Menschen dazu aufgefordert, durch ihr Verhalten eine gerechtere Gesellschaft zu schaffen, die auch Rücksicht auf Schwache nimmt. Anhänger einer Religion fühlen sich oft durch ihre religiösen Ideale persönlich zu dieser Aufgabe verpflichtet.

Religion ist eine gemeinschaftliche Sache

Die Gemeinschaft der Gläubigen – im Christentum die Kirche*, im Islam die Umma*, im Buddhismus der *sangha* – überliefert die Glaubensvorstellungen und bündelt die Energien für gemeinsame Ziele. Eine bestimmte moralische Überzeugung kann die Gesellschaft stabilisieren – ein Grund für Staaten, Religionen zu tolerieren. Allerdings gibt es immer wieder religiöse Gemeinschaften, die sich dem Staat widersetzten, was zu Konflikten führen kann. Ein aktuelles Beispiel ist die muslimische Gemeinschaft im Süden der Philippinen, die im Konflikt mit der christlich geprägten Regierung steht und die Unabhängigkeit ihrer Region anstrebt.

Taufe russischer Soldaten *im Januar 2003 vor dem Einsatz in Tschetschenien*

NA SO WAS!

Einfach nicht loszuwerden!
In China wurde während des Regimes von Mao Zedong (1954–1976) die Religion als Instrument der Kapitalisten zur Ausbeutung des Volkes angesehen. Sie wurde deshalb unterdrückt. Heute vertritt die Kommunistische Partei, die immer noch an der Macht ist, den Standpunkt, dass die Religionen zwar illusorische Glaubensvorstellungen beinhalten, aber immerhin eine positive soziale Rolle spielen.

***Pastor Nassen** hält in der sehr armen, minoritären christlichen Gemeinschaft von Karatschi (Pakistan) eine Messe.*

Staaten benutzen Religionen

Nur selten stehen Staaten der Religion gleichgültig gegenüber. Bestenfalls beschränken sich in einem laizistischen Land die Beziehungen zwischen Staat und religiösen Institutionen auf das Notwendige. Autoritäre Regime versuchen häufig, die Religion zu benutzen, um ihre Ziele zu verwirklichen. Der Feind wird zum Teufel erklärt und wenn man ihn bekämpft, tut man dies für Gott. Die Religion wird also instrumentalisiert und missbraucht. In der Geschichte gibt es zahllose Beispiele hierfür: Soldaten der deutschen Wehrmacht trugen während des Zweiten Weltkriegs die Inschrift „Gott mit uns" auf dem Koppelschloss.

Staaten gehen gegen Religionen vor

Manchmal ergreifen Staaten für eine Religion Partei und gehen gegen andere vor (Religionskriege gegen die Protestanten, muslimische Moguln gegen den Hinduismus) oder kämpfen gegen den als zu stark angesehenen Einfluss einer vorherrschenden Religion (Französische Revolution, 1789). Der Staat kann auch gegen alle Religionen vorgehen, wie in der Sowjetunion in den 1920er-Jahren, als unter der Herrschaft Stalins Priester erschossen oder deportiert sowie Kultstätten zerstört wurden *(S. 295)*. Ungefähr zur gleichen Zeit führte Kemal Atatürk in der Türkei radikale Reformen durch, die zur Westorientierung des Landes führten und somit die Macht des traditionellen Islam schwächten.

***Präsident Putin** nimmt an den hochoffiziellen orthodoxen Zeremonien in der Kathedrale von Moskau teil.*

Herrschende und Religionen

Es ist nicht einfach, Macht und Religion zu trennen. In Marokko ist der König auch „Führer der Gläubigen". Die Königin von England ist das Oberhaupt der anglikanischen Kirche, was bedeutet, dass katholische Mitglieder der königlichen Familie nicht den Thron besteigen können. Die Präsidenten vieler arabischer Republiken müssen Muslime sein. Als John F. Kennedy 1961 der erste katholische Präsident der USA wurde, war dies eine Sensation.

Die Religion an der Macht

Manchmal gelangt die Macht in die Hände von Menschen, die der Auffassung sind, dass die Staatsgewalt in den Dienst der Religion gestellt werden sollte. Dann geht es oft nicht mehr um Überzeugung, sondern um Zwang.

***Konstantin** schenkt Papst Sylvester I. die Symbole der Macht: die Tiara (Phrygium), den Baldachin und den Lateranpalast.*

Konstantin fördert das Christentum

Ab 324 begünstigte der römische Kaiser Konstantin das Christentum und leitete damit dessen Entwicklung zur Staatsreligion ein. Doch die Verbindung der politischen Macht mit der christlichen Religion bedeutete auch, dass sich das ursprüngliche Christentum durch politische Kompromisse veränderte. Konstantin handelte als Kaiser und beeinflusste damit auch die Entscheidungen der Kirche. Er rief sogar ein Konzil* ein (Nicaea, 325) und führte den Vorsitz. Schnell entwickelte sich eine Rivalität zwischen dem Reich und dem Papsttum.

Die absolute Monarchie

Es gab Herrscher, die sowohl die weltliche als auch die religiöse Macht innehatten, wie etwa König Ludwig XIV. von Frankreich. Sie sahen sich als Herrscher „von Gottes Gnaden" in einer von Gott bestimmten Erbmonarchie. Um seinen Anspruch auf eine Universalmonarchie zu demonstrieren, ließ sich Kaiser Karl V. durch den Papst krönen. In solchen Zeiten wurde die Kirche vom König geschützt und konnte ihre Gegner bekämpfen, ohne Folgen befürchten zu müssen. Ohne Gegenmacht kann es zum Missbrauch von Macht kommen.

***Krönung Kaiser Karls V.,** König von Spanien, durch Papst Klemens VII. 1530*

Das Kalifat

Nach dem Tod Mohammeds wurde die muslimische Gemeinschaft (die Umma*) zunächst von einem Kalifen (Nachfolger des Propheten) geleitet, der sowohl die religiöse als auch die politische Macht ausübte. Er duldete andere Religionen, sie hatten aber einen untergeordneten Status. Durch das Entstehen unabhängiger islamischer Reiche übten verschiedene Dynastien ein Kalifat aus. Schließlich beschränkte sich das Kalifat nur noch auf die Türkei. Kemal Atatürk schaffte es 1924 ab.

Die Inquisition

Menschen, die sich nicht genau an die Dogmen* der katholischen Kirche hielten, wurden im Mittelalter als Häretiker* oder Ketzer bezeichnet. Sie wurden von den Inquisitionsgerichten, die Papst Innozenz III. 1199 gegründet hatte, verfolgt. Bis 1311 praktizierten diese Gerichte die Folter, um Geständnisse von Menschen zu erpressen, die dann bei lebendigem Leib verbrannt wurden. Die Inquisition bestand noch bis ins 18. Jahrhundert, wurde dann aber abgeschafft.

Johannes Calvin

Theokratie mit Turban

1989 zogen die Sowjets aus dem von ihnen besetzten Afghanistan ab. Die Macht fiel in die Hände der Taliban, die eine islamische Diktatur errichteten. Wer nicht die gleiche Sicht des Islam vertrat wie sie, wurde inhaftiert, Frauen durften keiner beruflichen Tätigkeit nachgehen, Ehebrecherinnen wurden gesteinigt. Die Freiheit des Einzelnen wurde stark eingeschränkt. Das Regime gewährte Terroristen Unterschlupf und erlaubte ihnen, von ihrem Land aus zu operieren. Nach dem Anschlag auf das World Trade Center in New York am 11. September 2001 stürzten die Vereinigten Staaten von Amerika mit Unterstützung der UNO das Taliban-Regime in Afghanistan und versuchen, ein demokratisches System zu etablieren.

Die Theokratie

Manchmal wird die Macht von Menschen ausgeübt, die glauben oder behaupten, von Gott auserwählt zu sein, um ihr Recht durchzusetzen: Diese Regierungsform nennt man Theokratie* (griechisch: Gottesstaat). Sie duldet oft keine Opposition, niemand darf sich Gott widersetzen. Manche sind der Auffassung, dass der protestantische Reformator Calvin in Genf praktisch eine Theokratie errichtete. Andersgläubige wurden rigoros verfolgt.

Verbreitung von Religionen

Am Anfang sind es oft nur wenige Anhänger einer Religion, die den neuen Glauben verkünden. Um sich verbreiten zu können, brauchen Religionen im Allgemeinen eine glaubwürdige Botschaft, eine überzeugende, charismatische Führerpersönlichkeit, ergebene Schüler und eine aufnahmebereite Zuhörerschaft. Der Buddhismus hat sich friedlich verbreitet, das Christentum und der Islam haben je nach Epochen und Regionen sowohl Überzeugungskraft als auch Gewalt angewendet.

Mit Gewalt

In Widerspruch zu dem, was die Religionen oft lehren und verkünden, wenden ihre Anhänger manchmal Gewalt an, um andere Glaubensvorstellungen zu bekämpfen. Sie rechtfertigen sich damit, dass sie den Willen Gottes umsetzen würden, und sind überzeugt davon, dass die Bekehrung das Beste sei, was ihren Gegnern geschehen könne. Dahinter stecken oft auch politische Ziele und der Wunsch nach Machtzuwachs. Christentum wie Islam waren verantwortlich für zahlreiche gewaltsame Ausschreitungen. Die Eroberung Südamerikas durch die katholischen Spanier im 16. Jahrhundert oder Südwestasiens durch die Araber im 8. Jahrhundert sind Beispiele für gewaltsame Bekehrungen.

***Die christlichen Armeen** brechen zur Rückeroberung Spaniens von den Mauren auf, 1229.*

Andere Überzeugungen

Glaubensfragen können unterschiedlich diskutiert werden: Man kann seine Überzeugungen darlegen, aber die Meinung des anderen tolerieren. Man kann versuchen, sein Gegenüber durch Argumente von der eigenen Vorstellung zu überzeugen. Was man unbedingt vermeiden muss: darauf drängen – womöglich mit Drohungen –, dass der andere die eigenen Überzeugungen annimmt.

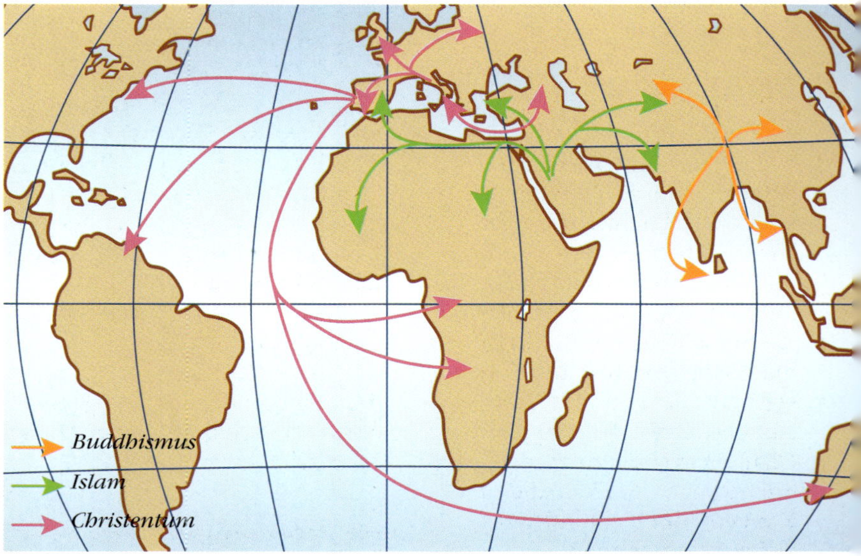

***Ausbreitung** der Religionen*

Venezianische Händler *auf den Spuren Marco Polos mit orientalischen Würdenträgern*

Perioden des Rückzugs

Religionen können sich verbreiten, verschwinden aber auch manchmal aus ihrem Ursprungsland. So verlor das Christentum im Nahen Osten an Bedeutung (Untergang des christlichen Königreichs Jerusalem) und der Buddhismus hat in Indien nur noch wenige Anhänger. Manchmal mussten zunächst siegreiche Eroberer Gebiete wieder abgeben oder wurden zurückgedrängt: So wurde der Islam im 15. Jahrhundert aus Spanien vertrieben und die Österreicher stoppten erstmals die Türken 1529 vor Wien.

Austausch in der Neuzeit

Die Zeit der großen Entdeckungen (16. Jahrhundert) förderte die Verbreitung von Ideen. Durch den Handel entstanden Kontakte zwischen Völkern mit häufig sehr unterschiedlichen Kulturen. So kam durch muslimische Händler der Islam nach Indonesien. Mit den Religionen wurden auch oft soziale Systeme verbreitet. Anders als bei diesem friedlichen Austausch kam es in der Kolonialzeit (ab dem 16. Jahrhundert) aufgrund von Eroberungen und wirtschaftlichen Beutezügen zur Vermischung von Kulturen und Religionen. Heute kommen durch Zuwanderung Menschen aus verschiedenen Kulturkreisen miteinander in Kontakt. Fernsehen, Internet und Telefon erlauben, andere Kulturen und Glaubenswelten zu entdecken oder fernab der Heimat den Kontakt zum Herkunftsland aufrechtzuerhalten.

Zeugnis ablegen

In vielen Religionen finden sich Anhänger, die ihren Glauben verkünden und andere von ihrer Religion überzeugen wollen. Auf Reisen erzählen sie von den Lehren ihrer Meister und regen die Bildung neuer Glaubensgemeinschaften an. Bei den Christen haben jahrhundertelang Gläubige missioniert, wie beispielsweise der spanische Jesuit Franz Xaver (1506–1552) in Asien. Aus Indien kommende buddhistische Mönche bekehrten in China Menschen zu ihrem Glauben: Der indische Mönch Bodhidharma (etwa 5. Jahrhundert) wird als Gründer des Zen-Buddhismus angesehen. Heute zeichnen sich vor allem die Anhänger neuerer Religionen (Mormonen, Zeugen Jehovas) durch missionarischen Eifer aus.

Die Mormonen *gehen immer zu zweit von Tür zu Tür, um ihren Glauben zu verkünden.*

Ausbreitung des Christentums

Das in Palästina entstandene Christentum verbreitete sich in den ersten drei Jahrhunderten trotz sporadischer Verfolgungen im gesamten Römischen Reich. Nachdem es Staatsreligion geworden war, dehnte es sich über Jahrhunderte weltweit aus.

Die Anfänge des Christentums

Gemäß den Worten Christi „...geht zu allen Völkern und macht alle Menschen zu meinen Jüngern" zogen seine Apostel in das gesamte Römische Reich aus, um die Frohe Botschaft (Evangelium*) zu verkünden. Die Botschaft der Liebe und der Gleichheit gab insbesondere sozial benachteiligten Bevölkerungsgruppen neue Hoffnung und Würde, beunruhigte aber die Machthaber in Rom, zumal die Christen den Kaiserkult ablehnten. Christen waren daher zeitweilig der Verfolgung durch die Staatsmacht ausgesetzt. In Amphitheatern wurden sie sogar den Löwen vorgeworfen. Gestärkt durch ihren Glauben an die Auferstehung* Christi gingen die Märtyrer in den Tod. Sie beeindruckten durch ihre Entschlossenheit, sodass die Zahl der Christen ständig stieg. 391 wurde das Christentum Staatsreligion.

Taufe des russischen Großfürsten Wladimir

Die Jesuitenreduktionen in Paraguay

Ab 1604 versuchten jesuitische Missionare, die Guaraní-Indianer vor den spanischen und portugiesischen Siedlern zu schützen, die sie versklaven wollten. Es gelang den Jesuiten, rund 30 Siedlungen (Reduktionen) mit insgesamt 150 000 Indianern zu gründen, wo die Indianer mit den Jesuiten zusammenlebten. Diese Siedlungen hatten bis zur Ausweisung der Jesuiten durch die spanische Krone 1767 Bestand.

In Europa

Der Teil Europas, der nicht unter römischer Herrschaft stand, wurde erst spät christianisiert. Die Völker hier lebten in Friedenszeiten von der Jagd und von der Landwirtschaft. Eine wichtige Rolle bei der Christianisierung der Germanen spielte die Missionstätigkeit des angelsächsischen Mönches Bonifatius. Die Gebiete Osteuropas, wie das heutige Russland, wurden 988 nach der Taufe* des Großfürsten Wladimir *(siehe Bild S. 288)* von Kiew, der heutigen Hauptstadt der Ukraine, aus christianisiert – drei Jahrhunderte nach den Anfängen des Islam, der auch unter den Ukrainern Anhänger gefunden hatte. Andere osteuropäische Länder wie etwa Litauen wurden erst im 12. Jahrhundert christianisiert.

NA SO WAS!

Souvenir

Im 17. Jahrhundert entdeckten Koreaner auf einer Reise in China eine Religion, von der sie noch nie gehört hatten: das Christentum. Sie brachten diese Religion in ihre Heimat mit. Die Missionare kamen erst später. Heute ist das Christentum in Südkorea eine der wichtigsten Religionen, es gibt rund 8 Millionen Protestanten und 2 Millionen Katholiken, das macht fast ein Viertel der Bevölkerung aus.

In Amerika

In Nordamerika leben vorwiegend ursprünglich europäische Einwanderer, die ihre Religion mitgebracht haben (z. B. die Iren und Italiener den Katholizismus, die Angelsachsen den Protestantismus). Die wenigen Indianer, die die Kolonialisierung des Landes durch die Europäer überlebten, übernahmen meist die vorherrschende Religion. Das von den Spaniern und den Portugiesen ab dem 15. Jahrhundert eroberte Südamerika wurde zwangsweise katholisch, wobei manche Indianer Praktiken aus ihren früheren Kulten beibehielten. Die nach Amerika verschleppten Sklaven aus Afrika wurden nach und nach christianisiert. Nur im Voodoo und Candomblé blieben einige Praktiken der traditionellen Religionen erhalten *(siehe S. 124–125)*.

In Afrika

Die ersten Erforscher Afrikas hatten keine wirklich bedeutenden Bodenschätze entdeckt und beuteten deshalb die dort lebenden Menschen aus. Sie organisierten den Sklavenhandel für die Kolonien in Amerika. Die Deportationen forderten Millionen von Opfern. Die Überlebenden verrichteten Sklavenarbeit auf den Plantagen in Amerika und auf den Antillen. In Afrika kamen die Menschen in der Kolonialzeit in engen Kontakt mit dem Christentum. Die Ausbreitung der christlichen Kirchen* im 20. Jahrhundert wurde jedoch vor allem durch die Arbeit der Missionare gefördert, die Schulen, Krankenstationen und vieles mehr aufbauten.

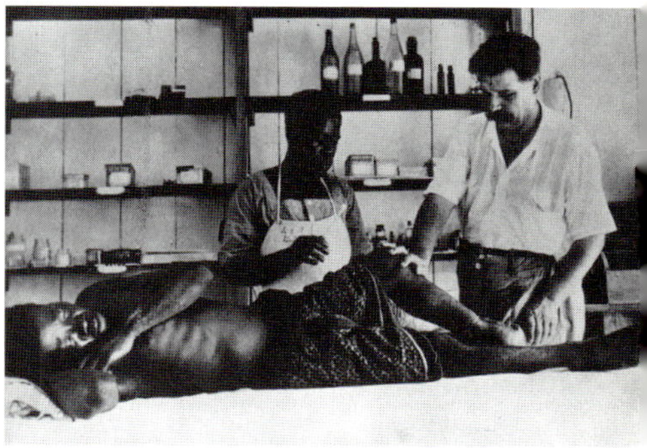

***Der Theologe und Arzt** Albert Schweitzer in seinem Tropenkrankenhaus in Gabun*

In Asien

Die erste Missionierung Asiens soll auf den Apostel Thomas zurückgehen. Im indischen Staat Kerala gibt es christliche Gemeinden, deren Wurzeln vermutlich ins 2. Jahrhundert zurückreichen. Allerdings sind der Buddhismus und der Hinduismus in den asiatischen Kulturen fest verankert, sodass hier nur eine geringe Aufnahmebereitschaft für eine neue Religion besteht. Im Zuge der Kolonisierung Asiens durch europäische Staaten hat sich das Christentum vor allem auf den Philippinen etabliert und es entstanden größere Gemeinschaften in Vietnam, Korea und China.

***Der Jesuit** Matteo Ricci wurde dank seiner Kenntnisse in Astronomie, Geografie, chinesischer Sprache und Konfuzianismus in China akzeptiert.*

Religionskriege und Frieden

Warum haben die Christen im Namen der Religion gekämpft, obwohl ihre Religion das Töten verbietet? Was man als Religionskriege bezeichnet, sind oft Eroberungskriege, die politisch motiviert sind und der Erweiterung von Macht dienen.

Kreuzfahrern *erschien die Verbindung von Gebet und Kampf legitim.*

Die Kreuzzüge

Beinahe zwei Jahrhunderte lang (1096–1270) zogen religiöse Würdenträger, weltliche Herrscher, Abenteurer, Krieger, Fanatiker und sogar Frauen und Kinder in acht kriegerischen Expeditionen von Westeuropa in den Nahen Osten. Ziel war es, die heiligen Stätten zu erobern, wie etwa das von Muslimen beherrschte Jerusalem. Diese Feldzüge nennt man Kreuzzüge – nach den Kriegern, die ein Kreuz auf ihrer Rüstung trugen. Die Beweggründe für die Kreuzzüge waren vielschichtig und nicht immer religiös motiviert. Auch die Unterwerfung politischer Gegner, Abenteuerlust sowie Erwerb von Ruhm und Reichtum spielten eine Rolle. Die in Europa als Heldentaten angesehenen Kreuzzüge hinterließen im Nahen Osten tiefe Wunden. Die Muslime, deren Zivilisation zum damaligen Zeitpunkt höher entwickelt war als die Kultur des Abendlandes, standen plötzlich habgierigen und brutalen Kämpfern gegenüber. Beim vierten Kreuzzug wurde 1204 Konstantinopel geplündert und der 150 Jahre früher erfolgte Bruch zwischen der Ost- und Westkirche verschärft *(siehe S. 72)*.

Jerusalem, *das im Zentrum des Interesses stand, wurde regelmäßig belagert.*

Kreuzzüge in Europa

Es gab nicht nur Kreuzzüge gegen Muslime. In Frankreich diente der Kreuzzug gegen die Katharer und die Albigenser (1209–1244) der Bekämpfung von sehr strenggläubigen Christen, die als Häretiker* angesehen wurden. Dieser Kreuzzug zerstörte die Region Languedoc, deren Kultur weiter fortgeschritten war als die der Kreuzritter aus dem Norden.

Die Soldaten *von Simon de Montfort führen die 1213 besiegten Albigenser in Gefangenschaft.*

Das 15. und 16. Jahrhundert in Europa

Katholische Herrscher konnten nicht akzeptieren, dass sich ein Teil ihrer Untertanen ihrem Einfluss entzog. 1415 wurde der tschechische Reformator Jan Hus auf dem Konzil von Konstanz zum Tode verurteilt und als Ketzer verbrannt. Aufstände seiner empörten Anhänger führten zu den Hussitenkriegen. Infolge der von Luther ausgelösten Reformation kam es zu Religionskriegen in ganz Europa. Katholische und protestantische Fürsten bekämpften sich und benutzten dabei die Religion für ihre Zwecke. Grausamer Höhepunkt der Auseinandersetzungen war das Massaker der Bartholomäusnacht 1572 in Paris: Katharina von Medici ließ 10 000 Hugenotten (französische Protestanten) ermorden. In England versuchte ab 1553 die Königin Maria, das Land zum Katholizismus zurückzuführen. Die Tochter Heinrichs VIII. ließ rund 300 Protestanten hinrichten.

***Katharina von Medici**, die Mutter des französischen Königs, veranlasste in der so genannten Bartholomäusnacht die Ermordung der Hugenotten.*

***Während des fünften Kreuzzugs** (1228–1229) verhandelte der deutsche Kaiser Friedrich II. mit dem ägyptischen Sultan al Kamil die Freigabe der christlichen Pilgerstätten. In der Grabeskirche in Jerusalem krönte er sich selbst zum König des Königreichs Jerusalem.*

Das Christentum entdeckt den Frieden neu

Die Zeit der Kreuzzüge und der gewaltsamen Bekehrung stand ganz offensichtlich im Widerspruch zu den Worten Christi und zum Gebot der Nächstenliebe. Es verging jedoch viel Zeit, bevor sich Rom systematisch gegen alle Formen der Gewalt und Ausbeutung wandte. Das Zweite Vatikanische Konzil sprach sich 1965 klar für die Rückkehr zum Frieden aus und erkannte den Wert der unterschiedlichen, von anderen Religionen empfohlenen spirituellen Wege an. So lehnte denn auch Papst Johannes Paul II. 2003 einen Missbrauch des Christentums als Vorwand für den Irakkrieg ab.

NA SO WAS!

Wandlung der Militärgeistlichen

Lange begleiteten Priester Soldaten, um die Moral der Truppen zu fördern und die Kämpfenden zu motivieren. Heute besteht die Aufgabe der Militärgeistlichen darin, Soldaten zu helfen, die sich in einer schwierigen Situation befinden.

Die Ausbreitung des Islam

Die Zeit der großen Ausbreitungen des Islam liegt in den ersten sieben Jahrhunderten seines Bestehens, zwischen dem 7. und dem 14. Jahrhundert. In diese Zeit fallen auch viele Landeroberungen.

Die Welle der ersten Jahrhunderte

Im Koran steht geschrieben: „Lade ein zum Weg deines Schöpfers mit Weisheit und schöner Ermahnung und streite mit ihnen in bester Weise.“ (Sure 16, Die Bienen, Vers 125) Dem Propheten* Mohammed gelang es, zu seinen Lebzeiten ganz Arabien zu bekehren. Sein Nachfolger, Abu Bakr, der erste Kalif*, schlug die Byzantiner in nur zwei Jahren. Die beiden folgenden Kalifen Omar (er eroberte Syrien und den Irak) und Othman weiteten den Einflussbereich des Islam von Tunesien bis Afghanistan aus. Nach einem Jahrhundert kontrollierten die Muslime den Nahen Osten, Nordafrika, den Iran und Südwestasien. Die religiösen Erfolge des Islam scheinen auf der großen Klarheit seiner Lehre zu beruhen. Hinzu kam, dass das Christentum zeitweilig in untereinander zerstrittene Glaubensgruppen gespalten und somit geschwächt war.

Eine Expansion in alle Richtungen

Muslime aus Nordafrika erreichten Poitiers (heute Frankreich) im Jahr 732, wo sie von Karl Martell besiegt wurden. Sie zogen sich nach Spanien zurück. Zuvor gingen ihre Feldzüge jedoch bereits in den Osten: nach Südwestasien und bis nach Afghanistan. In Indien setzten später muslimische Krieger den Islam in der nördlichen Hälfte des Landes durch. In Nordafrika wurde er von Berbern, die aus

Der Dschihad

Im Allgemeinen übersetzt man dieses arabische Wort mit „heiliger Krieg“ und es wird heute häufig verwendet, um den Kampf extremistischer Muslime gegen den Westen zu bezeichnen. Eigentlich bedeutet Dschihad jedoch das Bemühen im Dienste Gottes. Wer den Dschihad ausübt, ist ein „Mudschahed“, ein Begriff der von verschiedenen Bewegungen beansprucht wird.

***Im Mittelalter** wurden die arabischen Völker Sarazenen genannt. Das Bild zeigt die Erstürmung der italienischen Stadt Messina durch sarazenische Truppen.*

Durch die arabischen Händler *konnte sich der Islam auch über den Seeweg ausbreiten.*

der Sahara kamen, mit Gewalt im Zuge von Eroberungen und Sklavenbeutezügen verbreitet. Im 8. Jahrhundert gelang der Islam auch in die Gebiete südlich der Sahara und verbreitete sich auf friedlichem Wege. Die neu entstandenen islamischen Reiche trugen wiederum zur Ausweitung des Islam in Afrika bei. Im 14. Jahrhundert brachten auf Schiffen reisende Händler den Islam nach Südostasien. So wurde auch Indonesien muslimisch. Heute ist es das Land mit den meisten Muslimen weltweit. Die Muslime bekehrten sogar das Cham-Volk in Kambodscha sowie die Regionen im Süden der Philippinen. An der afrikanischen Ostküste entstanden auf der Insel Sansibar islamische Handelsniederlassungen, die auch Sklavenhandel betrieben. Nach dem 14. Jahrhundert hat der Islam praktisch keine neuen Gebiete mehr erobert.

Bekehrung von Minderheiten

Ohne neue Gebiete zu erobern, dehnte der Islam seinen Einfluss im schwarzafrikanischen Sahel friedlich durch eine schrittweise Bekehrung der Bevölkerungsgruppen aus, die noch traditionelle afrikanische Religionen praktizierten. Heute bilden sie überwiegend islamische Staaten, wie beispielsweise Mali und Burkina Faso. Der Einfluss des Islam endete an der Grenze des Urwalds, der schlecht zu durchdringen war und dessen Bewohner eine ganz andere Kultur hatten. In Ägypten ist die christliche koptische Minderheit, die etwa 10–15% der Bevölkerung ausmacht, durch die überwiegend muslimische Bevölkerung des Landes unter großen Druck geraten.

Kampf *zwischen muslimischen Persern und indischen Armeen*

Massaker *an christlichen Mönchen durch die sarazenischen Truppen in Rumänien*

Religionen und Revolutionen

Häufig verursacht das Auftauchen einer Religion eine geistige und soziale Revolution. Aber Religionen können auch unmittelbar am Entstehen von gewalttätigen Revolutionen beteiligt sein, entweder als Verursacher oder als Betroffene.

Die Französische Revolution

Der Katholizismus nahm in Frankreich zur Zeit des Absolutismus einen wichtigen Platz ein. Die Bevölkerung Frankreichs war wie ihr König überwiegend katholisch. Die Regierungsform der absoluten Monarchie blockierte die gesellschaftliche Entwicklung. Die Kluft zwischen Adel, Klerus, reichem Bürgertum auf der einen und dem einfachen Volk auf der anderen Seite wurde immer größer, was 1789 den Ausbruch der Französischen Revolution zur Folge hatte. Der Klerus spaltete sich: Ein großer Teil blieb der Monarchie verbunden, ein anderer Teil nahm mit Priestern wie Abbé Grégoire aktiv an der Revolution teil. Während der Schreckensherrschaft von einigen Revolutionären radikalisierte sich der Antiklerikalismus (die Bewegung gegen die Kirche). Ab 1793 führte ein Aufstand in der Region Vendée zu einem Massaker an breiten Bevölkerungskreisen, die dem Katholizismus und dem König treu ergeben waren. Um den Katholizismus zu verdrängen, versuchte der Revolutionär Robespierre, eine Ersatzreligion zu schaffen, indem er einen Kult der Vernunft ausrief. Napoleon kehrte aber zum Katholizismus zurück und krönte sich 1804 selbst vor dem Papst. Er führte dann jedoch den Laizismus* ein, die Trennung von Staat und Religion.

NA SO WAS!

Aus dem Wasser gerettet
Stalin ließ die Christus-Erlöser-Kathedrale in Moskau abreißen, um ein beheiztes Freibad zu errichten. Nun stieg kein Weihrauch mehr zum Himmel auf, sondern heißer Dampf. Nach dem Fall des Kommunismus bauten die Russen die Kathedrale originalgetreu wieder auf.

***Napoleon** nutzte die Religion, um seine Macht zu legitimieren. Danach führte er in Frankreich den Laizismus ein.*

***Der Revolutionsführer** Ayatollah Khomeini (1900–1989) diskutiert mit Anhängern über Politik.*

Die Russische Revolution

1917 wurde in Russland der Zar abgesetzt und bald auch die provisorische Regierung gestürzt. Der Revolutionsführer Lenin hatte die Lehre von Karl Marx (1818–1883) in einem wichtigen Punkt abgewandelt: Das Ziel war wie bei Marx die Diktatur des Proletariats (der Arbeiterklasse), doch eine Partei von Berufsrevolutionären sollte das Volk auf dem Weg in die am Ende klassenlose (kommunistische) Gesellschaft führen. Das Einparteiensystem in der Sowjetunion führte jedoch schließlich zu einem totalitären Staat. Die Religionen waren davon stark betroffen, denn die Regierung vertrat die Doktrin des Atheismus. Als der erste Kosmonaut Juri Gagarin 1961 bei der Rückkehr von seinem Weltraumflug sagte, er hätte im All keine Spur von Gott gefunden, kam dies der Regierung sehr entgegen. Seit dem Zusammenbruch der Sowjetunion 1991 hat die Religion in Russland wieder einen hohen Stellenwert.

***Soldat auf einem Kirchturm** während der Russischen Revolution, 1917*

Die islamische Revolution im Iran

Über 2000 Jahre lang regierte im Iran ein dynastisches Herrschertum. Im 7. Jahrhundert wurde die ursprüngliche Religion des Landes, der Zoroastrismus, vom Islam fast völlig verdrängt und es blieben nur kleine, christliche (vor allem armenische und chaldäische) sowie jüdische Gemeinschaften. Die offizielle Religion war der schiitische Islam, ihm gehört die Mehrheit der Bevölkerung an. Nach dem Zusammenbruch des Schah-Regimes 1978 fiel die Macht in die Hände der Mullahs, die das islamische Recht einsetzten, von den Frauen das Tragen des Tschadors (Schleier) forderten und die Freiheiten einschränkten.

Eine gewaltfreie Revolution

1945, nach dem Ende des Zweiten Weltkriegs, übernahm in Polen ein kommunistisches Regime die Macht, das unter dem direkten Einfluss Stalins stand. Polen war seit jeher ein Land mit einem lebendigen Katholizismus und blieb es auch während der kommunistischen Zeit. Ende der 1970er-Jahre gelang es der vom katholischen Lech Walesa angeführten Arbeiterbewegung Solidarnosc („Solidarität") mit Unterstützung des polnischen Papstes Johannes Paul II. nach und nach, die kommunistische Regierung zu schwächen. Der Fall der kommunistischen Regierung in Polen leitete den Sturz des Kommunismus in ganz Osteuropa ein.

Aktuelle Konflikte unter dem Deckmantel der Religion

Zahlreiche aktuelle Konflikte beinhalten religiöse Faktoren. Manchmal verstärkt die Religion die Gegensätze zwischen zwei Völkern, die sich eigentlich aus anderen Gründen bekämpfen.

Indien, Pakistan und Kaschmir
1947 wurde Indien unabhängig. Zu dieser Zeit brach ein Konflikt zwischen Hindus und Muslimen aus, der zahlreiche Opfer forderte. Schließlich wurde das muslimische Pakistan von Indien abgespalten. Die Grenzprovinz Kaschmir teilte man zwischen beiden Ländern auf. Der Konflikt zwischen der mehrheitlich muslimischen Bevölkerung im indischen Kaschmir und der hinduistischen Regierung in Delhi hielt an. 1971 brach zwischen den beiden pakistanischen Landesteilen östlich und westlich von Indien ein Krieg aus. Das Ergebnis des Krieges war die Bildung eines neuen Staats: Bangladesch. Dabei wurden die bengalischen Muslime von den Indern gegen die pakistanischen Muslime unterstützt. 1984 erreichte ein weiterer Konflikt seinen Höhepunkt, als die indische Regierung die nach Autonomie strebenden Sikhs niederschlug: Es gab tausende Tote. Auf der Abbildung rechts bereiten sich Soldaten auf Kämpfe zwischen Sikhs und Hindus in Amritsar in der Region von Punjab vor. Im Oktober 1984 wurde die indische Premierministerin Indira Gandhi von Sikhs ermordet: Dadurch verschärften sich die Spannungen zunehmend.

Irland
Der Krieg zwischen Katholiken und Protestanten in Nordirland ist eigentlich ein Kolonialkrieg, bei dem die Religionszugehörigkeit der Beteiligten den Anlass zu den Auseinandersetzungen bildet. England eroberte Irland im 12. Jahrhundert. Nach und nach ließen sich protestantische englische Siedler auf dem Land der irischen Katholiken nieder. An die Stelle der katholischen Landbesitzer traten Protestanten. Es gab immer wieder Unabhängigkeitsbestrebungen seitens des katholischen Irlands, doch die völlige Unabhängigkeit erlangte der größte Teil des Landes erst 1949. Der Norden des Landes, Ulster, gehört weiterhin zu Großbritannien und steht unter der Führung britischstämmiger Protestanten, die 75 % der Bevölkerung ausmachen. Diese so genannten Unionisten provozieren die katholische Minderheit mit Gedenkmärschen zur Erinnerung an die Eroberung des Landes. Dank der Vermittlung der Europäischen Union kam es zu einer gewissen Beruhigung der Konflikte.

Der Tschetschenienkonflikt

Ab 1770 unterwarfen die russischen Zaren die Völker des Kaukasus, die sich immer wieder auflehnten. 1944 beschuldigte Stalin die Tschetschenen der Verschwörung mit den Nationalsozialisten* und ließ sie nach Zentralasien deportieren. Sie kehrten 1957 aus dem Exil zurück, träumten aber von der Unabhängigkeit. Als Muslime fanden die Tschetschenen Hilfe bei den arabischen Ländern. 1994 entbrannte ein Krieg, der immer wieder aufflammt und der seine Spuren in dieser von der russischen Armee zerschossenen Mauer hinterlassen hat.

Mittlerer und Naher Osten

Die Zerstörung des World Trade Centers in New York am 11. September 2001 löste weltweit Schock und Trauer aus. Als Reaktion auf den Anschlag, für den islamistische Selbstmordattentäter verantwortlich gemacht wurden, führten die USA einen Angriffskrieg gegen Afghanistan und entmachteten das islamische Taliban-Regime. 2003 griffen die USA und verbündete Staaten mit fragwürdigen Motiven den Irak an und brachte dessen Diktator Saddam Hussein zu Fall. Es gab zahlreiche zivile Opfer. Dieses Vorgehen führte zu neuen terroristischen Gewalttaten. Der Krieg im Irak provozierte auch andere Konflikte religiöser und kultureller Art zwischen Sunniten und Schiiten des Landes. Ähnliche Konflikte entwickelten sich ebenfalls in Pakistan. Auf dem Bild links betet ein kurdisch-irakischer Soldat vor dem Einsatz.

Andere religiöse Konflikte

Im Sudan ist die Mehrheit der Bevölkerung arabisch und muslimisch. Es gibt jedoch eine große schwarze Minderheit, die einer christlichen oder traditionellen Religion angehört und sich nicht dem islamischen Recht, der Scharia*, unterordnen will. Seit der Unabhängigkeit des Sudan im Jahr 1956 gab es immer wieder lange Bürgerkriege mit hunderttausenden von Opfern. Nach der Entdeckung von Erdöl wurden die Kämpfenden unter dem Druck der Mineralölgesellschaften zeitweise gezwungen, eine friedliche Lösung zu suchen. Hier sieht man eine christliche Sudanesin vor einer durch den Krieg zerstörten Kirche. Auf den Philippinen, einem asiatischen Land mit einer starken katholischen Mehrheit, möchten sich einige Inseln mit muslimischer Bevölkerung vom Land abtrennen. Muslimische Gruppen verüben Terroranschläge, um die Unabhängigkeit zu erreichen.

Religion und Fanatismus

Fanatiker sind von einer Idee besessen. Man kann zum Beispiel ein fanatischer Anhänger einer politischen Partei oder einer Religion sein. Der religiöse Fanatiker lehnt den Dialog ab; er ist überzeugt davon, als Einziger die Wahrheit zu kennen, und blockt jede Kritik am eigenen Standpunkt ab.

Christliche Integralisten
Die Integralisten, die dem Buchstaben der Texte stärker verbunden sind als ihrer Deutung, glauben, dass Gott ihnen aufgetragen hat, ihre Ideen durchzusetzen. Heute findet man den christlichen Integralismus vor allem bei einigen Freikirchen. Innerhalb der katholischen Kirche verhindert die Autorität des Papstes zu große integralistische Exzesse: Diese Bewegungen werden gegebenenfalls aus der Kirche* ausgeschlossen. In den USA sind die Integralisten dagegen zahlreich. Das Bild zeigt amerikanische Gegner des Films *Die letzte Versuchung Christi*. Sie empfinden das Werk, in dem Jesus eine Frau begehrt und mit seinem Schicksal als Auserwählter hadert, als Gotteslästerung. Die Demonstranten schrecken vor provokanten Parolen nicht zurück: „Zerstört den Film, rettet die USA."

Muslimische Fundamentalisten
Muslimische Fundamentalisten wollen zu den Grundlagen des Korans zurückkehren, ohne die Entwicklung in der Welt seit dem 7. Jahrhundert zu berücksichtigen. Sie lehnen den Einfluss von westlichen Ideen und den westlichen Lebensstil ab und schrecken manchmal vor Terror nicht zurück, um ihre Idee vom Willen Gottes durchzusetzen. In Saudi-Arabien verbietet die Religionspolizei alles, was mit anderen Religionen zu tun hat, wie zum Beispiel Weihnachtsfeiern. Osama Bin Ladens Organisation al-Qaida, ein weltweit agierendes Terrornetzwerk, ist ein extremes Beispiel für die fundamentalistische Tendenz. Sie predigt den „heiligen Krieg" (Dschihad*) und verändert damit die Bedeutung dieses Wortes grundlegend *(siehe S. 292)*. Oben im Bild eine Demonstration der Muslimbrüder in Kairo, 2005.

Integralismus und Fundamentalismus

Die so genannten Integralisten wollen alles durch Religion reglementiert haben. Andere möchten, dass ihre Religion zu der ursprünglichen Botschaft zurückkehrt. Sie werden als Fundamentalisten bezeichnet. Die beiden Begriffe liegen nahe beieinander und werden oft verwechselt. Der Traditionalismus ist stark der Vergangenheit verbunden und lehnt häufig moderne Entwicklungen ab. Alle drei Ausprägungen können die Grenze zum Fanatismus überschreiten und aggressive Formen annehmen; das muss aber nicht notwendigerweise der Fall sein.

UNKENNTNIS MACHT AGGRESSIV

Oft verurteilen Integralisten oder Fundamentalisten alle, die nicht wie sie denken. Tatsächlich zeigen sie damit ihr Unwissen über ihre eigene Religion: Die Christen vergessen, dass Jesus nie jemanden verurteilte *(siehe die Texte im Evangelium über die Samariterin und die Ehebrecherin, S. 175)*, und die Muslime vergessen, dass der Koran wörtlich sagt: „In der Religion gibt es keinen Zwang." (Sure 2, Vers 256)

Jüdische Extremisten

Auch wenn der Staat Israel offiziell laizistisch* ist, so ist der Einfluss der religiösen Kräfte doch sehr groß. Das Ziel einiger Extremisten ist ein großes Israel unter Ausschluss der Palästinenser. Sie sind zwar eine Minderheit, finden jedoch Zuspruch, denn es gibt heftigen Widerstand gegen die Räumung der in besetzten Gebieten errichteten Siedlungen. Auf dem Foto bringen jüdische Siedler Bibelrollen in eine illegal errichtete Synagoge in den besetzten Gebieten (2004).

Der antireligiöse Fanatismus

Religionen sind oft ein Hindernis für Diktaturen mit totalitären Ideologien, die alles kontrollieren. Nationalsozialismus* und Stalinismus lehnten Religionen ab, auch wenn sie sich manchmal mit ihnen arrangieren mussten. Diese russische Kirche *(oben)* wurde um 1930 in einen Weizenspeicher verwandelt. Manche Leute sind der Ansicht, dass religiöse Symbole wie zum Beispiel Weihnachtsbäume in Schulen und anderen öffentlichen Gebäuden nichts zu suchen haben. Das ist diskussionswürdig, doch die Ablehnung von allem, was mit religiösen Überzeugungen zu tun hat, kann bisweilen fanatische Formen annehmen.

Hinduistische Extremisten

In Indien sind über 80 % der Bevölkerung hinduistisch. Einige Hindus akzeptieren keine andere Religion und somit auch nicht, dass Inder sich zu einer nichthinduistischen Praxis bekennen. Sie lehnen unter anderem die christlichen Missionen ab. Es kommt vor, dass Extremisten katholische und evangelische Priester töten oder Moscheen zerstören. 2003 forderten zum Beispiel Hindus in Demonstrationen *(unten)*, einen Rama-Tempel an der Stelle einer Moschee zu errichten.

Rückkehr in das Gelobte Land

Der Kibbuz verkörpert für viele Juden das Ideal vom Leben im Gelobten Land.

Das jüdische Volk definiert sich durch seine Religion, aber nicht alle Juden haben die gleiche Vorstellung von dieser Religion. Viele Gläubige hoffen, in das Gelobte Land zurückzukehren, doch Israel ist ein laizistischer* Staat und nur die Hälfte aller Juden weltweit lebt dort.

Zerstörung *des Tempels Salomos*

Das Gelobte Land

Ebenso wie die Religion, die sie in unterschiedlicher Weise leben *(siehe S. 60-61)*, verbindet jüdische Gläubige ihre gemeinsame Geschichte. Ein entscheidender Wendepunkt beginnt für sie nach der Flucht aus Ägypten, als sie in das Land Kanaan einzogen, das – nach dem dort lebenden Volk der Philister – auch Palästina genannt wurde. Die Juden erlebten dort Zeiten von Wohlstand und errichteten in Jerusalem einen Tempel*. Aber wie alle Völker der Welt standen sie häufig in Konflikt mit ihren Nachbarn.

Die Diaspora

Nachdem der zweite Tempel im Jahr 70 von den Römern zerstört worden war, gingen viele Juden ins Exil. Sie ließen sich in verschiedenen Provinzen des Römischen Reichs, aber auch in anderen Ländern nieder. Damit begann die Diaspora (griechisch: Zerstreuung). Sehr alte jüdische Gemeinschaften findet man in China (seit dem 3. Jahrhundert), Indien, Russland und Äthiopien, aber auch in Europa und Nordafrika. Die Gläubigen, die bestrebt waren, ihre kulturelle und religiöse Identität zu bewahren, waren in unterschiedlichem Maß in die Gesellschaften integriert. In den meisten Ländern hatten sie nicht dieselben Rechte wie die Mehrheit der Bevölkerung. Oftmals wurden sie Opfer von Pogromen *(siehe S. 302-303)*.

NA SO WAS!

Am Anfang war ein Berg

Zion ist der Name eines Berges in Jerusalem, der schließlich als Bezeichnung für die ganze Stadt und sogar für ganz Israel verwendet wurde. Seit der Zerstörung des zweiten Tempels 70 n. Chr. und der anschließenden Diaspora lebten die Juden in der Hoffnung auf eine Rückkehr nach Zion. Ab 1890 bezeichnete Zionismus eine politische Bewegung, die die Schaffung eines jüdischen Staates anstrebte.

1948 *kamen Juden aus der ganzen Welt mit Schiffen nach Israel, wie hier nach Jaffa.*

***Morgengebet** in einem Weinberg*

Der Zionismus

Die Rückkehr in das Land, das Gott Moses gegeben hatte, war seit jeher das oberste Ziel vieler Gläubigen. Anfang des 20. Jahrhunderts kämpfte die zionistische Bewegung für die Schaffung eines jüdischen Staates auf dem Gebiet des damals unter britischer Verwaltung stehenden Palästina. Der Massenmord an den Juden durch das nationalsozialistische* Regime in Deutschland verstärkte in den Augen der internationalen Öffentlichkeit die Legitimität dieser Bewegung *(siehe S. 302–303)*. Obwohl klar war, dass es zu Konflikten mit der in Palästina ansässigen arabischen Bevölkerung kommen würde, beschlossen die Vereinten Nationen 1948 die Gründung des Staates Israel.

Ein Gelobtes Land für alle?

Im Staat Israel, der als Heimat für ein Volk geschaffen wurde, das sich durch seine Religion definiert, leben Juden mit sehr unterschiedlichen politischen und religiösen Ansichten. Manche der ersten Einwanderer bevorzugten ein gemeinschaftliches Leben in landwirtschaftlichen Kollektiven (Kibbuzim). Viele Juden kamen aus Angst vor Verfolgungen nach Israel – häufig auch aus arabischen Ländern. Andere Einwanderer wiederum glaubten, dass die Aliyah, die Rückkehr nach Israel, eine religiöse Verpflichtung für jeden Juden sei. Viele russische Juden (fast 1 Million) wanderten aus wirtschaftlichen und religiösen Gründen nach Israel aus. Es gibt allerdings auch Juden, die der Meinung sind, dass der Staat Israel keine Legitimität besitzt und dass die Juden geduldig warten müssen, bis der von Gott gewollte jüdische Staat errichtet ist. Diesen unterschiedlichen Bewegungen kann man nicht gerecht werden. Man verlieh dem Staat Israel den Status einer laizistischen Republik.

***Eine Frau,** die sich weigert, beim israelischen Rückzug aus den besetzten Gebieten im August 2005 die jüdische Siedlung Kerem Atzmona zu verlassen*

Die Nationalsozialisten *zwangen Juden, einen gelben Stern auf ihre Kleider zu nähen.*

Juden-verfolgungen

Der Antisemitismus* hat eine lange Geschichte. Allerdings hat er nie ein solches Ausmaß erreicht wie unter der nationalsozialistischen* Herrschaft. Die Nationalsozialisten wollten alle Juden vernichten: Die Schoah forderte 6 Millionen Opfer.

Ermordet oder in Gettos eingesperrt

Verfolgungen jüdischer Gläubiger gab es bereits in vorchristlicher Zeit, doch mit der Ausbreitung des Christentums verstärkten sich die judenfeindlichen Tendenzen. Im 2. Jahrhundert warfen die Christen den Juden die Tötung Jesu vor und vergaßen dabei, dass Jesus – wie seine Jünger – selbst Jude gewesen war. Im Mittelalter kam es nicht nur während der Kreuzzüge zu gewaltsamen Ausschreitungen gegen jüdische Gläubige. Häufig wurden die Juden für Katastrophen wie Hungersnot und Pest verantwortlich gemacht und infolgedessen ermordet. Juden durften kein Land besitzen. Dieses Gesetz führte dazu, dass viele Juden im Handel tätig waren. Nun wurden sie beschuldigt, habgierig zu sein und die Armen auszubeuten. Häufig durften sie nur in bestimmten Wohnvierteln leben, in Gettos. Bei der Rückeroberung Spaniens im Jahr 1492 wurden Juden gezwungen, zu konvertieren oder das Land zu verlassen. Ende des 19. und Anfang des 20. Jahrhunderts führten Pogrome (Massenhetze) zur Auswanderung zahlreicher Juden in die USA.

Das Tagebuch der Anne Frank

Anne Frank, ein jüdisches Mädchen aus den Niederlanden, versteckte sich monatelang vor den Nazis. Während dieser Zeit schrieb sie ein Tagebuch. Sie wurde 1944 verhaftet und starb 1945 in einem Konzentrationslager. Ihr Tagebuch wurde gefunden und 1949 veröffentlicht.

Von den Nationalsozialisten ermordet

Nach dem Regierungsantritt Hitlers wurde die jüdische Bevölkerung schlimmsten Schikanen ausgesetzt. Das nationalsozialistische Regime (1933–1945) sah die Juden als „minderwertige Rasse" an. Die Nazis wollten alle Juden – wie auch Sinti, Roma, Homosexuelle und Behinderte – deportieren und vernichten, sie bezeichneten die Massenmorde an Juden als „Endlösung der Judenfrage". Sechs Millionen Juden aus allen von den Deutschen besetzten Ländern (Polen, Sowjetunion, Westeuropa) starben in Todeslagern wie Auschwitz in Polen. Im Hebräischen nennt man diese Massenmorde Schoah (Katastrophe).

1941/42: *Erschießung russischer Juden durch SS-Einsatztruppen mit einem Nackenschuss über einer bereits mit Leichen gefüllten Grube*

Der Palästinenserkonflikt

1948 wurde der jüdische Staat Israel gegründet. Der Grenzverlauf teilte Palästina in zwei Teile. Unmittelbar nach der Teilung brach ein Krieg zwischen Israelis und Palästinensern aus. Viele Palästinenser wurden aus ihrem Land vertrieben und die, die bleiben konnten und israelische Bürger wurden, fühlten sich in Israel von der Gesellschaft ausgegrenzt. Bis heute führt dieser Zustand zu ständigen Spannungen in der israelischen Gesellschaft. Zudem gründeten Israelis Siedlungen auf Gebieten, die den Palästinensern zugesprochen worden waren – eine Ursache für viele Terroranschläge. Nach dem Tod des Palästinenserführers Jassir Arafat im Jahr 2004 wurden wieder Friedensverhandlungen aufgenommen, diese erweisen sich jedoch als sehr schwierig.

Nachdem sie jahrelang *in einem Getto zusammengedrängt worden waren, wurden die Warschauer Juden in Konzentrationslager deportiert. Das Warschauer Getto wurde 1943 aufgelöst und vollständig zerstört.*

Dreyfusaffäre

Nach einem ungerechten Prozess wurde der jüdische Hauptmann Alfred Dreyfus 1895 in Frankreich wegen Spionage für Deutschland zu lebenslänglicher Verbannung auf die Teufelsinsel (Französisch-Guyana) verurteilt. Dieser Prozess hatte große Auswirkungen und spaltete die Franzosen in die „Dreyfusards", die an seine Unschuld glaubten, und die „Anti-Dreyfusards", die ihn bereits vor Beginn des Prozesses für schuldig hielten, weil er Jude war. Nach einem kritischen Artikel des Schriftstellers Emile Zola mit dem Titel „J'accuse" (Ich klage an) wurde Dreyfus als Opfer einer Intrige anerkannt. 1899 wurde er begnadigt und 1906 rehabilitiert.

Religionen in der Migration

Über Jahrhunderte hinweg beschränkte sich der Austausch mit fernen Ländern auf einige Reisende und Händler. Nach den Migrationsbewegungen im Zuge der Industrialisierung spricht man heute von der Globalisierung und den Gegensätzen der Kulturen. Sind die Religionen davon betroffen?

Migrationsbewegungen der Vergangenheit

Die großen Invasionen, die Entdeckung Amerikas, die Verschleppung von Sklaven nach Amerika: In der Vergangenheit gab es zahlreiche Bevölkerungsbewegungen. Die Gründe für Emigration waren vielfältig; oft spielte Armut eine Rolle. Im 19. Jahrhundert verließen Menschen den Süden Indiens, um auf den Antillen zu arbeiten, Chinesen bauten die Eisenbahnlinien in den USA und Japaner ließen sich in Brasilien nieder. Teilweise verlernten diese Gruppen nach einigen Generationen ihre Sprache und entschieden sich für ihre neue Heimat und die vorherrschende Religion. Juden bilden eine Ausnahme, sie behielten gewöhnlich ihre Religion bei.

Chinatown *in London*

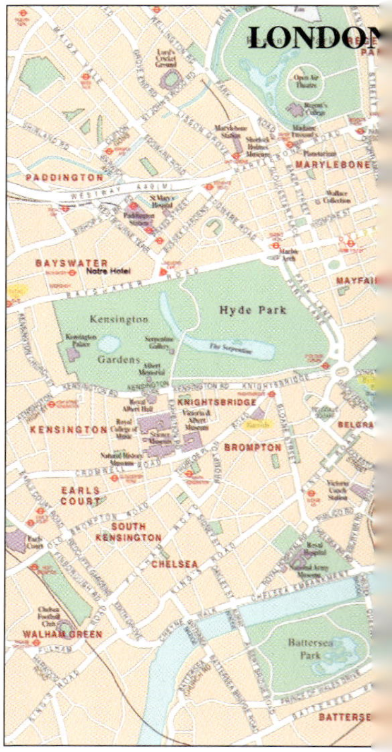

Chassidische Juden *im Londoner Viertel Stamford Hill*

Indisches Viertel *in Upton Park, London*

Gemischte Bevölkerung in London

Europäer aus der Ferne

Die Kolonialgeschichte hatte Auswirkungen auf die Zusammensetzung der Religionsgruppen in Europa. In Großbritannien haben Menschen aus Pakistan und Indien oft einen britischen Pass, da Indien einst eine britische Kolonie war. Deshalb gibt es in Großbritannien auch große Hindu-, Sikh- und Muslimengemeinden. In Frankreich hatten viele aus Algerien stammende Muslime nie eine andere Staatsangehörigkeit als die französische, da vor der Unabhängigkeit Algeriens im Jahr 1962 alle Einwohner des Landes Franzosen waren.

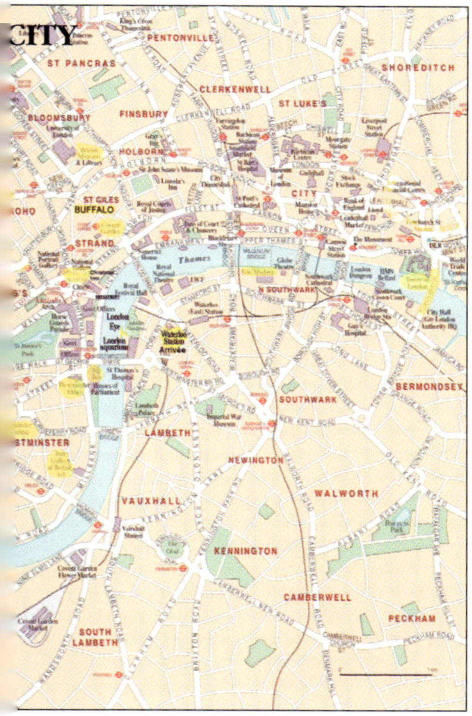

Die britische Königin *besucht eine Moschee im Londoner Scunthorpe.*

Neue Migrationsbewegungen

Im 20. Jahrhundert entstand durch die Industrialisierung ein großer Bedarf an Arbeitskräften. Um der Armut ihrer Heimatländer zu entkommen, akzeptierten Menschen, unter schweren Bedingungen im Ausland zu arbeiten. Die Globalisierung, die durch ausgebaute Verkehrswege und die Liberalisierung der Wirtschaft gefördert wurde, brachte weitere wirtschaftliche und soziale Veränderungen mit sich. So entstanden große muslimische Gemeinschaften in Europa: Türken (vor allem in Deutschland) und Nordafrikaner (hauptsächlich in Frankreich). Die großen Bevölkerungsgruppen aus Algerien, Marokko und Tunesien in Frankreich sind auf die Kolonialgeschichte zurückzuführen. Alle brachten ihre Kultur mit, manche haben keine gute Ausbildung und eine oft recht begrenzte Kenntnis ihrer eigenen Religion.

Bevölkerungsentwicklung beeinflusst die Religion

Heute ist die Verbreitung von Religionen vor allem auf Bevölkerungsentwicklungen zurückzuführen. In Nordamerika und Westeuropa sind die Geburtenzahlen rückläufig, während sie in Südamerika und Afrika hoch sind, daher nimmt hier die Zahl der Christen zu. Die Zahl der jüdischen Gläubigen geht eher zurück. Die wenig industrialisierten islamischen Länder mit einer hohen Geburtenrate (in Nordafrika und der Sahelzone) haben eine starke Emigration und immer mehr Muslime kommen nach Europa. Seit kurzem weisen islamische Länder einen starken Geburtenrückgang auf: In Nordafrika hatten Frauen vor rund 30 Jahren oft mehr als sechs Kinder. Heute liegt der Durchschnitt bei zwei Kindern.

Little Amsterdam, *afrokaribisches Viertel in Brixton, London*

Differenzen in der islamischen Welt

Die islamische Welt ist sich in zahlreichen Fragen, die politische, religiöse, wirtschaftliche und kulturelle Themen betreffen, nicht immer einig. Diese Differenzen spiegeln sich auch bei den muslimischen Gemeinschaften wieder, die in Europa leben.

***Abend** in Lahore in Pakistan*

Vielfalt der islamischen Welt

Eine Religion mit rund einer Milliarde Anhänger weltweit zeigt sich zwangsläufig von Land zu Land unterschiedlich. In Saudi-Arabien und im Sudan ist der Islam fest verankert und steht anderen Religionen eher feindselig gegenüber. In Algerien, Tunesien, Ägypten, der Türkei und in Indonesien werden die islamisch-extremistischen Bewegungen bekämpft. Im Libanon oder in Nigeria ist die Situation schwierig, da andere Religionen ebenfalls einen großen Raum einnehmen. Außerdem wird der Islam je nach Kultur unterschiedlich gelebt: In Teilen der Sahelzone, südlich der Sahara, ist die Religion traditionalistisch, die Menschen akzeptieren aber das Zusammenleben mit anderen Religionen, während in einigen islamischen Ländern Arabiens die Menschen offen sind für moderne Entwicklung, aber weniger tolerant gegenüber anderen Glaubensüberzeugungen.

Politische Spannungen

Die Lebenssituation der Muslime entspricht nicht immer dem Ideal der Solidarität und Gerechtigkeit in einer geeinten Gemeinschaft (Umma*). In einigen Ländern wie Libyen, Pakistan oder Syrien leiden die Menschen unter autoritären Regimen, im Sudan unter einem Bürgerkrieg und nahezu überall unter einer weit verbreiteten Korruption. In Arabien und im arabisch-persischen Golf wird die Macht von einigen Privilegierten ausgeübt. In Afghanistan und im Irak hat sich die Demokratie noch nicht fest etabliert. Es wäre sehr schwierig, wenn nicht unmöglich, alle Muslime unter einem neuen Kalifat* zu versammeln, denn sie sind kulturell, unter anderem im Hinblick auf den Status der Frau, zu verschieden.

Wirtschaftliche Unterschiede

Die islamischen Länder, die über Ölquellen verfügen, sind meist in der Lage, ihrer Bevölkerung ein angenehmes Leben mit zahlreichen sozialen Vorteilen zu sichern. Die Bewohner des Sahel leiden dagegen unter großer Armut.

***Einkaufszentrum** im saudi-arabischen Riad*

***Schule** in Bangladesch*

Andere wenig industrialisierte Länder (Pakistan, Bangladesch, Indonesien usw.) kämpfen mit den Folgen der Unterentwicklung: unzureichende Ausbildung und medizinische Versorgung, schlechte Verteilung der Mittel zwischen Herrschenden und der Masse der Bevölkerung. Diese Ungerechtigkeiten sind nicht mit dem Ideal des Islam vereinbar.

Kulturelle Differenzen

Arabisch ist zwar die Sprache des Koran, nur 20% der Muslime sind jedoch Araber. Die Mehrheit der nichtarabischen Muslime lehnt es gewöhnlich ab, ihre Sprache und ihre kulturellen Besonderheiten aufzugeben. So fordern die Kabylen in Algerien die Anerkennung ihrer eigenen Sprache. Die Spannungen bestehen auch zwischen den Gläubigen mit einer traditionalistischen Auslegung des Islam und denen, die versuchen, ihn mit der Modernität der heutigen Zeit zu vereinbaren.

***Anhängerin** der kabylischen Bewegung in Algerien*

Muslimische Migranten und Religionsausübung

Die verschiedene Herkunft der muslimischen Migranten in Europa macht sich auch in der unterschiedlichen Religionsausübung bemerkbar. Die Imame, die Vorbeter in den Moscheen, müssen häufig aus den Ursprungsländern der Migranten geholt werden, da in den Einwanderungsländern kaum Imame ausgebildet werden. Einige Organisationen in Deutschland versuchen, die Ausbildung auch deutschsprachiger Imame zu fördern. Anlaufstelle für Fragen rund um das islamische Leben sind in Deutschland beispielsweise Organisationen wie der Zentralrat der Muslime. Er dient seinen Mitgliedern auf vielfältige Weise und pflegt den kulturellen und interreligiösen Dialog. Daneben gibt es aber auch andere muslimische Gesellschaften in Deutschland, die sich um die religiösen Angelegenheiten ihrer Mitglieder kümmern.

Laizismus in der Türkei

Nach dem Fall des Osmanischen Reichs 1918 und dem Verlust weiter Gebiete (Irak, Syrien, Libanon und Saudi-Arabien) ergriff General Mustafa Kemal, der später Atatürk genannt wurde, die Macht. Er leitete die Modernisierung und Westorientierung des Landes ein, indem er westliche Gesetze und das lateinische Alphabet für die türkische Sprache einführte. Atatürk gründete eine laizistische* Republik, in der Religion und Staat getrennt sind. Der Unterricht in Moscheen wurde fortan streng kontrolliert. Der türkische Staat ist bemüht, die Trennung von Staat und Religion aufrechtzuhalten. So ist es Bediensteten im öffentlichen Dienst beispielsweise verboten, Kopftuch bzw. Bart zu tragen.

Mustafa Kemal, der 1923 die Republik Türkei gründete, führte noch vor Großbritannien, Frankreich, Italien und der Schweiz das Frauenwahlrecht ein.

***Junge Frau** in Ankara vor dem Porträt Mustafa Kemal Atatürks und der mit dem Symbol Europas vereinten türkischen Flagge*

***Abd al-Rahman III.**, 912-961, erster Kalif von Córdoba, empfängt Botschafter.*

Nicht immer haben sich Religionen bekämpft

Wenn man immer nur mit Menschen des eigenen Glaubens zusammentrifft, findet kein Austausch mit anderen Religionen statt. Man versteht nicht, warum andere anders denken. In der Geschichte gibt es zahlreiche Beispiele für Kontakte zwischen Menschen unterschiedlicher Glaubensrichtungen, bei denen ein respektvoller Austausch stattfand.

***Averroes** (1126-1198), großer muslimischer Philosoph und Arzt in Córdoba*

Verwandtschaft der Religionen

Alle Religionen enthalten Elemente, die man auch in anderen Religionen findet: Das Christentum ist aus dem Judentum hervorgegangen, der Islam enthält viele Elemente aus dem Judentum und dem Christentum, die Religion der Sikhs hat den Monotheismus des Islam sowie Ideen vom Hinduismus übernommen und der Buddhismus ist aus dem Hinduismus entstanden. Trotzdem betonen Menschen häufig, was ihre Religion von anderen unterscheidet. Es wäre illusorisch zu glauben, sie könnten sich vereinigen, denn ihre Botschaften sind sehr unterschiedlich.

***Der Emir al-Mansur**, spanisch Almansor, 976-1002 Wesir in Córdoba, nimmt die Beute in Empfang, die bei der Plünderung Leóns, der damaligen Hauptstadt des christlichen Königreichs León in Spanien, gemacht wurde.*

Verbindung von Religionen

Diejenigen, die eine sehr fundamentalistische* Vorstellung von ihrer Religion haben, träumen heute noch davon, die ganze Welt zu ihrem Glauben zu bekehren, wie beispielsweise bestimmte extremistische Islamisten oder integralistische Christen in den USA. Es gibt aber auch Verschmelzungen von Religionen, wobei Elemente aus mehreren Religionen aufgenommen werden und eine neue Religion entsteht. Eine so konstruierte Religion nennt man einen Synkretismus*. Der Voodoo, der von den nach Amerika verschleppten afrikanischen Sklaven in Kombination mit der christlichen Religion geschaffen wurde, ist ein Beispiel hierfür: Er entwickelte sich zu einer eigenständigen Religion. In Indien ist der Sikhismus das Ergebnis des Versuchs, Elemente des Islam und des Hinduismus miteinander zu verbinden. Der Bahaismus stützte sich auf die heiligen Texte aller anderen großen Religionen, schuf aber eine eigenständige Religion *(siehe S. 146-147)*.

Religionen können zusammenleben

In der Vergangenheit gab es zwischen Religionsgemeinschaften häufig lang andauernde Konflikte. Dennoch fanden während dieser Auseinandersetzungen manchmal friedliche und fruchtbare Kontakte zwischen Gläubigen verschiedener Religionen statt. Während der Kreuzzüge erfuhr der heilige Franz von Assisi zu seiner Verwunderung, dass der Sultan an einen Schöpfer, an Jesus, die Jungfrau Maria und ein Leben nach dem Tod glaubte. Vor 1492 förderte im muslimischen Spanien das Emirat Córdoba den Dialog mit den Juden und den Christen. Im 12. Jahrhundert musste jedoch der Jude Maimonides, der für andere Religionen offen war, aus Córdoba flüchten, um den Verfolgungen zu entgehen *(siehe S. 267)*. Nach der Eroberung Algeriens durch die Franzosen verteidigte der seit 1855 in Damaskus im Exil lebende Emir Abd el-Kader die von den Muslimen bedrohten Christen *(siehe S. 272)*. In Afrika sind durch die in der Kolonialzeit gezogenen Grenzverläufe häufig unterschiedliche Religionen in einem Land vertreten. So gibt es in Nigeria, dem bevölkerungsreichsten Staat Afrikas, ungefähr gleich viele Christen und Muslime. Im vorwiegend christlichen Deutschland sind etwa 4% der Bevölkerung muslimisch, wobei die türkischen Muslime die größte Gruppe bilden. In China und Japan werden im Gegensatz zu den kulturellen Gewohnheiten des Westens häufig mehrere Religionen gleichzeitig praktiziert. In Malaysia lebt die muslimische Mehrheit mit buddhistischen, hindustischen und christlichen Minderheiten zusammen.

Welche Art des Zusammenlebens ist möglich?

Der Respekt vor der Freiheit des Einzelnen einerseits und der Wunsch, seine kulturellen und religiösen Wurzeln zu erhalten, andererseits werfen Fragen über das Zusammenleben verschiedener Gemeinschaften in einem Land auf. Die Beziehungen zwischen diesen Gemeinschaften können Probleme verursachen, gerade wenn zur selben Zeit soziale und wirtschaftliche Ungleichheiten bestehen. In den großen europäischen Städten sind die Kinder von Migranten oft mit einer Gesellschaft konfrontiert, die nicht immer im Einklang steht mit den Traditionen ihres Elternhauses. Sie fühlen sich unter Umständen ausgegrenzt. Dabei kann bei diesen jungen Menschen der Wunsch entstehen, sich in die Sicherheit und Akzeptanz in ihrer religiösen Gemeinschaft zurückzuziehen.

***Juden** konnten ihrem religiösen Leben im muslimischen Spanien friedlich nachgehen.*

***1492 fordert** der Inquisitor Torquemada von den katholischen Herrschern Ferdinand II. und Isabella von Kastilien, die die Muslime besiegt hatten, die Vertreibung der Juden.*

***Die Kathedrale von Córdoba** wurde als Moschee erbaut (785–990) und 1236 in eine katholische Kirche umgewandelt.*

Dialoge zwischen den Religionen

Nachdem sie sich über Jahrhunderte voneinander distanziert und oft bekämpft haben, sind sich die christlichen Kirchen* heute bewusst, wie wichtig der Dialog ist. Zugleich öffnen sie sich auch für andere Religionen.

Frère Roger Schutz, *Gründer von Taizé*

Theologische Diskussionen

Heute scheinen die christlichen Kirchen bereit zu sein, aufeinander zuzugehen. Es wurden zahlreiche Anstrengungen unternommen, sich wieder näher zu kommen. Diese Bewegung wird Ökumenismus genannt. Dabei wurden bereits wichtige Ergebnisse erzielt. Durch gemeinsame Begegnungen wurden zwar nicht alle Differenzen beseitigt, doch die Beziehungen erheblich verbessert. Zwischen der orthodoxen und der katholischen Kirche wurden die gegenseitigen Verurteilungen, die die beiden seit 1054 trennte, erst 1965 aufgehoben. Trotz dieser Annäherungen antwortet ein Christ auf die Frage nach seiner Religion gewöhnlich, dass er katholisch, evangelisch oder anglikanisch sei, anstatt einfach zu sagen, dass er Christ ist. Auch sind noch zahlreiche Fragen zum Sakrament*, zur Eucharistie usw. offen.

Eine ökumenische Gemeinschaft: Taizé

Taizé ist vielleicht das bekannteste Beispiel für eine Annäherung zwischen Protestanten und Katholiken. 1940 gründete der Protestant Frère Roger Schutz (1915–2005) im französischen Dorf Taizé eine Gemeinschaft christlicher Brüder. Sie wurde zu einer Begegnungsstätte vor allem für junge Menschen, unabhängig von ihrer Glaubenszugehörigkeit. Zu den jährlich stattfindenden Jugendtreffen in Taizé kommen rund 200 000 Besucher.

Der Ökumenische Rat der Kirchen (ÖRK)

Zu dieser 1948 gegründeten „brüderlichen Vereinigung von Kirchen" zählen die meisten großen christlichen Bewegungen. Die katholische Kirche nimmt allerdings nur einen Beobachterstatus ein. Der Rat organisiert Begegnungen und Diskussionen. Darüber hinaus bündelt er Aktivitäten gegen Gewalt, gegen Aids und für eine stärkere Entwicklung der Dritten Welt.

Der christlich-jüdische Dialog
Dieser Dialog ist seit einem halben Jahrhundert ein wichtiger Bestandteil des interreligiösen Austauschs und hat den Abbau von gegenseitigen Missverständnissen ermöglicht. So treten heute beispielsweise christliche und jüdische Institutionen gemeinsam gegen Antisemitismus* auf. Den beiden Religionen ist es auch gelungen, sich über die Übersetzung der Bibel und die damit verbundenen historischen Fragen zu einigen.

Der christlich-islamische Dialog
Christen und Muslime glauben an einen einzigen Gott, aber ihre religiösen Überzeugungen sind sehr unterschiedlich. Der Dialog betrifft daher auch nicht eine Annäherung der Glaubensgrundsätze, sondern den Aufbau von Beziehungen, die von gegenseitigem Respekt geprägt sind.

Der Ashram von Aurobindo
Einer der im Westen bekanntesten Ashrams (hinduistisches religiöses Zentrum) ist der 1926 gegründete Ashram von Sri Aurobindo in Pondicherry, Indien. Er ist nicht speziell hinduistisch ausgerichtet, sondern sucht nach einer universellen Spiritualität. Der Ashram wurde lange von der Gefährtin Aurobindos, Mira Alfassa, geleitet, einer Französin mit ägyptischen Wurzeln, die „die Mutter" genannt wurde. Zahlreiche Ausländer kommen dorthin, um in einer religiös toleranten Atmosphäre zu leben. In der Nähe des Ashrams entsteht unter Aufsicht der UNESCO eine Stadt mit dem Namen Auroville, die einmal 50 000 Menschen aufnehmen soll.

Der Dialog mit dem Buddhismus
Weder Muslime noch Christen glauben an die Reinkarnation*, die eine Grundlage des Hinduismus und des Buddhismus darstellt. Diese Religionen wiederum sind nicht monotheistisch*. Der Dialog dient dem gegenseitigen Respekt und der Formulierung von übereinstimmenden grundlegenden Werten. Vor allem der tibetische Dalai-Lama hat viel für die Wertschätzung des Buddhismus im Westen geleistet.

Die Gemeinschaft Sant'Egidio
1968 gründete der Student Andrea Riccardi in Rom die Gemeinschaft Sant'Egidio, die vor allem für ihre Friedensaktivitäten in Mosambik, Süd-Sudan, im Kosovo, in Burundi usw. bekannt ist. Sie hat 40 000 Mitglieder in 60 Ländern. Ziel und Anliegen dieser Gemeinschaft sind die Evangelisierung, Hilfe für die Armen und der ökumenische und interreligiöse Dialog.

Jerusalem, Stadt Gottes

Jerusalem ist eine heilige Stadt für Juden, Christen und Muslime. Sie könnte ein Symbol der religiösen Verständigung sein, stattdessen kämpften die verschiedenen Religionsgemeinschaften jahrhundertelang um die Vorherrschaft in der Stadt. Archäologen rekonstruieren ihre Geschichte.

GESCHICHTE JERUSALEMS

Ende 11. Jahrhundert v. Chr.: Jebusiter-Festung.
Ab dem 10. Jahrhundert v. Chr.: Israelitische Eroberung und Besiedlung.
Ab 960 v. Chr.: Bau des ersten Tempels durch Salomo.
Um 587 v. Chr.: Zerstörung des ersten Tempels durch die Babylonier.
Um 520 v. Chr.: Bau des zweiten Tempels unter Serubabbel.
20 v. Chr.: Erneuerung des zweiten Tempels durch Herodes, ca. 64 n. Chr. vollendet.
70 n. Chr.: Zerstörung des Tempels durch die Römer.
326: Bau der Grabeskirche auf Initiative des römischen Kaisers Konstantin.
637: Eroberung durch die Araber.
Zwischen 688–702: Bau des Felsendoms und der Al-Aksa-Moschee.
1009: Zerstörung der Grabeskirche durch den Kalifen Al-Hakim.
1099: Eroberung durch die Kreuzfahrer, Hauptstadt des Königreichs Jerusalem.
1149: Wiederaufbau der Grabeskirche durch die Kreuzfahrer.
1187: Eroberung durch den ägyptischen Sultan Saladin.
1920: Hauptstadt des britischen Völkerbundmandats Palästina.
1948: Teilung der Stadt: Der Nordwesten und Westen wird Israel, der Osten mit der Altstadt Jordanien zugesprochen.
1967: Annexion Ostjerusalems durch Israel.

Der erste jüdische Tempel ①
Die Bibel erzählt, dass das Opfer Abrahams *(siehe S. 158–159)* auf dem Berg Morija stattfand. Der Überlieferung zufolge handelt es sich um den Berg Zion, auf dem Jerusalem erbaut wurde. Hier errichtete König Salomo den Tempel* – für die Israeliten der einzige Ort für rituelle* Opferungen. Im Allerheiligsten befand sich die Bundeslade mit den Gesetzestafeln *(siehe S. 52–53)*, die bei der Zerstörung des Tempels verloren gingen.

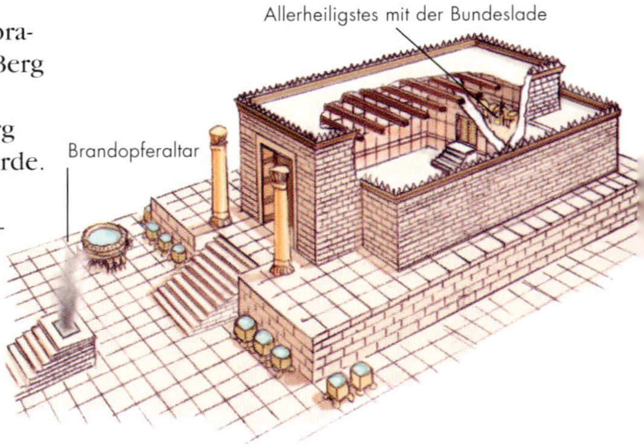

Der Umbau des zweiten jüdischen Tempels ②
Nach der Rückkehr aus der babylonischen Gefangenschaft wurde der zweite Tempel errichtet, den Herodes (37–4 v. Chr.) erneuern ließ. Dieser enthielt einen äußeren Bereich für Nichtjuden Ⓐ und einen inneren Bereich mit getrennten Vorhöfen für die Priester sowie für die jüdischen Männer Ⓑ und Frauen Ⓒ. Das Allerheiligste Ⓓ war nun ohne Bundeslade. Den Juden war die Festung Antonia Ⓔ von Herodes verhasst, da sie höher stand als das Haus des Herrn.

Die römischen Tempel ③

135 schlug der römische Kaiser Hadrian den letzten jüdischen Aufstand nieder und benannte Judäa in Syria Palaestina und Jerusalem in Aelia Capitolina um. Er ließ auf dem jüdischen Tempelplatz einen Jupitertempel und auf dem Golgotafelsen einen Venustempel errichten.

Die umkämpfte Stadt

Auch im 21. Jahrhundert ist Jerusalem zwischen Israelis und Palästinensern umkämpft. Jede der verschiedenen Religionsgemeinschaften, die sich als Erben Abrahams verstehen, beansprucht die Stadt in ihrem Sinne. Seit 1967 besetzt Israel den Ostteil der Stadt. Es gab verschiedene Versuche, Jerusalem zu einer internationalen Stadt zu erklären, doch eine Lösung des Konflikts ist zurzeit nicht in Sicht.

Der Berg Golgota ④

In Jerusalem machte sich Jesus Feinde, vor allem unter den Mitgliedern des Hohen Rats. Er starb am Kreuz auf dem Berg Golgota (Kalvarienberg) und wurde begraben, aber seine Anhänger versichern, dass er auferstanden* sei. Jerusalem ist seitdem die Wiege der christlichen Kirchen*.

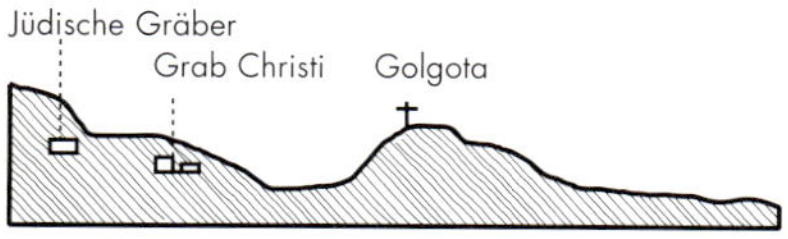

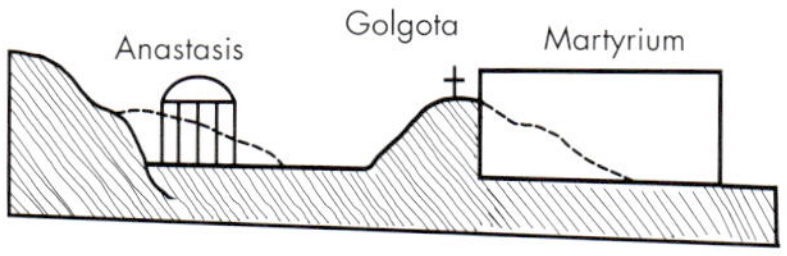

Die Grabeskirche ⑤

Der römische Kaiser Konstantin ließ das Grab Jesu in einer Rotunde (Anastasis, griechisch: Auferstehung) einfassen. Er beließ den Golgotafelsen unter freiem Himmel und erbaute davor die Basilika (Martyrium). Diese Grabeskirche wurde später umgebaut, niedergebrannt und von den Kreuzfahrern *(siehe S. 290–291)* wieder aufgebaut. Heute wird sie von drei christlichen Kirchen unterhalten.

Die Klagemauer ⑥

Unter der Herrschaft Konstantins durften die Juden nur an einem Tag im Jahr nach Jerusalem kommen. Sie stiegen nicht auf den Vorplatz, sondern beteten am Fuß der Westmauer (Kotel), dem einzigen Überrest des Tempels von Herodes. Die Bezeichnung Klagemauer kommt von den Tränen, die dort vergossen wurden. Während der christlichen Herrschaft verwandelte sich der Vorplatz in ein Ruinenfeld. Noch heute kommen viele Juden, um an dieser Mauer zu beten.

Der Felsendom ⑦

Ganz zu Anfang beteten die Muslime in Richtung Jerusalem. Wenn der Koran von der nächtlichen Reise Mohammeds *(siehe S. 103)* von der („heiligen") Al-Ahram-Moschee in Mekka bis zur („fernen") Jerusalemer Al-Aksa-Moschee spricht, wird dies traditionell ausgelegt als „von Mekka nach Jerusalem". Mohammed soll sogar einen Fußabdruck auf dem Felsen, wo Abraham seinen Sohn opfern wollte, hinterlassen haben. Nach der Eroberung Jerusalems im Jahr 637 ließ der Kalif den Felsendom über diesem Fußabdruck errichten.

Die Al-Aksa-Moschee ⑧

702 wurde eine Moschee an der Stelle erbaut, wo der erste muslimische Eroberer Jerusalems gebetet haben soll. Der Kalif nannte sie Al-Aksa (die Ferne), um an die Reise des Propheten* *(siehe S. 103)* zu erinnern. Der Vorplatz wurde Al-Haram al-Sharif (heiliger Bezirk) genannt und Jerusalem wurde zu Al Quds (die Heilige). Nach Mekka und Medina ist es der wichtigste Ort des Islam.

Universelle Fragen

Religionen verändern sich im Laufe der Zeit, doch die vom Mensch gestellten Fragen bleiben ewig gleich: Wie soll ich mich verhalten? Wie kann man Benachteiligten helfen? Gibt es einen Fortschritt? Was soll man lernen? Wie kann man großes Leid bewältigen? Religionen beschäftigen sich intensiv mit diesen Themen.

Körper und Geist

Nach dem Tod wird der Körper eines Menschen zersetzt. Einige sehen darin das Ende der menschlichen Existenz, andere glauben, dass der Geist einer Person über den Tod hinaus fortbesteht. Die monotheistischen* Religionen nennen diesen Geist, der nach ihren Vorstellungen den Körper des Menschen belebt, Seele*. Sie soll den Tod überdauern.

__Eine Inderin__ unterzieht sich den rituellen Waschungen im Hindu-Tempel von Ramanatha Swami in Rameshwaram (Indien).

Die Seele, die große Unbekannte

Die Existenz der Seele nachzuweisen scheint unmöglich. Es ist aber auch schwer zu definieren, aus was die Seele eigentlich bestehen soll. Bereits die griechischen Philosophen in der Antike beschäftigten sich mit diesen Fragen. Nach Aristoteles vervollständigte die immaterielle Seele den Körper, verschwand aber mit diesem nach dem Tod. Die monotheistischen Religionen glauben an eine unsterbliche Seele. Nach dem körperlichen Tod des Menschen besteht sie weiter, oft heißt es, in einem wiederhergestellten Körper.

__Diese Frau ist in Trance__ und von Geistern „besessen“: Sie sind in ihren Körper gefahren, um mit dem Stamm zu sprechen.

Der Kult der Geister

In traditionellen afrikanischen Religionen, im Volksglauben Chinas und in vielen anderen Kulturen leben die Geister der Toten weiter. Man muss sie ehren, sonst werden sie wütend und stören die Lebenden. Diese Geister sind den unsterblichen Seelen in anderen Religionen verwandt, auch wenn sie sich stark voneinander unterscheiden. Im Voodoo glaubt man an Zombies *(siehe S. 125)*, Menschen, die ihre Seele verloren haben und trotzdem auf der Erde weiterleben.

NA SO WAS!

Für die Schönheit leiden?
Früher trugen manche Mönche kratzige, raue Unterkleider (Büßerhemden), um ihren Körper abzuhärten und ihre Seele zu reinigen. In manchen Kulturen trägt man aus religiösen und profanen* Gründen Tätowierungen. Im 21. Jahrhundert legen sich Menschen Piercings zur Verschönerung ihres Körpers zu – ohne religiösen Hintergrund.

__Anrufung von Geistern__ der Santería, einer in Kuba praktizierten Religion, die regionale Traditionen und Elemente des Katholizismus verbindet.

Die* Sadhus *verzichten auf alles, was ihre spirituelle Befreiung behindern könnte.*

Der Leib Christi

Die katholische Kirche* verwendet den Ausdruck „Leib Christi" in unterschiedlicher Bedeutung. In der Messe erinnert der Priester mit diesen Worten an das letzte Abendmahl, bei dem Jesus das Brot mit seinen Jüngern teilte und ihnen sagte: „Nehmt und esst, das ist mein Leib." *(siehe S. 81)* In übertragener Form wird die Bezeichnung auch für die Kirche verwendet, die alle Christen versammelt („Gemeinschaft der Heiligen").

Körper, Gehirn und Seele

Wissenschaftlich gesehen verändert sich der Körper ständig. Zellen sterben ab und werden durch andere ersetzt, sodass der Körper beim Tod nicht mehr derselbe ist wie bei der Geburt. Das Gehirn ist Teil des Körpers. Wissenschaften wie Biologie, Neurologie und Psychologie erforschen seine Funktionen. Das Gehirn eines Menschen kann durch Training und chemische Stoffe beeinflusst werden. Manche Medikamente verändern den Charakter des Patienten. Ändert sich dann auch sein innerstes Wesen? Hat das Gehirn vielleicht schon direkt mit der Seele zu tun, an die manche Religionen glauben?

Körperkult oder Verachtung des Körpers

Heutzutage misst man dem Körper große Bedeutung bei. Gedanken an den Tod und das Alter werden möglichst beiseite geschoben – der Körper soll gebräunt, durchtrainiert und faltenlos bleiben. Um diesem Ideal zu entsprechen, machen immer mehr Menschen von Schönheitsoperationen Gebrauch. Dagegen haben Asketen* in sehr vielen Religionen schon immer versucht zu zeigen, dass das spirituelle Leben wichtiger als die materielle Existenz ist. Sie schätzen ihren Körper gering und quälen ihn. Auf den Philippinen lassen sich Gläubige an Karfreitag ans Kreuz nageln, obwohl die katholische Kirche dies missbilligt. Im Iran gedenken schiitische Muslime des Todes von Imam Hussein, indem sie sich selbst geißeln. In Indien durchbohren sich Fakire den Körper und verzichten fast ganz auf Nahrung, um ihr Karma* zu verbessern. Die großen Religionen versuchen, zwischen diesen Extremen einen Ausgleich zu finden. Das Christentum glaubt an einen Gott, der Mensch, also körperlich, geworden ist. Der Islam berücksichtigt die Körperlichkeit durch die rituellen Waschungen und hat genaue Vorschriften der Körperhaltung beim Gebet. Der Buddhismus legt als eine auf Meditation beruhende Glaubensvorstellung großen Wert auf Körperpositionen, Atmung und Ernährung.

Ein jüdischer Gläubiger *auf dem Friedhof am Ölberg in Jerusalem*

Selbstfindung

Sich selbst zu kennen ist ein wichtiger Schlüssel, um sich selbst und andere zu verstehen. Doch dieser Prozess der Selbstfindung ist nicht ganz einfach. Es braucht vor allem Zeit, denn der Mensch entwickelt sich langsam und hat manchmal Schwierigkeiten, sich zu akzeptieren.

***Stille** ist wichtig, denn sie lässt uns hören, was tief in uns ist.*

Lebensphasen

Der Mensch durchläuft von der Kindheit und Jugend über das Erwachsenenalter bis ins hohe Alter verschiedene Lebensphasen, die ihm sowohl Freuden als auch altersspezifische Schwierigkeiten bereiten. Das Kleinkind sieht sich als Mittelpunkt der Welt, ist aber von den Eltern abhängig. Der Jugendliche versucht, sich mehr Freiheiten zu verschaffen, stößt aber ständig an Grenzen. Er ist zwischen gegensätzlichen Gefühlen, zwischen Ideal und Egoismus, hin und her gerissen. Der Erwachsene lernt, sich mit den Grenzen zu arrangieren und Verantwortungsgefühl zu entwickeln, wie etwa bei der Erziehung von Kindern. Dabei hört der Mensch zeit seines Lebens nie auf, sich zu entwickeln und zu lernen.

Schwierige Selbstfindung

Beim Heranwachsen haben junge Menschen manchmal schmerzhafte Erlebnisse, die das Verhalten bewusst oder unbewusst beeinflussen. Wer zum Beispiel einen Krieg miterlebt hat, kann selbst bei belanglosen Geräuschen, die ihn daran erinnern, ein Leben lang unkontrollierte Ängste haben. Es ist durchaus normal, wenn sich ein Heranwachsender auflehnt oder Aggressionen verspürt. Wichtig ist zu lernen, seine Wut, Aggressionen und zerstörerischen Kräfte zu zügeln, auch wenn sie manchmal schwer zu verstehen sind: Ich war „außer mir" vor Zorn, die Angst „überwältigte" sie, wir werden von Kummer „ergriffen", er ist durch seine Komplexe „eingeengt". Diese Ausdrücke beschreiben solche Gefühlszustände. Der Mensch hat die Fähigkeit, über das zu sprechen, was er fühlt. Das ermöglicht ihm, sich selbst besser zu verstehen und seine Energie entsprechend einzusetzen.

***Über Sorgen und Ängste** reden zu können, hilft Betroffenen, ihre Situation besser zu verstehen. Psychologen sind speziell für solche Gespräche ausgebildet.*

Innere Ressourcen

Wichtig für die Entwicklung eines Menschen sind Hilfen, auf die er bereits als Kind zurückgreifen kann. Seine Erziehung vermittelt ihm bestimmte grundlegende Verhaltensmaßnahmen (das ist gefährlich oder nicht) sowie Gepflogenheiten und Maßstäbe (das ist erlaubt oder nicht). Sein Wille stellt ihm frei, sich diese Lebensregeln allmählich anzueignen und damit zurechtzukommen. Seine Freiheit ermöglicht ihm eine Auswahl von Regeln und Werten, die er übernehmen will. Er kann wählen zwischen Gutem und Bösem. Sein Verlangen nach dem Schönen und Guten ermöglicht ihm, Außergewöhnliches zu leisten. Auf dieser Basis findet der Mensch einen Sinn für sein Leben und seine Rolle in der Welt.

Dieser buddhistische Meister *ist darauf bedacht, seinen jungen Schüler gut auszubilden.*

Die Rolle der Religionen

Religionen haben einen großen Einfluss auf die Herausbildung von Geisteshaltungen. Der Buddhismus betont nachdrücklich, dass das Entstehen immer neuer Wünsche unglücklich macht. Seine Anhänger sollen sich von den ichbezogenen Bindungen ans Dasein befreien *(siehe S. 141)*. Vom Buddhismus geprägte Gesellschaften geben der Gruppe vor dem Einzelnen den Vorrang. Im Christentum steht der Einzelne Gott gegenüber und fällt seine Entscheidungen auf Basis seines Gewissens. Die christlichen Gesellschaften sind deshalb vom Individualismus geprägt. Im Islam kann jeder sein Leben entsprechend dem eigenen Gewissen führen, solange er sich den fünf Säulen *(siehe S. 104)* unterwirft. Islamische Gesellschaften legen großen Wert auf verbindliche Regeln. Religionen prägen auch die Nichtgläubigen. Wenn eine Religion in einer Kultur vorherrschend ist, dann sind ihre Werte weit verbreitet, sie beeinflussen die gesamte Bevölkerung. Religiöse Wertvorstellungen wirken sich auch darauf aus, was eine Gesellschaft als Schuld oder Sünde definiert. So beeinflusst beispielsweise das von den Religionen auferlegte Verbot zu töten die Gesellschaft in ihren Überlegungen zur Todesstrafe.

Gewissen: Das Wissen um Gut und Böse

Die Erziehung formt das Gewissen. Dieser Begriff leitet sich von Wissen ab: Gewissen heißt, um Gut und Böse wissen und die Konsequenzen seiner Handlungen verstehen. Religionen und ihre Vorschriften bestimmen das Gewissen, vor allem auch die Sensibilität für die Not der anderen.

Ein chinesischer Christ *im vertraulichen Zwiegespräch mit seinem Priester.*

Die Beziehung zur Umwelt

„Er ist ganz der Vater!" „Sie ist ihrer Mutter wie aus dem Gesicht geschnitten!" Physisch wie psychisch wird der Mensch von seiner Familie und seiner Umwelt geprägt. Durch seine Beziehungen zu anderen entwickelt er sich.

Familie

In der Familie wächst man heran und wird geprägt. Es gibt ganz verschiedene Formen von Familien, nicht nur das Eltern-Kind-Modell. In manchen Teilen Afrikas ist der Onkel wichtiger als die Eltern. In modernen Patchwork-Familien leben Halbgeschwister zusammen. Bei einigen Muslimen auf Sumatra sind die Frauen das Familienoberhaupt. In China hat die Regierung die Ein-Kind-Familie verordnet. Manche Familienbande sind sehr eng, andere eher locker. Meistens aber macht man die ersten Erfahrungen mit anderen Menschen in der Familie. Kinder lernen oft durch Nachahmung von Familienangehörigen. Sie werden mit der Fähigkeit geboren, jede Sprache sprechen zu lernen. Wenn sie dann ihre Eltern hören, entwickeln sie bestimmte Laute, um mit ihnen zu reden. Dabei verlernen sie die Fähigkeit, solche Laute, die in der Muttersprache nicht verwendet werden, zu artikulieren.

Andere Verbindungen

Erwachsenwerden bedeutet oft, bewusst dauerhafte Bindungen eingehen, zum Beispiel einen Partner auswählen. Die Familie, von der man abstammt, ist wichtig, doch wenn man eine eigene Familie gründet, kann sich die Verbindung zu ihr verändern. Manchmal wird sie sogar abgebrochen. Erwachsenwerden kann auch heißen, soziale Kontakte in seinem Viertel, im Beruf, in Verbänden und Sportvereinen zu knüpfen. Religionen sind ein sehr wichtiges Verbindungsglied in menschlichen Gemeinschaften. Sie versammeln Menschen, die gemeinsame Glaubensvorstellungen, Werte und Riten* haben. So können ganz unterschiedliche Personen zusammenkommen. Religionen können die Menschen einen, wie es der Sport, Verbände und politische Bewegungen tun. Doch der Glaube kann Menschen auch spalten oder in Isolation führen.

__In Manila__ auf den Philippinen gibt es rund 120 000 Straßenkinder. Auf einem Friedhof der Stadt haben sich Kinder und Erwachsene zwischen Gräbern eingerichtet, da sie kein Zuhause haben.

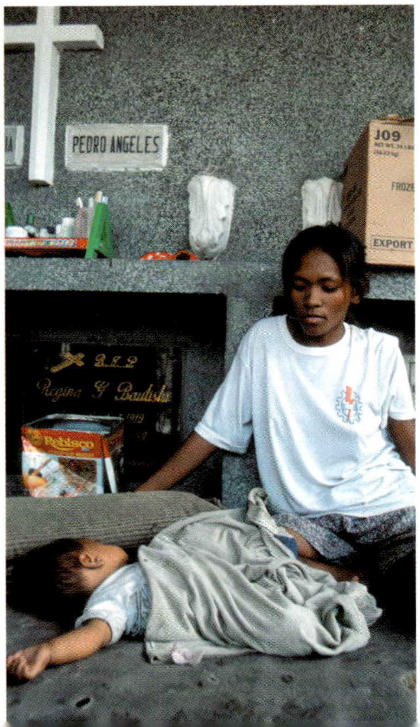

NA SO WAS!

Die Schafe des Panurge

In einer Erzählung karikiert der französische Schriftsteller François Rabelais (1494–1553) Mitläufer. Sein Held Panurge kauft auf einem Schiff von einem Hirten ein Schaf und wirft es über Bord. Sofort springt die ganze Herde ins Meer nach, sogar der Schäfer, der sie retten will. „Übereinstimmen" sollte man nicht mit „sich mitreißen lassen" verwechseln und nie auf das eigene Denken verzichten.

Die alljährliche Wallfahrt *der Muslime zum Heiligtum des Nabi Musa, dem Grabmal von Moses in der Wüste von Judäa*

Viele Religionen *stimmen darin überein, dass eine Liebesbeziehung eine beispielhafte Form des Gleichklangs ist. Deshalb benutzen Mystiker* oft das Vokabular von Liebenden, um die Erfahrung ihrer Begegnung mit Gott zu beschreiben.*

Die Erfahrung der Gemeinschaft

Die Menschen haben die einzigartige Fähigkeit, einen Gleichklang untereinander herzustellen. Dies kann eine seltene und prägende Erfahrung sein. Wer einmal die Hymne seines Vereins im Stadion mitgesungen hat, wird dieses Gefühl der Einheit kennen. Aber auch bei religiösen Zeremonien ist die Einheit der Gläubigen deutlich spürbar. Jeder stellt die eigenen Ansprüche zurück, um sich der Gemeinschaft unterzuordnen. Man fühlt sich solidarisch mit den anderen, ist weniger auf die eigene Person konzentriert, fähig zu geben und zu empfangen. Religionen möchten diese Harmonie erreichen, aber jede auf ihrer Basis. Buddhisten und Hindus streben oft nach der alles durchdringenden und alles verbindenden einen Natur. Die Monotheisten* dagegen suchen die Gemeinschaft mit Gott. Das jüdische Volk und die Umma* der Muslime tun dies, indem sie sein Gesetz befolgen. So auch die Christen, die durch Christus vereinigt eine Gemeinschaft von Brüdern und Schwestern bilden. Die Teilnahme an der Eucharistie *(siehe S. 69)* heißt deshalb auch Kommunion (lateinisch: Gemeinschaft).

Erkennungszeichen

Eine Gruppe, die sich in der Minderheit befindet, braucht oft äußere Zeichen, um sich von den anderen abzuheben. So ist es auch bei religiösen Gruppen: Sikhs beispielsweise tragen einen Turban, die jüdisch-orthodoxen Aschkenasim einen schwarzen Filzhut.

Eine Familie *usbekischer Juden in Jerusalem*

Sexualität

Um das Publikum zu locken, enthält heute fast jeder Film oder Roman eine Liebesszene. Ein intimes Thema, doch die Sexualität ist derart komplex und vielfältig, dass Menschen nicht müde werden, darüber zu sprechen.

Mehr als nur ein Fortpflanzungstrieb

Jedes Lebewesen möchte den Fortbestand seiner Art sicherstellen. Beim Menschen entwickeln sich in der Pubertät Körper und Psyche. Männer produzieren Samen, Frauen Eizellen. Beide entdecken körperliche Lust, die sie dann auch bei der sexuellen Vereinigung erfahren. Zugleich dient der Geschlechtsverkehr zwischen Mann und Frau dazu, Kinder zu zeugen. Doch die menschliche Sexualität ist mehr als ein Fortpflanzungstrieb. Verhütungsmethoden, von der Fortpflanzung losgelöste sexuelle Beziehungen und gleichgeschlechtliche Liebe erregen zuweilen den Widerstand von religiösen Institutionen. Abtreibung ist ein kontrovers diskutiertes Thema – nicht nur in religiösen Kreisen.

Formen der Beziehung

Menschliche Sexualität ist oft mit Liebe verbunden – das macht sie so vielschichtig. Der Satz „Ich liebe dich" kann viele Bedeutungen haben: „Ich will dich", „du bist wie ich", „du wirst meine Probleme lösen", „ich will dein Glück" usw. Die meisten Menschen fühlen sich vom anderen Geschlecht angezogen (sie sind heterosexuell), manche werden vom eigenen Geschlecht angezogen (sie sind homosexuell). Doch unabhängig von diesen persönlichen Neigungen ist das Leben als Paar nicht immer einfach. Liebe entwickelt sich mit der Zeit, sie kann verschwinden oder sich verändern. Liebe ist zerbrechlich, doch man kann sie pflegen und dadurch vielleicht bewahren: durch Zuhören, Respekt, Einsatz, Großzügigkeit und Fantasie. Manche Kulturen praktizieren die Polygynie (ein Mann kann mit mehreren Frauen verheiratet sein), doch nur wenige die Polyandrie (eine Frau kann mit mehreren Männern verheiratet sein). Es gibt auch „krankhafte" Sexualität wie Exhibitionismus, Vergewaltigung oder Pädophilie (sexuelle Beziehung von Erwachsenen zu Kindern).

Shintoistische Hochzeit *in Japan*

Eingreifen des Staates

Staaten haben Gesetze, um das Leben der Menschen zu regulieren und die Schwächsten zu schützen. Sie verbieten Sexualverhalten, das anderen schadet, und versuchen, krankhaftes Verhalten zu heilen. Sie unterstützen Familien durch Ehe- und Erbschaftsregelungen. Sie beschützen Kinder, damit sie in Sicherheit aufwachsen und auch versorgt werden, wenn sie die Eltern verlieren. Je wirkungsvoller die Gesetze und je gefestigter die Regelungen sind, umso weniger muss sich die Gesellschaft in das Privatleben des Einzelnen einmischen.

Religiöse Rahmen

Lange Zeit bestimmten Religionen die gesellschaftlichen Regeln für Sexualität. Religiöse Institutionen erlassen heute keine diesbezüglichen gesellschaftlich verbindlichen Gesetze, außer in einigen islamischen Ländern. Umso stärker betonen sie aber die Werte, die ihrer Ansicht nach erst eine Sexualität mit gegenseitigem Respekt ermöglichen. Für die drei monotheistischen* Religionen ist die Sexualität auf Fortpflanzung ausgerichtet und soll nur im Rahmen einer Ehe vollzogen werden. Das Judentum befürwortet Kinderreichtum und die Ehe erscheint ihm als Beispiel für den Bund zwischen Gott und seinem Volk. In sehr strenger Auslegung der Bibel verband das Christentum früher Sexualität mit Sünde* und sah sie als notwendiges Übel, um Kinder zu zeugen. Zölibat und Jungfräulichkeit wurden Ausdruck eines besonders spirituellen Lebens. Heute sehen Kirchen* die Sexualität viel positiver. Allerdings akzeptiert die katholische Kirche in der Regel immer noch keine Scheidungen und verheiratet Geschiedene auch nicht wieder. Für den Islam ist Sexualität von Gott gegeben und damit positiv besetzt. Doch weil die islamische Kultur in der Frau eine „sexuelle Versuchung“ sieht, steht sie unter der Autorität ihres Vaters oder Ehemanns. In westlich beeinflussten Ländern der islamischen Welt machen sich viele Muslime von solchen Gebräuchen frei. Für die östlichen Religionen kann Sexualität ein Begehren sein, von dem man sich befreien muss, aber auch ein Ziel des Lebens und sogar ein Symbol der religiösen Befreiung.

***Der Dorfoberste** von Oudjilla in Kamerun im Kreis seiner Ehefrauen*

DIE GUTE ERZIEHUNG DER HINDUS

Seit dem 4. Jahrhundert lesen gebildete Hindus das Kamasutra, um die Kunst der Liebe zu erlernen, so wie andere Bücher zu Fragen der Wirtschaft, Politik oder Moral lesen. Dieses Buch, in Indien ein Lehrbuch, irritiert den Westen durch seine Erotik.

***Reliefs mit Liebesszenen** an einer Fassade der im 11. Jahrhundert erbauten Tempelanlage von Khajuraho in Indien. Die erotischen Szenen an Hindu-Tempeln können die Einheit der Seele mit Gott symbolisieren. Manche stellen sehr realistisch Beschreibungen aus dem Kamasutra dar.*

Starke und Schwache

„Das Recht des Stärkeren ist das stärkste Unrecht", sagte der Schriftsteller Mark Twain. Manchmal hat man das Gefühl, es herrsche immer noch das Gesetz des Stärkeren und die Welt würde von Fäusten, Gewehren oder Kreditkarten regiert. Sollte jemand wirklich im Recht sein, nur weil er stärker ist? Wie stehen die Religionen dazu?

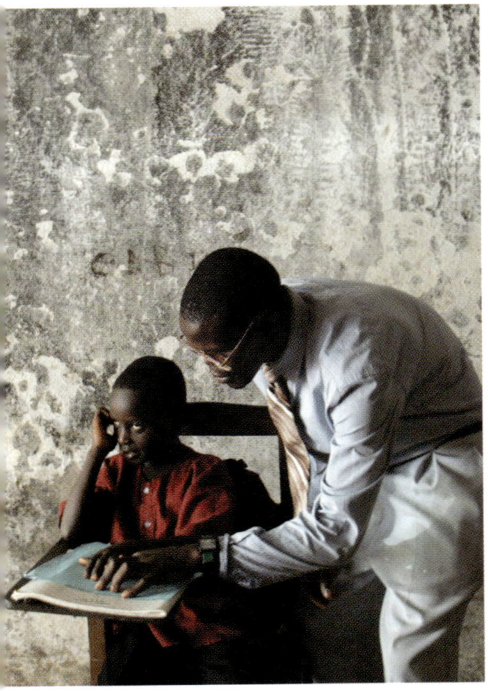

***Nach einem** schrecklichen Bürgerkrieg beginnt in Liberia wieder das Leben: Diese Schule für blinde Kinder ist der Beweis.*

Das Recht des Stärkeren?

In der Natur, sagt man, herrsche das Recht des Stärkeren. Hier gibt es kein Mitleid, hier muss man siegen und töten, um zu überleben. Dieses Gesetz regiert nicht nur die Tierwelt, auch die menschliche Gemeinschaft ist davon beherrscht: „Lieber schön und reich als arm und krank!", „Die Mehrheit bestimmt das Gesetz!" oder „Den Letzten beißen die Hunde!" – diese Sprüche zeigen, wie sehr auch für uns das Gesetz des Stärkeren gilt. Wir machen Scherze über die Menschen der Vorgeschichte, die ihre Probleme angeblich mit Keulenschlägen lösten, doch auch heute siegen meistens die Stärksten. Nur die Waffen haben sich geändert; sie heißen heute Geld, nukleare Bedrohung, Medien usw.

Zivilisation

Ein zivilisierter Mensch zeichnet sich dadurch aus, dass er Konflikte mit einem Gegner durch Aussprache statt durch Gewalt löst. Diese Form der Konfliktlösung findet man in so genannten primitiven Kulturen ebenso wie in modernen Gesellschaften. Aber auch gewaltsame Konfliktlösung ist überall vertreten: bei so genannten wilden Stämmen ebenso wie in Städten der westlichen Kultur. Eine besondere Leistung der Zivilisation ist es, die gesellschaftlichen Kräfte so einzusetzen, dass sie allen Menschen nützen. Den Zivilisationsgrad einer Gesellschaft sollte man daran messen, wie sie mit ihren schwächsten Mitgliedern umgeht. Werden sie unterdrückt, ausgeschlossen oder gar getötet, zeigt diese Gesellschaft ihre Un-Zivilisation. Werden die Schwachen beschützt und gefördert, dann erweisen sich die Starken

NA SO WAS!

Spielen mit einem Gott

Immer mehr Rollenspiele ahmen antike Religionen nach. Hier die Regeln eines Internetspiels: „Wähle durch einen Klick auf einen der Buttons den Gott, den du anbeten möchtest. Jedes Mal, wenn du zu einem Gott betest, stärkst du seine Macht und verbesserst dein Verhältnis zu ihm. Je intensiver dein Verhältnis zu ihm ist, umso mehr Macht wird er dir verleihen." Göttliche Kräfte als Kinderspiel!

als zivilisiert. Die Zivilisation ist kein endgültiger Zustand, sie muss ständig verteidigt werden. Deutschland war vor der Machtübernahme der Nationalsozialisten* ein kultiviertes Land, dennoch konnten hier barbarische Vorstellungen und Vorgehensweisen gegen religiöse, ethnische und politische Gruppen Fuß fassen. Wer sorgt dafür, dass Gesellschaften die Grundlagen einer Zivilisation nicht vergessen? Können die Religionen dazu beitragen?

Das Recht des Schwachen

Viele Religionen rufen dazu auf, Schwache zu schützen und auf die Schwäche des Menschen mit Barmherzigkeit zu reagieren. Der Islam bezeichnet Gott als den Allmächtigen, zugleich aber als den Mitleidvollen und Barmherzigen – die Kraft geht einher mit der Empfindsamkeit. Gott ist der, der sich dem Leid und dem Elend des Menschen zuwendet. Die Juden beten mit Jesajas Lied vom „Gottesknecht“: Der Prophet* erzählt von einem Geschundenen, der die Schuld anderer trägt und dem Gott gnädig ist. Er wird Zeuge von Gottes Worten und wird der Retter der Völker. Die Christen sehen in Christus diesen Retter. Am Kreuz wird Jesus, der Sohn Gottes, zum unschuldigen Opfer menschlicher Gewalt. In ihm zeigt sich Gott nach christlichen Vorstellungen in einer Position der Schwäche und Verletzlichkeit. Und im Augenblick größter Schwäche offenbart sich die Macht der Liebe, die den Tod überwinden kann.

Japanische Skulptur *von Amida, dem mitfühlenden Buddha*

Kult des Stärkeren

Manchmal fördern Religionen einen Kult des Stärkeren, zum Beispiel in der Beziehung zwischen Mann und Frau. Jüdisch-orthodoxe Männer danken Gott jeden Morgen dafür, dass er sie nicht als Frau erschaffen hat. Manchen Muslimen ist es eine heilige Pflicht, die Frauen ihrer Familien selbst gegen deren Willen zu beschützen. In vielen christlichen Kirchen sind die wichtigen religiösen Ämter Männern vorbehalten. Für buddhistische Frauen gilt allgemein, dass sie erst als Männer wiedergeboren werden müssen, bevor sie die Erleuchtung* erlangen können.

Die ersten Christen *wurden verspottet, weil sie einen Gott verehrten, der sich demütigen ließ.*

Gewalt

Wer körperliche, verbale oder sonstige Gewalt in der Beziehung mit Menschen anwendet, hat meistens keine überzeugenden Argumente. Er ist eigentlich der Schwache, weil er unfähig ist, seine Kraft überlegt einzusetzen. Gewalt ist nicht konstruktiv, sie schadet nur.

Gewalt ist menschlich

Jeder Mensch trägt ein gewisses Gewaltpotenzial in sich: Diese aggressive Kraft ist in bestimmtem Maß naturgegeben. Sogar Liebe erzeugt manchmal Gewalt. Doch jeder muss wissen, dass er mit der Gewalt in sich auf verschiedene Weise umgehen kann: Seinen Nächsten schlagen, sich selbst quälen oder die Gewalt in positive Energie verwandeln, um damit Hindernisse zu überwinden und sein Leben aufzubauen.

Friedensgespräche *zwischen Palästinensern und Israelis unter amerikanischer Schirmherrschaft (1997)*

Vorbereitung *der Amerikaner auf den Irak-Krieg (2004)*

Gewalt entmenschlicht

Die brutalste Gewalt zielt darauf ab, den Gegner zu entmenschlichen. Das passiert zum Beispiel in totalitären Staaten. In der Sowjetunion unter Stalin, in der die Regierung alle Bereiche des öffentlichen und privaten Lebens beherrschte, wurden Oppositionelle in so genannten psychiatrischen Krankenhäusern unter Drogen gesetzt. Unter den Nationalsozialisten* wurden religiöse und ethnische Minderheiten sowie politische Gegner gequält und grausam getötet *(siehe S. 302-303)*. Gewalt ist empörend und so erfindet der Gewalttäter „Gründe“ dafür, um jede Schuld von sich zu weisen.

Mut zur Gewaltlosigkeit

Jesus, der Muslim Halladsch, der Hindu Gandhi, der Protestant Martin Luther King und andere haben ihre Ideen gewaltlos vertreten *(siehe S. 270, 271, 273)* und wurden getötet. Trotzdem behaupten manche immer noch, Gewaltlosigkeit entspringe der Feigheit.

Gewalt und Kraft

Manchmal ist es nötig, seine Kraft einzusetzen. Ein Kind, das gehänselt wird, muss lernen, sich verbal zu wehren. Doch es ist schwierig, seine Kraft so zu dosieren, dass man sich Respekt verschafft und dabei den anderen noch respektiert. Japanische Kampfsportarten (Judo, Aikido, Kendo usw.) befolgen strenge Regeln, damit die Kämpfer lernen, ihre Kraft zu beherrschen. Diese Sportarten ermöglichen auch dem körperlich Schwachen, einen starken Gegner zu besiegen. Auch Staaten müssen lernen, ihre Stärke richtig einzusetzen (gegen äußere Angreifer, zur Aufrechterhaltung der inneren Ordnung) und auf unnötige Gewalt (Folter, Todesstrafe) zu verzichten. Selbst im Kriegsfall muss man überlegen, wie Krieg so weit es geht reguliert werden kann: keine Weiterverbreitung von Atomwaffen, Verbot von Antipersonenminen, Handlungsfreiheit für das Rote Kreuz und Akzeptanz der internationalen Regeln zur Behandlung von Kriegsgefangenen.

Gewalt und Religionen

Alle großen Religionen haben sich intensiv mit dem Thema Gewalt beschäftigt. Der Buddhismus hat mit seinen Vorstellungen die ostasiatischen Kampfsportarten stark beeinflusst. Judentum und Islam haben versucht, die Rolle Gottes im Krieg zu ergründen, und gefragt, ob es gerechte Kriege gibt. Unter manchen Muslimen wird diskutiert, was der Koran mit Dschihad* meint. Ist es ein Krieg gegen andere Religionen? Wohl nicht, denn der Koran verbietet jeden religiösen Zwang. Oder ist es ein Krieg gegen negative Gedanken und Gefühle, die den Menschen daran hindern heilig zu sein? Auch unter Christen gibt es geteilte Meinungen. Papst Johannes Paul II. hat im Namen der Katholiken um Vergebung für die Gewalttaten gebeten, an denen die katholische Kirche beteiligt war (Judenverfolgung, Sklavenhandel usw.). Er hat sich gegen den Irak-Krieg ausgesprochen. Der amerikanische Präsident Bush dagegen betete für die Unterstützung Gottes bei Kriegen.

***Afghanische Kämpfer** unter dem Kommando der Taliban* (siehe S. 285)

Ein Märtyrer für die Freiheit

Der spanische Forscher Jordi Magraner wollte die Bräuche der Kalash, eines kleinen Volks in Pakistan, erforschen und verhindern, dass ihre Traditionen verschwinden. 2002 wurde er von Extremisten ermordet, die die Kalash-Kultur bekämpfen, weil diese sich der Islamisierung widersetzt.

***In Liberia** werden Kinder zu Soldaten ausgebildet.*

***Dieser junge Mönch** trainiert Kung-Fu in einem Shaolin-Kloster in China.*

Gutes und Böses

Der Regen schadet dem Tourismus, erfreut aber den Landwirt. Ein Kind wird gern verwöhnt, ein Nein kann aber auch nützlich sein. Was ist gut, was ist schlecht? Eine nicht immer einfach zu beantwortende Frage.

***Die Drehbuchautoren** der Filmsaga* Krieg der Sterne (Star Wars) *thematisieren in verschiedenen Episoden den Kampf zwischen den Guten und der „dunklen Seite der Macht".*

Greifbar Gutes für die Gläubigen

Die Pfingstler *(siehe S. 95)* gehen davon aus, dass sich sichtbare und greifbare Ergebnisse einstellen, wenn man ihrer Kirche* angehört. Durch das Wirken des Heiligen Geistes* glauben sie sich unmittelbar befähigt, beispielsweise Heilungen durchzuführen. So wird Gutes für sie erfahrbar.

Woher kommt das Böse?

In östlichen Kulturkreisen sagt man oft, das Leid und das Böse sei mit dem Verlangen verbunden: Der Mensch leidet, denn sobald er das bekommt, wonach er verlangt, stellt sich schon wieder ein neues Verlangen ein. Im Westen sagt man oft, das Leid und das Böse seien mit dem freien Willen und der Sterblichkeit des Menschen verbunden. Sehr unterschiedliche Auffassungen derselben Sache! In östlichen Kulturen glaubt man, dass man sich nach vielen Wiedergeburten vom Verlangen befreit. Nach westlichen Glaubensvorstellungen ist man im ewigen Leben bei Gott vom Leiden befreit. Auf der Welt hat Unglück nicht überall dieselbe Bedeutung und das Böse nicht dieselben Folgen. Doch überall kann man Opfer von Naturkatastrophen oder Ungerechtigkeit werden oder aber zum Täter werden und seinen Nächsten verletzen.

Ist das Böse gottgewollt?

Nach vielen polytheistischen* Glaubensvorstellungen schicken die Gottheiten Glück oder Unglück auf den Menschen herab. Man muss mit ihnen in Beziehung treten und ihnen Opfer darbringen, um sie in positiver Weise zu beeinflussen. Anhänger monotheistischer* Religionen setzen sich mit der Frage auseinander, wie angesichts der Allmacht und Güte Gottes das Leid und das Böse in der Welt existieren können. Manche meinen, dass die Welt zwischen Gott und dem Teufel, zwischen Guten und Bösen aufgeteilt ist. Doch die

***Die Jungfrau Maria** wird häufig dargestellt, wie sie mit ihrem Fuß eine Schlange, ein Symbol des Bösen, zertritt (Statue aus einer Kirche von Angra, Portugal).*

Realität ist komplizierter, denn im Leben sind Gut und Böse untrennbar miteinander verbunden, auch in jedem einzelnen Menschen.

Unglück verhindern

Manches Unglück lässt sich mit entsprechenden Mitteln bekämpfen: Mit Medizin lassen sich diverse Krankheiten heilen, die Polizei kann gegen Verbrecher vorgehen, Menschenrechtsorganisationen können Ungerechtigkeiten bekannt machen oder Eltern ihren Kindern destruktives Verhalten verbieten. Unsere Gesellschaft unterstützt alle dabei, Verantwortung für sich selbst zu übernehmen. Doch wann immer ein Unglück geschieht, wird ein Verantwortlicher gesucht, der bestraft werden kann. Beispielsweise soll, wenn ein Skifahrer abseits der Piste ums Leben kommt, der Bürgermeister schuld sein, weil er kein Verbotsschild aufstellen ließ. Gelehrte aller Religionen schlagen dagegen vor, sich nicht darauf zu konzentrieren, Schuldige zu suchen, sondern Betroffenen zu helfen. Nicht jedes Unglück kann man vermeiden, aber es ist möglich, die Unglücklichen und Verlassenen nicht im Stich zu lassen.

„Womit habe ich das verdient?" *Diese Frage quält die Opfer von Kriegen und Katastrophen. (Hier werden Kriegsopfer aus dem Kosovo psychologisch betreut.)*

Die Justiz *beurteilt die Verantwortlichkeit von Menschen, bestraft die Schuldigen und fordert Wiedergutmachung. Die Nürnberger Prozesse konnten aber das von den Nationalsozialisten* verursachte Leid und Unrecht nicht wieder gutmachten.*

Vom Guten träumen

Gibt es ein Rezept für Glück? Einige Menschen sind davon überzeugt, so ein Rezept zu haben, und versuchen es mit Gewalt durchzusetzen. Sie wollen andere zu ihrem Glück zwingen und missachten dabei die Bedürfnisse und Freiheiten der anderen. Diese Versuche enden stets in Tyrannei. Manche behaupten, Glück in Form von Versicherungen, exklusiven Lebensmitteln, Traumreisen, teuren Villen oder Luxuslimousinen zu verkaufen. Doch Güter und Waren allein machen den Mensch bekanntlich nicht glücklich. Manche Religionen verweisen auf ein künftiges, paradiesisches Glück nach dem Tod *(siehe S. 20–21)*. Doch alle suchen auch nach diesseitigem Glück in der Gegenwart. Der Buddhismus predigt die Loslösung von den materiellen Gütern und die Kontrolle von Wünschen, um frei und glücklich zu sein. Das Christentum verspricht all jenen tiefe Freude, die den Nächsten lieben wie sich selbst. Der Islam verweist auf Gehorsam gegenüber Gott. Viele Naturvölker, die an die Beseeltheit der Natur glauben, befolgen ihre Riten*, um die Harmonie ihrer Gesellschaft zu bewahren.

Harry Potter und die Kammer des Schreckens. *Zauberer und Hexen lassen davon träumen: Mit einem Zauberstab als Waffe bekämpft Harry Potter das Böse.*

Fragen zum Leiden

Warum gibt es Leid? Das ist eine der schwierigsten Fragen. Jede Religion beschäftigt sich intensiv mit dieser Frage, aber die Antworten darauf fallen ganz unterschiedlich aus.

Kann man das Leiden beseitigen?

Für den Hinduismus gehört das Leid zur Welt: Es gibt sanfte Tiere und wilde, es gibt gute Früchte und tödliche Gifte, gute und böse Menschen. Buddha lehrt einen Weg, das Leiden des Einzelnen zu entkommen, aber er beseitigt es nicht als Gegebenheit der Welt. Das Zen sagt, dass Schmerz und Freude, Gut und Böse verknüpft sind: „Ohne das Hässliche könnte das Schöne nicht existieren, ohne die Dunkelheit gäbe es kein Licht." Auch Jesus mahnt, die Beseitigung von Übel Gott zu überlassen: „Reißt nicht das Unkraut heraus, denn es besteht die Gefahr, dass ihr auch das gute Korn damit herausreißt." (Matthäus 13,29)

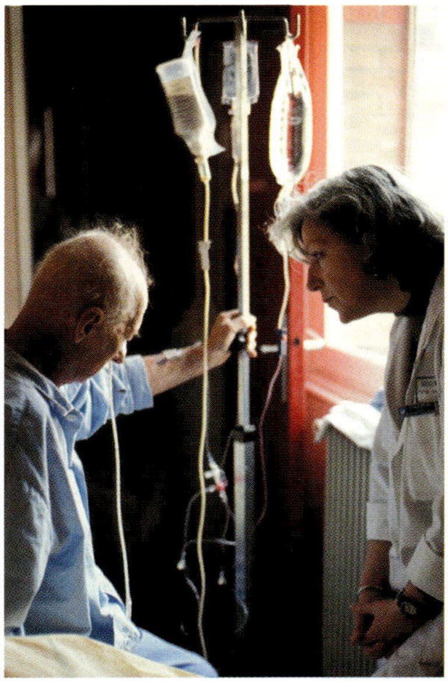

***Im Hospiz** bemüht sich das medizinische Personal darum, die Schmerzen der Patienten zu lindern und die Menschen würdevoll bis zum Tod zu begleiten.*

Lässt Gott das Leiden zu?

Der muslimische Gläubige ergibt sich dem Schicksal, denn er glaubt, sein Leiden dient der Absicht des allmächtigen Gottes: „Meinen die Menschen, sie könnten bloß sagen ‚Wir glauben' und sie würden nicht auf die Probe gestellt? Wir stellten schon ihre Vorgänger auf die Probe." (Sure 29, Vers 2–3) In Religionen wird aber auch der Nutzen betont, den man aus Leid ziehen kann: „Es gibt Dinge, die sieht man nur mit Augen, die geweint haben." (Lacordaire, Katholik) „Jedes Leben enthält seinen Teil Leiden. Manchmal ist es gerade das Leid, das uns aufweckt." (Buddha)

***Durch die Steinigung** dieser Säule verdammen Mekka-Pilger symbolisch den Satan als Verursacher des Bösen und des Leids* (siehe S. 111).

Steht Gott den Menschen bei?

Nach jüdischen Glaubensvorstellungen kann man Gott vertrauen und im Leiden um Hilfe bitten:

„Höre mich, Herr, sei mir gnädig! Herr, sei du mein Helfer!" (Psalm 30) Die Erfahrung der Schoah hat jedoch verzweifelte Fragen hervorgerufen. Viele Religionen erhoffen göttliche Hilfe. Der Hinduismus sucht das Wohlwollen verschiedener Götter und der Koran sagt: „Ich suche Schutz beim Herrn, vor dem Übel, das sein Geschöpf verursacht hat, vor dem Übel der Dunkelheit ... Vor dem Übel des Einflüsterers, sei er nun Dschinn oder Mensch." (Sure 113–114)

***Seit Paulus** beteuert hat: „Durch Adam und Eva ist die Sünde in die Welt gekommen."* (siehe S. 160)*, liegt nach christlicher Vorstellung die Ursache allen Leids in dieser Erbsünde.*

Resultiert Leiden aus Fehlern?

Nach buddhistischen und hinduistischen Vorstellungen ist alles, was an Gutem oder Schlechtem passiert, auf Handlungen in einem früheren Leben zurückzuführen. Demnach gibt es kein ungerechtes Leid. Auch jüdische Theologen haben sich viel mit dieser Frage beschäftigt. In der Bibel straft Gott, wenn die Menschen von ihm abfallen und Schuld auf sich laden. Doch die Bibel berichtet auch von Hiob, der alles verloren hat, und dem seine Freunde vorwerfen: „Du musst einen Fehler gemacht haben ... Dein Stolz wird bestraft." Anders können sie sich sein Unglück nicht erklären. Doch Hiob nimmt diesen Vorwurf nicht an und verweist darauf, dass auch Unschuldige Leid ertragen müssen. Auch Christen bringen Leid manchmal mit einem Fehltritt in Verbindung, obwohl Christus ebenso unschuldig leiden musste.

Hat Leiden einen Sinn?

Für jeden Menschen ist Leid schwer zu ertragen, besonders das von Kindern erduldete Leid. Es ist natürlich, sich dagegen aufzulehnen. „Ich habe keine Antwort auf das Schweigen Gottes angesichts des Unheils. Ich weiß nur, dass manches Unheil unfassbar ist, ob mit oder ohne Gott", beschrieb der jüdische Schriftsteller Elie Wiesel die Fassungslosigkeit der Menschen angesichts der Verbrechen der Nationalsozialisten*. Spontan kann man im Leid keinen Sinn entdecken. Für Christen ist Christus ein Vorbild: Er war aus Liebe bereit zu leiden, damit sich die Menschen mit Gott versöhnen. Das Leiden kann einen Sinn bekommen, wenn es für einen geliebten Menschen auf sich genommen wird. Einige Prediger gingen im 19. Jahrhunderts sogar so weit, das Leiden als Tugend zu loben.

***Ein schiitischer Muslim** geißelt sich in Erinnerung an den Tod Husseins.*

Heiligt der Zweck die Mittel?

Soll man am Ende des Lebens den Sterbenden töten, um sein Leiden zu verkürzen? Wer kann den Zeitpunkt bestimmen? Sind Sterbehilfe oder Selbstmord akzeptable Antworten auf Leiden? Manche meinen, es sei ebenso grausam, einen Menschen, der leidet und für den es keine Hoffnung mehr gibt, am Leben zu erhalten. Ethikkommissionen suchen in diesem Bereich nach einem Weg, der die menschliche Würde respektiert.

Moral und Gesetze

Da Menschen in Gemeinschaften zusammenleben, brauchen sie Regeln – doch welche? Wer entscheidet darüber und in wessen Namen? Wie fordert man den Einzelnen dazu auf, Verantwortung zu übernehmen sowie Freiräume zu schaffen und zu akzeptieren? Moralvorstellungen, die eng mit Glaubensvorstellungen verknüpft sind, spielen bei diesen Fragen eine wichtige Rolle.

Was ist überhaupt Moral?

Die Begriffe Regel, Gesetz und Moral gehören zusammen, haben aber unterschiedliche Bedeutungen. Eine Regel gibt an, was in einem bestimmten Fall zu tun ist (etwa Elfmeter beim Fußball). Das Gesetz fasst die verpflichtenden Regeln einer Gesellschaft und Strafen bei deren Übertretung zusammen (zum Beispiel Geldbußen oder Haftstrafen). Die Moral bewertet das Verhalten. Sie legt fest, was gut und böse ist, und stellt so eine sehr komplexe Disziplin auf. Sie kann ganz unterschiedlich ausfallen. Die Moral der Mafia, die das Schweigen hochhält, doch den Mord nicht verbietet, ist eine ganz andere als die der Mönche!

Ethik, ein anderer Name für Moral

In Europa laden die Staaten, wenn es um schwierige moralische Fragen geht, Fachleute zum Meinungsaustausch ein: Mediziner, Philosophen, Theologen, Psychologen und Soziologen. Diese Ethikkommissionen diskutieren über verschiedene Themen, um den Gesetzgeber und die Öffentlichkeit zu beraten.

Göttliches Gesetz und Moral

Manche Gläubige sind der Ansicht, dass allein Gott die Moral vorschreibt. Sie findet sich in den heiligen Schriften oder Regeln der Religionen. Moral und Gesetz sind in diesen Fällen oft eine Einheit. Eine in einem heiligen Buch als schlecht bewertete Tat ist verboten, jeder Verstoß wird bestraft. Eine solche endgültige göttliche Moral kann nicht infrage gestellt werden. Für einen strenggläubigen Juden ist es daher verboten, am Samstag einzukaufen, um das Sabbat-Gesetz nicht zu brechen. Ein islamischer Richter in Saudi-Arabien wird einem Dieb die Hand amputieren lassen, weil ein Koranvers diese Strafe vorschreibt. Doch ist auch diese Auffassung von Moral nicht so einfach, wie es scheint: Tatsächlich finden sich in den heiligen Büchern viele, manchmal widersprüchliche Regeln, über deren Wichtigkeit und Rangfolge zu entscheiden ist. Selbst diese

Gott hat Moses beauftragt, *sein Gesetz dem jüdischen Volk zu übermitteln* (siehe S. 52).

göttliche Moral muss also interpretiert werden.

Eine Moral ohne Regeln?

Manche Menschen dulden keine Regeln und lehnen auch jede Einmischung der Gesellschaft oder des Staates in ihr Leben ab. Einige von ihnen gehen so weit, Polizei und Justiz zu bekämpfen. Diese Anarchisten* genannten Aktivisten erkennen nur ein Gesetz an: „Es ist verboten, zu verbieten." Allerdings wird sich ohne Gesetz letztlich wohl der Stärkere durchsetzen und ohne Moral besteht für die Starken kein Grund, andere zu schützen. Aus anderen Gründen suchen auch manche Christen nach einer Moral mit möglichst wenigen Regeln. Augustinus, ein großer christlicher Kirchenvater, hat seine Vorstellung über Moral so formuliert: „Liebe und dann tue, was du willst!"

Menschliche Moral und staatliche Gesetze

Gesellschaftliche Moral ist das Ergebnis menschlicher Erkenntnisse. Diese Moralvorstellungen entwickeln sich, indem sie religiöse Prinzipien, zivile Gesetze, kulturelle Gewohnheiten und Bräuche berücksichtigen. Religiöse Moralvorstellungen bieten Maßstäbe, um zu entscheiden, ob die eigene Lebenspraxis mit dem Glauben übereinstimmt. Manchmal gibt es Konflikte, zivile Gesetze, soziale Regeln und Werte der eigenen Religion miteinander zu vereinbaren. So lehnen die Zeugen Jehovas Bluttransfusionen ab. Handelt es sich jedoch um ein schwer krankes Kind, kann sich der Arzt im Notfall über die religiös bedingte Entscheidung der Eltern hinwegsetzen. Müssten Christen in Texas nicht eine Abschaffung der Todesstrafe anstreben? Moralische Überlegungen betreffen auch den Alltag. Darf man einen betrunkenen Freund ans Steuer lassen? Darf man Raubkopien machen? Wann soll man zuerst an sich denken? Die Antworten auf solche Gewissensfragen sind nicht einfach: Wer einem bettelnden Kind Geld gibt, weiß nicht, ob er ihm aus einer Notlage hilft oder Erwachsene finanziert, die es ausbeuten.

Fairness *ist ein anderer Begriff für Gerechtigkeit. Heute gibt es verschiedene Organisationen, die sich für fairen Handel einsetzen, einige unterhalten sogar eigene Geschäfte.*

Hinrichtung *von Girolamo Savonarola, der 1498 durch die Inquisition* (siehe S. 285) *verurteilt wurde. Damals bestimmte die Kirche Gesetze.*

Dieser Indonesier *wurde beim verbotenen Glücksspiel erwischt. Das islamische Gericht hat ihn zur Auspeitschung verurteilt.*

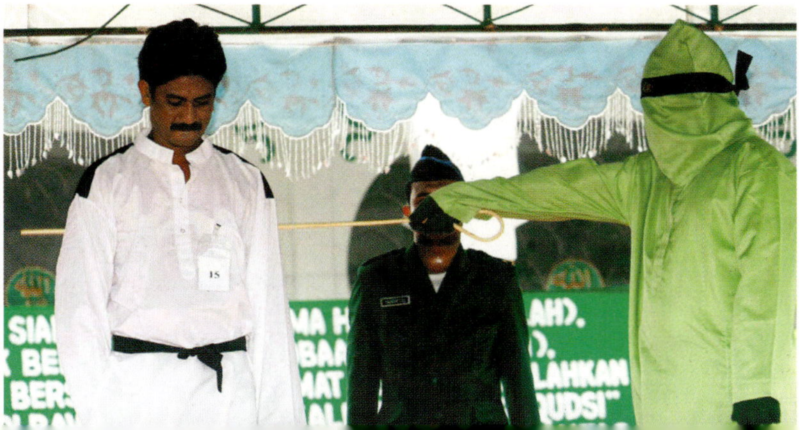

__Erklärung__ der Menschen- und Bürgerrechte in Frankreich

Menschenrechte

Man sagt leicht: „Ich habe das Recht dazu!", doch seltener sagt man: „Ich habe die Pflicht!" Es gibt aber keine Rechte ohne Pflichten. Man muss also nicht nur die eigenen Rechte verteidigen, sondern auch die eines jeden Menschen. Auch Religionen erinnern die Menschen daran.

Die Menschenrechte

Die Geschichte der Menschenrechte reicht weit zurück. Bereits 73 v. Chr. rebellierte der Sklave Spartakus gegen die römische Macht. Die ersten Christen erklärten, dass vor Gott alle Menschen gleich seien. Im 15. Jahrhundert priesen humanistische Philosophen die Würde des Menschen und die Freiheit. In dieser Tradition verfassten die französischen Revolutionäre 1789 die Erklärung der Menschen- und Bürgerrechte: „Die Menschen sind und bleiben von Geburt an frei und gleich an Rechten." 1794 schafften sie in allen französischen Kolonien die Sklaverei ab. Napoleon führte sie jedoch wieder ein. Einen tragischen Rückschlag erlitten die Menschenrechte im 20. Jahrhundert durch Faschismus und totalitäre Regime. 1948 verabschiedeten die Vereinten Nationen die Allgemeine Erklärung der Menschenrechte, um derartige Menschenrechtsverletzungen zu verhindern oder, falls sie vorkommen, die Verantwortlichen bestrafen zu können. Motiviert durch ihren Glauben haben Männer wie Mahatma Gandhi und Martin Luther King für die Rechte der Unterdrückten gekämpft *(siehe S. 271 und S. 273)*. In Europa bildete die Erklärung der Vereinten Nationen die Grundlage der europäischen Verfassung. Doch viele Länder verstoßen auch heute noch gegen die Menschenrechte.

__In den USA__ feierte man 1865 die Abschaffung der Sklaverei.

Die amerikanischen Banknoten *tragen den Wahlspruch des Landes. Er lautet:* In God we trust – *Wir vertrauen auf Gott.*

Freiheit, Gleichheit, Brüderlichkeit

Diese Parole der Französischen Revolution stimmt mit den Werten des Christentums überein: Gott schuf die Menschen als freie Wesen und liebt jeden wie ein Vater seine Kinder, sodass alle Menschen Brüder sind. Aus Sicht der Philosophen sind die Werte universell, man kann sie sich zur Devise machen und bleibt dabei frei, an Gott zu glauben. **Freiheit** bedeutet keinesfalls, alles tun zu dürfen. Die Freiheit eines jeden endet da, wo die des anderen beginnt. **Gleichheit** ist oft schwierig: Man wird nicht gleich geboren (reich, arm usw.), aber alle sollten gleich an Würde und an Rechten sein. Um das zu erreichen, ist oft eine Ungleichheit in der Behandlung notwendig, denn die Schwächsten brauchen mehr Hilfe, um zu ihren Rechten zu kommen. **Brüderlichkeit** bedeutet nicht unbedingt immer Harmonie – Brüder streiten auch. Brüderlichkeit beinhaltet aber Solidarität in Form von Verständnis und Hilfsbereitschaft.

Demonstration *gegen die Hinrichtung eines zum Tode Verurteilten in Huntsville, USA*

Keine Rechte ohne Pflichten

Um Menschenrechte fest in einer Gesellschaft zu verankern, müssen sie mit entsprechenden Pflichten verknüpft sein. Wenn jeder nur seine eigenen Rechte verteidigt, werden andere schnell zu Gegnern. Die Rechte der Schwächsten werden dann als Erstes missachtet. Menschenrechte müssen also Rechte *aller* Menschen sein. Religionen versuchen, die Rechte der Armen und Schwachen zu verteidigen. Rechte zu beanspruchen, bedeutet auch, Pflichten zu akzeptieren und vor allem die Rechte der anderen zu berücksichtigen. Dazu muss man sie besser kennen lernen. Medien, Lektüre und Reisen helfen, Unterschiede zu begreifen, ebenso Kontakte zu ganz verschiedenen Menschen in der Schule, im Beruf und im Freundeskreis. Die Erweiterung des geistigen Horizonts macht auch toleranter. Das bedeutet nicht, dass man alles gut finden muss, aber man kann anderen das Recht zugestehen, auf andere Weise zu leben und anders zu denken.

Gemeinsame Werte

Bei allen Unterschieden sollten Mitglieder einer Gemeinschaft über gemeinsame Werte verfügen. Diese müssen nicht immer mit jenen übereinstimmen, die im Laufe der Geschichte in Wahlsprüchen von Ländern, Städten usw. zusammengefasst werden. Einige solcher Devisen nehmen Bezug auf Gott: zum Beispiel in Großbritannien „Gott und mein Recht", in Marokko „Gott, Vaterland, König" und im Irak „Gott ist groß". Bekannt ist der Wahlspruch der USA: „In God we trust."

Demonstration *gegen Folter in Paris, Frankreich*

Demokratische Werte

„Als Sprecher Gottes regiert uns unser Herrscher", auf dieses Prinzip berufen sich die Theokratien*. In Demokratien* ist das Volk der Souverän. Bis sich in Europa Demokratien etabliert hatten, war es ein langer Weg.

***Die Französische Revolution** versuchte, eine „bürgerliche Religion" ohne Gott zu schaffen, dafür mit neuen Symbolen wie dem Baum der Freiheit.*

***Der marokkanische König** Mohammed VI., „Führer der Gläubigen", bei einer Zeremonie anlässlich der Treuebekundung seiner Gefolgsleute*

Theokratie oder Demokratie

In Theokratien behaupten Herrscher, ihre Macht von Gott erhalten zu haben, und bestimmen oft auch den eigenen Nachfolger. Sie können häufig nur durch einen Staatsstreich oder eine Revolution abgesetzt werden. Das ist in etwa das Prinzip des Kalifats *(siehe S. 285)* und früherer Monarchien. Die große Errungenschaft der Demokratie ist die Beteiligung der Bürger an der Wahl ihrer Führer. Das Volk wählt seine Regierung und kann sie auch wieder abwählen. Doch Fehlentwicklungen sind immer möglich: Hitler war zwar demokratisch gewählt, errichtete aber eine Diktatur, die dem Volk seine Absetzung unmöglich machte. Die meisten Gläubigen, die in einer Demokratie leben, sind heute der Meinung, dass diese Regierungsform mit ihren Glaubensvorstellungen vereinbar sei.

Mehrheiten und Minderheiten

In einer Demokratie entscheidet die Mehrheit. Die Demokratie verleiht der Mehrheit aber nicht die Macht, alles zu tun, was sie möchte. So wurde die demokratisch gewählte Hutu-Mehrheit in Ruanda angeklagt, da sie 1994 Massaker gegen die Tutsi-Minderheit verübt hatte. Eine funktionierende Demokratie muss dafür sorgen, dass die Mehrheit mit den Minderheiten friedlich zusammenleben kann. Ein Land muss für sich eine Demokratie finden, die sich mit seiner Kultur vereinbaren lässt, damit jeder mitwirken kann und Minderheiten geschützt sind. In Industrienationen mit zahlreichen Migranten aus verschiedenen Kulturen und Religionen übernimmt der Staat eine wichtige Rolle. Er sollte sich zwar nicht in die konkreten Belange der einzelnen Religionsgruppen einmischen, aber das Zusammenleben der sehr unterschiedlichen Gemeinschaften regeln. Er kann auch als Schlichter fungieren, um die Gruppen einander näher zu bringen und ihre Besonderheiten unter Wahrung nationaler Wertvorstellungen zu integrieren.

Abbé Pierre *wurde 1945 in Frankreich als Abgeordneter gewählt. Er wollte den politischen Kampf und seinen Glauben in Einklang bringen.*

Kommunitarismus

Menschen gleicher Herkunft oder mit einem gemeinsamen kulturellen Hintergrund schließen sich fernab der Heimat gern zusammen. Auf der ganzen Welt gibt es Vereine von Deutschen im Ausland, wie es umgekehrt in Europa indische oder afrikanische Vereinigungen gibt. In Großbritannien zum Beispiel leben große Gemeinschaften entsprechend ihrer kulturellen und religiösen Gewohnheiten zusammen. Aus Indien stammende Sikhs, Pakistanis und Jamaikaner bewohnen in London eigene Stadtviertel, in denen sie ihre Bräuche, religiösen Praktiken und ihre Sprache bewahren. Diese Entwicklung wird auch als Kommunitarismus bezeichnet. Die auf sich bezogenen Gemeinschaften verlieren dabei allerdings oft den Willen zur Integration in ihr Gastland. Es besteht die Gefahr, dass sich Vorurteile bilden oder es zu Konfrontationen kommt.

Irakerin *bei der Wahl 2005*

Integration

Frankreich hat seit dem alten Regime (15.–18. Jahrhundert) den Traum bewahrt, dass sich alle Bürger ähnlichen Werten verpflichtet fühlen. Früher wurde das durch dieselbe Religion gewährleistet, das Christentum. Heute ist die Republik laizistisch* und demokratisch. Sie trennt Staat und Religion, gewährt religiösen Einrichtungen aber weitgehende Freiheit. Sie verweist die Religionen in den privaten Bereich, um religiöse Konflikte im Staatswesen zu vermeiden. Dieser Anspruch auf Integration und nationalen Zusammenhalt aufgrund laizistischer Werte ist ehrgeizig. Er wird sich nur verwirklichen lassen, wenn gleichzeitig auch eine ökonomische Integration der Immigranten erfolgt.

Regierungen im Islam

Unter Mohammed bestimmte das Gesetz des Koran das religiöse, politische und soziale Leben der islamischen Gemeinschaft. Heute üben Staatschefs, die sich zum Islam bekennen, ihre Macht oft aus, ohne dieses Gesetz tatsächlich zu beachten. Unabhängig davon, ob sie Diktatoren sind oder sich an westlichen Demokratien orientieren: Ihre Haltung stößt insbesondere bei islamistischen Fundamentalisten* auf Widerstand. Die Mehrheit der Muslime heute glaubt allerdings nicht, dass man ein Volk noch wie im 7. Jahrhundert regieren kann.

Die indische Gemeinschaft *von Paris feiert zu Ehren des Gottes Ganesha.*

Das Geld

Geld und Religion scheinen oft im Widerspruch zueinander zu stehen, denn es kann schwierig sein, beides voneinander zu trennen. Doch alle Organisationen, auch die religiösen, brauchen Geld, um existieren zu können.

Geld, ein Machtinstrument

Fast niemand entkommt der Macht des Geldes. Sogar eine politische Partei, die diese bekämpfen wollte, bräuchte zunächst einmal Geld, um ihren Wahlkampf zu finanzieren. Viele Diktatoren verdanken ihre Macht Geldgebern, die sich durch die Diktatur Vorteile versprechen. Geld ist so wichtig, dass sich selbst religiöse Einrichtungen schwer seinem Einfluss entziehen können. Als die Israeliten in der Wüste von Gott abfielen, verlangte es sie nach einem machtvollen Götzenbild und sie schufen das Goldene Kalb. In einigen protestantischen Kirchen* in Amerika kann der Finanzbericht die Hälfte der Predigtzeit ausmachen. Die zahlreichen Mekka-Pilger bringen Saudi-Arabien viel Geld ein. Für manche Gläubige ist der geschäftliche Erfolg eine Art göttlicher Segen. Manche Sekten* verlangen bedenkenlos Geld von ihren Anhängern *(siehe S. 152-153)*.

Von der Gerechtigkeit zur Großzügigkeit

Viele Religionen erwarten von ihren Gläubigen, dass sie sich um Witwen, Waisen und Arme kümmern. Wer genug Geld und Güter hat, ist aufgefordert, mit denen zu teilen, die Mangel leiden. Viele Religionen organisieren Almosensammlungen. Diese religiöse Vorstellung von Gerechtigkeit stellt in gewisser Weise politische Parolen wie „Gleiche Arbeit, gleicher Lohn" infrage. Sie fordert Reiche auf, den Ärmsten zu helfen, ohne die Arbeitsleistung der einen wie der anderen zu berücksichtigen oder zu beurteilen. Viele Religionen betonen, dass Menschen nicht nur gerechte soziale Regelungen treffen, sondern auch großzügig sein müssen. Die Fähigkeit zu geben ist wichtig für das Zusammenleben. Um jedoch die Ungerechtigkeiten zu beseitigen, genügen

ISLAMISCHE BANKEN

Der Islam verbietet, Geld gegen Zinsen zu verleihen. Dagegen wird ein Risiko honoriert (außer das Risiko beim Glücksspiel, denn das ist streng verboten). Seit einigen Jahrzehnten funktionieren islamische Banken nach diesen Prinzipien.

***Der Tanz** um das Goldene Kalb*

Almosen allein nicht. Unabhängig von der religiösen Zugehörigkeit oder dem Glauben arbeiten heute viele Menschen in unterschiedlichen karitativen Organisationen zusammen, um Ungerechtigkeiten zu verringern oder ganz zu beseitigen.

Verzicht und Strenge

In vielen Religionen findet man Gläubige, die im Namen ihrer Religion materiellen Besitz weitgehend oder völlig ablehnen. Auch Jesus äußerte sich in diesem Sinn, als er sagte, eher passe ein Kamel durch ein Nadelöhr, als dass ein wohlhabender Mann ins Himmelreich käme. Christliche Mönche legen ein Armutsgelübde ab. In Indien lehnen Asketen* (*Sadhu** oder *Sannyasin*) jeden Besitz ab und leben manchmal nackt, um ihren Wunsch zu demonstrieren, sich von allen weltlichen Versuchungen freizumachen. Darüber hinaus gibt es in allen Kulturen Menschen, die wenig Wert auf ein bequemes Leben legen. Sie hoffen so, sich besser einer Lebensaufgabe bzw. ihren Idealen (Wissenschaft, Dienst am Nächsten usw.) widmen zu können.

***Buddhistische Mönche** bestreiten ihren Lebensunterhalt durch Betteln.*

***In einer Moschee** wird der* Zakat *(Almosen) eingesammelt* (siehe S. 104).

NA SO WAS!

Die Reichen spenden ... ihre Religion
„Reiche Religionen" haben Mittel, ihre Botschaft weit zu verbreiten. Die europäischen Länder haben einst die katholische Missionierung finanziert, heute finanzieren die reichen arabischen Ölstaaten den Bau von Moscheen und den Druck des Koran. Manche andere Gruppen verteilen Geld an religiöse Sekten. Geschieht dies immer zur höheren Ehre Gottes?

Umkehrung der Werte

Man hüte sich vor dem äußeren Schein! Religionen aus allen Kulturen vermitteln uns Werte, die uns zunächst ungewöhnlich vorkommen mögen: Stärke gilt als Schwäche und Schwäche als Stärke. Armut wird als Reichtum angesehen.

Sanftmut und Stärke
„Der Zornige wird durch Sanftmut überzeugt, der Boshafte durch Güte, der Geizige durch Großzügigkeit, der Lügner durch die Wahrheit."

Mahabharata, heiliges Buch der Hindus

Glück und Tränen
„Selig, die arm sind vor Gott; denn ihnen gehört das Himmelreich. Selig die Trauernden; denn sie werden getröstet werden. Selig, die hungern und dürsten nach der Gerechtigkeit; denn sie werden satt werden."

Worte Jesu nach dem Evangelium des Matthäus (2,3-12), die Seligpreisungen (siehe S. 177)*

Wissen und Ignoranz
„Ein Rabbi hört das Gebet eines Bettlers: ‚Herr, wenn du Läuse hast, ich werde sie dir entfernen, wenn du schmutzig bist, ich werde dich waschen … Ich werde mich um dich kümmern!' Er ist entsetzt: ‚Man sagt nicht zu Gott, dass er verlaust und schmutzig ist!' Der arme Mann entschuldigt sich: ‚Ich bin ungebildet. Läuse und Schmutz ist alles, was ich kenne. Doch belehre mich!' Am Ende des Tages ist der Rabbi stolz, als er den Bettler Psalme rezitieren hört. Zufrieden erhebt er die Augen zu Gott. Doch der Herr ist zornig: ‚Du hast mich um mein bevorzugtes Gebet gebracht, ein Gebet voller Liebe.'"

Jüdischer Midrasch (Kommentar zur Thora)

Pflicht und Freude
„Ich schlief und träumte, das Leben sei Freude, ich erwachte und sah, das Leben war Pflicht, ich handelte und siehe, die Pflicht ist Freude!"

Rabindranath Tagore (1861-1941), hinduistischer Dichter

Ehre und Aussehen
„Nasreddin wird bei einem Bankett am Eingang zurückgewiesen, weil er zu schlecht gekleidet ist. Er kehrt mit einem Seidenmantel zurück und setzt sich an die Tafel. Dann schüttet er Reis und Wein auf die Seide. ‚Du bist verrückt Nasreddin!' ‚Nein, mein Freund, mein Mantel ist der Eingeladene, also soll er auch essen und trinken.'"

Nasreddin Hodscha, literarische Schelmenfigur. Er verkörpert in der islamischen Tradition die spirituelle Weisheit, die die frommen Heuchler überführt.

Erlaubtes und Verbotenes

„Zwei Zen-Mönche schicken sich an, einen Hochwasser führenden Fluss zu überqueren. Da bittet eine junge Frau sie um Hilfe. Der eine nimmt sie auf seine Schultern und setzt sie am anderen Ufer ab. Stunden später sagt der zweite Mönch zu ihm: ‚Ich werde dem Meister deine Sünde berichten.' ‚Wovon sprichst du?' ‚Du hast diese Frau getragen, das ist verboten!' ‚Ja, aber ich habe sie schon vor langem abgesetzt. Du allerdings trägst sie noch immer in deinem Kopf!'"

Buddhistische Überlieferung

Langsamkeit und Eile

„Ein Zen-Schüler fragt seinen Meister: ‚Wie viele Jahre brauche ich, bis ich die Erleuchtung* erfahre?' ‚Zehn, vielleicht 20 Jahre.' Nach einem langen Moment des Schweigens fragt der Schüler nach: ‚Und wenn jemand es sehr eilig hat?' ‚Mindestens 30 oder 40 Jahre', antwortet der Meister und bricht in Gelächter aus."

Traditionelle Zen-Erzählung

Drinnen und Draußen

„Rabya sucht auf dem Boden vor seiner Tür. Seine Nachbarn kommen herbei: ‚Was suchst du?' ‚Eine Nadel.' ‚Bist du sicher, dass du sie hier verloren hast?' ‚Nein, ich habe sie im Haus verloren, doch hier gibt es Licht.' ‚Dummer Rabya! Selbst mit Licht wirst du hier keine Nadel finden, die nicht da ist!' ‚Trotzdem mache ich es wie ihr, die ihr draußen das sucht, was ihr drinnen verloren habt. Ihr habt Gott verloren und sucht ihn, wo er nicht ist.'"

Erzählung der Sufis (islamische Mystiker)*

Die Ersten und die Letzten

„Da werdet ihr heulen und mit den Zähnen knirschen, wenn ihr seht, dass Abraham, Isaak, Jakob und alle Propheten* im Reich Gottes sind, ihr selbst aber ausgeschlossen seid. Man wird von Osten und Westen und von Norden und Süden kommen und im Reich Gottes zu Tisch sitzen. Dann werden manche der Letzten die Ersten sein und manche der Ersten die Letzten."

Worte Jesu nach dem Evangelium des Lukas (13,28-30)

Reichtum und Armut

„Wer das Geld liebt, bekommt vom Geld nie genug, und wer den Luxus liebt, hat nichts davon … Süß ist der Schlaf des Arbeiters, ob er wenig oder viel zu essen hat. Den Reichen lässt seine Sattheit nicht schlafen … Der Reiche ist nackt aus dem Leib seiner Mutter gekommen und nackt, wie er gekommen ist, muss er wieder gehen: Nichts kann er in seinen Händen mitnehmen …"

Aus der Bibel nach dem Buch Kohelet (5,9-14)

Wissenschaft

Einstein sagte: „Die Naturwissenschaft ohne Religion ist lahm, die Religion ohne Naturwissenschaft ist blind." Die Wissenschaft sucht Erklärungen, die Religion sucht nach dem Sinn. Sie stehen nicht notwendigerweise in Konkurrenz zueinander. Damit Vernunft und Glaube aber miteinander auskommen, muss jeder den Bereich des anderen respektieren.

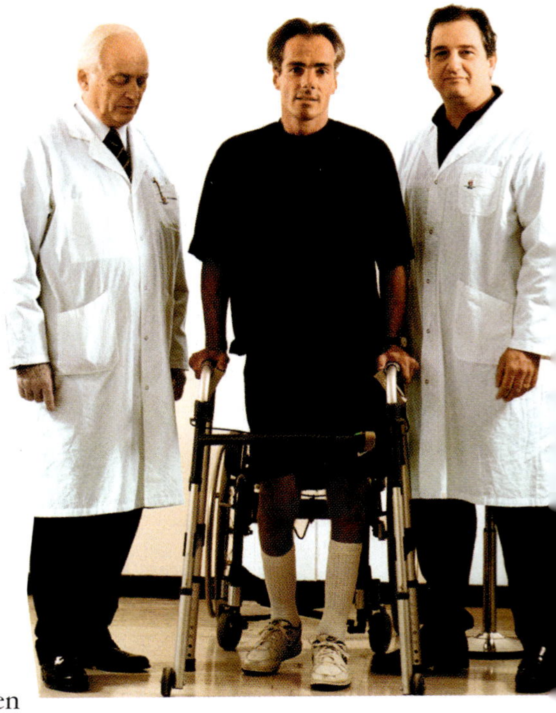

***Der querschnittsgelähmte** Marc Merger kann dank einer mikrochirurgischen Operation, die erstmals bei ihm zum Einsatz kam, wieder gehen.*

Religion und Vernunft

Der Mensch ist mit Vernunft ausgestattet, das unterscheidet ihn von anderen Lebewesen, auch wenn er nicht immer vernünftig handelt. Religionen neigen dazu, für bestimmte Erscheinungen übernatürliche Erklärungen anzubieten. Wenn beispielsweise der Regen ausblieb, mussten in den alten Kulturen dem Regengott Opfer dargebracht werden. Religiöse Institutionen bestritten wissenschaftliche Erkenntnisse in der Vergangenheit oft, wie etwa im Fall von Galileo *(siehe Kasten)*. Auch Darwins Evolutionstheorie *(siehe S. 14)* sorgte für Empörung. Heute noch verbreiten die vor allem im amerikanischen Protestantismus beheimateten so genannten Kreationisten die Überzeugung, die Welt sei vor knapp 6000 Jahren erschaffen worden. Sie leugnen, dass bereits vor einigen Millionen Jahren Dinosaurier auf der Erde lebten. Im Allgemeinen verstehen Religionen heute ihre Mythen nicht als naturwissenschaftliche Erklärungen. Der Koran hat eine sehr klare Beziehung zur Wissenschaft: Er verlangt vom Gläubigen, seine Vorstellungen stets mit der Vernunft zu konfrontieren. Einzelne Religionen zeigen eine gewisse Tendenz, den Gläubigen auch in religiösen Fragen mehr Freiheit zu lassen. So verlangt beispielsweise die katholische Kirche* von ihren Mitgliedern nicht mehr, an den Teufel und die Hölle* zu glauben.

***Ritueller Tanz** in Bhutan zum Dank an die Götter der Regenzeit und als Bitte, diese zu beenden, um Überschwemmungen zu verhindern*

NA SO WAS!

Der Prozess gegen Galileo Galilei

Als der italienische Astronom Galileo erklärte, dass die Erde sich um die Sonne dreht und nicht umgekehrt, war das ein Skandal. Der Papst zwang ihn 1633, dieser der Kirche widersprechenden Idee öffentlich abzuschwören. Sein Prozess ist ein berühmtes Beispiel für die Fortschrittsfeindlichkeit der Kirche in jener Zeit. Eine solche wissenschaftliche Erkenntnis würde heutzutage keinen vergleichbaren Konflikt mit der Kirche mehr heraufbeschwören.

Was kann die Religion beitragen?

Müssen Religion und Naturwissenschaft einander ausschließen oder können sie sich ergänzen? Schon lange konkurrieren die Religionen und die Naturwissenschaft nicht mehr miteinander, denn sie besetzen nicht mehr dieselben Themenfelder. Die Wissenschaft versucht zu erklären, wie die Welt funktioniert. Die Religionen fragen, warum die Welt existiert und welche Rolle der Mensch dabei spielt. Manchmal aber ist der Dialog zwischen Religion und Wissenschaft fruchtbar. Der Austausch erlaubt Religionen, die Welt und den Platz des Menschen in ihr besser zu verstehen, die Wissenschaft wird durch ihn mit anregenden Fragen konfrontiert.

***Nonnen** pflegen Kranke im Hôtel-Dieu in Paris.*

Humanwissenschaften und Religionen

Den Menschen und sein Verhalten zu verstehen, ist Fachgebiet der Humanwissenschaften (Geschichte, Psychologie, Soziologie usw.). Die Wissenschaften beobachten die Lebensweise, die Religionen bemühen sich, dem Leben Sinn und Regeln zu geben. Die Wissenschaften decken sowohl Gleichheiten als auch Unterschiede zwischen den Menschen auf. Die monotheistischen* Religionen betonen die gleiche Würde aller Menschen. Der Hinduismus weist in seinem Kastensystem *(siehe S. 134)* jedem seinen festen Rang und Platz zu. Die Wissenschaften beobachten die Gesellschaft, die Religionen geben ihr durch die Moral einen Rahmen. Schließlich sind Religionen selbst ein Forschungsobjekt der Humanwissenschaften.

***Stele** zu Ehren der Verstorbenen, die ihren Körper der Wissenschaft für Forschungszwecke zur Verfügung gestellt haben*

***Dioskurides,** ein berühmter griechischer Arzt, zeigt einem Schüler eine Heilpflanze (arabische Handschrift, 13. Jahrhundert).*

Wundersame Heilungen

Seit jeher beten Menschen, um geheilt zu werden. Manchmal verbessert sich ihr Zustand, ohne dass man weiß, ob es eine Folge des Gebets ist oder nicht. Man sagt, eine gute seelische Verfassung fördere die Heilung. Umgekehrt ist es möglich, durch eine allzu düstere Geisteshaltung krank zu werden. Man könnte also denken, dass diejenigen Kranken, die sich nach einer Wallfahrt für geheilt erklären, von einem psychologischen Effekt profitieren. Die Sachlage scheint komplizierter zu sein: In Lourdes *(siehe S. 88)* etwa sind schwer kranke Pilger plötzlich geheilt worden. Wird sich für dieses Phänomen eine Erklärung finden oder kann man in diesen Fällen von Wunderheilungen sprechen?

Fortschritt

Macht die Menschheit Fortschritte? Oder ist die Geschichte ein ewiger Kreislauf? Der technische Fortschritt lässt sich nicht bestreiten, doch wie viel wiegt er? Manchmal führt er sogar zu neuen Problemen.

Zwischen Fortschritt und Katastrophen

Selbst technische Errungenschaften haben ihre Kehrseite. So liefert die Wissenschaft nützliche Entdeckungen, schafft aber gleichzeitig neue Probleme. Ein Beispiel ist die Umweltverschmutzung. Manche sagen, die Fortschritte der Wissenschaft werden die Versorgung der ganzen Welt mit Nahrung sichern, die Lebenserwartung weiter erhöhen und die Lebensqualität verbessern. Tatsächlich haben neue Düngemittel den Ertrag gesteigert und ermöglichen die Versorgung der Bevölkerung auch bei schlechten Böden. Doch langfristig laugen diese Dünger den Boden aus, sind also eigentlich ein Gift. Bei der Zeitungslektüre kann man sich über die neuesten wissenschaftlichen Erkenntnisse, die „die Welt retten werden", freuen und gleichzeitig in Panik geraten, weil über die katastrophalen Auswirkungen einer anderen Erfindung auf die Umwelt berichtet wird. Wie soll man das bewerten?

Von oben betrachten

Religionen können helfen, die Welt aus einer Perspektive zu betrachten, die über die eigenen Erfahrungen und vor allem über die Dauer eines Lebens hinausgeht. Aber können sie die Menschheit voranbringen? In manchen Bereichen haben Religionen trotz aller Irrtümer zu Fortschritten beigetragen. Auch wenn sie häufig unfähig erscheinen, die Welt zu verändern, sie vertrauen doch auf die Zukunft. Die monotheistischen* Religionen sprechen von einem auf Gerechtigkeit und Frieden beruhenden Reich Gottes. Dieses Paradies ist eine deutlich verwandelte Welt oder eine nicht weltliche Dimension. Diese Denkweise sieht die Zukunft des Menschen optimistisch, denn er kann sich auf dieses Ziel hin entwickeln, unabhängig vom Verlauf der Geschichte.

Die ganze Welt *freute sich 1978 über die Geburt von Louise Brown, dem ersten Retortenbaby. Was soll man aber von Aleta St. James halten, die dieselbe Technik nutzte, um mit 56 Jahren Mutter zu werden?*

Schwierige Fragen

Die verschiedenen Wissenschaftsbereiche spezialisieren sich immer stärker und anders als noch vor einigen Jahrhunderten ist es heute einem einzelnen Wissenschaftler nicht mehr möglich, das gesamte Wissen zu überschauen. Der Meinungsaustausch über Nutzungsmöglichkeiten einer Entdeckung und ihre Konsequenzen ist heute mehr denn je nötig, unabhängig davon, ob es sich um erneuerbare Energien, Gentherapie oder ähnliche Bereiche handelt. Neue Forschungsdisziplinen untersuchen die durch den wissenschaftlichen Fortschritt verursachten Probleme. Die Bioethik beispielsweise beschäftigt sich mit der Frage, welche Manipulationen des Lebens zulässig sind. Etwa im Fall der Stammzellenforschung: Ist es vertretbar, menschliche Embryonen für Forschungszwecke zu zerstören bzw. zu erzeugen, um mithilfe von Stammzellen eines Tages schwere Krankheiten heilen zu können? Ein anderes Beispiel: Wissenschaft und Religionen sehen sich mit dem Problem konfrontiert, das Ungleichgewicht zwischen reichen und armen Ländern zu verringern. In all diesen Fragen sind sie zur Zusammenarbeit aufgerufen. Die Zukunft wird zeigen, ob die Welt durch die Anwendung gemeinsamer Lösungen einheitlicher wird oder ob die kulturellen und wirtschaftlichen Unterschiede weiter bestehen bleiben.

Dieser HIV-infizierte junge Haitianer *hat dank neuer Therapien seine Lebenskraft wiedererlangt. Doch es bleibt das Problem der Armut, außerdem muss noch viel mehr getan werden, damit sich die Menschen vor dieser Krankheit schützen.*

Pierre Teilhard de Chardin *(sitzend), französischer Jesuit und Paläontologe, mit seinen Mitarbeitern im Naturkundemuseum, 1926*

ALLE VEREINT?

Der gelehrte Jesuit Pierre Teilhard de Chardin (1881–1955) vertrat die Ansicht, die Menschheit strebe einer spirituellen Einheit zu, die er nach dem letzten Buchstaben des griechischen Alphabets Omega nannte. Verträgt sich diese Vision mit dem Respekt vor der Vielgestaltigkeit? Die Völker kommen immer stärker in Kontakt, sie vermischen sich trotz aller Unterschiede zunehmend und eine universelle Kultur entsteht (beispielweise in der internationalen Musik). Manche Gläubige fragen sich, ob nicht alle Religionen zum selben göttlichen Wesen streben.

Der Sinn des Lebens

Was soll man aus seinem Leben machen? Seine Zeit vor dem Fernseher verbringen, Geld verdienen, sich anderen widmen? Würde man anders handeln, wenn ein Leben nach dem Tod gewiss wäre?

***Die Dogon,** ein Volksstamm aus dem afrikanischen Mali, stellen das von ihnen ersehnte Paradies symbolisch als Verbindung zwischen dem ersten Mann und der ersten Frau dar.*

Ist mit dem Tod alles vorbei?

Viele Religionen sprechen vom Leben nach dem Tod. Für die monotheistischen* Religionen geht es um ein neues Leben in einer anderen Seinsform, um die Auferstehung* in einem Paradies, das die Guten belohnt. Für die östlichen Religionen (Hinduismus und Buddhismus) geht es zunächst um ein weiteres Leben, vielleicht auf der Erde, um eine, vom eigenen Karma* abhängige, mehr oder weniger günstige Reinkarnation*. Wer sich nach einem langen Zyklus der Reinkarnationen von allen Bindungen

***Eine Vorstellung vom Paradies,** in das Mohammed bei seiner Nachtreise aufgefahren ist* (siehe S. 103)*; unten sieht man die Kaaba.*

***Buddhistisches** Reines Land oder „Paradies“*

***Die alten Ägypter** glaubten, ihr Herz würde nach ihrem Tod gewogen, um ihre Lebensleistung zu bewerten.*

ans Dasein gelöst hat, befreit sich zum Zustand des Nirvana. Nichtgläubige sind der Auffassung, dass Vorstellungen vom „Leben danach" nichts als Fantasiegeschichten sind. Gläubige meinen dagegen, dass der Mensch eine Vorahnung des Weiterlebens haben muss, wenn so viele an ein Leben nach dem Tod glauben.

Das Jenseits kann das Leben verändern

Meist ziehen es Menschen vor, den Tod zu verdrängen. Nichtgläubige glauben nicht an ein Leben nach dem Tod. Viele Religionen vertreten dagegen die Auffassung, dass der Tod einen Übergang in ein anderes Leben darstellt. Einigen Religionen zufolge würden zuvor die Taten im diesseitigen Leben beurteilt. Gläubige reagieren ganz unterschiedlich auf die Erwartung eines solchen „Gerichts". Aus Angst, einen Fehler zu begehen, können sie extrem gewissenhaft werden und sich zurückziehen. Oder sie können, motiviert ein gutes Leben zu führen, nach Gerechtigkeit suchen und sich für andere öffnen. Letztlich hat jeder Gläubige oder Nichtgläubige die Freiheit, sein Leben nach seiner Vorstellung zu führen.

Das Leben bewältigen

Ob jemand einer Religionsgemeinschaft angehört oder nicht – der Mensch steht immer vor wichtigen Entscheidungen im Leben: Er kann kämpfen oder sich zurückziehen, Risiken eingehen oder Schutz suchen, zuerst an sich denken oder sich den anderen widmen. Diese unterschiedlichen Lebenseinstellungen finden sich bei religiösen und nichtreligiösen Menschen. Manche Gläubige etwa suchen in ihrer Religion eine Zuflucht, andere sehen darin einen Aufruf zur Aktion. Sie arbeiten zum Beispiel aktiv in der Gemeinde mit, engagieren sich für soziale Projekte oder sind in der Mission tätig. Genauso können Menschen aber im Schutz einer Gemeinschaft (Partei, Sportverein, Freundeskreis) leben oder die Begegnung mit anderen suchen. Manchmal möchten Menschen dem Leben „entfliehen". Der eine zieht sich dann vielleicht fernab der Realität zurück, in der Hoffnung, alles werde sich von selbst lösen. Ein anderer versucht, seine Probleme durch verbissenen Aktivismus zu bekämpfen oder durch stetig steigenden Konsum zu verdrängen. Beide Lebensformen können zu selbstzerstörerischen Verhaltensweisen führen. Die Religion kann dabei helfen, eine positive Lebenseinstellung zu entwickeln, sie ist aber kein magischer Schutz für alle Konflikte im Leben.

GRUSSFORMELN

Um sich zu grüßen, wünscht man sich etwas Angenehmes. „Guten Tag" sagt man auf Deutsch, auf Russisch wünscht man Gesundheit, auf Arabisch und Hebräisch Frieden (Salam und Schalom). Das französische Salut ist eine Grußformel, bedeutet aber auch „Seelenheil" und „Rettung". Die christlichen Religionsgemeinschaften sprechen oft von Rettung, auch wenn heute viele nicht recht wissen, wovor sie gerettet werden sollen, denn Krankheit betrifft die Medizin, Armut die Arbeit und Ungerechtigkeit die Gesetze. Was erwartet man da noch von der Religion?

***Christliche Darstellung,** die das Jüngste Gericht* mit einem Abwiegen der Seelen illustriert*

Entscheidung für eine Religion

Manche Menschen hatten eine „Begegnung" mit Gott, die sie tief prägt, auch wenn sie das Erlebte nur schwer beschreiben können. Letztlich steht es dem Menschen frei, eine Religion anzunehmen oder nicht. Es ist seine Entscheidung bzw. eine Frage des Glaubens.

Gott begegnen

Wer religiös ist, muss Gott nicht zwangsläufig „begegnet" sein. Viele Gläubige hatten nie eine Wahrnehmung der göttlichen Präsenz. Es ist normal, zu zweifeln (selbst die großen Mystiker* haben gezweifelt) und sich zu fragen: Ist Gott eine Erfindung der Menschen oder existiert er tatsächlich in der einen oder anderen Form? Dieser Frage steht das Zeugnis derer gegenüber, die behaupten, „Gott erfahren zu haben". Wie kann man wissen, was weise oder verrückt, was aufrichtig oder unaufrichtig ist?

Gott erfahren

Wie Menschen, die seit langem nach Gott suchen, ihn nicht finden, so können andere, die nicht suchen, plötzlich ein Gefühl der Gegenwart Gottes haben, wodurch sich ihr Leben vielleicht grundlegend ändert. Diese Gefühlsgewissheit muss nicht unbedingt auf einer Vision oder dem Hören himmlischer Stimmen (Audition) beruhen. Es ist vielleicht das Gefühl, beschützt zu sein, der Eindruck, plötzlich die Wahrheit zu erkennen, die Entdeckung eines inneren Dialogs mit einem anderen, das Gefühl, endlich im Einklang mit der Welt leben zu können, oder die Erfahrung, von Blockaden befreit zu sein (Aussöhnung mit sich selbst oder Nahestehenden, intensive Freude, Veränderung des Lebens usw.). Einige kommen auch unversehens zu der Überzeugung, dass ein Ereignis in ihrem Leben die Bekundung der Gegenwart Gottes war. Wie auch immer: Niemand kann Beweise dafür bringen, dass diese „Erfahrungen" wirklich göttlich sind. Es handelt sich immer um einen Akt des Glaubens.

***Für den französischen Neurologen** Charcot (19. Jahrhundert) waren die Phänomene, die die Mystiker erlebt haben, subjektiv real. Aber er lehnte es ab, darin göttliche Manifestationen zu sehen, sie waren für ihn Symptome einer Geisteskrankheit. Um sie zu verstehen, setzte er lieber auf die Wissenschaft und nicht auf die Religion.*

Die Bewohner eines Khmer-Dorfs sind erstaunt über den Europäer, der buddhistischer Mönch geworden ist.

Eine Religion auswählen

Der Glaube an einen Gott ist weit verbreitet, er betrifft einen großen Teil der Menschen. Religionen sind sehr eng mit Kultur und Traditionen verbunden. Meist übernimmt man den Glauben von den Eltern. Jede Religion ist dann bemüht, ihre Gläubigen in der Gemeinschaft zu halten. Sie bietet ihnen verschiedene „Wege", ihren Glauben auszuüben und ihr spirituelles Leben zu festigen: Gebete, Lektüre heiliger Bücher, Beachtung konkreter Gebote, liturgische* Handlungen. Meistens behält man die Traditionen seiner Gemeinschaft bei. Manche Menschen verspüren aber den Drang, woanders zu suchen, um den Aspekten zu entfliehen, die ihnen missfallen. Sie entdecken exotische Bräuche oder möchten intensiver einen anderen spirituellen Weg erkunden. Einige suchen sich verschiedene Riten* und Anschauungen zusammen, manchmal nur für einen kurzlebigen, „modischen" Religionsmix. Wer sich aber in seiner ursprünglichen Religion engagiert, weil er damit glücklich ist oder nach reifer Überlegung zu einem anderen Glauben übertritt, tut das mit seiner Persönlichkeit, seiner Geschichte, seinen Erfahrungen, seiner Fantasie, seinem Intellekt. Er übt bewusst seine Freiheit aus zu wählen.

Die Wette des Pascal

Blaise Pascal (1623–1662), ein berühmter französischer Wissenschaftler, hatte eine prägende Gotteserscheinung. Um sie nie zu vergessen, trug er sein Bekenntnis zu Gott auf einem in seine Weste eingenähten Pergamentstreifen bei sich. Es begann: „Gott Abrahams, Gott Isaaks, Gott Jakobs … Gewissheit, Gewissheit, Empfinden, Freude, Friede, Gott Jesu Christi." Bekannt wurde Pascal auch durch seine „Wette": „Angenommen, ein Mensch entscheidet sich für den Glauben an Gott: Liegt er richtig mit seinem Glauben, hat er alles zu gewinnen, liegt er falsch, hat er nichts zu verlieren."

Nuestra Señora de Guadalupe, *die 1531 einem Indio erschien, wird an einem Ort verehrt, der bereits den Azteken als heilig galt. Das hat die Übernahme des Katholizismus durch die eng mit ihrer Tradition verbunden Mexikaner begünstigt.*

Messe in der Kathedrale
Notre-Dame in Paris

Ausüben der Religion

In jeder Religion gibt es fast so viele unterschiedliche Formen, sie zu praktizieren, wie es Gläubige gibt. Die meisten üben ihre Religion so aus, wie es am besten zu ihrem Alter, ihrer Geschichte und Lebensweise passt. Glauben muss sich aber nicht in der Übernahme traditioneller Riten erschöpfen.

Teil einer Gemeinschaft

Die meisten sind durch ihre Familie zu ihrer Religion gekommen und haben dort die entsprechenden Bräuche (Feste, Traditionen, bestimmte Speisen usw.) kennen gelernt. Kultur und religiöses Leben sind eng miteinander verbunden. Einige „reduzieren" ihren Glauben allerdings auf äußere Zeichen und ihre Glaubenspraxis auf das Feiern einiger traditioneller Bräuche. Doch es gibt andere Wege seinen Glauben zu leben.

Wie tritt man einer Glaubensgemeinschaft bei?

Im Christentum kann man am Religionsunterricht teilnehmen, sich in der Gemeinde engagieren und die Taufe* empfangen. Im Islam muss man vor Zeugen ein ernsthaftes Glaubensbekenntnis ablegen. Im Judentum muss man eine jüdische Mutter haben oder eine umfangreiche Einweisung absolvieren.

Gebet zum Ende des Ramadan
in Kamerun

Sich abheben

Keine Religion kann die Erwartungen aller Menschen erfüllen, unter anderem gibt es deshalb verschiedene Religionen. Als Reaktion auf dieses Nebeneinander klammern sich einige Menschen an die Besonderheiten ihres Glaubens, um sich von anderen abzugrenzen. Riten*, Trachten oder Bräuche werden dann manchmal nur geheiligt, um die Intoleranz und Abschottung zu untermauern. Es gibt allerdings andere Möglichkeiten als dieses Sektierertum, um seine religiöse Identität zu bekunden.

Das Pilgerfest Kumbha Mela *findet alle zwölf Jahre in Hardwar in Indien statt und dauert fast zwei Monate.*

Ein Gesetz befolgen

Religionen geben Prinzipien, moralische Orientierungen und Grundwerte vor. Die Gesellschaften lassen sich von diesen Glaubensüberzeugungen inspirieren und vereinbaren gemeinsame Regeln. Einige lassen aber nur die religiösen Gesetze gelten, wollen sie allen auferlegen und verbieten andere Vorstellungen. Es ist jedoch wichtig, die Lebensentwürfe anderer zu respektieren.

Sein Handeln ausrichten

Eine Religion zu praktizieren, heißt, entsprechend seinem Glauben zu handeln, ihn umzusetzen und an den Zeremonien teilzunehmen. Doch einige betrachten religiöse Betätigung als einzig wahre Aktivität. Wer sich anderweitig betätigt, wird verurteilt. Man kann seine Religion auch anders umsetzen und trotzdem normale Alltagsbeschäftigungen schätzen.

Überzeugungen annehmen

Religionen sind auf Glaubensgrundsätzen begründet, die sie in Worte und Bilder umsetzen, damit die Menschen sie verstehen. Manche wollen aber, dass ihr Glaube die einzige grundsätzliche Erklärung der Welt ist, und verdammen die Wissenschaften, die dies infrage stellen könnten. Doch wer die Wissenschaft nicht als Konkurrenz zur Religion versteht, wird feststellen, dass das eine das andere nicht ausschließen muss.

Den Glauben bekunden

Wenn die Gläubigen ihren Glauben kundtun, sollte das als Zeichen ihrer Einsicht und Freiheit geschehen. Deswegen sollte man auch akzeptieren, wenn sich Menschen auf dieser Basis Anschauungen aus verschiedenen Religionen zu eigen machen – ohne sich jedoch einen beliebigen „Glaubens-Cocktail“ zu mischen.

Die Spiritualität nähren

Religionen fördern Gebet, Zuhören, Andacht und Opferbereitschaft. Sie erlauben jedem, viele Dimensionen seiner selbst zu erforschen, vom ganz Konkreten bis zum Spirituellen. Einige aber verdammen alles Materielle. Mitunter fühlen sie sich anderen deshalb überlegen, den „himmlischen Dingen nahe“, sodass sie nicht mehr zwischen Realität und Illusion unterscheiden können. Der Glaube bietet jedoch andere Möglichkeiten als weltfremde Entrücktheit, um eine tiefe Spiritualität zu leben.

Gebet in einer Synagoge *in Tunesien bei einer jüdischen Wallfahrt*

Ändern sich die Religionen?

Religionen gibt es seit vielen Jahrhunderten und sie bezeichnen sich gern als ewig und universell. Sie haben Kulturen mit begründet, geben sich aber keineswegs antiquiert. Sie beanspruchen, höchst lebendig zu sein und sind entwicklungsfähig.

Die Religionen überdauern die Zeit ...

Einige Philosophen des 19. und 20. Jahrhunderts hatten schon den Tod Gottes verkündet. Doch dieses Denken scheint veraltet, denn Religionen sind immer noch und sogar verstärkt aktiv. Sie erinnern an die Ewigkeit, das Leben nach dem Tod und beziehen sich auf einen oder mehrere Götter oder ein höchstes Prinzip. Die Gläubigen erwarten von ihrer Religion konkrete Orientierungspunkte hinsichtlich Moral, Sinn des Lebens, Spiritualität. Sie erwarten, dass der Glaube wie ein Fels ist, der den manchmal verwirrenden Moden und Veränderungen der Welt widersteht.

Die Inhaber religiöser Ämter *lernen heute den Umgang mit den Medien. Hier wird der französische Großrabbiner Joseph Sitruk vor dem Élysée-Palast interviewt.*

... aber es gibt neue Autoritäten

Lange Zeit beherrschten die Religionen, jede auf ihre Weise, als Autorität das private und öffentliche Leben. Die Katholiken stützen sich noch heute auf eine Hierarchie, die dafür sorgt, dass ihre Vorgaben auch in der Kirche* umgesetzt werden. Die Muslime verlassen sich auf die Lektüre des Koran durch Rechtsgelehrte, Theologen* oder einfache Gläubige. Die Gläubigen sind dabei nur Gott verpflichtet. Aber die einen wie die anderen müssen mit neuen „Autoritäten“ umgehen lernen. In den Medien werden Meinungen gemacht, Personen und Ideen emporgehoben oder abgeurteilt. In der Wirtschaft „diktieren“ die Märkte die Gesetze. Wie können die Religionen da noch ihre Rolle ausfüllen?

... aber es gibt neue Wissenschaften

Die Humanwissenschaften haben neue Möglichkeiten zur Erforschung des menschlichen Geists, des Verhaltens der Menschen und der Feinheiten der Sprache geschaffen. Die Techniken der Textforschung haben Fortschritte gemacht. Diese kann man auch auf heilige Texte anwenden. In einem solchen Rahmen kann man Autorenzuweisungen biblischer Bücher widerlegen, man kann den Koran unter Berücksichtigung des historischen Umfelds bei seiner Niederschrift erforschen und die Aussagen Jesu von denen der Menschen unterscheiden, die sie weitergegeben haben. Die Tatsache, dass man diese Texte auch mit den Augen des Wissenschaftlers betrachtet, bewegt gläubige Menschen. Einige sehen darin eine großartige Möglichkeit, andere eine große Gefahr.

Die Religionen *müssen heute mit der Macht der Medien leben. Während der Wahl des neuen Papstes 2005 belagerten Journalisten aus aller Welt den Vatikan in Rom.*

… aber es gibt die Globalisierung

Heute sind die Vertreter der Religionen über Länder- und Konfessionsgrenzen hinweg in Kontakt: Sie treffen sich, diskutieren und suchen nach Gemeinsamkeiten in ihren Religionen. Manche schlagen sogar vor, gemeinsam zu beten oder zu meditieren. Diese Kontakte erweitern den Horizont und verpflichten die Gläubigen, anderen Religionen gegenüber Position zu beziehen, tolerant zu sein und nachzudenken. Manche Gemeinschaften sind der Vergangenheit zugewandt und versuchen sich abzukapseln. Andere wiederum neigen dazu, Aspekte aus anderen Religionen zu übernehmen, ohne deren Unvereinbarkeit erkennen zu wollen. Die meisten sind aber bemüht, sich in ihrer eigenen Identität zu festigen und gleichzeitig mehr über die anderen Religionen zu lernen.

Zwischen Anpassung und Widerstand

Das jüdische Leben hat sich durch die Schoah stark verändert *(siehe S. 302–303)*. Die Konflikte in Israel sind auch Thema religiöser Debatten. Der Buddhismus hat den Westen fasziniert, was auch Konsequenzen für den Osten hat. Der Katholizismus muss berücksichtigen, dass die Mehrheit seiner Gläubigen heute in Afrika und Lateinamerika lebt. Der Protestantismus muss mit der wachsenden Zahl der Abspaltungen aus seinen Reihen fertig werden. Der Islam ist damit konfrontiert, dass heute viele Gläubige in Ländern leben, die nicht zum islamischen Kulturkreis gehören. Ständig passen sich die Religionen an oder leisten Widerstand, gehen voran oder wenden sich zurück. Die Debatten zwischen Progressiven und Traditionalisten gibt es schon so lange, wie es Religionen gibt.

Internationale *und interkonfessionelle Friedensbegegnung 1994 in Assisi*

Zeittafel

	Allgemeine Geschichte	Verschiedene Religionen	Judentum
	200 000–30 000 v. Chr.: Neandertaler	Erste Grabstätten	
– 40 000	Cro-Magnon-Mensch (europäischer *Homo sapiens*)	Beigaben in Grabstätten Malereien in der Chauvet-Höhle	
– 10 000	**12 500–4000 v. Chr.:** Mittel- und Jungsteinzeit (Neolithikum) **3200 v. Chr.:** erste Stadtstaaten in Mesopotamien Erfindung der Schrift durch die Sumerer		**3761 v. Chr.:** Erschaffung der Welt nach dem jüdischen Kalender
– 3000	Entstehung der Induskultur (Harappakultur) in Pakistan	**2600–2500 v. Chr.:** Blütezeit des Re-Kults in Heliopolis; Bau der Pyramiden von Giseh (Ägypten); Bau der Megalithanlagen in Carnac; Entstehung des Gilgamesch-Epos (Mesopotamien)	
– 2000	**1332–1323 v. Chr.:** Herrschaft von Tutanchamun in Ägypten	**2500–1500 v. Chr.:** Bau der Megalithanlage von Stonehenge **Um 1760 v. Chr.:** Der Codex Hammurapi wird verfasst. **1349–1334:** monotheistischer* Aton-Kult in Ägypten; danach Rückkehr zum Polytheismus*.	Israeliten lassen sich in Kanaan, dem Gelobten Land, nieder.
– 1000	Eisenzeit in Europa	Die epische Dichtung *Odyssee* wird zunächst mündlich, später schriftlich überliefert (Griechenland). In Mexiko entstehen die ersten monumentalen Sakralbauten der mesoamerikanischen Kultur.	**Um 1000 v. Chr.:** König David erobert Jerusalem. **Um 961–931 v. Chr.:** Herrschaft König Salomos **Um 964 v. Chr.:** Bau des Tempels* in Jerusalem
– 800	Erste Zeugnisse der keltischen Kultur **753 v. Chr.:** Gründungsdatum von Rom nach der Legende	Bau der ersten großen griechischen Tempel	
– 600	Blütezeit des Babylonischen, später Persischen Reichs **Um 597 v. Chr.:** Babylonier fallen im Königreich Juda ein.	Der Zoroastrismus wird eine einflussreiche Religion in Persien. **551–479 v. Chr.:** Konfuzius, chinesischer Philosoph Lao-tse, chinesischer Philosoph, Begründer des Taoismus	**Um 587 v. Chr.:** Nebukadnezar, König von Babylon, zerstört den Tempel in Jerusalem. **587–539 v. Chr.:** Exil der Juden in Babylon **Um 520 v. Chr.:** Der Tempel in Jerusalem wird wieder aufgebaut.
– 500	**500–400 v. Chr.:** Blütezeit des Stadtstaates Athen **336–323 v. Chr.:** Herrschaft Alexanders des Großen **332 v. Chr.:** Gründung der Stadt Alexandria (Ägypten)	**500–400 v. Chr.:** Entstehung des Jainismus **470–320 v. Chr.:** die großen griechischen Philosophen Sokrates, Platon, Aristoteles	
– 300	**Um 221 v. Chr.:** Qin Shi Huangdi wird erster Kaiser des geeinten China		
– 100	**101–44 v. Chr.:** Julius Cäsar		**63 v. Chr.:** Die Römer erobern Jerusalem.
0	**79 n. Chr.:** Ausbruch des Vesuv, Pompeji wird verschüttet.		**70 n. Chr.:** endgültige Zerstörung des Tempels **Um 90 n. Chr.:** Festlegung des Kanons* der jüdischen Bibel

Christentum	Islam	Hinduismus	Buddhismus
		Zunächst mündliche Weitergabe, dann schriftliche Fassung der Veden	
		ab 600 v. Chr.: Abfassung der *Upanishaden*	
		Ab 400 v. Chr.: mündliche Weitergabe, dann schriftliche Fassung von *Mahabharata* und *Ramayana*	**Zwischen 500–400 v. Chr.:** Buddha wird geboren. **486 v. Chr.:** Todesjahr Buddhas der Legende nach Erstes Konzil* der Legende nach
			268–236/32 v. Chr.: Ashoka herrscht über Indien und verbreitet den Buddhismus.
Um 6 v.Chr.–30 n.Chr.: Jesus von Nazareth			
45: erste Missionsreisen des Paulus **50–100:** Die Evangelien und Epistel werden verfasst. **64:** Beginn der Christenverfolgung im Römischen Reich			

100	Blütezeit des Römischen Reichs **105:** Erfindung des Papiers in China	**Um 100:** Der persische Mithras-Kult findet im Römischen Reich weite Verbreitung.	**132:** Aufstand gegen die Römer und Zerstreuung des jüdischen Volks
200			
300	**324–330:** Konstantinopel wird Hauptstadt des Römischen Reichs. **375:** Hunnen fallen in Europa ein und lösen die eigentliche Völkerwanderung aus.		
400	**410:** Westgoten erobern Rom. **476:** Ende des weströmischen Reichs		
500		In Japan entwickelt sich der Shintoismus.	**500–600:** Die beiden Versionen des Talmuds werden verfasst.
600	**600–900:** Blütezeit der Mayakultur (Zentralamerika) **618–907:** Chinesisches Reich erreicht seine größte Ausdehnung. Zeit der arabischen Expansion		
700	**732:** Karl Martell schlägt die Araber bei Poitiers zurück. **Um 765:** Arabische Gelehrte beginnen mit der Übersetzung der Werke antiker griechischer Wissenschaftler.		
800	**800–814:** Karl der Große ist Kaiser des Römischen Reichs. **Um 800–1200:** Blütezeit arabischer Kunst und Wissenschaft	**Um 800–1076:** Blütezeit des animistisch geprägten Reichs von Ghana	
900	**900–1200:** Blütezeit der Hochkultur der Tolteken (Zentralamerika) **962:** Otto I. zum Kaiser gekrönt		
1000	**Um 1000:** Die Wikinger erreichen den amerikanischen Kontinent. **Um 1000–1500:** Bau von Burgen und Entwicklung des Feudalsystems in Europa		**1040–1105:** Raschi (Rabbi Salomo ben Isaak), Religionsphilosoph und Gelehrter
1100	Erste Gründungen von Universitäten in Europa **1155–1227:** Dschingis Khan, Begründer des mongolischen Reichs		**1135–1204:** Maimonides, Arzt, Religionsphilosoph und Gelehrter **1136–1137:** Große Judenverfolgung in Westeuropa

		Ausarbeitung des Gesetzbuchs von Manu (Schöpfungsgeschichte)	**100:** Neben dem Hinayana (Kleines Fahrzeug) hat sich das Mahayana (Großes Fahrzeug) geformt
251–356: Antonius der Große, Eremit		Das Kamasutra wird verfasst.	
313: Edikt von Mailand toleriert die Christen im Römischen Reich. **325:** Konzil* von Nicaea **330:** Der äthiopische König tritt zum Christentum über. **354–430:** Augustinus, Kirchenlehrer **381:** Konzil von Konstantinopel			
Um 480–547: Benedikt, Gründer des Benediktinerordens **Um 496:** Übertritt des französischen Königs Chlodwig zum Christentum			
Um 520–600: Columban der Jüngere, Mönch, Missionar	**Um 570:** Mohammed wird geboren.	**Ab 500:** Abfassung der *Puranas,* u. a. des Vishnu- und Shivakults	Gründung des Zen-Buddhismus in China durch Bodhidharma Einführung des Buddhismus in Japan
	610: Mohammed hat die ersten Offenbarungen des Koran. **622:** Hidschra (Flucht Mohammeds nach Medina); Beginn der muslimischen Zeitrechnung **632:** Tod Mohammeds **656:** Kalifat* der Omaijaden **661:** Spaltung zwischen Schiiten, Sunniten und Charidschiten		Einführung des Buddhismus in Tibet
	712: Eroberung Spaniens durch die Omaijaden **750:** Das Kalifat geht von den Omaijaden an die Abbasiden über. **762:** Entwicklung der ismaelitischen Glaubensrichtung		Entwicklung des tantrischen Buddhismus in Tibet
			845: Verfolgung der Buddhisten in China
988: Taufe Wladimirs I., des Großfürsten von Kiew (Ukraine)	**922:** Hinrichtung des Mystikers Halladsch Verschiedene Gegen-Kalifate, u. a. der schiitischen Fatimiden		
Um 1035–1101: Bruno von Köln, Begründer des Kartäuserordens **1054:** Großes Schisma* zwischen der Kirche* im Westen und im Osten **1096:** 1. Kreuzzug nach Jerusalem **1099:** Kreuzfahrer in Jerusalem	**980–1037:** Avicenna (Ibn Sina), Arzt, Philosoph und Mystiker **Um 1020:** Entstehung der religiösen Bewegung der Drusen **1058–1111:** Al-Ghasali, Mystiker des Sufismus		**1043–1123:** Milarepa, tibetischer Yogi
1098–1179: Hildegard von Bingen, Nonne, Mystikerin, Ärztin **1170–1221:** Dominikus, Gründer des Dominikanerordens **1182–1226:** Franz von Assisi, Gründer des Franziskanerordens	**1187:** Saladin erobert Jerusalem von den Kreuzfahrern zurück. **1126–1198:** Averroes (Ibn Ruschd), spanisch-muslimischer Philosoph		**Um 1192:** Einführung des Zen-Buddhismus in Japan

1200	Christliche Gelehrte übersetzen die Werke arabischer Wissenschaftler. **1206–1526:** Sultanat von Delhi (Indien) **1271:** Marco Polos Chinareise	Azteken siedeln sich in Mexiko an und übernehmen später die Vorherrschaft.	**1260–1280:** Der Sohar, das Hauptwerk der Kabbala wird verfasst. **1290:** Vertreibung der Juden aus England
1300	**1337–1453:** Hundertjähriger Krieg **1347–1352:** Die Pest wütet in Europa.		**1394:** Vertreibung der Juden aus Frankreich
1400	**1453:** Die Osmanen erobern Konstantinopel; Ende des oströmischen Reichs. **1492:** Christoph Kolumbus entdeckt den amerikanischen Kontinent.	**1450–1532:** Vorherrschaft der Inka in Südamerika **1469–1539:** Guru Narnak, Religionsstifter des Sikhismus	**1492:** Vertreibung der Juden aus Spanien
1500	**1519–1521:** erste Weltumsegelung durch Magellan **1543:** Kopernikus beweist, dass sich die Planeten um die Sonne drehen.	**1521:** Der spanische Konquistador Cortez vernichtet die aztekische Zivilisation.	
1600	**1648:** Faktisches Ende des Heiligen Römischen Reichs (Westfälischer Friede)		
1700	Zeitalter der Aufklärung in Europa **1776:** Unabhängigkeit der Vereinigten Staaten von Amerika **1789:** Beginn der Französischen Revolution		Allmähliche Emanzipation der Juden in Europa In Polen entsteht der Chassidismus.
1800	**1804–1815:** Herrschaft Kaiser Napoleons I. **1810:** Beginn der Entkolonialisierung in Lateinamerika **1818–1883:** Karl Marx, Begründer des Kommunismus	**1863:** Begründung des Bahaismus	**1897–1904:** Entstehung des politischen Zionismus
1900	**1914–1918:** Erster Weltkrieg **1939–1945:** Zweiter Weltkrieg **Ab 1946:** Entkolonialisierung in Asien und Afrika **1989:** Fall der Berliner Mauer und Zerfall der UdSSR		**1905–1995:** Emmanuel Lévinas, französischer Philosoph **1942–1945:** Schoa (Holocaust), Deportation und Vernichtung von rund 6 Millionen Juden **1948:** Gründung des Staates Israel, erster Israelisch-Arabischer Krieg **1987:** Beginn der Intifada in den von Israel besetzten Gebieten
2000	**2001:** Attentate der al-Qaida auf das World Trade Center in New York und auf das Pentagon		

1224–1274: Thomas von Aquin, Theologe, Philosoph **1270:** Ende des letzten Kreuzzugs	**1207–1273:** Rumi, persischer Sufi-Mystiker **1258:** Ende der Herrschaft der Abbasiden-Kalifen* **Um 1280:** Anfänge des Osmanischen Reichs		**1200–1253:** Dōgen, Begründer des Soto-Zen **1222–1282:** Nichiren, buddhistischer Mönch in Japan **1250:** In Indien verschwindet der Buddhismus fast gänzlich.
1455: Gutenberg-Bibel **1491–1556:** Ignatius von Loyola, Mönch, Gründer des Jesuitenordens **1492:** Rückeroberung Spaniens durch die Katholiken (Reconquista)	**1492:** Eroberung Granadas und Ende der Maurenherrschaft in Spanien		**1409:** Entstehung der Gelug-Schule in Tibet
1517: Martin Luther löst die protestantische Reformation aus. **Um 1526:** Beginn der Missionierung Lateinamerikas **1534:** Calvin stellt in Genf eine puritanische Kirchenordnung auf. **1534:** Gründung der Kirche von England (Anglikaner) **1560:** Gründung der presbyterianischen Kirche **1562–1598:** Hugenottenkriege	**1500:** Der schiitische Islam wird Staatsreligion in Persien (heute Iran). **1520–1566:** Süleyman der Prächtige herrscht über das Osmanische Reich.	**1503–1570:** Mira Bai, Dichterin und Anhängerin Krishnas	
	1683: Der Vormarsch der Türken wird bei Wien (Österreich) gestoppt.		
1729: Entstehung der methodistischen Strömung (Freikirche)	Gründung des Wahhabismus		
1830: Gründung der Kirche der Mormonen **Ab 1885:** intensive Missionierung in Afrika	**1857:** Ende der Moghul-Herrschaft in Indien **Um 1890:** Gründung der Bruderschaft der Muriten (Senegal)	**1836–1886:** Ramakrishna, hinduistischer spiritueller Meister	
1901: Geburt der Pfingstbewegung **1905:** Trennung von Kirche und Staat in Frankreich **1948:** Schaffung des Ökumenischen Rats der Kirchen **1962–1965:** Zweites Vatikanisches Konzil **1964:** Martin Luther King erhält den Friedensnobelpreis.	**1924:** Abschaffung des Kalifats durch Atatürk **1979:** islamische Revolution im Iran unter Ayatollah Khomeini	**1869–1948:** Gandhi, Führer der indischen Unabhängigkeitsbewegung **1872–1950:** Sri Aurobindo, indischer Philosoph	**1937:** Entstehung der Soka-gakkai in Japan **1959:** Der Dalai-Lama muss aus Tibet ins Exil fliehen. **Ab 1960:** Der Westen interessiert sich zunehmend für den Buddhismus.
	2001: Sturz des Talibanregimes in Afghanistan		

Glossar

Amen
Das in den drei monotheistischen Religionen gebrauchte „Amen" bekräftigt das Gesagte. Man kann es mit „So sei es" übersetzen.

Anarchie
Ablehnung jedes organisierten Regierungssystems und einer Staatsgewalt.

Antisemitismus
Verbaler oder tätiger Angriff gegen Juden.

Askese
Übung zur Kontrolle der körperlichen Bedürfnisse, um das spirituelle Leben weiterzuentwickeln. **Asketen** gibt es in fast allen Religionen.

Atheist
Anhänger des **Atheismus**, der die Existenz eines Gottes leugnet. Nicht mit dem Agnostiker zu verwechseln, der es für nicht möglich hält, die Existenz Gottes zu erkennen.

Auferstehung
Rückkehr eines Verstorbenen mit Leib und Seele in ein neues Leben. Für die Christen bedeutet die Auferstehung Christi das Versprechen eines ewigen Lebens in einer anderen Welt.

Beschneidung
Operation, bei der die Vorhaut eines Knaben entfernt wird (Zirkumzision). Sie wird bei Juden, Muslimen und in zahlreichen Naturreligionen praktiziert. Die Beschneidung ist ein Symbol für den Bund mit Gott.

Bodhisattva
Buddhistisches Ideal: Jemand, der die Erleuchtung quasi erreicht hat, aber auf den Einzug ins Nirvana verzichtet, um allen Wesen zu helfen.

Bund
In den monotheistischen Religionen offenbart sich Gott den Menschen und schließt mit ihnen einen Bund: Für ihre Treue wird er sie unterstützen.

Buße
Bedauern über begangene Fehler gegenüber Gott, verbunden mit dem Willen, sie nicht wieder zu begehen. Buße tun bedeutet, sich zur Wiedergutmachung eines Fehlers besondere Mühe geben.

Credo
(Lateinisch: Ich glaube). Zusammenfassung wichtiger Glaubensgrundsätze einer Religion oder Denkschule. Auch als **Glaubensbekenntnis** bezeichnet.

Demokratie
Politisches System, in dem das Volk im Allgemeinen Repräsentanten wählt, die die Regierung bilden.

Dogma
Glaubensgrundsatz der Christen; im weiteren Sinn jede unantastbare Grundüberzeugung einer Gruppe.

Dreifaltigkeit
siehe Trinität

Dschihad
Arabischer Begriff für den Einsatz eines muslimischen Gläubigen zur Verteidigung seiner Religion. Wird häufig als „heiliger Krieg" übersetzt, wobei der Dschihad nach dem Koran ein Defensivkrieg ist: Eigentlich bedeutet Dschihad das Bemühen im Dienste Gottes.

Erleuchtung
Im Buddhismus Erwachen zur Wahrheit. Sie wird durch das Ausüben der buddhistischen Lehre erreicht.

Evangelium
(Griechisch: frohe Botschaft). Die Verkündung Jesu vom beginnenden Gottesreich, außerdem die Schriften der vier **Evangelisten** über das Leben Christi. Einige protestantische Bewegungen bezeichnen sich als evangelische Kirchen.

Exkommunikation
Ausschluss eines Kirchenmitglieds aus der Kirchengemeinschaft. Strafe der katholischen Kirche. Der Exkommunizierte darf keine Sakramente empfangen und kein kirchliches Amt ausüben.

Fundamentalist
Gläubiger, der die Schriften seiner Religion buchstabengetreu auffasst und keine oder nur eine stark eingeschränkte Interpretation duldet. Im weiteren Sinn jemand, der kompromisslos an seinen politischen und religiösen Grundsätzen festhält.

Geist
Nichtkörperlicher Teil des Menschen; im weiteren Sinn der Teil, der den Körper nach dem Tod verlässt. Auch Bezeichnung eines imaginären (Phantom) oder rein spirituellen Wesens (Dämon, Gott). Für monotheistische Religionen inspiriert der von Gott eingehauchte Geist die Menschen. Im Christentum ist der **Heilige Geist** eine der drei Erscheinungsformen Gottes.

Gelobtes Land
Als sich Gott Abraham offenbart, verspricht er ihm zahlreiche Nachkommen und ein Siedlungsgebiet, das Gelobte Land.

Gericht: Toten-~, Jüngstes ~, himmlisches ~, Welt-~
In vielen Religionen wird beim Übergang in ein jenseitiges Leben das Dasein des Verstorbenen auf Erden bewertet. Oft steht am Ende der Zeit ein großes Weltgericht.

Guru
In Indien Bezeichnung für einen „ehrwürdigen Lehrer".

Häresie
Von der offiziellen Lehrmeinung abweichende Glaubenslehre. Als **Häretiker** oder **Ketzer** bezeichnet man auch Personen, die von der Linie einer offiziellen Institution abweichen.

Heil
Im christlichen Sprachgebrauch das Versprechen Gottes, die Menschheit von der Macht des Todes zu erlösen. Die Christen nennen Jesus auch den **Heiland**, den Erlöser.

Heiland
siehe Heil

Heilige Schrift(en)
Heilige Bücher einer Religion; in der jüdisch-christlichen Kultur wird die Bibel auch als Heilige Schrift bezeichnet.

Heiliger Geist
siehe Geist

Hölle
In den monotheistischen Religionen der Ort, an den die Bösen nach ihrem Tod zur Strafe verbannt werden. Die antiken Mythologien sprechen von der **Unterwelt** oder dem **Jenseits** als Aufenthaltsort der Toten.

Kalif
siehe Kalifat

Kalifat
Vom arabischen Wort **Kalif** (Nachfolger) abgeleitet; es bezeichnet die Herrschaft eines **Kalifen** über die muslimische Gemeinschaft nach Mohammeds Tod.

Kanon
Offizielle Liste der heiligen Bücher einer Religion.

Kardinal
Höchste Würdenträger der katholischen Kirche und des Caodaismus. Die katholischen Kardinäle wählen den Papst.

Karma
Im Hinduismus und Buddhismus ein universelles Gesetz, nach dem Handlungen in einem früheren Leben das augenblickliche Leben bestimmen. Die Reinkarnation hängt vom Karma ab: Wer schlecht war, wird auf einer schlechten Stufe, wer gut war, auf einer guten Stufe wiedergeboren. Ziel ist das Ende des Geburtenkreislaufs und die Erlösung vom Leid.

Katechismus
Lehrbuch über die Glaubensgrundlagen des Christentums.

Kirche
Versammlungsort der Christen, also das dem Gottesdienst geweihte Gebäude, aber auch Bezeichnung einer organisierten christlichen Glaubensgemeinschaft.

Kommunismus
Auf den Theorien von Karl Marx basierende politische Lehre, die durch Abschaffung aller Privilegien die Gleichheit der Menschen erreichen will.

Konzil
Versammlung der Vertreter einer Religion zur Klärung wichtiger Fragen. Der ursprünglich auf das Christentum bezogene Begriff findet sich auch im Buddhismus.

Laie
Im Christentum und Buddhismus jeder, der nicht zum Klerus gehört, das heißt kein Priester, Mönch usw. ist.

Laizismus
Bestrebung, Kirche und Staat strikt voneinander zu trennen und den Einfluss der Religionen auf Staat und öffentliches Leben möglichst einzuschränken.

Liturgie
Regeln, die den Ablauf der religiösen Zeremonien festlegen. Der **liturgische Kalender** oder **Kirchenkalender** listet die religiösen Feste im Verlauf eines Jahres auf.

Marabut
Ein islamischer Heiliger aus Nordafrika, dem Gläubige eine Grabstätte errichtet haben, zu der sie pilgern, um dort seinen Schutz zu erbitten. Auch Bezeichnung für die Grabstätte.

Mariä Verkündigung
Christliches Fest zur Erinnerung an die Verkündigung des Engels Gabriel („Ave Maria"), der Maria die Geburt ihres Sohnes Jesus ankündigt.

Messias
Von den Juden erwarteter Retter, der das Königreich Gottes auf Erden errichten wird. Für die Christen ist Jesus der Messias.

Monotheismus
Glaube an einen einzigen Gott.

Mystik
Spiritueller Weg zur Erfahrung einer absoluten Einheit oder zur unmittelbaren Begegnung mit Gott/dem Absoluten. Als **Mystiker** bezeichnet man Angehörige verschiedener Religionen, die diese Erfahrung gemacht haben.

Mystiker
siehe Mystik

Nationalsozialismus
In Deutschland nach dem Ersten Weltkrieg aufgekommene nationalistische und rassistische Bewegung, die 1933 zur Errichtung einer Diktatur unter Reichskanzler Adolf Hitler führte. Die menschenverachtende Ideologie war Grundlage des deutschen Eroberungskriegs ab 1939 und des Völkermords an den Juden.

Nirvana
Im Buddhismus Zustand der völligen Loslösung, wenn die Person aus dem Kreislauf der Reinkarnationen befreit wird und von allen Beziehungen zum Dasein erlöst wird. Diese Erlösung wird von den Hindus als Moksha bezeichnet.

Ordination
In einigen christlichen Kirchen ein Sakrament, durch das ein Mann (manchmal auch eine Frau) als Priester eingesetzt oder **geweiht** wird.

Ostern
Christliches Fest zum Gedenken an die Auferstehung Jesu Christi.

Pessah
Jüdisches Fest zum Gedenken an den Auszug des israelitischen Volkes aus Ägypten.

Pfingsten
Christliches Fest am 50. Tag nach Ostern, erinnert an die Sendung des Heiligen Geistes an die Apostel.

Polytheismus
Glaube an mehrere Götter; Gegenteil von Monotheismus.

profan
(Lateinisch: vor dem heiligen Bezirk). Alles, was weltlich und nicht heilig oder zur Religion gehörig (sakral) ist.

Prophet
Person, die Gott beauftragt hat, seine Botschaft den Menschen zu überbringen.

Reinkarnation
Wiedergeburt nach dem Tod in einem anderen Körper oder einer anderen Form. Hindus und Buddhisten glauben an Reinkarnationen. Die Stufe der Reinkarnation hängt vom vorherigen Leben (Karma) ab.

Reliquie
Körperteile eines Heiligen oder Gegenstände, die er benutzt haben könnte. Die Verehrung von Reliquien ist in vielen Religionen üblich.

Ritus
Von einer Religion empfohlene Abfolge von Gesten (Kulthandlungen, häufig kombiniert mit Worten) zur Verehrung von Geistern oder Göttern. Ritus oder **Ritual** bezeichnet auch alle liturgischen Regeln einer Glaubensgemeinschaft. Im weiteren Sinn ist ein Ritual eine bedeutungsvolle Geste (religiös und nichtreligiös), die man regelmäßig wiederholt.

Sadhu
Hinduistischer Asket, der meist in Armut lebt.

Sakrament
Besonderer heiliger Ritus im Christentum, durch den Gott auf die Menschen einwirkt (zum Beispiel Taufe).

Schamanismus
Religionsform, bei der ein Eingeweihter, der **Schamane**, als Vermittler zwischen den Gottheiten und den Gläubigen steht. Er „reist" zu Göttern, um sie zu kontrollieren und den Anhängern Schutz oder Heilung zu gewähren.

Scharia
Direkt aus dem Koran abgeleitetes islamisches Recht.

Sekte
Religiöse Gruppierung, die sich von einer Mutterreligion abgespalten hat. Oft auch eine Glaubensrichtung, die einem charismatischen Führer folgt.

Sünde
Bezeichnet im religiösen Sprachgebrauch die Übertretung eines (göttlichen) Gebots. Man kann sich auch an Menschen versündigen.

Synkretismus
Verschmelzung von Glaubenssätzen und -praktiken aus verschiedenen Religionen.

Taufe
In allen christlichen Bewegungen praktiziertes Ritual, um den Eintritt in die Kirche zu kennzeichnen. Seit dem Mittelalter verbindet man die Verleihung des Vornamens mit der Taufe.

Tempel
Geweihtes Gebäude, das dem sakralen Kult bzw. der Verehrung eines Gottes dient. Im Judentum der Tempel in Jerusalem (zweimal zerstört, endgültig 70 n. Chr.).

Theokratie
Politisches System, welches sich auf die Vorstellung stützt, dass Gott durch eine von ihm auserwählte regierende Person oder Gruppe vertreten wird.

Theologie
Das griechische Wort *Theos* bedeutet Gott. Lehraussagen der **Theologen** über alles, was Gott betrifft.

Tradition
Kulturelle Überlieferung, die als Bezugspunkt dient; in den Religionen speziell die Weitergabe von Riten, Berichten, Auslegungen und Kommentaren zu religiösen Fragen in mündlicher und schriftlicher Form.

Trinität
Christliche Vorstellung, nach der sich Gott in drei „Personen" (Vater, Sohn und Heiliger Geist) offenbart; auch als **Dreifaltigkeit** oder **Dreieinigkeit** bezeichnet. Der Hinduismus verwendet den Begriff **Trimurti** (Dreigestalt), um die Dreiheit der Götter Brahma, Shiva und Vishnu zu bezeichnen.

Umma
Von dem arabischen Wort für „Mutter" abgeleitet. Umma bezeichnet die Gemeinschaft der gläubigen Muslime, wie Kirche die Gemeinschaft der Christen oder Sangha die der Buddhisten bezeichnet.

Veden
Älteste Schriften der Hindu-Religion.

weihen
Etwas Gott (den Göttern) zuweisen. Als Weihe (Konsekration) wird auch der Moment der Messe bezeichnet, in dem der Priester Brot und Wein weiht und damit verwandelt.

Yogi
Mensch, der das Yoga (Sanskrit: verbinden) praktiziert, zum Beispiel um mit dieser Meditationsmethode die Selbstvervollkommnung zu erreichen bzw. die Verbindung zum Göttlichen zu finden.

Register

Bildnachweis

Umschlag

Vorderseite: Foto: T. Page/CORBIS.

Buchrücken: BNF, Paris.

Backcover (von oben nach unten): G. DAGLI ORTI; H. Lewandowski/RMN; Ph. Lissac/GODONG; R.-G. Ojéda/RMN.

Inhalt: S. 6 ol: S. Giampaia; ul: AKG; m: INKLINK; or: R.-G. Ojéda/RMN; ur: P. Wysocki/LUMIERE DU MONDE.COM. S. 7 ol: P. Deloche/GODONG; ul: E. Cagatay/GAMMA; mo: J.-L. Manaud/RAPHO/HOA-QUI; mu: H. Lewandowski/RMN; d: Ph. Lissac/GODONG. S. 8 ol: BNF, Paris; ul: BNF; m; L. Hérault; or: P. Deloche/GODONG; mr: U. Andersen/GAMMA; ur: AKG. S. 9 l: Ph. Lissac/GODONG; mo: N. Quidu/GAMMA; mm: GODONG; mu: W. Guyot/CIRIC; or: I. Hanan/GODONG; ur: P. Cocco/CIRIC.

Warum gibt es Religionen?

S. 10–11: W. Buss/HOA-QUI. S. 12 o: Nasa/USGS/DMSP/Ciel und Espace; u: H. Dalhoff/S.P.L./COSMOS. S. 13 o: D.A. Hardy/S.P.L./COSMOS; u: RUE DES ARCHIVES/BCA. S. 14 o: J. Brandste/AKG-IMAGES; m: J. Brabdste/AKG-IMAGES; u: D. Gifford/S.P.L./COSMOS. S. 15 o: Werner Forman/AKG-IMAGES; m: AKG-IMAGES; u: E. Lessing/AKG-IMAGES. S. 16 o: AKG-IMAGES; ul: E. Lessing/AKG-IMAGES; ur: J.-L. Nou/AKG-IMAGES. S. 17 o: Museo Casa Diego Rivera/BRIGDEMAN; m: S. Held/AKG-IMAGES; u: H. Bock/AKG-IMAGES. S. 18 o: M. Docher/CIRIC; m: E. Lessing/AKG-IMAGES; u: Archives CDA/St-Genès/AKG-IMAGES. S. 19 o: F. Guénet/AKG-IMAGES; ul: M. Docher/CIRIC; ur: T. Goisque/CIRIC. P. 20 o: D. Scott/HOA-QUI; m: X. Zimbardo/HOA-QUI; u: G. Bosio/HOA-QUI. S. 21 o: V. Durruty/HOA-QUI; m: Hulton Deutsch Collection/CORBIS; ul: Bibliothèque nationale, Paris/Archives Charmet/BRIGDEMAN; ur: Rabatti-Domingie/AKG-IMAGES. S. 22 o: Bettmann/CORBIS; ul: The Cover Story/CORBIS; ur: Historical Picture Archive/CORBIS. S. 23 o: M. Renaudeau/HOA-QUI; ul: Johnston Nicky-FSP/GAMMA; ur: S. Vannini/CORBIS. S. 24–25 Zeichnungen: Zaza de la Concepción.

Alte Religionen

S. 26–27: Zaza de la Concepción. S. 28 ol: H. Lewandowski/RMN; m: WARA; ul: L. Hamon/RMN. S. 29 o: J. Wellard/SONIA HALLIDAY PHOTOGRAPHS; u: Photodisc. S. 30 o: Ch. Larrieu/RMN. S. 31 or, ml: F. Raux/RMN; um: R. G. Ojéda/RMN; ur: H. Lewandowski/RMN. S. 32: F. Maruéjol. S. 34 o: Chuzeville/RMN. S. 35 o: F. Maruéjol; u: Chuzeville/RMN. S. 36 o, um: E. Lessing/AKG; mr: AKG. S. 37: H. Lewandowski/RMN. S. 38 r: ROGER-VIOLLET. S. 39 mr: H. Lewandowski/RMN; u: Pirozzi/AKG. S. 40 or: J. G. Berizzi/RMN; ml: J. Hios/AKG; u: Bulloz/RMN. S. 41 o: AKG; mr: G. Blot/RMN; ul: C. Jean/RMN. S. 42 o: AKG; u: Harlingue/ROGER-VIOLLET. S. 43: AKG. S. 44 o: W. Forman/AKG; u: Wojtek/HOA-QUI. S. 45 o: AKG.

Judentum, Christentum, Islam

S. 46–47: H. Isachar/GODONG. S. 48 o: E. Lessing/AKG; m: H. Isachar/GODONG; u: AKG. S. 49 o: S. Lehr/CIRIC; u: R.-G. Ojéda/RMN. S. 50 o: Erich Lessing/AKG; u: BNF. S. 51 o: British Library/AKG; ur: E. Lessing/AKG. S. 52 o: AKG; m: Archives Charmet/BRIDGEMAN-GIRAUDON; ul: Ph. Lissac/GODONG. S. 53 or: A. Duclos/GAMMA. S. 54 o: Ph. Lissac/GODONG; ml: S. Lehr/CIRIC; mr: H. Isachar/GODONG; ul: H. Isachar/GODONG; ur: Hill Debbie/UPI/GAMMA. S. 55 o: P. Deloche/GODONG; ml: H. Isachar/GODONG; mr: K. Ziv/GAMMA; u: Ph. Lissac/GODONG. S. 56 ol: H. Isachar/GODONG; or, ul und ur: Ph. Lissac/GODONG. S. 57: Ph. Lissac/GODONG. S. 58 o: Ph. Lissac/GODONG; u: R. G. Ojéda/RMN. S. 59 o: R. Mulder/GODONG; u: S. Lehr/CIRIC. S. 60 o: J.-L. Luyssen/CIRIC; u: S. Lehr/CIRIC. S. 61 o: Ph. Lissac/GODONG; ul und ur: S. Lehr/CIRIC. S. 62: R.-G. Ojéda/RMN. S. 63 o: Ojéda-Le Mage/RMN; u: G. Blot/RMN. S. 64 o: J. G. Berizzi/RMN; mr: G. Blot/RMN; u: Le Mage/RMN. S. 65 o: J. G. Berizzi/RMN; u: M. Bellot/RMN. S. 66 o: R.-G. Ojéda/RMN; u: P. Deloche/GODONG. S. 67 or: AKG; m: D. R.; u: Ph. Lissac/GODONG. S. 68 o: J.-M. Mazerolle/CIRIC; u: H. Isachar/GODONG. S. 69 o: AKG; ul, ur: P. Deloche/GODONG. S. 71: o: Ph. Lissac/GODONG; m: P. Deloche/GODONG; u: R. Job/GAMMA. S. 72 o: E. Lessing/AKG; u: G. DAGLI ORTI. S. 73 o: G. DAGLI ORTI; u: Harlingue/ROGER-VIOLLET. S. 74 ol: P. Deloche/GODONG; mr: K. Zavrazhin/GAMMA; u: AKG. S. 75 o: R. Martin/CIRIC; u: D. Hill/UPI/GAMMA. S. 76 ml, ul: P. Wysocki/LUMIERE DU MONDE.COM. S. 77 or: A. Ziad/CIRIC. S. 78 o: L. Anticoli/GAMMA; m: G. Merillon/GAMMA. S. 79 o: E. Vandeville/GAMMA; ul: Ph. Lissac/GODONG; um: P. Deloche/GODONG. S. 80 o: Deloche-Lissac/GODONG; u: A. Pinoges/CIRIC. S. 81: J. G. Berizzi/RMN. S. 82 o, m: RMN; u: Cameraphoto/AKG. S. 83 ol: P. Deloche/GODONG; or: A. Pinoges/CIRIC; u: Ph. Lissac/GODONG. S. 84 u: P. Deloche/GODONG. S. 85 ul: C. Simon/CIRIC; ur: B. Cavanagh/CIRIC. S. 86 ml: Ph. Lissac/GODONG; mr: Wysocki/LUMIERE DU MONDE.COM; u: P. Pugin/CIRIC. S. 87 o: P. Deloche/GODONG; ml: Ph. Lissac/GODONG; ur: J.-C. Gadmer/CIRIC. S. 88 ol: Ph. Lissac/GODONG; m: P. Deloche/GODONG; u: F. Cogan. S. 89 o: P. Deloche/GODONG. S. 90: AKG. S. 91 o: AKG; u: Sammlung ES/KEYSTONE. S. 92 o: AKG; u: P. Landmann/GAMMA. S. 93 o: I. Jones/GAMMA; u: J. Silva/GAMMA. S. 94 or: K. Brooks/GAMMA; ml: Ph. Lissac/GODONG; u: J. Brun/EXPLORER/HOA-QUI. S. 95 o: H. Thompson/KATZ/GAMMA; u: Th. Witte/GAMMA. S. 96 ml: K. Bernstein/FSP/GAMMA; ul: D. Fugère/LUMIERE DU MONDE.COM; um: R. Job/GAMMA. S. 97 ol: A. Pinoges/CIRIC; or: P. Deloche/GODONG. S. 98 o: S. Gladieu/GAMMA; u: CPP/CIRIC. S. 99 o: Gilolo & Ufutu/Diangienda Kuntima/Espoir du monde, EKI éditions 2005; u: A. Buu/GAMMA. S. 100 ol: ChristopheL; or: A. Zamur/GAMMA. S. 101 ol: Cameraphoto/AKG; or: F. Raux/RMN; ul: Ph. Lissac/GODONG; ur: R. et S. Michaud/RAPHO. S. 102: ROGER-VIOLLET. S. 103 Kalligrafie: Ghani Alani; u: BNF, Paris. S. 104 o: World Religions Photo Library/PHOTO12.COM; m: BNF; u: P. DELOCHE/GODONG. S. 105 o: RMN; u: F. de Mulder/ROGER-VIOLLET. S. 106 o: Privatsammlung/THE BRIDGEMAN ART LIBRARY; m: Thomas Coex-Stf/AFP; u: P. Deloche/GODONG. S. 107 o: ROGER-VIOLLET; u: E. Cagatay/GAMMA. S. 108 o: P. Deloche/GODONG; Reihe u: P. Deloche/GODONG. S. 109 o: I. Macé; u: G. DAGLI-ORTI. S. 110–111: M. Lounes/GAMMA. S. 112 o: Alset Ziad/CIRIC; u: Ruchdi-Otte/GAMMA. S. 113 o: RUE DES ARCHIVES; u: Alset Ziad/CIRIC. S. 114 o: Kunsthistorisches Museum, Wien, Österreich/THE BRIDGEMAN ART LIBRARY; m: Daher/GAMMA; u: Siladi-Djenidi/GAMMA. S. 115 o: R. Eslami/GAMMA; u: Erik Fearn/HBL Network/GAMMA. S. 116 o: I. Aguirre Bujedo/GAMMA; m: O. Martel/GAMMA; u: Anne Delassus. S. 117 ol: I. Stergiou/GAMMA; or: C. Le Tourneur d'Ison/GAMMA; m: Humphries/HBL/GAMMA; u: ESLAMI RAD/GAMMA. S. 118 o: P. Lissac/GODONG; u: E. Sagatini/CORBIS. S. 119 o: C. Treal/GAMMA.

Weitere Religionen

S. 120–121: P. Deloche/HOA-QUI. S. 122 o: J.-L. Manaud/RAPHO/HOA-QUI; u: E. Baccega/HOA-QUI. S. 123 o: O. Martel/HOA-QUI; ul: M. Malherbe; ur: N. Thibaut/HOA-QUI. S. 124 o: O. Martel/GAMMA; ml: THE BRIDGEMAN ART LIBRARY; mr: P. Deloche/GODONG; u: X. Rossi/GAMMA. S. 125 ul: X. Rossi: GAMMA; ur: F. Lochon/GAMMA. S. 126 o: A. Buu/GAMMA; u: Fitzwilliam Museum, University of Cambridge, UK/THE BRIDGEMAN ART LIBRARY. S. 127 o: Privatsammlung, Paul Freeman/THE BRIDGEMAN ART LIBRARY; m: THE BRIDGEMAN ART LIBRARY. S. 128 o: S. GRANDADAM/HOA-QUI; u: K. Kurita/GAMMA. S. 129 o: K. Kurita/GAMMA; ul: SIPA; ur: R. Ergenbright/CORBIS. S. 130 o: S. Sprague/

CIRIC; u: Ph. Lissac/GODONG. S. 131 o: R. Nickelsberg/GAMMA; u: L. Rousseau/HOA-QUI. S. 132 o: F. Soltan/HOA-QUI; u: F. Soltan/ HOA-QUI. S. 133 u: H. Lewandowski/RMN. S. 134 o: P. Lissac/GO-DONG; u: R. Nickelsberg/GAMMA. S. 135 ol: P. Deloche/GODONG; or: P. Lissac/GODONG; u: M. Gounot/GODONG. S. 136 o: C. Bois-vieux/HOA-QUI; ml und mr: A. Riva; Hand: Zaza de la Concepción. S. 137 o: P. Deloche/GODONG; m: J. Szymaszek/SIPA; ul: J.-L. Nou/ AKG-IMAGES; ur: P. Deloche/GODONG. S. 138 o: R. Nickelsberg/ GAMMA; m: F. Darthevel/GAMMA; u: O. Gurinder/AP/SIPA. S. 139 ol: Chalasani/SIPA; or: S. Basak/GAMMA; m: Rajesh Kumar Singh/ AP/SIPA; u: M. Gounot/GODONG. S. 140 o: T. Ollivier/RMN. S. 142 o und u: T. Ollivier/RMN. S. 143: G. Truffandier/GAMMA. S. 144 o: Oxiane: GAMMA; m: R. Mulder/GODONG; u: E. Vandeville/ GAMMA. S. 145 o: P. Deloche/GODONG; m: U. Andersen/GAMMA; u: F. Lochon - F. Reglain/GAMMA. S. 146 o: P. Lissac/GODONG; m: AKG-IMAGES. S. 147 ul: Z. Koren/GAMMA; ur: P. Lissac/GODONG. S. 148: M. Ponta/CIRIC. S. 149: X. Rossi/GAMMA. S. 150 o: GAMMA; u: GAMMA. S. 151 o: J. Calder/Camera Press/GAMMA; u: Frilet/SIPA. S. 152: K. Kurita/GAMMA.

Heilige Bücher

S. 154–155: SONIA HALLIDAY PHOTOGRAPHS. S. 156 o: Ph. Lissac/GODONG; u: Ph. Lissac/GODONG. S. 157 o: M. Crozet/ CIRIC; u: S. Glandieu/GAMMA. S. 158–159: E. Lessing/AKG. S. 160 o und m: BNF; u: J. G Berizzi/RMN. S. 161 ol und or: E. Lessing/AKG; u: J. Schormans/RMN. S. 162 o: Rabatti-Domingie/AKG; m: AKG; u: BNF. S. 163 o: CIRIC; u: Collection cinéma/PHOTO12.COM. S. 164 o: T. Spiegel/ CORBIS. S. 165 o: R. T. Nowitz/CORBIS. S. 166 ol: Baitel-Benainous/GAMMA; or und m: AKG; u: Papa Razzo/CIRIC. S. 167 o: Ph. Lissac/GODONG; ml: BNF; mr: AKG; u: E. Lessing/AKG. S. 168 ol: E. Lessing/AKG; mr: AKG; u: RMN. S. 169 o: Pirozzi/AKG; mr: Walker Art Gallery/BRIDGEMAN GIRAUDON; ml: Collection cinéma/PHOTO12.COM; u: G. DAGLI ORTI. S. 170: P. Deliss/ GODONG. S. 171: A. Griffiths Belt/CORBIS. S. 172–173: AKG. S. 173 mr: G. Blot/RMN. S. 174: AKG. S. 175 o: Arnaudet/RMN; m: G. Blot/RMN; u: AKG. S. 176 o, mr: AKG; ul: S. Grandadam/GETTY. S. 177 o: FSP/GAMMA; m: R. Taurines/CIRIC; u: Ph. Lissac/GODONG. S. 178–179: Rabatti-Domingie/AKG. S. 180 o: G. Blot/RMN; u: J. Martin/AKG. S. 181 o: AKG/Cameraphoto; ul: Rabatti-Domingie/ AKG; ur: G. DAGLI ORTI. S. 182 Kalligrafie: Ghani Alani; u: M. Docher/CIRIC. S. 183 o: M. Gounot/GODONG; ul: BNF, Paris/THE BRIDGEMAN ART LIBRARY; ur: E. Lessing/AKG-IMAGES. S. 184 o: THE BRIDGEMAN ART LIBRARY; u: THE BRIDGEMAN ART LIBRARY. S. 185 o: Archives Charmet/THE BRIDGEMAN ART LIBRARY; u: BNF. S. 186: Y. Gellie/GAMMA. S. 187: BNF. S. 188–189: J.-L. Nou/AKG-IMAGES. S. 190 o: J.-L. Nou/AKG-IMAGES; m: J.-L. Nou/AKG-IMAGES. S. 191 o: F. Guénet/AKG-IMAGES; u: J.-L. Nou/AKG-IMAGES. S. 192: F. Soltan/HOA-QUI. S. 193 o: I. Turner/FSP/GAMMA; u: A. Pinoges/ CIRIC. S. 194 ol: P. Deloche/GODONG; or: F. Soltan/HOA-QUI; ml: M. Gounot/GODONG; mr: F. Cavazzana/HOA-QUI; u: P. Deloche/ GODONG. S. 195 ol: P. Deloche/GODONG; or: P. Lissac/GODONG; m1l: E. Kowall und Nazima/GAMMA; mr: P. Deloche/GODONG; m2l: J.-C. Gadmer/CIRIC; m2r: P. Lissac/GODONG; ul: N. Quidu/GAMMA; ur: P. Lissac/GODONG.

Religion und kulturelle Einflüsse

S. 196–197: E. Simanor/HOA-QUI. S. 198 o und m: E. Lessing/AKG. S. 199 o: P. Deloche/GODONG; u: BNF. S. 200 o: A. Pinoges/CIRIC; u: R. Mulder/GODONG. S. 201 ol: P. Aventurier/GAMMA; or: H. Isachar/GODONG; u: S. Vaillant. S. 202 o: C. Boisvieux/GAMMA; u: H. Isachar/GODONG. S. 203 o: M. Docher/CIRIC; u: A. Pinoges/ CIRIC. S. 204 o: H. Lewandowski/RMN; u: S. Vaillant. S. 205 ol: Veintimilla/AKG; or: AKG; u: G. DAGLI ORTI. S. 206 o: L. Van Der Stockt/GAMMA; u: BNF. S. 207 o: Al-Khateeb Abdelrahman/UPI/ GAMMA; m: A. Pinoges/CIRIC; u: C. Mercier/CIRIC. S. 208 o: M. Beck-Coppola/RMN; m: R.-G. Ojéda/RMN; u: The Granger Collection NYC/RUE DES ARCHIVES. S. 209 o: F. Vizzanova und D. Arnaudet/RMN; mr: P. Deloche/GODONG; u: F. de Noyelle/ GODONG. S. 210 o: R. Hackenberg/AKG; m: A. Marchi/GAMMA; u: Fotoblitz-Stills/GAMMA. S. 211 o: Ph. Lissac/GODONG; mr: H. Isachar/GODONG; u: W. Guyot/CIRIC. S. 212 ol: AKG; or: R.-G. Ojéda/RMN; u: J.-L. Nou/AKG. S. 213 ol: BNF; mr: AKG; u: Raid Planète Poussière/GAMMA. S. 216 o: Mantra Press/CIRIC; mr: P. Deloche/GODONG; u: H. Ruckemann/UPI/GAMMA. S. 217 o: S. Sprague/CIRIC; mr: C. Sungsu/GAMMA; u: P. M. Wysocki/ LUMIÈRE DU MONDE. S. 218 o: R. Gaillarde/GAMMA; ul: E. Lessing/AKG; um: Ph. Lissac/GODONG; ur: AKG. S. 219 o: J. da Cunha/AKG; ul: Cameraphoto/AKG; um: S. Held/AKG; ur: F. Lafargue/GAMMA. S. 220 o: Photo Bank Yokohama/HOA-QUI; ml: E. Lessing/AKG; ul: Album/AKG; um: A. Benainous/GAMMA; ur: X. Rossi/GAMMA. S. 221 mr: P. Deloche/GODONG; ul: K.-M. Page/ CIRIC; um: P. Deloche/GODONG; ur: T. Barbier-Pro-Raid/GAMMA. S. 222 o: Roussel-Bassignac/GAMMA; ml: P. Thébault/CIRIC; ul: RMN; ur: Deloche-Lissac/GODONG. S. 223 mr: T. Ollivier/RMN; ul: E. Lessing/AKG; um: G. Niedermeiser, BPK, Berlin/RMN; ur: J.-P. Dumontier/AKG. S. 224 o: T. Ollivier/RMN; u: J. Horner/GAMMA. S. 225 ol: D. Arnaudet/RMN; or: M. Gounot/GODONG; ml: E. Lessing/AKG; mr: G. DAGLI ORTI; u: RMN. S. 226 o: T. Cramer/AKG; u: R. Mulder/GODONG. S. 227 o: N. Quidu/GAMMA; ul: R. Mulder/ GODONG; um: M. Malherbe; ur: S. Vaillant. S. 228 ol: Camera-photo/AKG; or: L. Hérault; ml: H. und F. Faria Castro/GAMMA; ur: E. Lessing/AKG. S. 229 o: World Pictures/SUNSET; mr: C. Cabrol/ GAMMA; ml: Bildarchiv Monheim/AKG; u: P. Wysocki/LUMIÈRE DU MONDE. S. 230 o: D. Saulnier/GAMMA; m: J.-L. Manaud/RAPHO; u: R. Eslami/GAMMA. S. 231 ol: A. Benainous/GAMMA; or: G. Guilmard; ul: M. Malherbe; ur: Ducasse-Lounes/GAMMA. S. 232 ol: M. Malherbe; or: Raid Planète Poussière/GAMMA; u: M. Malherbe. S. 233 ol: M. Malherbe; or: Ph. Lissac/GODONG; ml: D. Lefranc/ GAMMA; mr: S. Vaillant; u: O. Noël/GAMMA. S. 234 o: J.-L. Dugast/ HOA-QUI; ml: P. Deloche/GODONG; ur: S. Paltera/GAMMA. S. 235 ol: C. Le Tourneur d'Ison/GAMMA; or: J.-L. Nou/AKG; ml: S. Vaillant; ur: J.-L. Nou/AKG. S. 236 ol: E. Lessing/AKG; ml: F. Guénet/AKG; mr: E. Lessing/AKG; u: E. Lessing/AKG. S. 237 ol: E. Lessing/AKG; om: J.-L. Nou/AKG; mr: AKG; ul: W. Forman/AKG. S. 238 o: Ph. Lissac/ GODONG; u: X. Rossi/GAMMA. S. 239 o: British Library/AKG; m: J.-L. Nou/AKG; u: AKG. S. 240 ol und or: E. Lessing/AKG; ul: Pirozzi/AKG; ur: S. Diller/AKG. S. 241 ol: Rabatti-Domingie/AKG; om, or, ul und um: AKG; ur: „Galas Christ" (1978), Salvador Dalí/Salvador Dalí, Gala - Salvador Dalí Foundation/Adagp, Paris 2005/AKG. S. 242–243: E. Lessing/AKG. S. 244 o: R. Eslami/ GAMMA; mr und ml: P. Deloche/GODONG; u: Rabatti-Domingie/ AKG. S. 245 ol: P. Deloche/GODONG; or: M. Gounot/GODONG; ul: World Religions Photo Library/PHOTO12.COM; ur: Ph. Lissac/ GODONG. S. 246 o und ul: M. Gounot/GODONG; m: J.-G. Berizzi/ RMN; ur: P. Deloche/GODONG. S. 246 ol: Ph. Lissac/GODONG; or: C. Le Tourneur d'Ison/GAMMA; u: R. Eslami/GAMMA. S. 248 o: S. Ohmori/GAMMA; m: A. Alborno/GODONG; u: Deloche-Lissac/ GODONG. S. 249 ol: Z. Koren/GAMMA; or: P. Deloche/GODONG; ul: R.-G. Ojéda/RMN; ur: G. DAGLI ORTI. S. 250 o: W. Forman/AKG; mr: Xinhua/GAMMA; u: Collection Cinéma/PHOTO12.COM. S. 251 o: N. Quidu/GAMMA; ul: F. Neema/GAMMA; ur: Humanité/ KEYSTONE. S. 252 o: Icon Distribution Inc./AKG; m: Collection Cinéma/PHOTO12.COM; ul: B. Laforet/GAMMA. S. 253 o, ml und u: Collection Cinéma/PHOTO12.COM; mr: RUE DES ARCHIVES. S. 254 o: J. Cousin/CIRIC; u: E. Lalmand/Photo News/GAMMA. S. 255 o: Peterzen Ezio/Upi/GAMMA; m: R. Job/GAMMA; u: A. Nusca/GAMMA. S. 256 o und u: AKG. S. 257 o: BNF; mr und u: RUE DES ARCHIVES.

Gläubige, Gelehrte und Weise

S. 258–259: A. Pinoges/CIRIC. S. 260 o: Mantra Press/CIRIC; u: CPP/CIRIC. S. 261 l: M. Ponta/CIRIC; ur: A. Pinoges/CIRIC. S. 262 o: Z. Alset/CIRIC; u: BN. S. 263: BN. S. 264 l: Th. Ollivier/RMN; r: AKG. S. 265 o: Ph. Lissac/GODONG; u: Bildarchiv Pisarek/AKG. S. 266 o: Ph. Lissac/GODONG; r: DR. S. 267 ul: AKG; or: U. Andersen/GAMMA. S. 268: BN. S. 269 ol: Ph. Bernard/RMN; or: FOTOBLITZ/STILLS/GAMMA; u: Rabatti-Domingie/AKG. S. 270 o: DR; u: CIRIC. S. 271 ol: AKG; m: J.-C. Aunos/GAMMA; u: A. Pinoges/BSE/CIRIC. S. 272: R.-G. Ojéda/RMN. S. 273 o: AKG: u: U. Andersen/GAMMA. S. 274 o: AKG; u: CPP/BSE/CIRIC. S. 275 o: E. Vandeville/GAMMA; m: A. Alborno/GODONG; u: AKG. S. 276 o, mr: P. Deloche/GODONG; u: S. Désarmaux/GODONG. S. 277 o: P. Deloche/GODONG; u: ROGER-VIOLLET. S. 278 ol, or: Ph. Lissac/

GODONG; u: M. Gounot/GODONG. S. 279 o: Deloche-Lissac/ GODONG; ur: P. Deloche/GODONG.

Religionen in der Geschichte

S. 280–281: T. C. Malhotra/Camera Press/GAMMA. S. 282 o: Venter Al J./GAMMA; K. Zavrazhin/GAMMA. S. 283 o: Dean Pictures/ GAMMA; m: Y. Karsh/GAMMA; u: K. Zavrazhin/GAMMA. S. 284 o: G. DAGLI ORTI; m: AKG-IMAGES; u: E. Lessing/AKG-IMAGES. S. 285 o: AKG-IMAGES; m: G. DAGLI ORTI; u: SIPA. S. 286: AKG-IMAGES. S. 287 o: Cameraphoto/AKG-IMAGES; u: GAMMA. S. 288 o: G. DAGLI ORTI; ul: Pitamitz/SIPA; ur: AKG-IMAGES. S. 289 o: AKG-IMAGES; u: ROGER-VIOLLET. S. 290 o: British Library/AKG-IMAGES; m: G. DAGLI ORTI; ul: British Library/AKG-IMAGES; ur: E. Lessing/AKG-IMAGES. S. 291 o: E. Lessing/AKG-IMAGES; u: AKG-IMAGES. S. 292 o: AKG-IMAGES; u: AKG-IMAGES. S. 293 ol: G. DAGLI ORTI; or: AKG-IMAGES; m: G. DAGLI ORTI; u: G. DAGLI ORTI. S. 294 o: RUE DES ARCHIVES; u: E. Lessing/AKG-IMAGES. S. 295 o: GAMMA; ul: ROGER-VIOLLET; ur: L. Anticoli/GAMMA. S. 296 o: R. Gaillarde/ GAMMA; u: N. Quidu/GAMMA. S. 297 o: L. Van Der Stockt/GAMMA; m: N. Quidu/GAMMA; u: J. Diener/GAMMA. S. 298 o: Trippett/SIPA; u: J.-C. Aunos/GAMMA. S. 299 o: EPA/SIPA; ul: E. Dalziel/AP/SIPA; ur: ROGER-VIOLLET. S. 300 o: Baitel - Coste/GAMMA; m: G. DAGLI ORTI; u: Media/G.P.O./SIPA. S. 301 ol: E. Baitel/GAMMA; or: N. Kafri/GAMMA; u: E. Baitel/GAMMA. S. 302 o: RUE DES ARCHIVES; ul: RUE DES ARCHIVES/BCA. S. 302–303: Jazz Editions/GAMMA. S. 303 o: Keystone Archives. S. 304 o: I. Berry/MAGNUM PHOTOS; m: CAMERA PRESS/ GAMMA; ul: EVENING STANDARD MAG./ GAMMA; ur: CAMERA PRESS/GAMMA. S. 305 o: Ken Goff Photos/ SIPA; u: Leboucher/Rex Features/SIPA. S. 306 o: M. Roussel/ GAMMA; u: G. Bassignac/GAMMA S. 307 o: SIPA; m: Keystone; ul: N. Zebar/GAMMA; ur: SIPA. S. 308 o und m: BRIDGEMAN; u: RUE DES ARCHIVES. 309: AKG Paris. S. 310 o: CIRIC; ml: GODONG; mr: CIRIC; u: GODONG. 311 ol: GAMMA; or: CORBIS; m: GODONG; ur: Felici-Nusca/GAMMA; ur: CIRIC. S. 312 o: H. Isachar/GODONG; u: AKG . S. 313 or: Zaza de la Concepción; ml und mr: Papa Razzo/ CIRIC; u: S. Allouche.

Universelle Fragen

S. 314–315: P. Thebault/CIRIC. S. 316 or: F. Soltan/HOA-QUI; ul: O. Martel/GAMMA; ur: P. Deloche/GODONG. S. 317 o: J.-M. Giboux/ GAMMA; u: E. Simanor/HOA-QUI. S. 318 or: B. Machet/HOA-QUI; ml: W. Guyot/CIRIC; u: Z. Kaluzny/GETTY. S. 319: P. Deloche/ GODONG. S. 320 o: PHOTO NEWS/GAMMA; u: L. Larcher/CIRIC. S. 321 o: I. Hanan/GODONG; m: S. Désarmaux/GODONG; ur: Ph. Lissac/GODONG. S. 322 o: Ph. Lissac/GODONG; ul: R. Demaret/ GYS DANNY/PHOTO NEWS/GAMMA; mr: S. Vaillant. S. 323 o: E. Travers/GAMMA; u: J.-L. Nou/AKG. S. 324 o: P.-O. Callede/GAMMA; u: M. Novotny/GAMMA. S. 325 o: J. L'Hoir-J. Popovitch/RMN; u: H. Lewandowski/RMN. S. 326 o: G. DAGLI ORTI; m: Hussein/UPI/ GAMMA; u: G. Bassignac/GAMMA. S. 327 o, ul: N. Quidu/GAMMA; ur: Xinhua/GAMMA. S. 328 or: D. Kitchen/GETTY; ml: Lucas Film Ltd & TM/K. Hamshere/AKG; u: Ph. Lissac/GODONG. S. 329 o: AKG; ul: P. Deloche/GODONG; ur: Warner Bros. Pictures/Album/ AKG. S. 330 o: P. Thebault/CIRIC; ul: Ph. Lissac/GODONG; ur: El Dakhakhny/SIPA. S. 331 o: R.-G. Ojéda/RMN; u: M. Docher/CIRIC. S. 332 o: SPORTING PIC/CAMERA PRESS/GAMMA; u: I. Hanan/ GODONG. S. 333 o: W. Guyot/CIRIC; ur: G. DAGLI ORTI; ul: B. Binsar/AP/SIPA. S. 334 o: Bulloz/RMN; u: AKG. S. 335 ol: DR; or: A. Banta/GAMMA; u: I. Simon/SIPA. S. 336 o: Bulloz/RMN; u: B. Sidler/GAMMA. S. 337 ol: Martinie/ROGER-VIOLLET; or: V. Juca/ ITSPRESS/GAMMA; u: M. Gounot/GODONG. S. 338 o: Ph. Lissac/ GODONG; u: AKG. S. 339 o, m: P. Deloche/GODONG; u: L. Aerts-D. Lebrun/PHOTO NEWS/GAMMA. S. 342 o: Demange-Vandeville/ GAMMA; u: Maraini/Alinari/ROGER-VIOLLET. S. 343 o: AKG; mr: P. Deloche/GODONG; ul: W. Forman/AKG. S. 344 o: NASA; ul: M. Artault/GAMMA; um: M. Graff/UPI/GAMMA. S. 345 o: E. Dessons/ JDD/GAMMA; u: Boyer/ROGER-VIOLLET. S. 346 o: Guillemot/CDA/ AKG; ul: R. und S. Michaud/RAPHO; ur: J.-L. Nou/AKG. S. 347 o: F. Maruéjol; u: AKG. S. 348 o: D. Hill/UPI/GAMMA; u: E. Lessing/ AKG. S. 349 o: Ph. Lissac/GODONG; u: A. Pinoges/CIRIC. S. 350 o: P. Deloche/GODONG; u: Ph. Lissac/GODONG. S. 351 o: R. Nickelsberg/GAMMA; u: Ph. Lissac/GODONG. S. 352 o: P. Deloche/ GODONG; u: E. de Malglaive/GAMMA. S. 353 o: E. Vandeville/ GAMMA; u: P. Cocco/CIRIC.

Zeichnungen

Die „Na so was!"-Kästen wurden von Barbe illustriert.

S. 30: S. Giampaia. S. 33 Karte: M. Sinier; Götter: E. Seure Le Bihan; u: J. Torton. S. 34 u: INKLINK. S. 37 r: D. Sanzi. S. 38 l: D. Sanzi. S. 39 o: J.-J. Hatton. S. 45 u: INKLINK. S. 51: M. Sinier. S. 56–57: E. Kernin. S. 70: Zaza de la Concepción. S. 76–77: E. Kernin. S. 78 u: E. Kernin. S. 84–85: E. Kernin. S. 88–89: M. Sinier. S. 95 o: Zaza de la Concepción. S. 96–97: E. Kernin. S. 102: M. Sinier. S. 108–109: E. Kernin. S. 110–111: L. Favreau. S. 116–117: L. Blondel. S. 133: O. Fertel. S. 138–139: M. Sinier. S. 140–141: O. Fertel. S. 164 und 165: M. Sinier. S. 198–199: Zaza de la Concepción. S. 214–215: J.-J. Hatton. S. 218–219: L. Blondel. S. 286: Zaza de la Concepción. S. 312 m: S. Lefebvre. S. 313 (2 Zeichnungen): T. Jauze. S. 340–341: Ch. Besse.

Vorsatzpapier hinten: M. Sinier.

Religionen der Welt

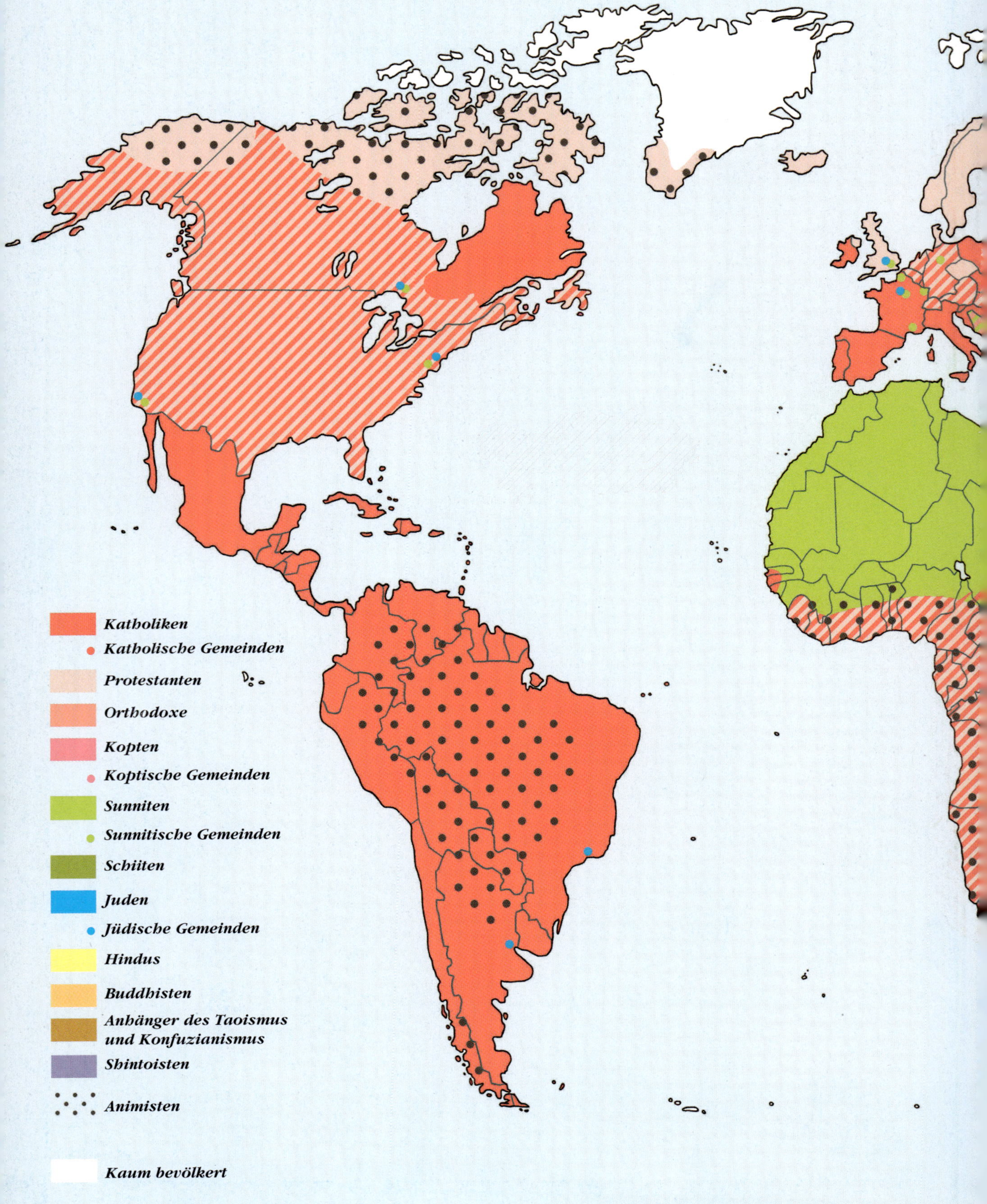